极简中国史

辽 西夏 金
概述及帝王全览

罗致平◎编著

中国文史出版社

图书在版编目（CIP）数据

极简中国史. 辽西夏金概述及帝王全览／罗致平编
著. —北京：中国文史出版社，2022.9
ISBN 978-7-5205-3776-6

Ⅰ. ①极… Ⅱ. ①罗… Ⅲ. ①中国历史-辽金时代-
通俗读物②中国历史-西夏-通俗读物 Ⅳ. ①K209

中国版本图书馆 CIP 数据核字（2022）第 181391 号

责任编辑：詹红旗

出版发行：**中国文史出版社**

社　　址：北京市海淀区西八里庄路 69 号　　邮编：100142

电　　话：010-81136606　81136602　81136603（发行部）

传　　真：010-81136655

印　　装：廊坊市海涛印刷有限公司

经　　销：全国新华书店

开　　本：787 毫米×990 毫米　1/16

印　　张：27.5

字　　数：238 千字

版　　次：2024 年 1 月北京第 1 版

印　　次：2024 年 1 月第 1 次印刷

定　　价：79.00 元

前　言

　　自秦始皇统一中国以来，作为最高统治者的历代帝王，常常集国家权力于一身，是一国重大决策、重大事件和重要利害的相关者。阅读和研究中国封建历史，如果能够系统了解历朝历代帝王的在位时间、传承次序、更迭过程及其主要功过，也就大体上理清了相关朝代的历史脉络，掌握了历史重点。然而，我们所要了解的所有帝王，都记录在浩如烟海的历史典籍中。暂且不论购买能力、存放条件等客观因素，单就其中包含的历史知识、天文历法、官职地名、纪年干支，以及帝王庙号、年号、谥号、尊号等等来讲，均十分繁杂。一般读者，如果没有深厚的专业知识、完备的工具书、充裕的时间和愚公移山的精神，实在力所难逮。本书旨在满足广大读者的需求，简明扼要、系统连贯地呈现辽、西夏、金三个朝代诸位帝王的传承过程、在位时间和主要功过。在介绍每个朝代和帝王之前，简述该朝代的建立背景、疆域范围、立国时限、传承概况、历史贡献和败亡教训，让读者一目了然地对每个朝代和帝王有一个最基本的研判，最终达到快速了解相关朝代历史、增益知识、探究皇权传承过程和社会发展变化规律的目的。

　　诚然，心有所愿，尽力而为。由于学力水平等方面的限制，不足之处在所难免，真诚希望专家、学者和广大读者赐教。

作　者

2023 年 6 月

目　录

辽西夏金时期的时间和空间

从五代十国时期的公元 916 年契丹人耶律阿保机建立辽国，一直到公元 1234 年蒙古灭亡金之间的三百多年间，中国北方先后建立了好几个少数民族政权，其中统治范围较大、统治时间较长、与中原王朝及周边政权、割据势力争夺激烈，而且在中国历史进程和社会发展中影响深广的，分别有辽、西夏和金。

在这一时期内，中原王朝的北宋和偏安南方的南宋，以及周边诸个割据势力及政权时而合纵连横，时而刀兵相见，时而你夺我地，时而我亡你国，情势错综复杂，令人眼花缭乱。为了在阅读辽、西夏、金三国历史之前，能够对这一时期的中国有一个整体概念，很有必要对辽、西夏和金所在时期的时间和空间加以梳理。

一

曾经生活在我国东北的一个古老部落契丹，在历史长河中沉浮起落，至唐末日益强盛。公元 901 年，契丹人耶律阿保机担任了掌握部落联盟大权的迭剌部首领，并在四处征战中升任为拥有最高官职和名望的于越，总知契丹军国事，成为遥辇氏痕德堇可汗手下的实际掌权者。公元905年，耶律阿保机与唐河东节度使、割据河东并与朱温争夺天下的晋王李克用结盟。次年，加速篡唐的梁王朱温派使臣与耶律阿保机互聘，耶律阿保机的势力和声望超越了痕德堇可汗。公元907年正月，耶律阿保机成为契丹新可汗。同年四月，朱温灭唐建立了后梁王朝。而担任契丹可汗的耶律阿保机继续扩展势力，于公元911年征服奚人，将奚辱纥主、莫贺弗、契个、木昆和室得五部先后纳入统治范围，契丹势力进一步扩大。公元916年二月，耶律阿保机称帝建辽，史称耶律阿保机为辽太祖。

这时，契丹的东部，是以靺鞨人为主体建立于公元698年，范围相当于今中国东北地区、朝鲜半岛东北部及俄罗斯远东地区一部分的渤海国。北面则是辽称之为阻卜，分布于北起今克鲁伦河、今蒙古国土拉河、鄂尔浑河流域，南至今内蒙古阴山一带大草原地带的众多室韦系蒙古语游牧部落。南为唐曾封为晋王的李克用子李存勖灭刘仁恭、刘守光父子后割据河东幽州的前晋，朱温于公元907年四月篡唐建立的后梁，十国中的前蜀、吴、吴越、楚、南平、闽，以及南诏政权覆灭后郑氏建立的大长和国，原唐安南节度使曲氏集团以交趾为中心割据一方的静海，后梁清海军节度使刘氏以广州为中心割据一方的清海，凤翔陇右节度使李茂贞以凤翔为中心割据一方的歧，党项首领以夏绥为中心割据一方的定难。西部有曹义金及其子孙接替唐归义军节度使李潮义割据瓜沙二州的归义军，以及甘州回鹘、高昌回鹘、吐蕃、于阗、喀喇汗国等。耶律阿保机在臣服室韦、奚等部族、向南深入汉地掳掠的同时，于公元 916 年亲征突厥、吐谷浑、党项、小蕃、沙陀诸部，掳掠无数；公元 919 年出兵乌古部，迫使乌古部悉数降附。

公元 923 年李存勖在魏州称帝建立后唐，年底灭后梁定都洛阳，契丹南邻变成后唐。后梁清海军节度使刘龑于公元 917 年十一月以广州为中心建立了十国中的南汉，其他政权与割据势力一如前述。

公元 924 年，耶律阿保机第二次亲征漠北，深入乌孤山（今蒙古肯特山），至古单于国（汉匈奴王庭）、古回鹘城（唐回鹘汗庭），遣兵逾流沙（今准噶尔盆地沙漠），拔浮图城（今新疆奇台西北），臣服西北各部族政权，包括吐谷浑、党项、阻卜等部，甘州回鹘可汗遣使进贡；同年冬天，耶律阿保机发兵攻渤海国，次年进围渤海都城忽汗城（今黑龙江宁安县南），渤海王堙馔降，耶律阿保机在渤海故地建东丹国，封长子耶律倍为东丹王。自此及最盛时，辽朝疆域东至今日本海、鄂霍次克海，西至阿尔泰山，北到额尔古纳河、外兴安岭一带，南到河北中部的白沟河。

公元 936 年，后唐河东节度使石敬瑭奉小自己十多岁的辽太宗耶律德光为父，拱手将辽梦寐以求的燕云十六州送于契丹，耶律德光率骑兵协助石敬瑭攻灭后唐建立后晋，并以燕云十六州为进一步南下攻掠中原的基地。公元 944 年石敬瑭死，耶律德光以即位的后晋出帝石重贵不愿臣服为由，趁机率契丹军南下，于公元 947 年正月攻克后晋首都开封。同年刘知远在太原称帝建立后汉，定都东京开封。这时，新占据燕云十六州的辽南部与后汉为邻。

公元 951 年正月，郭威篡后汉建立后周，同年后汉河东节度使刘崇在太原即皇帝位，建立了史称十国之一的北汉。从此，辽南部与后周和北汉为邻。同年南唐灭楚，马殷旧将刘言击败南唐军割据湖南。

公元 960 年正月，后周都点检赵匡胤发动政变，代后周建立宋朝。此后，宋先后平定南平、后蜀、南汉、南唐、吴越，于公元 979 年消灭十国中最后一国北汉，从而结束了中原地区纷乱的五代十国时代，形成宋、辽及后来建立西夏的定难军三家鼎立的局面。而这三家的西部，仍有割据瓜沙二州的归义军，以及甘州回鹘、高昌回鹘、吐蕃、于阗、喀喇汗国等。

北宋立志收复被石敬瑭葬送的燕云十六州，先后于公元 979 年和 986 年两度伐辽，却志坚力软，两次均被辽军所败。辽圣宗耶律隆绪为防止高丽与北宋结盟威胁辽朝东部，于公元 993 年发兵降服高丽。之后为解决辽宋之间的长期对抗，萧太后与辽圣宗耶律隆绪于 1004 年亲率大军深入宋境。宋真宗畏敌欲迁都南逃，因宰相寇准等坚持抗敌并分析利害，才勉强留住宋真宗亲临澶州（今濮阳）督战。宋军士气大振，击败辽军前锋，辽将萧挞凛阵亡，宋军锋芒正锐。而这时，担心腹背受敌的辽方提出议和，胆战心惊的宋真宗以每年贡辽银十万两、绢二十万匹的所谓澶渊之盟与辽订立了和约。之后，宋辽双方基本各守疆界达一百多年。这一时期内，周边其他政权和割据势力相对比较稳定，唯盘踞夏绥一带的党项羌南冲北突，东联西攻，抢占地盘，扩大势力，为攫取更大得益不息兵戈。

二

　　源于羌的党项人，早期在今青海、甘肃一带的山谷间过着以畜牧为主的生活。隋朝以后，中原出现统一安定局面，党项人与内地联系逐渐密切。公元 584 年，有千余户党项人内附，次年拓跋部首领宁丛率部众归顺。公元 629 年，党项细封部首领步赖率部附唐，唐太宗给予优厚礼遇，在其居住地设置轨州（今四川松潘西），任步赖为刺史。后拓跋部首领赤辞请降，唐于其地设 32 个羁縻州（唐政府为安置内附的周边部落而设立的一种行政区），以归降的各部首领分任刺史，授赤辞西戎州都督，赐李姓。安史之乱以后，更多党项部落内迁到银州（今陕西榆林东南）以北，夏州（今陕西靖边北）以东，以及绥州（今陕西绥德）、延州（今陕西延安）等地。党项拓跋部一面向唐朝入贡，一面借唐朝封赐号令诸部，势力大增。公元 874 年，平夏部酋长拓跋思恭趁中原地区藩镇割据之机，占据宥州（今陕西靖边东），自称刺史。不久，拓跋思恭领兵助唐镇压黄巢军，受封为定难军节度使，晋爵夏国公。拓跋氏从此占据夏、银、绥、宥 4 州之地，成为陕北地区势力最大的藩镇。

　　唐朝之后，五代政权相继对拓跋氏采取羁縻政策，承认其特权与地位，定难军节度使一职也由拓跋氏传袭，拓跋氏势力得到进一步发展。赵匡胤建立北宋王朝，时任定难军节度使的拓跋彝殷随即遣使奉表入贺，以示归附，又多次派兵助宋进攻北汉，北宋封拓跋氏首领为定难军节度使。公元 981 年，定难军节度使李继筠去世，其弟李继捧袭职，引起族人强烈不满。李继捧遂入宋献所辖 4 州 8 县之地，请求留居开封。宋太宗接纳李继捧，李继捧族弟李继迁携家人亲信出逃地斤泽（今内蒙古鄂托克旗东北）聚众抗宋。此后，李继迁凭借拓跋氏昔日的威望，继续招集党项诸部，并通过联姻与野利氏等大族结成反宋联盟，进一步利用宋、辽之间的矛盾，倚辽抗宋。公元 986 年李继迁向契丹称臣求婚，契丹授予李继迁定难军节度使，嫁给宗室女义成公主，从此党项契丹联合威胁北宋。公元 1002 年，西夏攻陷北宋西北重镇灵州（今宁夏灵武西南），又领兵西进，攻占吐蕃聚居的西凉府（今甘肃武威），将统治区域扩大至河西走廊。公元 1004 年李继迁遭吐蕃大首领潘罗支袭击，身中流矢而亡。李继迁子李德明嗣位后，继续臣属于辽，用兵先后攻克回鹘占据的甘州、凉州。公元 1032 年李德明去世，子李元昊嗣位。李元昊倚辽抗宋，仿唐宋官制建立统治体系。公元 1033 年，李元昊升兴州为兴庆府，于公元 1038 年称帝，国号大夏，定都兴庆府，史称西夏。

北宋拒绝承认李元昊称帝建国，西夏与宋关系进一步恶化。从公元 1040 年开始，西夏先后发动了三川口、好水川、麟府、定川砦四大战役进犯宋境，除麟府之役宋军略获小胜外，其他三战西夏军大获全胜。面对西夏攻势，北宋采取消极防御战略，投入大量兵力守边，断绝与西夏贸易。西夏连年战争，加之北宋封锁边境，境内经济陷入困境，辽朝为了攫取北宋更多利益，胁迫北宋与西夏议和。公元 1044 年西夏北宋订立和约，李元昊以西夏国主名义向北宋称臣，北宋每年给西夏绢 13 万匹、银 5 万两、茶 2 万斤，并重开保安军（今陕西志丹）、高平砦（今宁夏固原）等地榷场，恢复互市贸易。

公元 1038 年西夏立国时，疆域东北与辽朝西京道相邻，东面及东南面与宋朝为邻，据有今宁夏、甘肃西北部、青海东北部、内蒙古以及陕西北部地区，占据范围东尽黄河，西至玉门，南接萧关（今宁夏固原），北控大漠，占地两万余里。同一时期，南方和西部仍有大理国、吐蕃诸部、黄头回纥、高昌回鹘、龟兹国、于阗国、东喀喇汗王朝等政权或割据势力。

三

女真出自黑水靺鞨，女真之名始见于五代。女真各部发展水平参差不齐，居住于松花江流域以南的女真发展水平较高，与辽国联系较为密切，被称为熟女真；居住于松花江流域及其以北的女真尚处于原始氏族部落时期，被称为生女真。辽时生女真已经开始经营原始农业，并逐步定居，以名马、貂皮等贵重物品上贡辽统治者。至辽中期，生女真完颜部得到较快发展。完颜部始祖函普原居高丽，函普曾孙绥可定居按出虎水（今黑龙江阿什河）侧。此处土地肥沃，宜于耕作，农业有了较快发展。绥可子石鲁订立条款约束部人，被辽任命为惕隐（辽官名），治理本部。石鲁子乌古乃与白山、耶悔、统门、耶懒、土骨论等部落联合，以完颜部为核心的生女真部落联盟初步形成，辽任命乌古乃为生女真部节度使。乌古乃买甲胄，备器械，扩兵力，势力大增。后乌古乃弟盈歌继位，扩展联盟势力至东南乙离骨岭（今朝鲜摩天岭）及东北五国部的广大地区。盈歌禁止联盟各部首领擅发号令，加强对部落联盟的控制，并开始抗衡辽国。公元 1113 年，乌古乃孙完颜阿骨打袭位后不久，便发起了反辽战争。

辽对作为属国的生女真部，剥削残酷。辽在向生女真部索要马匹、北珠、貂皮、海东青等稀缺贵重物品的同时，还经常索要妇女，使生女真人恨之入骨。完颜阿骨打利用部众普遍的反辽情绪，于公元 1114 年六月召集各部首领部署建城堡，修兵器。同年九月，完颜阿骨打会诸部兵于来流河（今吉林北部拉林河），得甲兵二千五百，遂率兵进攻辽宁江州，一举大破辽军。公元 1115 年正月，完颜阿骨打即皇帝位，国号大金。第二年辽东京渤海人高永昌杀留守自立为帝，完颜阿骨打遣将攻占东京，擒高永昌，尽得辽东数十州。公元 1117 年，完颜阿骨打相继攻占辽泰（今黑龙江泰来县塔子城）、显（今辽宁北镇）等州。公元 1120 年五月，攻占辽上京临潢府，辽天祚帝逃奔中京。公元 1121 年，辽宗室耶律余睹降金，天祚帝逃至南京。公元 1122 年正月，金忽鲁勃极烈、内外诸军都统完颜杲以耶律余睹为向导，攻克辽中京（今内蒙古赤峰宁城县大明城），天祚帝逃往鸳鸯泊（今河北张北安固里淖），金军跟踪追击，四月金军占领西京。六月，完颜阿骨打率大军追击辽天祚帝至大鱼泺，并连下数州。十二月，按宋金协议，双方夹击南京，但宋军屡为辽军所败，及金军来围，辽知枢密院左企弓、虞仲文等开启城门降金。公元 1123 年金军先后于白水泊（今内蒙古察右前旗黄旗海）、青冢（今内蒙古呼和浩特南）败辽军，俘获辽诸王、后妃、公主、驸马，缴获天祚帝的传国玉玺。八月，完颜阿骨打返回上京，途中病卒，弟吴乞买继位。公元1125年，辽天祚帝被金军所俘，建国210年的辽亡。

公元1127年，金军南下，破开封城，俘北宋徽宗、钦宗二帝，历168年的北宋亡。同年五月，宋徽宗第九子赵构在南京应天府（今河南商丘）即位，建立南宋。公元1129年，金将完颜宗弼率军南伐，南宋高宗从扬州、杭州一直南逃直奔大海。公元1130年，金立南宋叛臣刘豫为大齐皇帝。大齐统治河南、陕西之地，作为金军南侵的帮凶。金军北撤以后，南宋高宗赵构定都临安（今浙江杭州）。赵构起用秦桧主政，杀抗金将领岳飞，打压抗金臣属名将，并于公元1142年以淮水中流至大散关为界，向金称臣，每年贡辽金银25万两、绢25万匹为条件，与金达成和议。从此，金成为雄踞北方的强大政权，其疆域包括东北、华北、关中以及俄罗斯远东地区，南至大散关至淮河一线与南宋对峙，西北与西夏并立，东北地区达外兴安岭，东临日本海。

这时，又形成金、南宋、西夏三国对峙的局面。同时，金、南宋、西夏的北面有蒙古诸部，西南有大理、吐蕃诸部，西面有辽亡时辽太祖耶律阿保机八代孙耶律大石，在我国新疆和中亚地区创建的西辽。西辽幅员辽阔，统治区域有直辖领地和附庸国、附属部族。西辽直辖领地以虎思斡耳朵（今吉尔吉斯斯坦共和国楚河州托克马克境内的布拉纳城）为中心，北至伊犁河，南至锡尔河上游，西至怛罗斯，东至巴尔思罕（今伊塞克湖东南）。其附庸国有西喀喇汗国、东喀喇汗国、高昌回鹘和花剌子模，附属部族主要有粘拔恩部（乃蛮部）、康里部和葛逻禄部。

四

之后的年月里，金、西夏和南宋，以及周边大大小小的政权，虽然相互利用或互相攻伐没有间断，但其疆域空间和内部形势基本变化不大。然而，就在这段时间里，处于北部广袤草原的蒙古却在不断发展壮大。

属于东胡语系室韦中一支的蒙古人，唐朝时称为蒙兀室韦，居住于望建河（今额尔古纳河）之东。后蒙古人迁居漠北高原之后，与大漠南北各部落杂居，其活动范围一直扩展到阴山、贺兰山和鄂尔浑河、克鲁伦河流域。辽朝为管辖蒙古各属部，专门设立了西北路招讨司。至 12 世纪，东起今内蒙古呼伦贝尔盟，西到阿尔泰山，北自叶尼塞河、贝加尔湖、额尔齐斯河，南至阴山山脉的大漠南北广阔区域内，分布着大小数以百计的蒙古部落。金初，乞颜部酋长、成吉思汗曾祖葛不律统一了尼伦各部，并开始称汗。在此前后，蒙古各部酋长纷纷称汗，互相攻掠，战争杀伐无休无止。金朝为防止蒙古侵扰，置西北、西南、东北三路招讨司，强化对蒙古各部的统治，并唆使蒙古各部互相残杀。公元 1162 年，葛不律曾孙铁木真出生。在久经磨难之后，铁木真于公元 1204 年统一了蒙古各部，并于 1206 年被奉为大汗，尊号成吉思汗。

公元 1209 年秋，成吉思汗亲率大军第三次入侵西夏。西夏襄宗李安全以太子李承祯为主帅领军 5 万抵抗，副帅高逸被俘杀。蒙古军又南下俘西夏主帅嵬名令公，进围中兴府（今宁夏银川）。公元 1224 年秋，蒙古军攻下银州（今陕西米脂），杀西夏军数万。公元 1226 年春，成吉思汗又发兵进攻西夏，十一月在灵州与西夏军激战，西夏军主力被击垮，蒙古军队包围中兴府。次年春，为切断夏军退路，蒙古军深入金境，取临洮府和洮（今甘肃临潭）、河（今甘肃枹罕）、西宁等州。被围的西夏君臣粮尽援绝，加之强烈地震和瘟疫，不得不向蒙古乞降。七月，蒙古军队进入中兴府，立国 190 年的西夏亡。

公元 1211 年二月，成吉思汗率军三度攻入金境。公元 1215 年五月，攻占中都。公元 1217 年八月，成吉思汗封木华黎为太师、国王，专事南下攻金。公元 1227 年山东尽为蒙古所有，金朝尽失河北、山东。公元 1231 年夏，窝阔台率中军由洛阳南进，实现了假道宋境包抄金汴京的战略。公元 1232 年春，金军进至钧州（今河南禹县）南，拖雷以精兵阻截，金军大溃，精锐丧失殆尽，潼关失守，河南十余州尽被蒙古军占领。公元 1233 年初，金哀宗完颜守绪因汴京粮尽援绝，瘟疫流行，逃奔归德。蒙古军进围汴京，金将崔立杀留守完颜奴申投降。此前，公元 1232 年底，窝阔台派王楫使南宋，次年双方达成协议，约定灭金后以河南地归宋。公元 1233 年夏，南宋大将孟珙攻唐、邓，败金将武仙。金哀宗逃奔蔡州（今河南汝南）。公元 1234 年正月，宋蒙联合攻破蔡州，立国 120 年的金亡。

公元 1235 年初，窝阔台曾发动蒙宋战争，后因窝阔台去世暂时休战。公元 1258 年初，蒙哥再次发兵三路进攻南宋。

蒙哥自率主力攻四川，忽必烈攻鄂州（今湖北武昌），兀良合台从云南北上攻潭州（今湖南长沙）。公元1259年春，蒙宋双方在合州及其周围展开激烈攻守战。七月，蒙古军中疫疬流行，蒙哥染疾身亡。忽必烈急忙与南宋议和，约定南宋每年献银20万两、绢20万匹，双方以长江为界，然后撤围北上争夺皇位。公元1267年，忽必烈在政局稳定以后，即展开灭宋战争。忽必烈命阿术、刘整攻襄阳、樊城，南宋军民奋力抵抗，忽必烈争夺襄、樊长达6年之久。公元1273年正月忽必烈破樊城，二月襄阳宋将吕文焕投降，忽必烈占领襄、樊，打开了进入南宋的大门。次年六月，忽必烈命丞相伯颜率师伐宋。伯颜一路犯淮西淮东，指向扬州；一路沿汉水入长江，直趋临安。公元1275年秋，伯颜自建康、镇江一线分兵三路趋临安。公元1276年正月，宋恭帝赵㬎上表请降前，益王赵昰、广王赵昺逃到温州。同年五月，赵昰在福州即位，是为端宗。忽必烈军下福建，赵昰自福州走泉州、潮州，十二月退到井澳（今珠海横琴岛），与蒙古军激战。公元1278年初赵昰病逝，诸臣立赵昺为帝，四月赵昺移驻崖山（今广东新会南，当时为海岛）。公元1279年正月，蒙古军抵崖山，宋军被困。二月初六，蒙古军以火炮发起总攻，赵昺与陆秀夫跳海，宋军千余巨舰、20万军民血染大海，立国153年的南宋亡。

在此之前及之后，包括西南大理、吐蕃诸部，西边耶律大石创建的西辽，都统统归于了成吉思汗的后裔。

辽

（916—1125 年）

　　辽朝，是中国历史上由契丹人建立的王朝。公元 907 年，契丹迭剌部首领耶律阿保机乘中原内乱之机，统一契丹各部后，取代痕德堇成为契丹新可汗。耶律阿保机先后镇压契丹贵族叛乱，并征服周边奚、室韦、阻卜等部落，于公元 916 年二月建国，国号契丹，定都上京临潢府（今内蒙古赤峰市巴林左旗）。公元 947 年，耶律德光率军南下中原，攻占汴京（今河南开封），并就地登基称帝，改国号大辽。辽强盛时期，疆域东北至今库页岛，东到日本海，北至蒙古国中部的色楞格河、石勒喀河一带，西到阿尔泰山，南部至今天津市的海河、河北省霸县、山西省雁门关一线。公元 1114 年春，生女真完颜部酋长完颜阿骨打起兵反辽，次年阿骨打称帝建立金国。公元 1125 年二月，金生俘辽天祚帝耶律延禧，辽朝亡。辽共传九帝，历时 210 年。

一、契丹的起源与崛起

　　建立辽朝的契丹，实际为古代北方匈奴、鲜卑等部落民众的延续。叶隆礼《契丹国志》记一传说："有男子乘白马浮土河（今内蒙古老哈河）而下，复有一妇人乘小车驾灰色之牛，浮潢河（今西拉木伦河）而下，遇于木叶之山，顾合流之水，与为夫妇，此其始祖也，是生八子，各居分地，号八部落。"从传说中大体可以得知，契丹最早活动于老哈河、西拉木伦河流域。

契丹在历史上一出现，即已经越过了原始发展阶段而处在部落联盟时期。匈奴、鲜卑、奚和契丹均属东胡。胡人分布地区甚广，东汉时称葱岭东西诸国为西胡，居于西胡以东的胡人自然被称为东胡。曹魏以后，东部鲜卑有慕容部、段部、宇文部和拓跋部。宇文部分布于濡源（今滦河上游）以东，柳城（今辽宁朝阳西南）以西，即今内蒙古东部西拉木伦河（西辽河上游）及老哈河流域，古称松漠。公元 4 世纪，宇文部渐强，前燕慕容皝于公元 344 年兵分三路进剿宇文部，大获全胜，宇文部首领逸豆归远遁漠北，后奔高丽。慕容皝徙其部众五千余落于昌黎，宇文部自此衰亡。之后，一些语言、风俗相近的游牧部落仍活动于松漠一带，被统称为库莫奚。

契丹之名，最早见于《魏书·契丹传》。公元 388 年，北魏道武帝拓跋珪征讨库莫奚时，对契丹进行了打击。此后，契丹从库莫奚中分化出来，并分为悉万丹、何大何、伏弗郁、羽陵、日连、匹黎尔、吐六于、羽真侯等八个部落，史称古八部，各部都向北魏朝贡。北魏应契丹请求，在和龙（今辽宁朝阳）、密云（今属北京市）一带开市与之交易。后契丹日益兴盛，并向南发展。北齐文宣帝高洋于公元 553 年率大军攻击南下的契丹部落，俘获 10 余万人、数十万头牲畜。契丹部损失惨重，后又受到突厥的侵扰，部落离散。

北朝末年至唐初，中原形势变化不定。高句丽曾与柔然联合对契丹构成威胁；不久，柔然势力灭绝，在其北方出现了更为强大的突厥汗国。契丹一部分沦于突厥统治，另一部分依附于高句丽。隋初，契丹分别臣附于隋朝与突厥，游牧于辽西地区，逐渐得以恢复。公元 605 年契丹南下营州（今辽宁朝阳）地区，遭到隋将主使下的突厥袭击，4 万人被俘，契丹再次受到重创。

在严峻的生存形势面前，以大贺氏为首的部落联盟遂徙居于托纥臣水（西拉木伦河支流，即今老哈河）流域。以后部落渐众，便重新划分为达稽、纥便、独活、芬问、突便、芮奚、坠斤、伏等新的八个部落，史称大贺氏八部。唐初，大贺氏为首的部落联盟向唐朝朝贡。公元 628 年四月，契丹首领大贺摩会摆脱突厥控制，率部降唐。公元 644 年唐伐高丽，契丹和奚一同出兵相助。唐太宗回师途中，曾在营州（今辽宁省朝阳一带）赏赐契丹首领窟哥等，并封其为左武卫将军。公元 648 年四月，契丹辱纥主（首领）曲据帅众内附，唐以其地置玄州，以曲据为刺史，隶营州都督府。同年十一月，契丹首领窟哥举部内属，唐置松漠都督府（今翁牛特境内老哈河、西拉木伦河交汇处附近），以窟哥为都督，封其为无极县男，赐姓李，并以契丹八部所居地为州，以各部首领辱纥主为刺史。窟哥借助唐朝的封册和支持，实现了对契丹各部的控制，契丹部落联盟因此获得进一步巩固。

窟哥去世后，其子孙仍为契丹首领。窟哥孙李尽忠为松漠都督，与其妻兄孙万荣皆居于营州城侧。公元696年，即武则天万岁通天元年五月，李尽忠自称无上可汗，此为历史文献首次记载契丹首领称可汗的记录。李尽忠以孙万荣为前锋，略地攻城，所至皆下，旬日之间，兵至数万。武则天先后命武三思、武攸宜率军出征；后借助突厥力量镇压了李尽忠反叛，契丹转身附于突厥。

后来，契丹首领纷纷自立为可汗，其下所属各部酋长则称为俟斤，亦即夷离堇，为统率军马的部族官。契丹立国后，大部族之夷离堇称王，小部族之夷离堇则称为节度使。举凡一部之军政、民政皆由夷离堇统掌。

公元700年，武则天利用降将李楷固和骆务整再讨契丹。公元714年，李尽忠族弟失活率契丹各部脱离突厥，复归唐，唐朝重设松漠府，并以失活为都督，封松漠郡王，以其府置静析军，以失活为经略大使统率八部，并嫁给永乐公主。公元718年李失活卒，其弟娑固袭封，统率契丹诸部。次年，娑固入朝，静析军副使可突于乘机夺权。娑固返回松漠不久，被可突于驱逐到营州，旋即战死。此后，可突于又立娑固弟郁于为可汗，自己仍操实权。郁于死后，可突于逼走郁于弟吐于，另立尽忠弟邵固。公元730年五月，可突于杀邵固立屈烈，并率契丹和奚部众投奔突厥。公元734年，衙官李过折杀可突于及屈烈，唐朝以李过折为松漠都督，拜北平郡王。次年，可突于残党雅礼又杀李过折。至此，大贺氏垄断契丹部落联盟首领地位的时代结束。

杀害松漠都督李过折的雅礼，即为日后契丹王室的始祖。不过，当时的雅礼自以为并非名门出身，因而立遥辇氏迪辇祖里为阻午可汗。从此之后，遥辇氏代替大贺氏垄断了契丹联盟首领的地位，而且自阻午可汗即位起，直至钦德可汗被耶律阿保机取代，遥辇氏垄断汗位达一百七十多年。

阻午可汗于公元 745 年降唐，唐赐姓名李怀节，封崇顺王，任松漠都督，其后反唐依附回纥。当时契丹部落衰败，雅里协助阻午可汗将契丹主体部分重新划分为迭刺、乙室、品、楮特、乌隗、涅刺、突吕不、突举等八部，史称遥辇氏后八部。公元 842 年，唐破回纥，契丹又重新归附唐朝。

唐末五代时期，遥辇氏仍统旦利皆部、乙室活部、实活部、纳尾部、频没部、内会鸡部、集解部和奚嗢部等八部。契丹八部联盟的首领为可汗，中原称其为契丹王。公元 901 年，遥辇氏最后一任可汗痕德堇可汗开始当政时，耶律阿保机也担任迭刺部夷离堇。在此之前，耶律阿保机已经屡立战功，当年又连破室韦、奚诸部，随后又被任命为总理军政事务的大迭烈府夷离堇。次年，耶律阿保机攻掠河东、代北；第三年讨伐女真，劫掠河东、蓟北，契丹日益强大，耶律阿保机也升任为类似首相和军队统帅的契丹最高官职于越，总知军国事，成为遥辇氏痕德堇可汗手下的实际掌权者。此后，耶律阿保机又大破室韦，声威大震。公元 905 年耶律阿保机与唐河东节度使、割据河东并与朱温争夺天下的晋王李克用结盟。次年，积极进行篡位的梁王朱温，派使臣与耶律阿保机互聘，极大地提升了耶律阿保机的声望。从此，耶律阿保机的影响超越了遥辇氏痕德堇可汗。耶律阿保机在南征北战中，俘掠大量汉人及其他部落民众为奴隶，罪犯家属也常被降为奴隶，契丹的奴隶社会得到进一步发展。反映在政治制度上，部落中的许多官职早已逐渐成为某些家族的世职。接着，耶律阿保机破坏了八部首长三年受代一次的规定而拒绝受代。公元 906 年十二月，依靠强大的军事力量及日益增高的声望，八部酋长会议以不任事为由，罢免了遥辇氏痕德堇可汗，推选实际掌权的耶律阿保机为新可汗。公元 907 年正月十三日，耶律阿保机举行了可汗即位仪式。从此，契丹在耶律氏的带领下，迅速走向辉煌。

二、耶律阿保机的建国与扩张

契丹新可汗耶律阿保机，生于公元 872 年。耶律为族姓，阿保机为其契丹语名字。耶律阿保机属契丹迭剌部霞懒益石烈（乡）耶律弥里人。耶律阿保机父耶律撒剌的，母萧氏。其家族自雅礼杀松漠都督李过折立遥辇氏为可汗以来，世代在部落联盟中充任夷离堇，统率军马。耶律阿保机幼年时，其叔父耶律偶思任夷离堇，耶律偶思之父耶律匣马葛则是耶律阿保机祖父耶律匀德实的兄长。耶律偶思去世，其族兄弟耶律罨古只应该经过世选程序出任夷离堇。可是，在世选夷离堇的仪式中，耶律罨古只异母弟辖底突然骑马驰至会场，早有预谋而且安排在会场的耶律辖底支持者，立时齐声呼喊耶律辖底为夷离堇。会场被这突如其来的场面震慑，大家在不明就里中拜于耶律辖底马前。耶律辖底就这样成为新的夷离堇，与于越释鲁共同执掌政权。

当时，于越释鲁非常喜欢耶律阿保机，耶律阿保机在经久的征战中也广积了人缘、经验和威望。公元 901 年十月，遥辇氏痕德堇可汗命耶律阿保机为大迭烈府夷离堇。迭剌部为契丹诸部中最强大的一部，因此，成为迭烈府夷离堇的耶律阿保机，实际上已经统揽了契丹的军政大权。这时的耶律阿保机，对中原诸割据势力采取远交近攻策略，在不断地攻伐劫掠中壮大自己。公元 902 年，耶律阿保机率军伐河东代北。唐河东道代北军，又称雁门军，治代州（今山西代县），领代、忻二州。耶律阿保机攻入这一与契丹相邻的地区之后，迁徙代北居民，在今内蒙古自治区奈曼旗东北新建了龙化州加以安置，在塞外建立了扩充自己势力的根据地。公元 905 年，耶律阿保机率众数万进攻云州（今山西大同），而晋王李克用则因势利导，化干戈为玉帛，与耶律阿保机言和，两人面会约为兄弟，相约当年冬天共同发兵南下攻击后梁。然而，夺取汗位以后的耶律阿保机，为了求得已经称帝的朱梁政权对自己的册封，便背弃与晋王李克用的盟约而转向朱温。因为就当时而言，按照传统惯例，中原皇帝的册封是契丹等草原部落首领获得合法性、保住自己地位的重要条件和护身符。耶律阿保机与朱梁相互遣使通好，并以良马、貂裘奉后梁，上表称臣，以求封册。后梁则遣郎公远及司农卿浑特以诏书报劳，相约共同举兵灭晋。晋王李克用得知此事，对耶律阿保机恨之入骨。公元 908 年李克用临终前，将一利箭付与其子李存勖，嘱咐一定要攻灭契丹，以报耶律阿保机背盟之仇。

公元 911 年，即耶律阿保机取得汗位以后的第五年，其弟耶律剌葛等因争夺汗位挑起内乱。而依契丹世选之制来说，耶律阿保机与其弟兄都有资格通过世选成为可汗。此时的耶律阿保机，却无任何迹象给诸弟以通过世选成为可汗的机会。因此，除耶律剌葛之外，三弟耶律迭剌、四弟耶律寅底石、五弟耶律安端，相约参与叛乱。公元 913 年三月间，耶律迭剌以入觐为名，率部闯入行宫大肆烧杀，耶律阿保机之妻述律氏率部救援，仅得保全象征可汗权力的天子旗鼓，即唐天子赐给契丹可汗的仪仗，又称国仗。这场叛乱持续三年多，着实让耶律阿保机费尽了周折。而耶律阿保机诸弟叛乱的总后台，为雅里衮阿钵，即耶律阿保机的族叔耶律辖底。叛乱失败后，耶律辖底与耶律剌葛一同被俘，耶律辖底被缢杀，耶律阿保机诸弟则被赦免。叛乱平息以后，耶律阿保机以青牛白马祭祀天地，向天地祖宗报告自己的胜利。同时，耶律阿保机继续扩展势力，逐渐建立与完善了相应的政治制度，于是，公元 916 年二月初一，耶律阿保机在总国事耶律曷鲁率百官推戴下，登上皇帝宝座，以部族名契丹为国号，建元神册，契丹国即之后更名为辽的王朝就此建立，史称耶律阿保机为辽太祖。

耶律阿保机依汉制称帝后，于当年十二月收山北八军，建立了有名的汉军。山北包括燕云十六州中的新、妫、儒、武、云、应、寰、朔、蔚九州。山北八军原系晋王李存勖的八个军镇，其统帅为新州团练使李存矩。李存勖与后梁争天下，调李存矩发山北兵南下击梁，致使山北空虚。耶律阿保机乘虚而入，并利用李存矩手下将领卢文进发动叛乱之机，收编了这支军队。卢文进叛降契丹后，于公元 917 年三月引三十万契丹军大举南下，攻下新州，以优势兵力大败晋军，然后乘胜进围幽州达二百多天。危急之中，晋王李存勖派李嗣源、阎宝、李存审等大将率领援军赶赴幽州，一举击败契丹军，俘斩数以万计，卢文进率败兵逃回，后被耶律阿保机任命为卢龙节度使。卢文进常居平州，放肆杀掠吏民，成为比契丹还契丹的帮凶。公元 922 年二月，耶律阿保机进攻幽蓟，晋王李存勖手下的平州刺史赵思温降辽，又为辽朝增加了一支能征能战的汉军。

在巩固对契丹各部的控制，并与李存勖争战多次获利之后，耶律阿保机开始着手统一塞北，大肆扩张疆域。奚是契丹近邻，两者语言风俗相近。分为五部的奚，其人善射猎，好与契丹争战。契丹强大以后，奚成为其役属。后耶律阿保机用军事政治攻势，征服奚五部。契丹北面的乌古，又称乌骨里、于骨里。乌古人勇猛，邻人不敢侵。公元 919 年，乌古亦为耶律阿保机所征服。黑车子室韦为室韦中的一部，其住地在今内蒙古自治区东部的呼伦湖东南，南与契丹接壤。当回鹘强大时，黑车子室韦与鞑靼一同为回鹘役属。唐末回鹘散亡，黑车子室韦等部则随回鹘南徙至幽等近塞地区，依靠当地的割据势力抗衡契丹。黑车子室韦人多势众，耶律阿保机征服该部的战争持续了好几年，最后如愿以偿。

奚和室韦之外，在北方广大地区还分散着许多部族。他们当中的一些在历史上不仅与契丹有多方面的联系，而且也如同奚、室韦等部一样，其风俗语言亦与契丹相近，鞑靼即是其中之一。在《辽史》中，称鞑靼为阻卜。唐末五代以来见于史书者只有近塞鞑靼，此部落东起阴山，西逾黄河、额济纳河流域。这部分鞑靼早就依附于唐。除这一部分之外，唐时还有居于突厥东北的三十姓鞑靼及居于西方的九姓鞑靼。《辽史》将这两部分鞑靼全部称为阻卜，耶律阿保机无一例外地对他们都发动了征服战争。公元924年六月，耶律阿保机大举征吐浑、党项、阻卜等部，先后征服三十姓鞑靼及西方的九姓鞑靼，最后迫使西域诸国臣服入贡。

回鹘亦即回纥，出自丁零，原居鹿浑海（鄂尔浑谷口），辗转迁徙于色楞格、土拉、鄂尔浑三水之间，历臣于柔然、突厥、薛延陀。公元647年归唐，唐以其地置瀚海都督府，回纥助唐平定西突厥。后回纥分裂为两支，一支臣于后突厥，一支南徙甘凉归唐。公元744年骨力裴罗开创漠北回纥汗国，共传十五主一百零四年，建牙于乌德鞬山（遗址在今哈喇巴喇哈逊），极盛时东役奚、契丹，北役九姓，西接黠戛斯，南邻唐，尽有东突厥汗国故地，公元788年自改为回鹘。因受北方黠戛斯人侵逼，公元840年以后大部分回鹘西迁。回鹘西迁以后分为三支：一支迁至河西走廊，牙帐设在甘州（今甘肃张掖），称甘州回鹘；另一支迁至高昌，以吐鲁番盆地为中心，称西州回鹘，亦称高昌回鹘。另一支迁往葱岭以西，后建喀喇汗王朝。公元924年，耶律阿保机西征过程中恩威并用，注重沟通，不仅甘州回鹘，其余西迁回鹘各部均与契丹保持着良好关系，并向辽朝入贡。

渤海国为靺鞨大氏所建，统治区域包括今东北地区大部和朝鲜半岛北部，王都设在忽汗城，即渤海国上京龙泉府（今黑龙江宁安渤海镇）。渤海国的经济文化虽然比契丹先进，但统治者腐败无能。公元 925 年末，耶律阿保机率大军进攻渤海国，次年正月攻入渤海王都忽汗城，灭号称海东盛国的渤海国。耶律阿保机以渤海故地建东丹国，即东契丹国，以其长子耶律倍为东丹王。

自此，辽朝疆域东北至今库页岛，北至蒙古国中部的色楞格河、石勒喀河一带，西到阿尔泰山，南部至今天津市的海河、河北省霸县、山西省雁门关一线。深谋远虑、志高意远的耶律阿保机，终于成为如此广阔土地上的皇帝。

三、皇位更迭与国名变更

耶律阿保机在部署完东丹事项以后，即启程回返。公元 926 年六月，耶律阿保机在扶余府（今吉林四平西）会见了后唐使节姚坤。当时后唐庄宗李存勖去世，李嗣源即位，姚坤受命前往契丹告哀。耶律阿保机向姚坤纵论契丹与后唐的关系，并表示在已经征服渤海以后，接着即要南下，在中原夺取幽蓟以至黄河以北地区。然而，在会见姚坤后不久，耶律阿保机在返回上京的途中染疾，很快于同年即公元 926 年七月二十七日去世。

耶律阿保机病故次日，其妻淳钦皇后述律平宣布自己称制，全权处决军国诸事。述律平以次子耶律德光总揽朝政，屠杀政敌数百人以稳定政权。公元 927 年十一月，耶律德光在述律平力挺下即位，即辽太宗。公元 930 年，东丹王耶律倍南逃后唐，耶律德光统一了契丹。

公元936年后唐发生内乱，河东节度使石敬瑭以自称儿皇帝、割让燕云十六州为条件，请求辽太宗耶律德光支援攻打后唐。耶律德光遂率骑兵5万，协助石敬瑭攻灭后唐建立后晋。从此，契丹以燕云十六州为基地，经常策马南下，攻杀抢掠。公元944年，新即位的后晋出帝石重贵只向契丹称孙而不称臣，耶律德光趁机率军南下，在后晋效仿石敬瑭的叛臣降将配合下，于公元947年正月十日攻克后晋首都开封，直接灭了后晋。二月，耶律德光改国号为大辽，意欲长久经营中原，但契丹劣根性一时难改，只因发扬打谷草传统，肆意纵兵残害生灵掠夺财物，招致中原百姓奋起反抗。四月，难以立足的耶律德光被迫引军北返，中途病逝于河北栾城。

耶律德光去世以后，新的一场帝位之争重新展开。前太子东丹王耶律倍出逃后唐时，其王妃萧氏及子耶律阮仍然留在东丹国。耶律阮随耶律德光南侵，并在攻灭后晋以后受封为永康王。耶律德光在北归途中去世时，耶律阮正好在军中。从征的辽军将领担心述律太后再次借皇位继承之机诛杀异己，于是，掌握实权的北院大王耶律洼与南院大王耶律吼密谋，决定拥立永康王耶律阮。当时的耶律阮，因顾及耶律德光所立的皇太弟耶律李胡，以及耶律德光长子耶律璟，一时犹豫不决，便与担任宿卫的耶律安博商议。而这位耶律安博，其父亲耶律迭里正因为当初反对述律太后立耶律德光而被述律太后杀害，心中积怨犹如火山。此时，耶律安博不仅坚定地支持耶律阮继承皇位，而且到处传播皇太弟耶律李胡已经去世的谣言，借以坚定北归将士拥立耶律阮的决心。同时，耶律安博又与耶律洼、耶律吼商议对策，并编造耶律阿保机曾欲立耶律阮为继承人的托辞，于耶律阿保机去世次日，拥立耶律阮即皇帝位，史称辽世宗。

耶律阮之立，违反了述律太后要立少子耶律李胡为帝的意志。述律太后即派耶律李胡率军南下攻击耶律阮，但被耶律阮的军队击败。述律太后又亲率大军，与耶律李胡军会师于潢河（今西拉木伦河）北岸。这时，已经抵达潢河南岸的耶律阮，便排开大军与耶律李胡隔河对峙。在惕隐耶律屋质等忠臣的斡旋下，耶律阮上书述律太后陈述利害关系，请求和平解决冲突；耶律屋质也劝说述律太后认可既成事实，以避免皇族再次相互屠杀，述律太后不得已同意耶律阮为帝。耶律阮在镇压内部叛乱以后，又遣将攻掠了后汉的河北地区。

这时，中原政局已经发生了重大变化。公元 951 年正月，郭威取代后汉建立后周政权。同月，后汉宗室、北京留守刘崇依附辽朝，并自称侄皇帝，即帝位于太原，割据河东建立北汉政权。同年九月，北汉向辽求援，耶律阮率军南下，到达归化州（今河北宣化），祭祀了其父耶律倍。当日宴后，耶律阮酒醉，却被常留身边的亲信泰宁王耶律察割所弑。

在这非常时期，辽太宗耶律阿保机长子耶律璟正好随行在军中，老臣耶律屋质等即拥立耶律璟为帝，是为辽穆宗。辽穆宗耶律璟即位后，北汉多次求援，耶律璟只派兵遣将，自己并不亲征。这时的耶律璟，一则忙于打击异己，将当初拥立辽世宗耶律阮的大臣及亲信置于闲地，另一方面镇压耶律阮弟耶律娄国、耶律阿保机弟耶律李胡子耶律宛、耶律喜等不断发动的叛乱。而更为离谱的是，耶律璟游猎无度，歌舞狂饮，通宵达旦，而且喜怒无常，滥杀无辜，以致亲信近臣人人自危。公元954年二月，应北汉世祖刘崇请求，耶律璟派大将耶律敌禄率军南下，企图乘后周世宗柴荣刚刚即位之际消灭后周，但被雄才大略的柴荣击败。耶律璟依然醉生梦死，而谋反事件仍旧没有间断。游猎无度、花天酒地的耶律璟甚至连饮二十多天不理朝政，经常乘醉赏罚，多次醉后杀人。公元969年二月，游猎至怀州（今内蒙古巴林左旗西）的耶律璟，在一天晚上醉酒之后，被身边的近侍所杀。

穆宗耶律璟无子，之前曾将辽世宗耶律阮次子耶律贤养在身边。耶律璟遇弑之后，年过二十岁的耶律贤即刻命过从甚密的飞龙使女里集结五百禁兵以自卫，并召侍中萧思温和南院枢密使高勋率甲骑千人连夜奔赴行在。次日，耶律贤在耶律璟枢前即位，是为辽景宗。

辽景宗即位后不久，即娶因定策之功晋升为北院枢密使兼北府宰相的萧思温之女萧绰为妃。同年五月，又立萧绰为皇后。萧皇后辅佐辽景宗耶律贤中兴，成为历史上值得一书的重要政治人物。耶律贤励精图治，任人不疑，信赏必罚，而且更多地任用汉人为官，更多地吸收中原王朝的统治经验，先后重用早年投靠辽朝的汉人高勋、郭袭、室昉、韩匡嗣及其子韩德让。耶律贤内任萧思温、高勋、耶律贤适，外用耶律斜轸、耶律沙、耶律休哥、韩匡嗣、韩德让，稳定内部，清明政治，和谐将相，兴旺农牧业，辽朝很快展现出兴旺势头。

公元982年辽景宗耶律贤病逝，12岁的耶律隆绪继位，是为辽圣宗，尊萧绰为皇太后，并由萧太后摄政。当时，30岁的萧太后并无子嗣，而且父亲萧思温于公元 970 年被害，当时诸王宗室二百余人拥兵自重，控制朝廷，对萧太后及辽圣宗耶律隆绪构成莫大的威胁。萧太后重用大臣耶律斜轸、韩德让参决大政，委派耶律休哥掌管南面军事，撤换一批大臣，下令诸王不得相互宴请，并分别解除诸王宗室兵权。这些行动之后，辽圣宗耶律隆绪和萧太后的地位逐渐得以稳定。萧太后摄政二十七年期间，励精图治，注重农桑，兴修水利，减少赋税，整顿吏治，训练军队，使辽朝百姓富裕，国势强盛。公元 1009 年耶律隆绪亲政以后，基本延续萧太后执政时的政策，反对严刑峻法，防止贪污事件，实行科举，编修佛经。在大军压境迫使北宋澶渊之盟以后，也坚持自守疆界，互不侵扰，从此两朝和好达一百二十多年。

公元 1031 年辽圣宗耶律隆绪去世，长子耶律宗真即位，即辽兴宗。辽兴宗生母萧耨斤自立为皇太后摄政，并重用被辽圣宗耶律隆绪裁撤的贪官污吏以及自己娘家人等。耶律宗真因大权旁落而母子结怨，萧耨斤要改立次子耶律宗元为帝。耶律宗元将这一阴谋告诉耶律宗真，耶律宗真于公元 1034 年武力废除萧耨斤的法天太后，诛杀太后亲信。七月，耶律宗真亲政。

然而十分可惜，耶律宗真在位时，奸佞当权，政治腐败，百姓困苦，军队衰弱。为转移国势日衰的矛盾，耶律宗真连年征战，多次征伐西夏，逼迫宋朝增交岁币。耶律宗真一直感激弟耶律宗元，一次酒醉之后，答应百年之后将传位给耶律宗元，而且没有册封其子耶律洪基为皇太子，从而种下了去世之后，耶律宗元父子谋夺帝位的恶果。

公元 1055 年七月，耶律宗真病重。八月，耶律宗真病逝后，遵遗诏耶律洪基继承帝位，是为辽道宗。辽道宗耶律洪基即位之初，为稳住耶律宗元的势力，随即拜耶律宗元为皇太叔，任用为天下兵马大元帅，任耶律宗元子耶律涅鲁古为知南院枢密使事。耶律洪基如此用心，并未满足耶律宗元父子的欲望，反而助长了其叛乱夺权的气焰。公元 1063 年七月，耶律洪基秋捺钵于太子山的滦河（今内蒙古宁城西南），敦睦宫使耶律良密告耶律宗元父子图谋叛乱，耶律洪基用耶律良之计，急忙召见耶律涅鲁古，并命南院枢密使耶律仁先逮捕耶律宗元父子。耶律仁先未及出发，耶律涅鲁古提前发动叛乱，纠集党羽四百多人，并胁迫弩手军进攻行宫。耶律仁先等率宿卫军士抵抗，叛党纷纷投降或奔逃，耶律涅鲁古被射死，耶律宗元见大势已去，逃入沙漠自尽。耶律洪基虽然顺利平息了叛乱，但在位期间腐朽奢侈，政治腐败，国势衰落。耶律洪基重用耶律乙辛等奸佞，自己不理朝政，并听信耶律乙辛的谗言，赐死皇后，杀害太子。公元 1079 年七月，耶律乙辛乘耶律洪基游猎之机，图谋杀害皇孙耶律延禧而斩草除根。耶律洪基听取大臣劝谏，命皇孙一同秋猎，才使耶律乙辛的阴谋未能得逞，之后耶律乙辛因叛逃被杀。在耶律乙辛擅权结束以后，耶律洪基为太子耶律浚昭雪，并注重培植皇孙耶律延禧为皇位继承人。公元 1091 年，不满 17 岁的耶律延禧被任命为天下兵马大元帅、总北南院枢密使事。公元 1101 年正月，辽道宗耶律洪基去世，皇孙耶律延禧继位，即天祚帝。

　　昏庸的耶律延禧即位以后，首先追奉其父耶律浚为皇帝，接着惩治耶律乙辛余党，以更为贪腐的耶律阿思为顾命大臣。耶律延禧继承辽道宗的败政，拒谏饰非，穷奢极侈，盘于游畋，信用谗谄，贿赂公行，纪纲废弛，人情怨怒，叛乱相继。公元 1114 年春，生女真完颜部酋长完颜阿骨打起兵反辽。公元 1115 年，耶律延禧为解决女真的威胁，下令亲征，但是辽军所到之处均被女真军击败。这年完颜阿骨打自称皇帝，建立金朝。与此同时，辽朝国内耶律章奴在辽上京叛乱。虽然这场叛乱很快被平定，但却加速了辽朝内部的分裂。公元 1116 年五月，女真借机占领辽东京和沈州。公元 1117 年女真攻春州，辽军不战自败。公元 1120 年金军攻克辽上京，守将萧挞不也投降。公元 1121 年，已经失去一半领土的辽朝又因皇位继承问题发生内乱，最后以耶律延禧杀长子才告结束。公元 1122 年正月，金军攻克辽中京，耶律延禧被金兵所迫，流亡夹山。

　　位于辽南京的耶律大石与李处温等人，由于不知天祚帝耶律延禧的去向，便拥立耶律淳为帝，史称北辽。耶律淳降耶律延禧为湘阴王，并遣大使奉表于金朝，乞为附庸。然而不久，耶律淳病逝。公元 1125 年二月，辽天祚帝耶律延禧在应州被金人所俘，八月被解送金上京（今黑龙江省阿城区白城子），金太宗降耶律延禧为海滨王，历时 210 年的辽朝亡。

　　作为国家或王朝标志的国号，通常具有稳定性。然而，有辽一朝，国号则多次在"辽"与"契丹"之间转换。公元 916 年，辽太祖耶律阿保机称帝建国，国号契丹；公元 947 年，辽太宗耶律德光南下中原攻占开封灭后晋，在开封登基，改国号

为大辽；公元 983 年辽圣宗耶律隆绪又改称大契丹；公元
1066 年辽道宗耶律洪基复改国号为大辽。

辽灭亡的前一年，辽太祖耶律阿保机八世孙耶律大石，在
西北召集残部，控制了蒙古高原和新疆东部一带。公元 1130
年，在金兵的追剿逼迫下，耶律大石放弃蒙古高原率部西征。
公元 1132 年，耶律大石在叶迷立（今新疆额敏）称帝，后建
都虎思斡鲁朵，史称西辽。西辽曾一度扩张到中亚，成为中亚
强国。公元 1143 年耶律大石去世后，西辽经历了萧塔不烟、
耶律夷列、耶律普速完、耶律直鲁古与屈出律的统治，公元
1218 年被成吉思汗的蒙古军队灭亡，西辽立国 87 年。

公元 1212 年，辽朝宗室耶律留哥在隆安（今吉林省农安
县）、韩州（吉林省梨树县）一带起兵反抗金朝。隔年三月，
耶律留哥称王，国号辽，史称东辽。公元 1216 年初，耶律留
哥弟耶律厮不叛变，在澄州称帝，史称后辽。不久，耶律厮不
被部下所杀，众推耶律乞奴为监国。同年秋，木华黎率蒙古军
东下，耶律乞奴不敌，率九万契丹入高丽境。之后，后辽契丹
贵族互相残杀，自灭于公元 1220 年。耶律留哥建国后仍归附
蒙古成为其藩属，公元 1270 年元世祖忽必烈撤藩，东辽灭亡，
与契丹有关联的后续政权就此全部结束。

四、辽与北宋、西夏及周边势力之间的关系

辽建国后，南与五代时期的后梁、后唐、后晋、后汉、后
周，及代周建立的北宋为邻；公元 1038 年西夏建国前后，辽

与西夏又相互利用、相互争夺、相互打压，而辽与东部的高丽、北部的奚和鞑靼等，都有着深刻地交流、互动与融合。

（一）辽与北宋的关系

辽自建国以后，就一直与中原王朝争夺中原地区，尤其是与五代之后的北宋。公元 979 年正月，宋太宗出兵进攻北汉，辽景宗派耶律沙、耶律敌烈、耶律斜轸等率军相继南下援助北汉。三月，耶律敌烈率先锋军在后军还未到达的情况下，间道由白马岭（今山西盂县北）渡涧西进，被宋将郭进大败于石岭关（今沂州南）南，耶律敌烈等战死，辽援就此被阻，宋于五月灭北汉。六月，宋太宗乘胜率军转攻辽南京，辽增戍南京的耶律奚底、耶律撒合等率军阻击宋军于北郊沙河，战败后撤往清河，宋军遂围辽南京。辽南京在权知南京留守事韩德让、新到援军权南京马步军都指挥使耶律学古等防守下，宋军久攻不下。七月初，耶律沙、耶律休哥、耶律斜轸等大败宋军于高梁河（今北京西直门外），宋军溃败，辽乘胜南下。十月，宋将刘延翰、崔翰、李汉琼所部大败辽军于满城（今属河北）。辽大同军（即云州，今山西大同市）节度使耶律善补所率西路军，在南下途中也为代州（今代县）宋将折彦赟所败。次年三月，宋将杨业在雁门北（今代县北）击败辽军，声名大振。十月，辽景宗耶律贤亲征攻宋，自南京南下，进围瓦桥关（今河北雄县），大败宋军并追击至莫州（今任丘）后退兵。公元 982 年四五月间，辽景宗再次亲征攻宋，被宋将崔彦进击败后撤回。

　　辽景宗耶律贤去世次日，12岁长子耶律隆绪即位，是为辽圣宗，遗诏由皇后萧绰摄政。次年，被尊为承天皇太后的萧绰，开始了长达27年的摄政时期。承天太后重用顾命大臣耶律斜轸、汉人韩德让及室昉。韩德让以南院枢密使总宿卫事，与北府宰相室昉共掌国政。承天太后为防宋朝，任命名将北院大王、于越耶律休哥为南面行军都统、南京留守，总理边事。公元986年正月，宋太宗认为契丹主年幼，决定乘机攻取燕云地区，便派曹彬、崔彦进率主力为东路军，又派米信率军出雄州（今属河北）、田重进率军出飞狐（今涞源北），并派潘美与名将杨业为西路军统帅，北出雁门关（今山西代县北）。面对宋军的全面进攻，辽在岐沟关（今新城西北）、涿州（今涿州）、固安（今属河北）、新城（今新城东南）相继失守的形势下，承天太后立即派东征女真时的统帅、宣徽使耶律阿没里为南征都统，作为南京留守耶律休哥的副帅；又命东京留守耶律抹只立即统军南下，征调原准备东征高丽的辽军增援南京，并决定亲赴南京督战。同时，又派名将、北院枢密使耶律斜轸为山西兵马都统，萧挞览为副帅以代替大同军节度使耶律善补，抗击宋西路军。五月，耶律休哥、耶律阿没里大败宋东路军曹彬、米信等于岐沟关。当宋东路军败退南逃时，宋西路军在连克寰州（今山西朔州东）、朔州（今属山西）、应州（今应县）、云州（今大同）之后继续东进。五月，承天太后在取得岐沟关胜利的情况下，立即派左皮室详稳萧排押统率原辽太祖、辽太宗所属弘义宫、永兴宫的宫卫军及皮室军等赶往山西。六月，又命耶律休哥派兵增援，而宋西路军也在宋太宗迁徙云、朔、寰、应四州民众至宋境的命令之下退兵。八月，宋名将杨业因西路军统帅潘美、监军王侁争功违约，擅离设伏地陈家谷口（今宁武东北），之后又望风而逃退回宋境，使杨业为耶律休哥伏兵所败。杨业率残部百余人力战于陈家谷口，子延玉、部将王贵及残部全部阵亡，杨业受伤被俘，绝食就义。承天太后乘胜于当年十二月初率军南下，耶律休哥先败宋军于望都（今属河北），宋雄州守将刘廷让率军抗击辽军于君子馆（今河间西北），死伤数万，将领战死或被俘，刘廷让仅率数骑脱逃。时宋军主力退保乐寿（今献县），定州宋将田重进率军进入辽境，并一度攻占燕南重镇岐沟关（今河北新城西北）。南下辽军在攻掠祁（今安国）、深（今深县南）等州后北还。公元 988 年十月，承天太后再次率辽军攻宋，宋定州守将李继隆、袁继忠出战耶律休哥军，胜负相当。此前，辽朝驸马萧勤、勇将萧挞览皆已先后中箭受伤，辽军在攻掠数州县后，于次年初北返。

公元 998 年十二月，主张辽宋和平相处的南京留守耶律休哥去世，辽改而采取经常攻扰的策略。次年七月辽军攻宋，在遂城（今河北徐水西）受到北宋名将杨业子杨延昭的顽强抵抗，辽军遂退回南京。公元 1001 年十月，辽又以南京留守耶律隆庆率军攻宋，与宋前锋军张斌相遇于遂城北长城口，宋军先胜后败退保遂城，辽军南进至满城（今属河北）。第二年春，辽又派北府宰相萧继先、南京统军使萧挞览攻宋，亦多无进展。

就这样，辽在多年连续攻扰宋境收获无几的情况下，承天太后于公元 1004 年闰九月大举亲征南下，主力进驻望都。宋主将王超率主力于唐河（今定州北）设防，辽军攻击无功后东攻瀛州（今河间）又未下，转而回师攻占祁州（今安国），由于宋将王超不敢出战，辽军主力乘虚南下，宋真宗在宰相寇准力主下，决定北上澶州（今河南濮阳）抗辽，宋各地守军坚守城池。辽军在攻击无功后继续南下，于十一月二十日攻占德清军（今清丰），二十二日抵达澶州城北，辽军主将萧挞览在观察地形时为宋军伏弩射中而亡，辽军士气严重受挫。二十六日，宋真宗抵达澶州，渡河登上北城门楼。皇上亲临前线，宋军士气大振，战果正在进一步扩大，将士们鼓足了气，准备痛击辽军。然而，皇帝宋真宗一心希求与辽和议后回京，并无与辽决战的气派和谋略，于是向辽表示议和，辽承天太后遂遣使商议。最后，求和心切的宋真宗以称辽承天太后为叔母，每年输辽银 10 万两、绢 20 万匹为条件，与辽订立了澶渊之盟。所幸从此以后，辽宋之间基本维持边境和平长达一百多年。其间的公元 1041 年十二月，辽兴宗耶律宗真乘宋夏战事紧张之际，以宋修边防可能攻夏为借口，派耶律宗元、萧惠聚兵南京，气势汹汹作出攻宋态势，并于次年初派使臣赴宋，索取被后周世宗攻占的关南十县。同年九月，不愿割让土地的北宋为避免两面作战，遂以岁增银 10 万两、绢 10 万匹的代价，与辽重新订立了和约。

（二）辽与西夏的关系

辽承天太后在数次攻宋未有重大进展的情况下，自公元 986 年开始，便接纳了与宋对抗的党项首领李继迁的降附，并

授予李继迁定难军（银州，今内蒙古乌审旗南）节度使。李
继迁接着向辽求婚，辽封部族女耶律汀为义成公主出嫁李继
迁，并于公元 990 年进封李继迁为夏国王，诱导支持鼓励西夏
侵扰宋西北边境。李继迁出于自身利益考虑，于次年七月向宋
降附。辽对党项主要采取安抚政策，后又进封李继迁为西平王，
同时任命萧挞览镇抚西部边境，以加强对党项的防御和控制。

当辽宋议和之后，西夏认为，辽已经背弃与自己联合对付
北宋的盟约，便支持和接纳辽西部边境部族的叛降，辽兴宗耶
律宗真遣使责问时，夏景宗李元昊态度强硬。公元 1044 年十
月，耶律宗真率军征西夏，李元昊在辽军连续获胜的情况下，
一面遣使请和，一面退守贺兰山，并沿途清野，烧光野草，使
辽军马无草可食。当辽军马饥士疲之际，李元昊发起攻击，辽
军大败，双方再次议和。之后，辽任命北院宣徽使耶律马六为
西京留守，以加强对西部边境的控制。公元 1048 年西夏主李
元昊去世，未满周岁的儿子李谅祚继位，外戚擅权。次年七
月，辽兴宗耶律宗真乘机再次率军攻夏，仍被西夏击败。公元
1050 年，在两次击败西夏侵边战役之后，耶律宗真于三月派
西南招讨使萧蒲奴统军攻夏，一度攻至西夏都城兴庆府（今
宁夏银川）周围，并攻破西北的摊粮城（今内蒙古阿拉善左
旗北）。西夏多次战败以后，没藏太后遣使要求依旧降附，公
元 1053 年春，辽夏握手言和，之后几无战事。

（三）辽与奚的关系

奚，属阿尔泰语系的原始蒙古语部落，隋以前称库莫奚。

北朝时，库莫奚多次越过长城，南下到邻近今河北省中部的地区，屡受北魏、北齐打击。唐光启年间，即公元 886 年前后，契丹打败奚王吐勒斯，奚人元气再次挫伤。9 至 10 世纪之交，契丹首领耶律阿保机对奚交替使用战争和诱降手段。公元 911 年，契丹终于征服奚，奚五部先后纳入契丹统治。

耶律阿保机建国前后，战火连年不熄，相当一部分奚人丁壮编入辽军，从事征战和守边，伤亡很大。契丹初起时，经常出现虐待奚人贵族首领的事件。奚人酋长去诸带领部分奚人逃奔妫州（今河北怀来）北山，有数千帐依附幽州（今北京）节度使刘守光父子，史称其为西部奚，去诸为西部奚王。这支奚人处于契丹与后唐间，并与后唐关系日益密切。后契丹对西部奚发动战争，双方决裂，西部奚进一步向后唐靠拢，成为其臣属。公元 939 年，石敬瑭联合契丹灭后唐，辽得到包括西部奚驻地在内的燕（今北京）云（今山西大同）16 州，西部奚民最终归属辽朝，并被辽强迫迁回本土。

契丹与奚习俗语言相同，地区毗邻，友好关系源远流长。耶律阿保机以奚作为联盟，并将奚分为两大部分，采取不同的统治形式。公元 903 年，耶律阿保机将所俘奚人 7000 户编为迭剌迭达部，亦称奚迭剌部。公元 921 年，耶律阿保机又将另一部分所俘奚人编成乙室奥隗部和楮特奥隗部。后辽圣宗耶律隆绪又将撒里葛、窈爪、耨盌爪、讹仆括各置一部。上述七部奚人皆隶南府，直属辽朝廷，接受契丹影响较多，各有不同程度的契丹化。

辽太祖耶律阿保机为更有效地利用和管理奚人，保留了奚人最高的军政领导机构奚王府。该府除奚王外，辽太宗耶律德光还加设二宰相、二常衮，奚王均由奚人担任。奚王府管辖遥里、伯德、奥里、楚里和梅只五个部，与唐代的奚五部具有直接的对应关系，每部长官为节度使。奚王府与契丹北大王院、南大王院、乙室王府合称四大王府。奚王府能够与三大王府并列，可谓荣宠之至。奚贵族和朔奴、萧莆奴、萧阳阿、萧韩家奴等入仕辽朝，在朝廷和地方任高官，享厚禄。公元 997 年，辽圣宗耶律隆绪免除奚王府所属各部税贡。辽通过这些措施，使得奚贵族与契丹贵族的关系更加密切。

当然，以契丹为主体的辽朝，对奚始终存有戒心，一直担心奚王府壮大而不好驾驭，更担心其反戈相向。所以，不断地采取控制和防范的措施。公元 923 年，辽镇压胡损领导的奚人反叛后，便改组了奚王府，任命忠于朝廷的奚人贵族勃鲁恩为奚王。其后，奚王一直由朝廷任命。

奚王对所属各部的实际权力维持到辽中期，辽圣宗耶律隆绪将奚王府对各部的单线领导改为由奚王府和朝廷的双线领导。公元 994 年，耶律隆绪又对奚六部进行大规模调整，将梅只、堕瑰二部合并到奥里部之中，削减了奚王府的常备军，奚王府所属六部军队，也由契丹贵族任监军，以进一步削弱奚王府的权力和影响。辽对奚的基本政策，既保证了奚贵族的特殊地位，又使奚人能够就范，更好地为契丹所用。这一系列行之有效的政策不仅化干戈为玉帛，而且在辽朝的创业、守成和拓疆等进程中，奚人都成为辽朝忠实可靠的助手，这在很大程度上弥补了契丹的许多先天性不足。

（四）辽与鞑靼的关系

鞑靼之名最早见于公元 732 年突厥文《阙特勤碑》，突厥人把位于其东方的蒙古语室韦诸部称为三十姓鞑靼。隋唐时室韦诸部分布在今内蒙古呼伦贝尔盟及其附近地区。9 世纪中叶回鹘汗国崩溃以后，室韦人大量西迁或南迁，进入今蒙古国境内和我国内蒙古西部草原。迁到大草原或草原、森林交界地带的室韦人，成为草原游牧部落或半游牧半狩猎部落。鞑靼即新的室韦系蒙古语诸部落，包括敌烈、乌古、阻卜、梅里急、萌古、斡朗改等部。

公元 918 年，斡朗改诸部向辽朝廷进献拉车奴隶，从此开始归属于辽朝。次年，辽太祖耶律阿保机征服乌古诸部。公元 924 年，敌烈诸部主动归附辽朝，从此不断向辽廷进贡。辽朝为统治乌古、敌烈，在乌古部和敌烈部各置基本由契丹人充任的节度使或详稳，又于其上置由契丹人担任的乌古敌烈都详稳加以统辖。

辽初，耶律阿保机征服了分散于大漠南北的阻卜诸部后，尚未建立牢固的统治。从公元 971 年起，辽委派耶律速撒为阻卜九部都详稳，在漠北招抚诸部。耶律速撒在任二十年，对阻卜诸部实施了颇为有效的统治。耶律速撒去世后，一些阻卜部落叛辽。公元 994 年，辽廷派承天太后姊统率军队进屯克鲁伦河，并委派萧挞凛为阻卜都详稳协助掌管军事，讨伐阻卜诸部中不服从辽朝统治的部落，加强对阻卜诸部的统治。萧挞凛奏请辽廷在漠北腹地建立三座城以镇抚阻卜诸部。公元 1004 年，辽在今蒙古乌兰巴托西和西南建成了镇州、防州、维州三城。此后，辽设置西北路招讨司驻镇州（今蒙古国土拉河支流喀鲁哈河南面），最高长官为招讨使。西北路招讨司是辽西北边疆地区的最高军政机构，负责镇守西北边疆地区，管辖阻卜等部落。公元 1011 年后，辽向阻卜各部委派节度使进行管辖，阻卜各部首长也多由招讨使推荐给辽廷正式任命为节度使。

僻处今鄂嫩河及贝加尔湖东南面的萌古部，公元 1084 年开始向辽廷遣使进贡，其首长接受了辽廷封授的部族官称号令稳、详稳，成为辽的属部，成吉思汗的五世祖察剌孩，曾被辽廷任命为令稳，四世祖必勒格被辽廷任命为详稳。

受辽朝统辖的乌古、敌烈、阻卜等属部每年必须缴纳大量贡赋。阻卜诸部每年要上缴马 2 万匹，还要服兵役，而且要自备武器马匹，接受征调，随从出征。此外，阻卜等属部必须负担各种徭役。由于辽西北边疆地区都详稳、统军使、招讨使等高级官员以及各部节度使，对待阻卜等属部骄横暴虐、征敛无度，阻卜、敌烈、乌古等部在辽代各个时期不断掀起反抗斗争。公元 964 年十二月，乌古部反叛，辽详稳僧隐与反叛军交战，败死。次年正月，辽廷派枢密使雅里斯等统率军队镇压，交战一年半时间也未能平息。后辽廷增派萧幹等征讨乌古部，又经过半年激战方才讨平。公元 1013 年正月，阻卜诸部在镇州（可敦城）围攻西北路招讨使萧图玉。三月，辽北院枢密使耶律化哥率军驰援，遣人将诸部诱降。公元 1015 年九月敌烈八部反叛，邻近诸部响应，攻占巨母古城（今内蒙古满洲里东南），北院枢密使耶律世良历经半年多时间的讨伐，才将其制服。公元1026年，西北路招讨使萧惠统率军队出征甘州（今甘肃张掖）回鹘，向阻卜诸部征兵，阻卜诸部起兵反抗，攻杀辽都监涅鲁古、国舅帐太保曷不吕等人。这次反抗延续数年，辽最后改用招抚的办法，阻卜诸部才逐渐归顺。

从辽兴宗耶律宗真时起，分散的阻卜诸部逐渐形成了部落联盟。辽廷为招抚阻卜诸部，封阻卜诸部联盟长屯秃古斯为大王，其弟撒葛里为太尉。公元1045年，屯秃古斯曾率领阻卜诸部酋长至辽廷朝觐。公元1053年，屯秃古斯又率领阻卜诸部酋长进贡马匹、骆驼。辽道宗耶律洪基时，磨古斯担任阻卜诸部联盟长。公元1092年，由于西北路招讨使耶律何鲁扫古误击磨古斯部，磨古斯杀死辽金吾吐古斯叛辽。耶律何鲁扫古战败，所统二室韦、六院部、宫分等军及特满群牧均陷没。辽廷改任耶律挞不也为西北路招讨使，征讨磨古斯。磨古斯假投降，诱杀耶律挞不也。公元1094年，辽知北院枢密使事耶律斡特刺等统率大军讨伐磨古斯，打败磨古斯所率阻卜四部，斩首千余级。磨古斯尽管战败遇挫，但此后六年间继续坚持抗辽，至公元1100年才被斡特刺擒获。磨古斯死后，阻卜、乌古、敌烈等部的反叛仍然此起彼伏，不断发生，成为对辽朝的严重威胁。

五、辽的政治、经济、文化、科技

总体而言，辽朝政治经济文化科技，既有自身的特点，又与中华民族大家庭有着千丝万缕甚至一脉相承的关系，并且为丰富华夏文明做出了应有的贡献。

（一）政治

辽朝统治者为契丹人，建国后政治方面虽然多仿照唐朝等中原政权，但自己的特色也非常明显。比如先后形成的五京制度，以及适应游牧部落转徙不定、车马为家的游牧生活方式，其政治中心不在首都而在捺钵（契丹语意"行在所"或"行宫"），契丹皇帝一年四季巡游于捺钵之地，大小内外臣僚和应役人等及汉人宣徽院所管的百司皆扈从而行，一切重大政治问题均随时在捺钵决定，捺钵是政令所出的行政中心。还有北面官南面官双轨官制、兵民合一的兵制和因欲而治的法律等。

1. 官制

辽朝初期官制比较简单，以后随着统辖区域的扩大，逐步形成了一套双轨官制，即在皇帝之下，分设辽官和汉官两大系统。辽官官署设于皇帝牙帐北面，被称为北面官；汉官官署设于皇帝牙帐南面，被称为南面官。

辽朝北面官体系大体分为四类：第一类为管理契丹内部事务的北府和南府，分别由北府宰相和南府宰相统管。北府宰相通常由皇族成员充任，南府宰相一般由后族成员担任。辽朝皇族为耶律氏，后族为萧氏。皇帝称天皇帝，皇后称地皇后。辽地皇后权力很大，可以直接参与军国大政，调动军队，统率士兵。耶律氏原属迭剌部，其军事长官为夷离堇，建国后分设北院大王和南院大王，职位仅次于两府丞相。第二类为管理皇族政教的大惕隐司和管理后族事务的大国舅司，另有北、南宣徽二院，掌北、南二院御前保障服务应酬等事。第三类为政务机构。北面官系统北枢密院地位最高、权力最大。北枢密院设北院枢密使、知北院枢密使事、知枢密院事等职，最初为军政机构，以后扩展到司法、刑狱、赋役、职官无所不统，成为实际上的宰辅机构。皇帝旨令通过北枢密院传达给两府宰相，并直至各个部落。另设夷离毕院掌管刑狱司法；大林牙院主管起草文书诏令；敌烈麻都司负责礼仪。此外，还设有大于越一职，位高而不任事，为功高年长者的尊号。第四类为军职机构。北面军官按宫帐、部属、属国等各自为军，设天下兵马大元帅、副元帅，一般由太子、亲王担任。各军设大将军府，分统所治军之政令。皇帝有侍卫亲军，设侍卫太师、太保、司徒、司空等官。又有宿卫司，设总宿卫事、总知宿卫事；宿直司，设详稳、都监、将军等。

辽初朝官中设有政事令、左右尚书及汉儿司。政事令相当于中原王朝的宰相，左右尚书相当于副相，汉儿司主管汉人事务。辽太宗耶律德光在汉儿司的基础上，设置了南枢密院。辽得到燕云十六州以后，又设三省、六部、御史台、诸寺、诸院、诸卫，大都效法唐制，兼采宋制，基本上形成了比较完备的南面官系统。南面官中最重要的机构为南枢密院，南枢密院设官与北枢密院基本相同。尚书省最初由南枢密院兼任，以后独立出来，置尚书令、左右仆射、左右丞，下设吏、户、礼、兵、刑、工六部。中书省初名政事省，中书令称政事令，中书舍人称政事舍人，辽兴宗耶律宗真时正式改名为中书省。门下省长官为侍中，典司礼仪之事。南面官中比较重要的是翰林院，为掌管起草汉字文书、诏令的机构，设总知翰林院事、翰林学士、翰林学士承旨等。

辽朝设有五京，即上京临潢府（今内蒙古巴林左旗）、中京大定府（今内蒙古宁城县大明城）、东京辽阳府（今辽宁辽阳市）、南京析津府（今北京市）、西京大同府（今山西大同）。辽朝五京并非王朝的政治中心，前期称为皇都的上京和辽圣宗耶律隆绪以后被称为都城的中京，都是名义上的国都。以游牧的契丹贵族为核心建立的辽政权，虽有五京的建置和皇都的称呼，但皇帝与朝臣并不常居京城，而辽朝的政治中心在捺钵。捺钵为辽朝皇帝四时外出渔猎时设立的行帐，此前随皇帝之意设立，辽圣宗耶律隆绪以后形成定制，即春捺钵在长春州鱼儿泊，夏捺钵在永安山或炭山，秋捺钵在庆州伏虎林，冬捺钵在永州广平淀。辽朝皇帝一年四季往返于四时捺钵，北南面官各机构主要成员，全部随同皇帝在捺钵办公。

辽五京实际上是各自所在地区的行政中心。五京辖区称道，有上京道、中京道、东京道、南京道和西京道。契丹人主要分布在上京道、中京道，按部属管理，首领称令稳，圣宗时改令稳为节度使。此外，还有一种特殊的建置称头下军州，为辽朝诸王、外戚、大臣及诸部将领以掳掠人口建立起来的州县。头下军州的节度使、刺史由中央任命，其他官员则由投下主自行委任。东京、西京、南京各道沿用唐朝制度，设州县，州有节度使、刺史，县有县令。

2. 法律

契丹建国前没有文字，因而刻木为契，穴地为牢，有罪则临时量其轻重，随机决断。遥辇氏后期，在审理释鲁被杀案时，制定了没籍之法。耶律阿保机为联盟长期间，惩治诸弟叛乱集团时，也曾权宜立法，规定亲王犯谋逆罪，不可送有司行刑，可使其投崖自尽；淫乱或逆父母者以五车辕杀；谤讪犯上者，以熟铁锥播其口杀死；从坐者，量轻重处以杖刑。

辽建国后，逐渐制定和完善法律。公元921年诏定法律，正班爵，以突吕不撰决狱法；诏大臣定治契丹及诸夷之法，汉人则断以律令，仍置钟院以达民冤，此为辽朝制定成文法的开始。辽朝法律也体现因俗而治的特点，汉人、渤海人依《唐律》《唐令》，契丹与其他游牧部民则依治契丹及诸夷之法。辽圣宗耶律隆绪时，定罪量刑多从宽简，逐步缩小了契丹人与汉人在量刑上的差别，相对限制了契丹贵族的某些特权，加进汉法中维护封建统治的十恶八议等内容。公元1036年编成《新定条制》，定刑5种，凡547条。但辽朝法律在执行过程中，人为因素较多，同罪不同罚的现象比较普遍。

3. 军制

辽朝皇帝是国家军政的最高决策者，也是最高的军事统帅。北枢密院为北面官系统的宰辅机构，又是全国最高军政机构，统御全国军事力量。南枢密院虽为南面官系统的宰辅机构，但无权处理汉地军务，不能统领汉军。辽朝军事指挥权牢固地掌握在契丹贵族手中，各级军政机构、蕃汉军队中的高级将校主要由契丹人担任。虽然汉人官僚在辽朝政权中的作用十分重要，除个别情况外，汉人基本无权参与军事。

辽在北枢密院之下，有北、南宰相府具体负责部属的军民事务，部属、宫卫均为军政合一单位。殿前都点检司负责宿卫行宫；五京留守司分领五京州县汉军和渤海军。汉地各州节度使，包括部分刺史，兼掌军政民政，统领管内节镇兵、乡兵。节度使司下设马、步军指挥使司，专掌节镇兵。

在契丹腹地以外，辽朝将全国划分为几大边防军区，分置军政机构，统驭本军区蕃汉驻军。设在边疆地区的边防军政机构称招讨司或统军司（契丹语称详稳司），其西南路招讨司负责辽与西夏及本路的辽宋边防，镇遏党项、吐谷浑、突厥等属部；西北路招讨司负责镇遏漠北阻卜各部；乌古敌烈统军司掌管胪朐河（今克鲁伦河）流域乌古、敌烈等属部分布区的防务；东北统军司负责对女真、五国、达鲁虢等东北部族的防务；东京（今辽宁辽阳）统军司镇遏渤海、熟女真等部族，负责对东部高丽的边防；招讨司、统军司统领军区内驻军及部族，主持边务，稳定边疆，并掌管境内屯田和群牧，其下置有若干兵马司（详稳司），分镇边疆要地。在东起涿、易，西跨应、朔等州的辽宋沿边地区，置西南面安抚司，专司边务，处理双边交涉。

辽朝军队按其征集和编组系统，分为朝廷宿卫军、部族军、五京州县汉军、渤海军及属国军四种类型。按其军事职能，分为朝廷行宫宿卫军和地方镇戍军两大系统。辽朝建有五京，但皇帝及朝廷官属并不定居京城，仍然四时逐水草迁徙。

皇帝行在捺钵，皇帝起居的毡帐斡鲁朵（宫帐、行宫），作为辽朝政治中心和中枢决策中心，置重兵宿卫。辽朝宿卫军前期以左、右皮室军为主，中后期以宫分军为主。皮室军源于辽建国前部落联盟首长的亲兵，耶律阿保机为夷离堇及于越时，帐下有众多亲兵；公元907年耶律阿保机为可汗，建立了御帐腹心亲军皮室军。之后皮室军不断扩大，公元916年耶律阿保机建国时，皮室军已分为左、右两部。在耶律阿保机战胜反对势力、称帝建国斗争中，皮室军起了决定性的作用。辽太宗耶律德光进一步扩编皮室军达3万多人，称左、右皮室军。辽中期以后，皮室军逐步转变为朝廷直辖的机动作战部队，辽末皮室军驻防燕北，成为单独的一部，只是由朝廷直辖。继皮室军之后，宫分军成为真正的御帐亲军。宫分军按不同的宫分编制，每宫自成一军，入则居守，出则扈从。在皇帝捺钵或行营地，行宫宿卫军士兵环绕牙帐。皇帝牙帐以枪为硬寨，用毛绳连系。每枪下有一黑毡伞，枪外小毡帐一层，每帐五人，各执兵仗为禁围；禁围分大小两重，小禁围在大禁围外，内有毡帐两三座；大禁围每面长一百一十步，有毡帐十座，黑毡兵幕七座；大小禁围外有契丹兵甲一万多人，各执枪刀、旗鼓、弓箭等宿卫。

辽朝地方镇戍军主要有部属军和五京州县汉军、渤海军。辽朝西北、西南、东北边区，主要由部属军屯戍；东京地区以渤海军为主；长城沿线北侧由部属军镇戍，长城以南地区主要由汉军镇戍。辽朝每逢举兵，都要从诸道征兵，四大部属军多在征调之列，而且为冲锋陷阵的主力部队。战事结束，即遣返各部。辽朝兵役制度为壮者皆兵的征兵制，辽朝规定凡民年十五以上、五十以下隶兵籍，并适用于境内所有民户。辽朝早期无户籍，成年部民亦民亦兵。辽朝建立后，部属仿州县编制户籍，并根据财产状况，分部民为上、中、下户，按户等征收赋税、摊派徭役和兵役。辽朝百姓兵徭杂役负担极重，部属军戍边，漫长的行军道路，恶劣的边地环境，加之其他部落的侵扰，往往生还者无几。其他如战时的征敛、繁重的赋税，加以各级官吏、豪强巧取豪夺，残害百姓，加剧了百姓的贫穷破产。

辽在士兵装备给养方面，契丹军与汉军差异较大。契丹及其他部属军的部民既是生产者又是战士，弓箭、马匹为平日的生产资料，一般不需要专门的军需给养，遇有征发，按规定军士每人自备马三匹、弓四、箭四百、长短枪、斧钺、小旗、锤锥、火刀石、马盂、沙袋、搭钩毡伞、縻马绳二百尺等。

辽朝军队后勤建设中最有成就者，当为屯田与群牧。朝廷鼓励戍军屯田自给，重视马政群牧，而群牧牲畜成为战马的重要来源。辽朝主要的群牧场多分布于沿边地带，如漠北滑水马群太保司、漠南马群太保司、倒塌岭西路群牧司等。

辽朝与行军作战有关的制度还包括军事礼仪、符牌制度及将帅任命、战术规定等。军事礼仪方面每凡出兵，皇帝率领蕃汉文武臣僚，宰杀青牛白马祭告天地与日神，并分命近臣祭祀太祖以下诸陵及木叶山神。如果皇帝亲征，则要身着戎装祭祀先帝宫庙，或主祭先帝、道路、军旅三神。军行前，须用一对牝牡狍子祭祀；攻城略地取胜，要宰杀黑白羊祭天地；班师要用掳获的牡马、牛各一祭天地。符牌制度及将帅的任命方面，朝廷铸金鱼符调发军马，用银牌传达命令。调发兵马时，各部闻诏即点集军马器仗而按兵不动，静待朝廷金鱼符至。合符以后，由朝廷委派军主，与本司互相监督，皇帝亲点将校，选派勋戚大臣充任行营兵马都统，授权行营都统全面指挥各参战部队。战术方面辽军骑兵每500至700人为一队，十队为一道，十道当一面，队、道、面各有主帅。各队轮番冲杀敌阵，不给对方以喘息机会，而己方人马则可稍事休整。如敌阵坚固，不事强攻，如此轮番冲杀两三天以后，待敌疲惫，然后派辅助作战部队迷惑敌阵，主力部队乘势掩杀歼敌。

（二）经济

契丹人本以游牧为主，畋鱼以食，皮毛以衣，马逐水草，人仰乳酪，基本上是其生活的真实写照。但要进一步发展，仅此远远不够。因此在契丹立国之前，有远见的上层统治者就已经尝试了多种解决办法，即以人为方式，在游牧区内营造绿洲，然后将农耕地区百姓掳掠或移居其中耕种务农；同时不遗余力侵占汉地发展农业和手工业，从而使其经济支撑日趋多元。同时，辽在各地设群牧使司，以管理国有牲畜。为使农牧渔业和手工业共同发展繁荣，辽朝不断探索，建立了独特而又比较完整的管理体制。

1. 畜牧渔业

牧业是契丹等部落民众的衣食来源和生活基础，也是武力征伐所倚靠的重要物质条件。当时阴山以北至胪朐河、土河、潢水至挞鲁河、额尔古纳河流域，均为优良牧场。契丹各部和属部中的阻卜、乌古、敌烈、回鹘、党项等部众，主要从事游牧业。羊、马是契丹等游牧民的主要生活资料，肉和乳是他们的食品和饮料，皮毛提供衣被，马、骆驼则是重要的交通工具，在战争和射猎活动中，马匹又是不可缺少的装备。游牧的契丹人，编入相应的部落和石烈，在部落首领的管理下，在部落所占区域从事牧业生产，承担着部落和国家的赋役。

契丹等游牧部民牧养的牲畜，以羊、马为多，牛、驼次之。每年四至八月，牧草繁茂，是他们放牧的黄金季节。冬季则驱赶牲畜至朝阳背风的平沙处。每一部落都有自己的游牧范围，部民在各自的游牧范围内，逐水草随阳光迁徙。

辽朝除部落民私有的畜群和部落所属的草场以外，还有称为群牧的国有畜群与草场。国有群牧始建于辽太祖耶律阿保机时，辽太宗耶律德光设官置牧，群牧的组织建设已经具备一定规模，成为国家军用马匹的重要牧养场所。群牧的马匹，主要来源于征伐中的掳获、属部的贡纳和群牧的自然繁息。每有战事，五京禁军的马匹多取自群牧；有时也以群牧马匹赈济贫苦牧民。一旦群牧因战事频繁耗损严重，或因自然灾害造成大批死亡，朝廷则直接收取富人马匹予以增补。占据优质牧场，拥有特殊政策，又以国家权力做保障，辽朝群牧一直比较兴盛，最盛时群牧养马达百万匹以上。

辽朝所属各游牧部落，依其社会发展的程度和所居地域的自然条件，或主要从事游牧业，或以渔猎为主。牧业闲暇的冬季，契丹人常常组织围猎。胪朐河下游，呼伦湖一带，有丰富的鱼产资源，北方沿江和山林地区各部众，如五国部、生女真等，渔猎业仍占主要地位。

2. 农业

辽朝农业，在灭渤海国和得燕云十六州之地以后，得到迅速发展。农业既提供丰富的粮食和农产品，成为牧业经济的重要补充，燕云地区的赋税也成为辽朝重要的财政收入。汉地农业在增强辽朝国力的同时，对辽朝政治、经济、军事、文化和契丹人生活方式、生活理念都产生了广泛而深刻的影响。因此，辽朝统治者大都十分重视农业，注意安置农业人口，对农业采取支持、鼓励、保护的政策。辽朝从事农业生产的居民被编入州县，包括拥有少量土地的自耕农和靠租种土地为生的佃户。他们无论经济地位如何，都为具有自由民身份的国家编户，并承担着国家的赋役。辽朝的土地有公田和私田两类，公田包括沿边设置的屯田、募民耕种的在官闲田。辽朝规定百姓对领种的公田，十年后才向朝廷缴纳租赋。为鼓励百姓开垦荒地，对新垦荒地也给予免租赋十年的优惠；兵荒或岁饥之年，也适当给予赋税减免照顾，从而促进和保护了农业生产。

辽东京（今辽宁辽阳）、西京（今山西大同）和南京（今北京）道是辽朝的农业区。统治者诏有司劝农桑，教纺织，明令不以射猎妨害农事。公元 982 年，因宋辽战争负担加重，民力凋敝，田园荒芜，辽景宗耶律贤下诏减免当年租赋，又命诸州对逃户的庄田，允许蕃汉民众承佃。同时规定逃户五周年内归业者，三分还二分；十周年内还一半；十五周年内三分还一分，使农田不致荒废，并使无地农民得以有田耕种。辽圣宗耶律隆绪和太后萧绰执政时期，更重视发展农业，开垦荒闲土地，减轻百姓负担，整顿赋税，赈济灾贫，安置流亡，保护商旅，而且同类政策一直延续六七十年。

由于辽朝最高统治者重视和保护农业，各级官僚也多以劝课农桑为己任，促进了辽朝农业的发展。辽朝境内农作物品种齐全，既有粟、麦、稻等粮食作物，也有多种蔬菜和瓜果。辽朝借鉴学习中原的农业技术，引进农作物品种，还从回鹘引进了西瓜、回鹘豆等瓜果品种，同时结合北方气候特点形成了一套独特的作物栽培技术。辽朝农业生产工具种类齐全，犁、铧、锄、镰、锹、镐、铩、刀、叉等，应有尽有。在辽朝各级统治者的提倡和保护下，农民辛勤劳作，使辽朝仓廪充实。虽然辽朝经常四处作战，但粮食供应基本不曾匮乏。沿边诸州各有和籴仓，每年新陈相易，饥民得以低息借贷，农民利益基本得到了保护。

3. 手工业

辽有矿冶、铸造、食盐、纺织、陶瓷、建筑等多种手工业，尤其在车马具的制造方面，有着极为出色的成就。

(1) 矿冶 辽朝矿冶业起于契丹建国之前，史称太祖耶律阿保机之父耶律撒拉仁民爱物，始置铁冶，教民鼓铸。耶律阿保机继任可汗以后，征幽燕得银矿铁矿，命置冶采炼。这次所置矿冶，当在汉城（今河北承德南）附近。这一带的农耕、畜牧和盐铁之利，以及所俘汉人的辛勤劳作和他们先进技艺的施展，共同促进了迭剌部生产力的发展，强劲地支撑了耶律阿保机的争胜出头，为耶律阿保机得以建国提供了经济保障。辽东为铁的重要产地，辽将这一地区并入版图以后，进一步促进了冶铁业的发展。辽在手山、三黜古斯和柳湿河分置三冶，手山为今辽宁鞍山市的首山。此外，东京道的同州（今辽宁开原南），上京道的饶州（今内蒙古赤峰市林西县樱桃沟村古城址）长乐县，分别有300户和4000户从事冶炼，皆以铁纳赋。中京柳河（今伊逊河）流域的渤海人，也滤河沙炼铁。南京道有景州（今河北遵化）龙池冶，营州（今昌黎）有新兴冶，均由官府设官提点，为官营坑场。东京道的银州（今辽宁铁岭），南京道的渔阳（今天津市蓟县），中京道的泽州（今河北平泉西南）、严州（今辽宁兴城东南）等地有银冶。泽州陷河（今河北平泉会州城西南）开采时间历经辽、金、元、明直至清朝，储量十分可观。此外，尚有阴山、都峰、大石、宝兴等银冶。从1981年内蒙古察右前旗豪欠营契丹古墓中出土的葬具铜丝网络和铁器分析，契丹冶炼铜铁技术已经很不一般，当时既可以冶炼黄铜，又可以冶炼纯铜，而且冶炼方式稳定；其铁钉成分已经十分接近现代纯铁。

（2）**铸造业**　辽朝金、银、铁器的制造技术已经达到很高的水平，从辽墓出土的铁器看，铁的应用相当广泛。中京（今内蒙古宁城西）打造部落馆，有百蕃户编荆篱，锻铁为兵器。东京道河州（今吉林中西部）有军器坊，显州（今辽宁北镇西）设甲坊，制造兵器；辽墓出土的兵器已经使用优质低碳钢。农业生产工具有犁、铧、镰等多种，有些已类同近代所用工具；手工业工具种类繁多，仅叶茂台辽墓出土的凿就有宽刃、圆刃、斜刃等多种。生活用品有火盆、剪、熨斗、火筷、灯、铜镜和丧葬所用的金、铜面罩，以及银、铜丝网络等，其工艺细致、复杂。叶茂台辽墓出土的嵌银缠枝花鸟纹铁罐、银鎏金镂花捍腰，赤峰辽驸马墓出土的鎏金龙凤纹鞍桥，内蒙古哲里木盟奈曼旗辽陈国公主与驸马合葬墓出土的鎏金银冠、金花银靴、琥珀璎珞、八曲花式金盒、镂雕金荷包、双龙纹金镯、缠枝花纹金镯、金花银枕等，都是辽高超铸造工艺水平的佐证。

（3）**采盐业**　辽建国之前，安置汉人的炭山东南滦河上游地区产盐，契丹八部曾仰以为食。黑车子室韦所在地区的鹤剌泊（又名广济湖，大盐泊，今内蒙古锡林郭勒盟东乌珠穆沁旗境内的达布苏盐池）储量极丰，盐花著岸如冰凌，朝聚暮合，久者坚如巨石。契丹人取盐为枕，细碎者食用和贩卖。及至灭渤海，得燕云，又增加了海盐。辽的制盐业更加发达，不仅满足境内的消费需求，而且贩至宋境，增加收入，甚至影响了北宋的国税民情。

（4）**纺织业**　辽朝建国前，契丹人已经掌握了简单的织造技术。掳掠和迁入大批汉人之后，纺织业得以迅速发展。辽上京（今内蒙古巴林左旗南）、中京、祖州（今巴林左旗西南），有专门为皇室提供纺织品的官营手工业作坊绫锦院。中京道的宜州（今辽宁义县）、川州（今北票）、锦州（今属辽宁）、霸州（兴中府，今朝阳）和东京道的显州，多产桑麻，除向绫锦院提供纺织原料以外，也生产大量精美的丝织品，甚至专以丝织品缴纳贡赋。辽朝的纺织品种类齐全，绫、罗、锦、绢、绮、纱、缎、刻丝等应有尽有。辽世宗耶律阮以定州（今河北正定）俘户所置的弘政县（今辽宁义县）民工织紝，多技巧，带动了中京地区纺织业的发展。南京锦绣组绮，精绝天下。豪欠营契丹墓发掘的契丹女尸，身穿衣裙8件，皆以罗绢为原料，证明了辽朝丝织业的水平。而女尸身上的轻罗蜡光式绢，则是这种最高水平丝织品的实物之一。辽生产的蕃罗，在宋辽贸易中，被宋地视为奇货。与纺织品发展相适应，辽在南京、中京等地设有染院，并置使提点院事，管理印染等相关事宜，而且能够用夹缬、蜡缬法印染各种花纹。

（5）**陶瓷业** 辽朝陶瓷在中国陶瓷史上占有重要地位，制造工艺继承和学习了唐宋技术，造型方面具有浓厚的游牧生活特点。鸡冠壶、方碟、长颈瓶、牛腿瓶、凤首瓶和辽三彩，及仿定白瓷为辽瓷器物和工艺的代表。辽三彩直接继承了唐三彩的风格，色彩为黄、绿、白，器形有长瓶、长盘、方碟、圆碟等。鸡冠壶是辽瓷中的典型器物，早期的鸡冠壶器腹较大，造型浑厚，保留着皮绳缝制印记；中期渐趋扁平，口高，体小；晚期器体细高，多为捏把。仿定窑的白瓷器多为碗、碟、盘等。辽早期陶瓷多为实用器物，除鸡冠壶外，形似蒙古包的仓式罐的造型也别具特色。辽中京松山州（今内蒙古赤峰西南）有一规模很大的窑场。从考古发掘可知这里生产的陶瓷品种齐全，而以粗白瓷为主，器物多为生活用品。除碗、盘、杯、碟、盂、盆、注子、瓮、牛腿瓶以外，还有玩具骰子等。色釉有茶、绿、黄、黑、褐和三彩等多种，花纹有卷草、牡丹、荷花、梅花、水波、凤鸟、蝴蝶等。

（6）**皮革与木器加工业**　长于骑射的契丹人，重视车马具的制造，皮革和木器加工也有较高的水平。契丹贵族所用鞍勒尤为考究，宋人称契丹鞍天下第一，无可仿效。辽也造车、船和日用木器家具，奚人和属部黑车子室韦人善造车。辽上京有车子院，并设监管理。辽制造的舟船，以及桌、椅、床等生活用具，有很高的工艺水平。契丹人的弓以皮为弦，箭削桦为杆，带勒轻快，便于驰走，极具特色。

4. 商业

牧业经济离不开农业、手工业，更离不开商业。为了满足商业贸易的需要，公元 909 年，耶律阿保机建羊城（今河北沽源西南）于炭山之北，以通市易。随着版图的扩大和经济成分的多元，辽内外商业贸易有了进一步的发展。五京相继建成以后，都成为辽朝重要的商业城市。辽上京南当横街，各有楼对峙，下列井肆。南京城北有市，陆海百货，聚于其中；僧居佛寺，冠于北方。东京外城谓之汉城，分南北市，中为看楼；晨集南市，夕集北市，为东京道商业贸易的中心。中京为辽朝重要的商业城市，自朱夏门入，街道宽百余步，东西有廊舍，店铺相连，商旅辐辏，贸易相当活跃。辽在上京、南京、西京置都商税院，设点检、都监、判官等主持征收商税和市场管理；西京、东京设转运使，分别管理通商、贸易等事。五京属下州县设有钱帛司、盐铁司、商曲院和征商榷酒等诸务。辽朝在重要关隘、路口，也设有征商机构。五京之外，各道同样也都是商业贸易的重要场所，如南京蓟州的新仓镇（今天津宝坻），屯四境之行商，集百城之常货；西京朔州（今属山西）榷场，也是宝货山积，功作迭兴。与游牧业经济相适应，上京道的交易除固定的场所外，行宫所在，皆有市场，并设行宫市场巡检使管理商业贸易诸事项。

辽朝为了满足国内生活和对外战争的需要，十分重视对外贸易。建国后，随着社会的发展，对经济往来、物资交流的要求更加广泛，迫切需要同境外开展贸易交往，互通有无。建国初，同五代的梁、唐、晋、汉和十国中的吴越、南唐都有经贸往来。后来与北宋、西夏、高丽、高昌回鹘和女真等在建立政治联系的同时，积极开展商业活动。辽与周边各政权、各部落的经济往来，多以朝贡和互市的方式进行。后晋时，辽除每年得到30万匹绢帛贡献外，双方的商业贸易也十分活跃，规模不断扩大。为了满足日益增长的需求，辽朝甚至借道后晋远至南唐进行交易。虽然与宋苦争中原，但与宋之间的贸易几无中断。宋初，曾准许缘边商民与辽市易，公元977年开设镇（今河北正定）、易（今易县）、雄（今雄县）、霸（今霸州）、沧（今沧州东南）、静戎军（今徐水）和代州雁门砦（今山西代县西北）等处榷场，以常参官和内侍同管榷务，向辽提供香药、犀、象牙及茶等货物。澶渊之盟以后，宋于雄、霸两州及安肃军（静戎军改）、广信军（今河北徐水西）等处置场，设官平互市物价。双方贸易往来日渐正常，交易规模不断扩大。辽以银、钱、布、羊、马、驼、皮毛换取宋茶、瓷、犀（角）象（牙）、香药、帛、漆器和《九经》等书籍。辽每年仅于河北即向宋贩易羊达数万只。除榷场贸易外，双方民间私自交易也禁而不绝，辽朝私盐的涌入，冲击着宋朝河北的食盐专卖制度；而宋朝的印本书籍和文人诗赋也不断流入辽境。对宋的边界贸易是辽境外贸易的主要市场，它满足了辽朝境内对某些消费品的需求。宋朝每年可以从榷场贸易中获得 40 余万的收入，以致每年交纳辽朝的岁币，基本能够在榷场的交易中收回。

在与宋朝榷场贸易之外，辽还在振武军（今内蒙古和林格尔境）、宁江州（今吉林扶余东）等边界地区开互市，与西夏、女真、回鹘、高丽等交易。女真以金、帛、布、蜜、蜡、诸药材与辽交易。铁离、靺鞨、于厥等诸部以蛤珠、青鼠、貂鼠、胶鱼皮、牛、羊、驼、马等物与辽交易。鹰鹘、鹿、细白布也是东北部女真输入辽境的重要商品。西夏向辽输入沙狐、鹘、兔、马、驼、毛织品和药材、矿物等。

除互市贸易外，使者往来所携礼物和辽朝所赐礼品也是一种相互交流的物品。高丽所进有纸、墨、米、铜、人参、粗布；西夏、回鹘所进有珠、玉、犀、乳香、琥珀、镔铁器、马、驼和毛织品。辽朝回谢礼物则有鞍马、弓箭、皮毛、丝织品。辽朝除以本地所产与周边各属国贸易外，还以互市所得转贸于他地，从中渔利。如宋徽宗时，滥修豪华宫室所需的大量北珠，皆由契丹得之于女真又高价转贸于宋，并成为逼女真反辽的导火索。辽朝赐与宋使的徐吕皮（回鹘野马皮）、红虎皮（回鹘獐皮）等皆得自回鹘，至为珍贵。

（三）文化

辽朝的创建者耶律阿保机及其后继的多个执政者，都是具有雄才大略的政治家。他们通晓汉语，吸收燕蓟地区上层汉人参与国家治理，借鉴中原政权统治经验，广泛吸收汉地文化。特别是在辽得有汉地幽云十六州及之后与宋朝的频繁交往中，切身体会到汉文化对辽朝发展的重要性。大量汉文书籍的翻译，将中原的科学技术、文学、史学成就介绍到北方草原地区，带动和促进了游牧民族草原文化的发展。辽朝皇室和契丹贵族多仰慕汉文化，辽统治者崇拜孔子，建立孔庙，先后于上京建国子监，府、州、县设学，以传授儒家学说。同时，辽重视继承和发展游牧传统文化，为丰富中华民族文化宝库做出了一定的贡献。

1. 语言文字

契丹语为东胡语的一个分支，属于阿尔泰语系，与古蒙古语同源。辽建国前，契丹并无文字。公元 920 年，耶律阿保机命耶律突吕不和耶律鲁不古创制文字。他们在汉人的协助下，以减少汉字隶书笔画，或者直接借用汉字创制了契丹文字，具体是在汉人的帮助下，通过增损隶书汉字作文字数千，以代刻木之约，被称为契丹大字。后来，皇弟迭剌参照回鹘字对大字加以改造，创制了契丹小字。小字为拼音文字，有 300 多个表音符号，称原字。将若干原字拼在一起以记录契丹语，比大字使用方便。辽朝境内，契丹语和汉语都为官方和民间的通用语言，两种契丹字和汉字也同样在境内外通行。契丹字除用来书写官方文书、碑碣、牌符、书状、印信等外，也翻译了大量儒家经典和文学、史学、医学著作，有些契丹文人也用契丹文字创作了一些文学作品。辽朝皇帝和契丹上层人物多仰慕汉文化，一些皇帝和贵族有较高的汉文化修养，汉上层人士也多通晓契丹语，出使辽朝的宋人也有能够用契丹语作诗者，这对沟通契丹人与汉人的思想感情，加强辽宋间的友好关系起了重要作用。

由于辽朝书禁甚严，片言只字皆不得携带出境。所以，辽人著作流传至今者仅有四部，其中二分之一为研究语言文字的专著，如《龙龛手镜》和《续一切经音义》。《龙龛手镜》四卷，为辽僧行均撰，是一部字书。书中凡部首字，以平、上、去、入为序，各部之字复用四声列于其后。每字下详列正、俗、今、古。所录凡二万六千四百三十余字，注文十六万三千一百七十余字，总计十八万九千六百一十多字，可补《说文》《玉篇》所未备。卷首燕京悯忠寺僧智光序题为统和十五年丁酉七月一日，说明这部著作成书于辽圣宗时期的公元 997 年。辽僧希麟撰《续一切经音义》，是唐代僧人慧琳所撰《一切经音义》的续作，主要是对《开元释教录》以后的经论做的音注。

2. 儒学

辽朝统治者大都尊崇孔子，基本能够以儒家学说作为治国的主导思想。辽建国初，耶律阿保机选择历史上有大功德者奉祀，就在上京（今内蒙古巴林左旗南）修建了孔子庙。次年，耶律阿保机亲往孔子庙拜谒祭祀。一些仕辽的汉官，在依照儒家标准为官的同时，利用一切机会，向契丹统治者介绍儒家思想和封建帝王的统治经验，对契丹上层接受儒家思想起了示范和推动作用。契丹上层在所用人才的品德修养方面，也主要以儒家的道德标准为准则。辽圣宗耶律隆绪继位之初，枢密使、监修国史的室昉进《尚书·无逸篇》，太后闻而嘉奖。侍读学士马得臣录唐高祖、唐太宗、唐玄宗行事可法者进与辽圣宗，又上书谏止耶律隆绪频繁击鞠，皆得到圣宗的赞许。兴宗耶律宗真时，枢密使马保忠见皇帝溺于浮屠，朝政不纲，尝以儒道从容进谏。道宗耶律洪基不但学习和熟悉儒家经典，而且认为自身的文化素养和辽朝的典章文物，并不亚于中原皇帝和中原王朝。自辽圣宗至辽道宗，在法律和礼仪制度制定中，更是不断地加进儒家思想中维护封建统治和封建秩序的内容，使之成为官民的行为准则。

3. 文学

契丹人在语言运用上有其独特的技巧，尤其是善于运用比喻的手法评论事物和品评人物。辽朝文人既用契丹语言文字创作，也用汉语写作。他们的诗、词、歌、赋、文、章奏、书简等，有述怀、戒喻、讽谏、叙事等各种题材，作者包括帝、后、宗室、群臣、诸部人和著帐郎君子弟。辽圣宗耶律隆绪10岁能诗，一生作诗500余首，常自出题目召宰相以下赋诗，并亲自审阅。辽兴宗耶律宗真也善为诗文，不但与诗友唱和，还亲自出题，以诗赋试进士于廷。辽朝诸帝中，道宗耶律洪基文学修养最高，善为诗赋，作品清新雅丽，意境深远。其诗《题李俨黄菊赋》："昨日得卿黄菊赋，碎剪金英添作句。袖中犹觉有余香，冷落西风吹不去"，至今仍为人们所称道。宗室东丹王耶律倍有《乐田园诗》《海上诗》。耶律国留、耶律资忠、耶律昭兄弟三人皆善属文，工辞章，耶律国留有《寤寐歌》等；耶律资忠出使高丽被留期间，"每怀君亲，辄有著述"，后编为《西亭集》；耶律昭因事被流放西北部，致书招讨使萧挞凛，陈安边之策，词旨皆可称道。道宗皇后萧观音的《谏猎疏》《回心院》和应制诗《君臣同志华夷同风》，天祚文妃的讽谏歌，太师适鲁之妹耶律常哥的述时政文等，不但反映了文学修养，而且表达了关心社稷安危、致主泽民的政治理想。诗文中每引前代帝王行事为典，更体现了她们的经学、史学造诣。平王耶律隆先有《阆苑集》，枢密使萧孝穆有《宝老集》，北女直详稳萧柳有《岁寒集》，萧韩家奴有《六义集》，敦睦宫使耶律良有《庆会集》等诗文集。耶律庶箴有《戒喻诗》，耶律韩留有《述怀诗》等。不过，辽朝书禁甚严，不许传入宋境，故皆不传。辽朝境内的汉人如杨佶、李瀚等也分别有诗文集《登瀛集》和《丁年集》。流传至今的辽人作品除王鼎的《焚椒录》外，还有寺公大师的《醉义歌》。《醉义歌》系用契丹语创作，曾有金人耶律履的译文，契丹文原作和耶律履译文已经失传，今有耶律楚材的汉译本传世。

4. 史学

辽朝初年，尚无如同中原王朝的史官制度。至耶律阿保机即位后，始创制契丹文字。辽朝真正编撰本朝历史文献，始于圣宗耶律隆绪时期。景宗耶律贤乾亨初，拜汉臣室昉为枢密使，兼北、南宰相，监修国史。至公元 990 年，室昉表进所撰《实录》二十卷。辽兴宗时期诏萧韩家奴与耶律庶成等录遥辇可汗至重熙以来事迹，集为二十卷。辽朝这两次修《实录》，均为追记辽初史事。公元 1085 年，史臣进太祖以下《七帝实录》，即太祖、太宗、世宗、穆宗、景宗、圣宗和兴宗的实录，为见于《辽史》记载的辽朝第三次纂修实录。辽朝末年，耶律俨尝修《皇朝实录》七十卷，此为辽朝第四次纂修立国以来历代皇帝《实录》。另有赵至忠《虏廷杂记》为契丹史事著作，所记多为作者在辽朝廷的亲身经历。

5. 艺术

辽朝音乐、绘画、雕塑等艺术，是在隋唐时期北方艺术基础上发展起来的，而且都取得了突出的成就。

（1）音乐　辽朝散乐受唐五代及后晋的影响很深，并与契丹民间艺术相融合，形成一种类似宫廷音乐的形式，其演奏乐器有觱篥、箫、笛、笙、琵琶、五弦、箜篌、筝、方响、枝鼓、第二鼓、第三鼓、腰鼓、大鼓与拍板等；其散乐由 12 人协同演奏，音舞相谐，表演生动。

（2）绘画　契丹画家善画草原风光和骑射人物，创作了大量优秀的绘画作品。著名画家胡瑰、胡虔父子和东丹王耶律倍所画多入宋内府，被誉为神品。耶律倍多写贵人酋长，袖戈挟弹、牵黄臂苍、服用皆缦胡之缨；画马骨法劲快，不良不弩，自得穷荒步骤之态，甚为五代名人所爱。流传至今者有北京故宫博物院所藏的《射骑图》和流传到美国的《人骑图》《射鹿图》。胡瑰所画穹庐部落、帐幕旗斾、弧矢鞍鞯，或随水草放牧，或驰逐弋猎，而又胡天惨冽，沙碛平远，将塞外之景表现得苍凉而大气；以狼毫所制之笔画契丹人马，疏渲鬃尾，细密有力。胡瑰作品流传至今者，有北京故宫博物院所藏《卓歇图》。胡瑰子胡虔丹青之学有父风，与其父的画品难分真赝。辽兴宗耶律宗真工画，善丹青，所画鹅、雁点缀精妙，宛乎逼真。

今天所见辽代绘画作品中数量多、内容丰富者，当属辽墓中保存的大量壁画。这些壁画不但题材丰富，而且有相当高的艺术水平。早期被毁的辽圣宗陵墓永庆陵，墓内和墓道两侧均绘有丰富的彩画，有建筑装饰、人物、四季山水和牡丹、卷草、飞凤、双龙、彩蝶、祥云等饰纹，其中有大小略与真人相等的 71 位人物，包括蕃汉官僚、侍卫和奴仆，个个活灵活现。中室四壁所绘《四季山水图》，描绘了北方草原的四季风光，内容生动活泼，富有草原生活气息。近年来，又发现数十处辽代壁画墓，内容有草原风光、蕃汉人物、飞禽走兽、祥云花草、穹庐车帐，如库伦辽墓壁画中场面庞大的《出行图》和《归来图》等，无不真实记录了辽朝社会情况，为研究契丹人冠服、发式、车帐穹庐、生产生活、蕃汉统治者的腐化生活和辽代社会习俗，提供了真实可靠的形象资料。

（3）**雕塑** 辽朝的雕刻艺术作品重点反映了佛教人物或故事，保存至今的有真寂寺石窟（后召庙石窟，巴林左旗林

东镇西南约 20 公里）、开化寺石窟（前召庙石窟，后召庙东
大山南坡）、灵峰院千佛洞石窟（赤峰西南约 30 公里）和大
同云冈石窟中的辽代雕刻石像等。其中真寂寺中窟的圆雕佛涅
槃像和悲恸涕泣的佛弟子，造型浑厚，比例适当，堪称佳作。
北窟后室的浮雕像为全寺造型最优美者，为不可多得的辽代雕
刻珍品。20 世纪初至今，相继发现了中京辽太祖立像、辽景
宗坐像，兴中府天庆寺玉石观音像等。其中的玉石观音像用汉
白玉雕成，体形高大，镌刻精致。大同西郊佛字湾观音堂保存
有一组辽朝石刻群像，其中的观音菩萨立像神态端庄，镌刻工
丽，是辽代圆雕高大完美的石造像之一。大同拒墙堡西南辽南
堂寺遗址有释迦佛坐像和文殊、普贤、弟子、侍女、狮、象等
石雕残像，其中的释迦牟尼像面相浑圆，姿容端正，服饰典
雅，衣纹流畅，有很高的艺术价值。

　　辽代墓葬石刻内容丰富，包括石棺、墓志、墓壁石刻、部
分画像砖和墓前神道碑、石人、石兽等。发现的耶律琮墓神道
两侧一组石雕，有文官、武吏、石羊、石虎，其中文官头戴幞
头，身着右衽肥袖长袍，腰系大带，拱手恭立；武吏头戴兜鍪，
身着紧袖铠甲，足蹬长靴，双手按剑，神情严肃，栩栩如生。

　　石雕之外，辽朝尚有砖雕和泥塑作品传世。辽宁朝阳北塔
有砖雕力士、侍者、狮、虎、莲花等图案和密宗五方如来坐佛
各一尊，以及五象、双马、五孔雀、五金翅鸟生灵座等。天津
蓟县独乐寺观音阁中耸立的观世音菩萨，是我国最大的泥塑像
之一。这尊菩萨像通高 16 米，立于须弥座上，面带微笑，头
顶有 10 个小头像，因此被称为十一面观音。山西大同华严寺

薄伽教藏殿和义县奉国寺辽代所建大雄宝殿内，现存有泥塑释迦牟尼佛像和菩萨像。

辽契丹文石刻刀法遒劲，栩栩如生，一般分为纪功碑、建庙记、墓志铭、题记等。契丹大字石刻如《辽太祖纪功碑》《大辽大横帐兰陵郡夫人建静安寺碑》《耶律延宁墓志》《萧孝忠墓志铭》《故太师铭石记》与《北大王墓志》等。其中《北大王墓志》为契丹大字石刻中字体最为工整的一件，本墓志用契丹大字、汉字刻印，刻字工整，字数较多，为解读契丹大字提供了实物依据。

（四）教育

辽建国伊始即尊孔，辽太祖耶律阿保机于公元 918 年五月下诏建孔子庙，命皇太子春秋释奠。并广泛兴建学校，学习传授儒家学说和契丹文字。20 世纪 80 年代，在山西应县佛宫寺释迦塔内发现一本辽代出版的《蒙求》。《蒙求》是唐代李翰编撰的一部儿童启蒙教育课本，每句四字，对偶押韵，内容为历史人物或传说人物的故事。这部《蒙求》的发现可以证明，辽朝启蒙教育的主要内容，与唐宋基本一致。

1. 学校

辽代设立学校培养人才。太祖耶律阿保机、太宗耶律德光、道宗耶律洪基时，分别于两京置国子监，设祭酒、司业、监丞、主簿，教授上京、中京国子学生徒。太宗耶律德光于南京设太学。圣宗耶律隆绪曾赐南京水硙庄区，以助学养士。五京州县也设有学校，蕃汉官子孙有秀茂者，必令学中国书篆，习读经史。公元 1055 年，道宗耶律洪基诏设学养士，并颁《五经》传疏，置博士、助教，契丹、渤海、奚、汉人子弟可入学学习。到圣宗耶律隆绪时，高丽也遣童子入辽上学。

2. 科举

耶律阿保机建国前曾多次征战燕云地区，较深地接触了中原文化。耶律阿保机本人懂汉语，并有借助儒家思想维护统治的政治倾向，太子耶律倍更加喜爱汉文化。由此可以看出，辽政权从建立之日起，就显示出契丹和汉文化共同发展的倾向。辽太祖时，创制了契丹文字，与汉字并行于境内。在官员选用方面，科举是汉人、渤海人入仕的途径之一。从后晋得燕云十六州以后，为安抚和统治这一地区，辽朝急需选用汉士。因此，举行科举考试，以汉士平素所习之业进行选拔，是最为简捷的办法，连仕太宗、世宗、穆宗、景宗、圣宗五朝的汉官室昉，就是通过科举进入辽朝官辽阶层的。

辽代的科举制度，可以说是从权宜发展到定制。公元 940 年前后在燕云地区举行的科举，为选拔汉官治理汉地的急就办法。公元 976 年，诏南京复礼部贡院，正式建立了主持科举考试的常设机构。公元 988 年，诏开贡举，科举渐成定制。公元 1031 年行贡举法，制度已趋健全。公元 1009 年和公元 1011 年的御前引试刘二宜等三人为殿试的开端。公元 1036 年御元和殿，以《日射三十六熊赋》《幸燕诗》试进士于廷，则为皇帝亲自出题举行殿试的起始。

辽代举行科举考试的时间，前后不同。公元 1032 年以后，大抵每年举行一次，公元 1055 年后为三年一次。前者为沿袭唐制，后者则是受宋朝的影响。其程序有乡、府、省三试。乡中曰乡荐，府中曰府解，省中曰及第。省试由礼部贡院主持，按成绩分为甲、乙、丙三科，合格者以喜帖书其姓名。考试科目在圣宗时以词赋为正科，法律为杂科。之后则借鉴宋朝，文分诗赋、经义两科。终辽之世，重词赋，轻经义。

辽朝诸官员除选自宗室、外戚、诸部贵族有功劳、有能力者外，科举又为汉人和渤海人提供了入仕的途径。虽然通过科举做官者只占辽国官员的十之二三，但其在政治、经济、文化上所起的作用却不可低估。参与科考和考中的学子中，既有治国安邦的政治家，也有著名的文学家、史学家。而科举取士扩大了辽朝的统治基础，吸引了相当一批汉地学士进入辽朝境内，既促进了辽朝文化教育事业的发展，推动了汉文化和儒学的传播，又促进了文化交流，加速了文化融合。

（五）科技

辽朝在科技方面多有建树，尤其在医药卫生、天文历法、书籍印刷、建筑、纺织等方面，都有独特的成就，在我国科技史上占有一席之地。

1. 历法

辽朝受中原文化的影响，其天文学也有两个主要分支，即以历法服务于政权，以观天象占卜吉凶。辽朝有历之始即采用中原历法，公元 947 年与公元 994 年，行用后晋马重绩所编《调元历》。《调元历》是五代时期较好的历法，在后晋只行用 5 年，而在辽朝却行用了 48 年。该历不设上元，以雨水正月中气为气首，基础为《宣明历》和《崇玄历》。公元 995 年，辽圣宗耶律隆绪颁用可汗州刺史贾俊所进《大明历》。这一时期辽宋历日有所不同，史载宋臣苏颂使辽时曾发现，辽冬至日比宋相差一日。苏颂回朝宋神宗问"二历孰是？"苏颂说辽历准确，宋太史皆被罚金。

2. 天文

辽很重视天象，如《契丹国志》记载，公元 1118 年正月，有赤气若火光自东起，往来纷乱，移时而散，这是对与太阳活动关系密切的极光现象的真实记录。

辽墓中绘制的天文图，反映了辽代天文学的成就，表明当时天文、历算已很高超。1974 年，考古工作者在河北省宣化下八里村发现了葬于辽天庆六年即公元 1116 年的右班殿直张世卿墓，其后室穹隆顶部绘有一幅彩绘星图。该星图直径2.17米，中央为天极，嵌有直径 35 厘米的铜镜一面，镜周彩绘莲花，莲花外为日、月、五星及北斗，再外为二十八宿，最外圈绘有黄道十二宫。1989 年，在这座墓附近又发现了一座辽墓，墓室穹隆顶上同样绘有一幅彩绘星图，与前者大同小异，穹顶中央也悬有铜镜，绘有莲花，莲花外绘黄道十二宫，外层绘二十八宿，星图外轮绘皆作人形的十二生肖像，生肖像身着长袍，双手持笏，每人头顶各冠一属相。这两幅星图，既有中国古代的二十八宿，又有巴比伦的黄道十二宫，表明辽朝继承我国古代天文学成就，也吸收西方的天文知识。黄道十二宫的名称早已传入我国，但在星图中表现出来，此幅星图为首次。宣化辽墓星图在吸收西方天文知识的同时，也用中国传统对其加以改造。如将双子宫的西方二男童改为二男立像和坐像；室女宫的西方丰收女神改为二女立像和坐像；女神均变为女仆，裸体改为依中国礼俗着装；人马宫半人半马的射手变成一人牵马；摩羯宫的鱼尾山羊变成大鱼，既显示了中国传统星象的主流形态，也显示了对星象的利用和再加工，具有多元文化相互融合的鲜明特征。

3. 医药

辽朝的医药久负盛名。辽朝医生直鲁古撰有《脉诀》与《针灸书》，其中的许多治疗方法，至今仍应用在中医临床实践中。辽时已经掌握了遗体防腐保存技术，文惟简所著《虏廷事实》《新五代史·四夷附录》等文献，都记载契丹人用香药、盐、矾等为防腐剂保存遗体的方法。1981 年在内蒙古察右前旗豪欠营辽墓中发现的一具干尸，就保存得比较完整。辽朝已经掌握了一些药物的应用方法，20 世纪 90 年代，在修复辽代庆州白塔时发现的药材中，经鉴定就有公丁香、母丁香、沉香、乳香、白檀香、槟榔及肉豆蔻等七种具有杀虫防潮功效的药材。除用于杀虫防潮外，辽朝还以草药及动物性药材内服。应县木塔采药图绘采药人手执灵芝，证明辽人已经重视灵芝的药用价值；契丹人知道鹿茸的药用效果，并且服食治病。

契丹医学在治疗手段方面，除服食药物之外，还有砭焫之术，"砭焫"当即后来的针灸。辽朝有一种麻醉药丸名"地龙丸"，为一种镇痛药，含有乳香、没药、地龙、禾鳖子等成分，可使"受杖者失去痛觉"，故名"鬼代丹"。北方气候寒冷，契丹人积累了治疗冻伤的经验，有治疗冻伤的特效药。此药涂于患处，其热如火，疗效甚佳。史载辽道宗曾命人为宋使涂此药治疗冻疮，效果很好。辽普通牧民则用狐尿调药，医治冻伤也很有效。

4. 建筑

辽代建筑艺术主要体现在佛塔和佛寺的建筑遗存之中。山西省灵丘觉山寺西塔院中的觉山寺塔、北京市天宁寺塔、辽宁省辽阳白塔、海城析木城金塔，造型美观，是辽代最流行的密檐塔中的杰出代表作品。著名工匠喻皓在修建开宝寺木塔时，为抵御强盛的西北风，特使塔身向西北倾斜，这在建筑史上堪称创举。公元 1056 年建造的山西应县佛宫寺释迦塔，为我国现存最早的木塔。该木塔为楼阁式，全部用木料构筑，五层六檐，高 67 米，体形高大，结构复杂，轮廓优美，技术创新众多，如斗栱式样即多达 60 余种，特别是在塔身暗层内，内外槽柱间使用斜撑、梁和短柱，组成不同方向的复梁式木架，有效提高了抗弯剪能力，增加了整个塔身的稳定性。历经近千年的应县木塔，经历无数次大风和地震仍然昂首屹立，足以证明其建筑技术之高超。辽中京的大型砖塔大明塔，为辽晚期兴建，高达 81.14 米，八角十三层砖砌密檐式，塔身稳重，矗立天际，仅次于河北定州料敌塔，为国内现存第二高塔。第一层每面均砌有佛、菩萨、力士及飞天像，全塔规模宏伟，造型壮丽优美，数十里外即可望见。

5. 印刷

南京（今北京）为辽代印刷中心，所刻《辽藏》和僧人行均的《龙龛手镜》为辽代印刷品的代表作。辽代约在公元1031 年，雕印了全部木版《大藏经》，世称《辽藏》或《契丹藏》，此为辽代最大的雕印工程。《辽藏》据宋藏翻刻，并赠送五部予高丽。后来，高丽显宗王询又据《辽藏》和《开宝藏》刻成《高丽藏》。公元 1044 年，契丹贵族志智和尚在燕都募钱印经，以糯米胶破新罗墨，色泽极好，是辽代在印刷方面的一项贡献。1974 年在山西应县佛宫寺释迦塔发现的一批辽代印刷品，其中有《契丹藏》十二件，辽代刻书《蒙求》与杂刻八件，辽人写经三十件，辽代绘画一件，辽代版刻彩印佛像六件。印刷年代最早为公元 990 年燕京印造的《上生经疏科文》一卷，成为研究辽代及我国印刷史的珍贵资料。尤其是刻经中的《契丹藏》十二卷，在书法、刻技、版式、纸质、墨色、印刷、装潢等方面，毫不逊色北宋《开宝藏》。其纸质皆为硬黄纸，素称藏经纸，系专为印刷大藏经而制。硬黄纸为皮纸入潢后加蜡制成，坚韧，光洁，无虫蛀。木塔中发现的《契丹藏》保存近千年，至今仍纸质坚挺，字迹清楚，无一虫蛀，可见辽代造纸印刷及入潢避蠹技术水平之高超。其中的版画《炽盛光佛降九耀星官房宿相》，是目前所能见到的我国古代木刻版印着色立幅画中时代最早、幅面最大、刻印最精的作品。从三幅版画显示的文字看，印刷方法当是在镂版上分别填红、黄、蓝三色，将整幅素绢单摺印刷。这种辽代绢本三色彩印，为我国首次发现，在印刷史上具有开拓意义。

6. 制瓷

辽代瓷窑大约出现在公元 940 年前后，其制瓷工艺源于中原地区，与邢窑、定窑有密切关系。辽瓷造型和纹饰既吸收中原传统，又独具契丹特色。从考古发掘林东辽上京窑、南山窑、白音戈勒窑、赤峰缸瓦屯窑、辽阳江官屯窑、北京龙泉务窑、山西大同青瓷窑等可以看出，辽瓷大体上可以分为高温细胎白釉和黑釉瓷器，高温缸胎茶绿、黑、赭等杂色釉大型瓷器及低温三彩釉陶器三种。烧造技术方面已施用化妆土、覆烧法、使用耐火材料等先进工艺。辽代陶瓷的造型和纹饰可分为中原形式和契丹形式两大类，后者有长颈瓶、凤首瓶、穿带壶、注壶、鸡冠壶、鸡腿瓶、海棠花式长盘、暖盘、三角形碟、方碟等。装饰手法上以塑贴花纹最有特色，如塑贴皮条、皮扣、皮穗、皮绳，甚至加以缝线的针迹，逼真地仿照了契丹人传统的便于携带的皮囊形状。

帝王全览

1. 太祖耶律阿保机

公元 916 年三月十七日，已经在契丹可汗位达 10 年之久的耶律阿保机，自称大圣大明皇帝，建年号神册，国号契丹，立妻述律平为应天大明地皇后，封长子耶律倍为皇太子。耶律阿保机去世，次子耶律德光继位后，改国号为大辽，史称其为辽，耶律阿保机即辽太祖。

公元 872 年，耶律阿保机出生于契丹迭剌部霞濑益石烈乡耶律弥里（今内蒙古赤峰市一带）的一个贵族家庭，父亲耶律撒剌的，母亲萧氏。

契丹原属东胡众多部落中鲜卑的一个支系。在时间的长河中，契丹人也和其他部落民众一样，不停地辗转流徙，起起落落。直到公元 735 年，即唐玄宗开元二十三年，耶律阿保机八世祖耶律雅里杀李过折，结束了大贺氏垄断契丹部落联盟首领的地位，并立遥辇氏迪辇祖里为阻午可汗。从此开始，遥辇氏垄断契丹联盟首领地位长达一百七十多年。这中间，耶律雅里家族一直为遥辇氏所属最大部落迭剌部的首领夷离堇，地位仅次于联盟可汗，而且在联盟内部掌握军权。

唐朝末年，中原战乱不断，北方许多汉人前往契丹属地避乱谋生，带去了先进的生产技术和中原文化，促进了契丹经济的发展和契丹人视野的开阔。离中原较近的契丹迭剌部，在汉人北往的过程中得益较多，发展相对较快，逐渐成为契丹八部中实力最强的部落，也成为契丹贵族最为看重的部落。至耶律阿保机出生时，契丹贵族争夺领导权的斗争正在一浪高过一浪。就在这次权力争夺中，耶律阿保机的祖父耶律匀德实被杀。

掌握着联盟军权的耶律匀德实很有才干，在对外扩张中多次获胜，同时又重视接收汉人，发展农牧业生产，劝民稼穑，倡导蓄养，实力逐渐壮大。耶律匀德实因此赢得了很高的声望，但也遭到其他契丹贵族的嫉恨。耶律阿保机出生后不久，贵族耶律狼德害死耶律匀德实，夺走了夷离堇之位。耶律狼德得势后，继续迫害耶律匀德实的家人，妄图斩草除根。耶律匀德实妻萧月里失朵，带着几个儿子和孙子逃到突吕不部的贵族塔雅克家中藏了起来。小小年纪的耶律阿保机十分机灵可爱，祖母对其寄予厚望。为避免遭到暗算，就隐瞒耶律阿保机的身份，将其藏在僻静之处用心教养。

就在耶律阿保机一家东躲西藏的日子里，迭剌部内讧又起。新任夷离堇耶律狼德为人奸恶，在联盟中暴虐横行，很快引起各部贵族的强烈不满。耶律匀德实的前任夷离堇耶律蒲古只，以其久积的声望，联络其他贵族设计诱杀了耶律狼德及其同伙，并推举耶律匀德实次子耶律岩木为夷离堇。后来，耶律岩木又将首领之位传给同胞兄弟耶律撒剌的。这位耶律撒剌的，就是耶律阿保机的父亲。之后，耶律撒剌的从兄偶思继任夷离堇一段时间，后来传给了耶律撒剌的三兄耶律释鲁。

在夷离堇人选不断更迭的年月里，天资过人又受到良好教育的耶律阿保机已经成长为武艺高强、才智过人、胸怀壮志的优秀青年。史称耶律阿保机身长九尺，目光射人，关弓三百斤。耶律阿保机很早就参加了攻打邻近部落的战斗，并在战场上锻炼出超人的胆识和谋略。随着耶律阿保机不断地征战和扩张，耶律释鲁的势力也越来越大，这又引起契丹部分贵族的不满和忌惮。于是，曾经为耶律匀德实复仇、并在联盟中很有号召力的耶律蒲古只，转而支持子孙勾结与耶律释鲁争权的耶律辖底、耶律释鲁子耶律滑哥等发动了武装叛乱，将耶律释鲁杀死。

这次暴乱令其他贵族深感不安，契丹可汗痕德堇授命耶律阿保机平叛。耶律阿保机带领曾经随同自己身经百战的于越侍卫军挞马狨沙里，很快平定了叛乱，并因功被推举为迭刺部夷离堇。公元 901 年，30 岁的耶律阿保机晋升为于越兼夷离堇，开始总揽契丹联盟军政大权。

此时，唐朝境内藩镇割据，到处都在混战之中。紧邻契丹的唐节度使刘仁恭、李克用、朱温等，经常大打出手。正欲为扩张势力寻求支持的耶律阿保机，即与其中的晋王李克用结盟。公元 904 年，耶律阿保机伏击割据幽州的唐朝卢龙节度使刘仁恭，活捉了刘仁恭养子赵霸。公元 905 年，耶律阿保机出兵配合李克用攻陷幽州，尽数迁掳其民而归。而在这一过程中，契丹军的强悍，耶律阿保机的睿智，引起中原各藩镇势力的高度重视，耶律阿保机也乘机广结藩镇，左右逢源，从中渔利，四处扩张，连破室韦、于厥和奚人部落，俘获大量牲畜、人口，进一步壮大了本部和本家族的实力，耶律阿保机也成为契丹部众心目中的英雄。公元 906 年十二月，契丹可汗痕德堇去世。第二年，即公元 907 年正月，36 岁的耶律阿保机取代遥辇氏担任契丹联盟新可汗，终于集军政大权于一身，成为名副其实的契丹首领。

作为契丹最高统治者的可汗，耶律阿保机的目光并没有仅仅局限于草原地区。在与汉人长期打交道的过程中，尤其是在与邻近的中原割据势力结盟交往以后，耶律阿保机的视野得到进一步扩展，并千方百计摆脱契丹旧贵族势力和可汗世选制度的束缚。为了巩固自己的地位，耶律阿保机上位即宣布原可汗遥辇氏家族不再享有特权，地位与耶律氏同等；四面网罗包括汉人在类的大量人才，积极进行建国称帝准备；继续征服黑车子室韦、吐谷浑、乌丸、奚、乌古和阻卜等部，积极向辽东和代北、河东、平州、幽州等地用兵，扩展地盘，增强实力；尝试建设统治机构，调整统治集团内部关系，千方百计削弱契丹贵族中保守者的势力；中原朱温建立后梁王朝以后，耶律阿保机背弃了与李克用的盟约，向朱温遣使请求册封，以求得到正统名义而巩固加强自身地位；积极参与卢龙节度使刘仁恭父子兄弟之间的争权斗争，以收渔人之利；公元 909 年，耶律阿保机置羊城于炭山之北，以通市易；在草原地区建立城镇、寺庙以安置被俘汉人和僧尼，同时广建碑铭以张大自己功德，树立个人权威；在部众日增的情况下，组建了自己的侍卫亲军，先后以心腹挚友耶律曷鲁和萧敌鲁、萧阿古只总领；为防范来自迭剌部内部的威胁，任命耶律曷鲁总军国事，并担任迭剌部夷离堇，剥夺耶律氏旧贵族对迭剌部的控制权。在牢固控制军政大权之后，耶律阿保机便置联盟传统的选汗制度于不顾，连续九年担任可汗而拒不受代，坚定地向建国称帝的政治目标迈进。

然而，这时候急切觊觎可汗权位者，首先来自耶律阿保机的众位亲弟兄。按照契丹社会的世选制度，当汗位转入耶律氏家族之后，凡耶律家族的成年男子都有被选举权，尤其是耶律阿保机的弟兄和叔伯，每个人都具有优先被选举为可汗的权利。而耶律阿保机要完成划时代的社会变革，必须冲破世选制的束缚；诸弟要夺回可汗这一职务，则必须抓住传统的世选制度这根稻草。于是，从耶律阿保机担任联盟可汗的第五年开始，争夺联盟领导权的斗争便在耶律阿保机弟兄之间展开，并带动契丹贵族选边站队，搅扰得整个上层风起云涌。

公元 911 年五月，耶律阿保机弟耶律剌葛、耶律迭剌、耶律寅底石、耶律安端联合谋反。耶律安端妻粘睦姑得知情况后，及时报告给耶律阿保机，使耶律阿保机有了准备，诸弟阴谋未能得逞。耶律阿保机不忍杀害亲兄弟，便与众弟兄登山杀牲对天盟誓，然后只贬耶律剌葛为迭剌部夷离堇，其他一律予以赦免，使争夺汗位的矛盾暂时得以缓和。

然而，随着可汗权力的扩大和威望的提高，诸弟无不更加眼红，众贵族也个个跃跃欲试。公元 912 年，在于越耶律辖底和惕隐耶律滑哥的支持带领下，耶律阿保机众弟兄再次反叛。他们乘耶律阿保机亲征阻卜回军之际，发兵阻道拦截，图谋迫使耶律阿保机举办选汗大会。耶律阿保机闻讯以后，率领拥护者绕过耶律剌葛等人重兵守卫的西山，领兵快速南下，抢在反叛者之前到达契丹圣地之一的十七泺（大湖泊），先行按照传统惯例举行燔柴告天仪式，以此证明自己已经合法连选连任为可汗，使反叛诸弟一时无有根据。就这样，耶律阿保机兵不血刃平息了叛乱，迫使诸弟遣使谢罪。

不久，诸弟认识到，传统约束已经难以令耶律阿保机就范。于是，在公元 913 年三月私下拥立耶律剌葛，商议耶律迭剌和耶律安端诈称入觐，以便武力劫持耶律阿保机。耶律阿保机依靠自己的武装力量，战胜了耶律迭剌和耶律安端，收编了他们的军队，然后亲自率兵追剿耶律剌葛。耶律剌葛的另一支部队在耶律寅底石率领下，直扑耶律阿保机行宫，焚毁了辎重庐帐，夺走了唐朝皇帝曾经赐给的象征联盟最高权力的旗鼓。耶律阿保机妻述律氏组织留守兵民自卫，并将旗鼓夺了回来。耶律阿保机则在土河秣马厉兵，放纵耶律剌葛率败兵远遁。后来，耶律阿保机等到耶律剌葛的部属怀土心切将士离心之际，再奋兵出击，于五月击败叛军，生擒耶律剌葛，取得对迭剌部旧贵族争权斗争的完全胜利，为建国称帝扫清了一大障碍。公元 914 年，耶律阿保机重新任命了迭剌部夷离堇和惕隐等官，判处参与叛乱的 300 余人死刑，对参加夺权的首犯耶律剌葛和耶律迭剌处以杖刑，耶律寅底石、耶律安端等释罪不问。

镇压了迭剌部中的敌对势力以后，耶律阿保机以阴谋手段，铲除了契丹八部首领中的反对者骨干人物，彻底征服了各部，并于公元 916 年正式建国称帝。

辽朝刚刚建立时，分散游牧于漠北草原的诸部势力弱小，东邻渤海国、高丽也已经衰落；中原朱温虽然取代唐朝建立了后梁，但河东李克用、李存勖父子一直与之生死对抗，无暇反制耶律阿保机，从而给了耶律阿保机机会。耶律阿保机抓住时机向周边用兵，征服漠北，占领辽东，臣服高丽，南下幽蓟，将统治范围推进到黄河以北地区。而割据中原的诸藩镇，反过来争相拉拢耶律阿保机，借助契丹力量帮助自己打击对手，扩充实力，又给了耶律阿保机向中原发展势力的机会，同时刺激着耶律阿保机向南扩张的欲望。公元 917 年，李存勖率军进攻后梁，征兵新州，激起军民不满，部将卢文进兵变降辽，耶律阿保机乘机发动了对中原的第一次大规模进攻。三月，卢文进与契丹兵进攻新州，击败晋王将领周德威，并乘胜围攻幽州达半年之久。这次围攻虽然在晋王援军的强大攻势下被迫撤军，但耶律阿保机仍以卢文进为幽州留后、卢龙节度使，令其常居平州，从此为契丹南下中原打开了一道门户。公元 921 年二月，镇州防城使张文礼差人杀成德节度使王镕，自请为成德军留后，并与晋王李存勖产生了矛盾。张文礼遣使向契丹求援；义武节度使王处直也遣子王郁求契丹出兵解镇州（今河北正定）之围，又给契丹提供了插手中原事务的绝佳机会。十二月，耶律阿保机率军入关，下涿州（今河北涿州），围定州（今河北定县），与李存勖大战于沙河、望都，后因大雪等天气灾害撤军，但耶律阿保机的指挥才能，以及契丹军队强悍的风格和残酷决绝的战斗力，已经给中原将士心目中留下了阴影。

之后，耶律阿保机将进攻方向转向西北和东北。公元 924 年六月，耶律阿保机亲率大军征吐谷浑、党项、阻卜等部，兵锋北至乌孤山（肯特山）、回鹘城（今蒙古人民共和国鄂尔浑河右岸哈喇八喇哈孙），西抵浮图城（今新疆吉木萨尔破城子），扫荡了北至胪朐河，西达阿尔泰山的广大地区，基本确立了辽朝与草原各游牧部落之间的政治关系。次年，耶律阿保机举兵亲征渤海国。公元 926 年七月，下渤海边城扶余（今吉林农安），围渤海首都忽汗城（今黑龙江宁安东京城），渤海国王被迫出降，于是招降渤海郡县，改渤海故地为东丹国，册皇太子耶律倍为东丹王，将原渤海统治地区纳入辽朝版图。

连年的对外征伐和接连不断的胜利，使耶律阿保机控制的人口急剧增加，统治的范围也快速扩大。耶律阿保机抓住时机，对契丹部落进行大规模整编，形成后来的"太祖二十部"。二十部中，继续保留遥辇氏原有的迭剌、乙室、品、楮特、乌隗、涅剌、突吕不、突举等八部，同时将在征伐战争中掠夺的人口相继编入新的部落，任命契丹贵族为部落首领。耶律阿保机还按照唐朝对周边部落联盟上层赐姓加以笼络的方式，赐以曾经做过部落联盟首领的大贺氏和遥辇氏国姓"耶律"，从而形成了辽朝契丹历史上的所谓"三耶律"。为限制皇室贵族的权力和影响，耶律阿保机大幅提高与皇族通婚的二国舅部的地位，将其从契丹部落中析出，组成二国舅帐。奚人与契丹关系密切，也是最早被征服或归附的部落，奚人上层在部落中享有较高威望，成为耶律阿保机防范的对象；契丹另一大部乙室部与迭剌部关系密切，耶律阿保机借机提高乙室部贵族的权力，使之对奚人上层贵族发挥一定的制衡作用。迭剌部为契丹强部，其首领为耶律阿保机的亲兄弟或堂兄弟，为避免众位兄弟威胁皇权，耶律阿保机于公元 922 年将迭剌部一分为二，组成北大王院和南大王院，使二院与遥辇氏互相制约，从而强化了皇帝对整个契丹上层和全社会的控制。

耶律阿保机在建国前，就已经长期接触汉人和汉文化，摸索和采纳了一些治理农耕人口的方法和经验。耶律阿保机本人所领属民中，既有游牧人口，也有从事农业生产的汉人。耶律阿保机采纳汉人建议，为汉人树城郭，分市里，继续从事农业生产，不但妥善安置了汉人，而且为游牧社会增添了新的经济和文化内容。耶律阿保机建国和灭渤海国后，仍不断有汉人和渤海人进入草原，作为国家地方政权机构的州县也逐渐建立起来，成为治理定居农业人口的地方政权组织形式。

在安置汉人的同时，草原上也逐渐建立起城镇，出现了以手工业和商业为中心的城市，使辽朝成为兼治蕃汉的政权。为适应这一转变，耶律阿保机采纳汉臣韩延徽的建议，于公元918 年以汉人康默记为版筑使，在潢河（今内蒙古西拉木伦河）沿岸的西楼之地仿汉制修建皇都，即后来的上京。第二年八月，为表示对儒学的重视，耶律阿保机带着皇后和太子，拜谒了修建在皇都的孔庙。而新建的上京，虽然坐落在契丹人活动的中心地带，却是一座兼具草原文化与农耕文化特色的城市。全城分为南北两部分，北面为皇城，建有宫殿、衙署、寺庙，西北部除寺庙和窑址外，其空旷地带当是契丹贵族安扎帐篷的所在。南城为汉人、渤海人和回鹘人居住之地，除少量官署和寺庙以外，主要为民居和作坊，并建有留居使臣的馆驿和停住回鹘商人的回鹘营，体现了耶律阿保机对汉、渤海、回鹘等文化的兼收并蓄。

政权的建立和大批汉人、渤海人进入草原中心地区，使辽朝社会结构发生了重大变化，契丹固有的体制已经不能适应新形势的需要。耶律阿保机在建国的过程中及建国以后，不断制定一些新制度、新措施以完善其统治机构。一方面按传统方式，任命效忠于己的本族和妻族子弟为南北府宰相和惕隐以控制契丹诸部，一方面积极网罗汉人将领和士人，协助治理所俘汉人。汉人韩延徽、韩知古、康默记等在制定礼仪、法令和外交等方面都起了重要作用。在平定诸弟之乱以后，耶律阿保机开始制定了一系列制度和礼仪，在地方设立州县管理汉人和渤海人，在朝廷也设置管理汉人事务的汉儿司，任命韩知古总知汉儿司事，兼掌诸国礼仪，为日后胡汉分治的南北面官制奠定了基础。

耶律阿保机与一些契丹贵族通晓汉语，学习汉文化，了解文化的重要性。为了提高契丹人的文化修养，耶律阿保机命耶律突吕不和耶律鲁不古等，参照汉字制定了契丹大字，于公元920年颁布推行。此后，又令皇弟耶律迭剌参照回鹘字创制了契丹小字，成为与汉字和契丹大字并行的辽朝官私通用文字，从而对契丹和辽朝文化的传播起了重要作用。

总体而言，才智过人的耶律阿保机以其卓越的军事和政治才干，统一了中国北疆广袤领土和处于分散状态下的草原各游牧部落，建立起幅员广阔的辽王朝，密切了北方各游牧、渔猎部民之间的政治、经济和文化交流，并在国家管理制度上采用蕃汉分治的做法，给辽朝国内的契丹等部众和汉人的生存、发展、融合，提供了一种能够共同接受的统治形式，体现出足够的政治智慧，也为日后中国的统一做出了贡献。

经过多年的东征西讨和国家治理，耶律阿保机的战略目光不断扩大。公元926年三月，耶律阿保机率兵征服渤海国以后，曾向后唐使者姚坤表示，即将率万马以夺黄河之北。然而，当年七月耶律阿保机在率军返回皇都时，大军行至扶余城（今吉林西平西）突然重病不起。七天以后，即公元926年七月二十七日，辽太祖耶律阿保机在扶余病逝。耶律阿保机在皇帝位11年，终年55岁。

2. 太宗耶律德光

公元927年十一月二十八日，辽太祖耶律阿保机皇后述律平主持契丹贵族大会，依契丹遥辇氏联盟首领阻午可汗时期制定的燔柴告天仪式，立其与耶律阿保机所生次子耶律德光为皇帝，耶律德光即辽太宗。

耶律德光生于公元 902 年 11 月 25 日，少年时即相貌端庄厚重，秉性宽厚仁慈，在耶律阿保机和太后述律平的三个儿子中，耶律德光与大哥耶律倍均受到耶律阿保机的喜爱。公元 922 年，年仅 20 岁的耶律德光被任命为天下兵马大元帅，领兵略蓟北，下平州，降胡逊奚，南攻平州、幽州、镇州、定州，俘虏李存勖勇将赵思温，大败符存审；公元 924 年从父北伐、西征，破阻卜、于厥里（乌古）诸部，定党项，取回鹘单于城（今蒙古人民共和国哈喇八喇哈孙）；公元 925 年从父出兵灭渤海；公元 926 年一月，与南府宰相耶律苏、南院夷离堇迭里、北院夷离堇斜涅赤围渤海忽汗城（今黑龙江宁安东京城），迫渤海国王出降。五月，讨平降而复叛的渤海南海、定理二府，战功卓著。然而，作为次子的耶律德光最终能够代兄承嗣为辽太宗，其母述律平居功至伟。

几乎比肩于辽朝四帐皇族的述律家族，其祖先本为回鹘人。述律平祖父慎思官任统兵的梅里。后来，述律平父亲月椀娶耶律阿保机姑母为妻，生女月理朵，即述律平。契丹贵族间盛行姑舅表婚姻，月理朵既长成人，遂与舅父耶律撒刺的子耶律阿保机结婚，并襄助耶律阿保机称雄建国，自己成为应天大明地皇后，史称述律后。

述律后有勇谋，多权变，善立决。平时，述律后积极为律阿保机网罗人才，成就大业。辽朝佐命功臣之一的韩延徽，即由述律后荐举入仕。耶律阿保机出征，述律后统兵居守大本营。公元913年，耶律阿保机弟耶律剌葛、耶律寅底石引兵进犯行宫，述律后率兵从叛军手中夺回了唐朝皇帝曾经赐给的象征权力的旗鼓。当耶律阿保机的权力受到挑战，述律后总是能够出谋划策，成功制服挑战者。述律后同母异父兄敌鲁和弟阿古只等要员悍将，紧跟述律后全力支持耶律阿保机，其家族在耶律阿保机变家为国的军政斗争中，起了非常重要的作用。耶律阿保机建国后，述律平作为地皇后，在军政事务中大展身手。耶律阿保机出征，述律后居守大帐保护后方，挑选蕃汉精锐组建了个人武装属珊军；耶律阿保机率军远征，黄头、臭泊二室韦乘虚合兵来犯，留守的述律后率兵奋击，大破来犯之敌，威名震慑诸夷。耶律阿保机连续两次南犯失败，又是述律后提供策略，教耶律阿保机以三千骑经常抄掠南方馈运，扰掠四野，使南域边城食用不支数月，使其疲惫匮乏然后行掠。耶律阿保机依计坚持数年，事半功倍。

公元925年十二月，述律后随从耶律阿保机亲征渤海。次年七月，耶律阿保机在回军路上突然去世。一时间，契丹朝野动荡，觊觎权力的部落集团蠢蠢欲动。在这关键时刻，述律后挺身而出，称制权决军国大事，在契丹一片混乱中撑起政局。

耶律阿保机即位时，曾立长子耶律倍为皇太子。但在灭渤海国以后，改渤海为东丹，册皇太子耶律倍为人皇王，令其主政东丹。史家认为这一转变，当为述律后施加影响的结果。耶律阿保机去世以后，按照游牧社会的传统，新皇即位之前政权由皇后权提，皇位继承人由贵族大会推举。述律后以摄政皇后的身份，有权主持召开推举新皇帝的贵族大会，并利用自己独特的地位和独有的影响，能够按照自己的意愿确定继承人。但是，述律后的意见，并不为全体契丹贵族所接受。对于持不同意见者，述律后采取其一贯做法，以阴谋狡诈而又十分残酷的手段，予以惩治或清除。

本来，东丹王耶律倍与大元帅耶律德光，都为十分优秀的契丹才俊，都有能力和人脉成为一代名君。在契丹贵族中，耶律倍与耶律德光都有各自的大批拥护者。耶律倍通阴阳，知音律，精医药，善砭蓺之术；工辽、汉文章，仰慕汉文化，主张以孔子的儒家思想为治国之术。而有着浓厚契丹本位思想的强势母后，也许正因为这一点而偏向更加勇武善战的次子耶律德光。为了贯彻自己的意图，述律后利用契丹人殉旧俗，以残酷的手段打击耶律倍的支持者。在主持耶律阿保机的丧葬仪式时，述律后以"为我传话于先帝"为借口，令一百多名不易驾驭的贵族和朝臣为耶律阿保机殉葬。最后，轮到平州汉人赵思温时，赵思温不肯就范。述律后问赵思温曾经事先帝时与先帝最为亲近，为何不行？赵思温说亲近莫如后，后行臣则行。述律后以"诸子幼弱，国家无主，不得往耳"为辞推脱。其实，这时的诸子并不幼，更不弱，因为当时皇长子耶律倍已经28 岁，次子耶律德光也 25 岁，并且个个身经百战，威名远扬。而述律后在说完这句话后，顺手拔出金刀，齐腕砍断自己右手，面不改色命人送去皇陵，以之代替自己为先帝殉葬。"断腕皇后"的这一壮举，令在场的所有贵族目瞪口呆，长子耶律倍也主动提出让位于弟。就这样，述律后的意图圆满实现，作为次子的耶律德光，成为大辽的第二位皇帝。

耶律德光即位，身为太后的述律平，一如既往地参与朝政，权力和地位有增无减。史称耶律德光"性孝谨，母病不食亦不食，尝侍于母前，应对或不称旨，母扬眉而视之，辄惧而趋避，非复召不敢见"。这固然有耶律德光孝顺的天性，但母后的权威与舅氏的势力，也不能不顾忌。但总体而言，耶律德光继承太祖耶律阿保机遗志，在不断完善统治制度以巩固契丹政权的同时，继续对外征伐扩张疆土，重视发展农牧业，有效促进了契丹政治、经济、文化的发展。

耶律德光取代太子耶律倍继承皇位，长兄耶律倍及太子的支持者群情忿忿，契丹贵族中意见也严重分歧。因此，耶律德光即位以后，急于巩固自己的地位。首先，耶律德光亲自检阅诸军，加强了对军队的控制。原太子人皇王耶律倍所在的东丹国，更是耶律德光防范的重点。耶律倍统治原渤海国的大片领土，北至松花江流域，南至鸭绿江流域，物产丰富，居民有着较高的文化素质，其发展对耶律德光的契丹政权构成了威胁。因此，公元928年，耶律德光乘耶律倍离开渤海国留居皇都期间，采纳东丹国相耶律羽之的建议，将部分东丹民众迁徙到东平，升东平为南京，以缩小东丹国人口规模。公元930年，册弟耶律李胡为皇太弟，以绝耶律倍余念，加之各种监视控制措施的实施，终于迫使耶律倍浮海投奔后唐。耶律德光成功解除了来自东丹王耶律倍的威胁，巩固了自己的权位。

契丹自建国以来，治下即有相当数目的汉官与汉民。汉官为契丹政权的建立与国家的治理出谋划策，汉民为草原地区经济文化的发展流汗出力。耶律阿保机时期，为治理汉人和发展农业生产，曾设立汉儿司管理汉人事宜。十六州并入契丹以后，耶律德光没有改变燕云地区的经济基础和治理方式，公卿庶官皆仿中国，以汉官赵思温为南京留守，赵延寿为枢密使、政事令，以张砺为翰林学士。同时，耶律德光对统治机构进行了较大调整，以皇都为上京，府曰临潢；升幽州为南京，南京为东京；改新州为奉圣州，武州为归化州；升北、南二院及乙室夷离堇为王；以主簿为令，以令为刺史，刺史为节度使。

上京位于契丹各游牧部落之中，即作为都城具有崇高地位，临潢府又是治理迁入这一地区汉人和渤海人的机构。东京辽阳府与南京析津府并列为两大地区行政中心，从而使东京地区与南京地区一样成为辽朝治下的两大行政区域，为日后分全国为五道奠定了基础。通过这一调整，将东丹封国改由辽朝道、府等地方行政机构管辖，事实上剥夺了耶律倍的封国，防止和避免了封国的分裂趋势。

官号的改变实际对应的是对官制的调整，耶律德光将北、南二院和乙室部首领由夷离堇改为大王，提高了北、南二府和乙室部的地位。北、南二府的首领出自皇族，乙室部与二国舅帐是契丹人中的核心部落。从前为笼络奚人贵族，耶律阿保机时曾以奚人上层为奚王统领奚人各部，耶律德光在二院皇族设王府抗衡二国舅帐，乙室部建王府牵制奚王。于是，皇族二院、二国舅、乙室部和奚王府，在契丹政权中既是辽政权镇守一方的强部，又能起到相互促进和制约的作用。

在耶律阿保机网罗汉士、借鉴中原统治经验的基础上，耶律德光继续留意广泛搜罗蕃汉人才、学习中原文化，积累总结治国经验。即位之初，耶律德光即下诏，挑选遥辇九帐中的优秀子弟出任官职。得燕云十六州以后，以汉地士人平素所习之业选拔汉官，治理汉地，得到名臣室昉等一批优秀人才。在灭后唐援后晋战役中，得后唐掌书记张砺。耶律德光认为张砺不可多得，令手下悉心照应。张砺感奋，以忠直事耶律德光。灭后晋之后，又以张砺为左仆射兼门下侍郎、同平章事。张砺能言他人所不敢言，很受耶律德光重视。

随着契丹国统治区域的不断扩大，耶律德光坚持因俗而治，以便最大限度地调动各方面的积极性。耶律德光在其父专设汉儿司管理汉人的基础上，创制了完整的北面官和南面官双轨管理体制。北面官制即辽朝契丹官制，官吏以契丹人为主，掌握辽朝的一切军政事务，也是辽朝的最高权力机关。在北面官中，又分为北面朝官，北面御帐官，北面皇族帐官，以及北面诸帐官和北面宫官。北面朝官中又分为南北两个不同的部门，如北枢密院管兵部，南枢密院管吏部。在北面朝官中，南北枢密院是辽国的最高行政机构，分别掌管军政和民政，也通称为北衙和南衙。另有大惕隐司，掌管皇族的政教事务；设置夷离毕院，掌管断案、刑狱；敌烈麻都司掌管礼仪。北面御帐官的下属机构有负责御帐护卫的侍卫司，有负责北南两个枢密院护卫工作的北南护卫府。北面皇族帐官有耶律阿保机的后裔、耶律阿保机伯父的后裔、耶律阿保机叔父的后裔、耶律阿保机兄弟们的后裔四个系统的皇族，分别设有营帐，即地位很高的四帐皇族。北面皇族帐官的分支机构有专门掌管四帐政教事务的大内惕隐司。北面诸帐官是为皇族之外其他有地位的部族设立的机构，如遥辇氏、渤海王族等，既表示恩宠，又便于控制。

和北面官相对应的为南面官，在耶律德光得到十六州之后，仿效唐朝官制进一步完善了辽朝汉人官制，设立了三省六部等一整套治理机构，即以汉人管理汉人事务。南面官主要由汉人担任，如果契丹人在南面官中任职，也要着汉服，被称为汉官。南面官中的分支机构有汉人枢密院，另有中书省、尚书省、门下省、御史台、翰林院等。

耶律德光很重视农业的发展，不但支持汉人在汉地发展农业，在草原地区适合发展农业的地方，也让人开垦土地，发展生产。公元 939 年，以乌古部水草肥美，诏北、南院徙三石烈户，赐于谐里河、胪朐河近地为农田，使契丹人也从事农业生产。为保护农业，防止没有重农习惯的契丹人有意无意破坏农业，耶律德光下令禁止随从践踏庄稼，行军时命令部队绕开农田。农业的发展支撑着辽国多种经济的发展，耶律德光诏有司教民播种纺织，促进了契丹社会的手工业，增强了国力。

耶律德光关注社会稳定，整顿赋役制度，惩治不法官僚。思奴古多里、乙室部大王和南王府二刺史等都曾因盗窃官物、摊派赋调不均和贪蠹而受到惩罚。为减轻部民负担，罢北、南二府民上供及宰相、节度使部分赋役，并借鉴中原统治者的治国经验，吸收中原封建礼仪制度和思想观念。公元 938 年，诏建日月四时堂，图写古代帝王事于两庑，表现出学习和吸收中原统治者治国行事经验的意向。公元 940 年，至燕，行入阁礼，在礼仪制度上吸收汉制；废除姊亡妹续之法，以法令方式改变契丹社会的婚姻旧俗；诏契丹人授汉官者从汉仪，任其与汉人婚姻，不但为契丹人与汉人间的相互影响和学习创造了条件，而且为南面官制的发展增添了新的内容。

辽太祖耶律阿保机和太宗耶律德光，主观上都想插手中原事务，进而将统治范围推进到黄河以北地区，并不时侵扰与之相邻的燕云州县。然而要进一步向南发展势力，显然力不从心。因此，便千方百计利用中原地区割据势力之间的矛盾和冲突，伺机而动。自耶律阿保机开始，就惯用借中原一些割据势力之邀乘机南下。耶律阿保机曾配合卢文进、王郁、张文礼，进军涿、定诸州。耶律德光继父未竟之业，继续等待时机参与中原割据势力之间的争斗。因为当时契丹已经扫除东部及北部的威胁，当时最强的对手为中原的后唐政权。而后唐身着黑衣的鸦军有着很强的战斗力，一向以民为兵的契丹又没有专门的野战部队，并不是后唐鸦军的对手。但耶律德光有着很强的图南欲望，而且非常善于情报和策反工作。公元928年，后唐义武军节度使兼中书令王都因谋求更大的权力，被后唐明宗李嗣源削夺官爵，遭到讨伐。王都遂通过奚秃里铁剌向契丹求援，耶律德光遂命铁剌率军前往援救，并陆续派出契丹军增援。但契丹军每每失利，兵士战死和被俘者数千人，首领数十人被俘。后唐明宗在位期间，中原比较稳定，耶律德光的南下目标难以实现，于是不断派兵攻打云中等郡县，同时加强与后唐的政治交涉。

从公元933年开始，后唐接连内讧，后唐节度使石敬瑭拥兵自重，欲取代后唐末帝李从珂。公元 936 年五月，石敬瑭起兵谋反，后唐派重兵征讨，将石敬瑭围困在太原。石敬瑭转而向契丹求援，并以向契丹称臣、称子、割让卢龙一道和雁门关以北十六州土地为条件。等待 10 年之久的契丹皇帝耶律德光，立即亲率 5 万大军援助石敬瑭，立石敬瑭为大晋皇帝。石敬瑭将幽、蓟、瀛、莫、涿、檀、顺、新、妫、儒、武、云、应、寰、朔、蔚十六州送与契丹，每年向契丹输帛 30 万匹。通过石敬瑭，耶律德光不仅除掉了后唐，收获了大批财物，而且使中原政权成为附庸。契丹将燕云十六州纳入自己的直接管理之下以后，洞开了进攻中原的屏障。从此，契丹不但统治了俘获和流亡到草原的汉人，而且直接统治了汉地。汉地发达的农业为契丹政权提供了丰富的粮食和农产品，增强了契丹社会的经济实力；投降的汉人将领和军队，成为契丹防边和南掠的军事力量；先进的汉文化，直接推动了契丹社会的封建化进程。

而更为恶劣的是，石敬瑭和耶律德光的共同得逞，为中原一些武夫悍将卖主卖国树立了榜样。在此之后，后晋的迅速瓦解，以及再以后的历史长河中，纷纷效仿石敬瑭者如扑火飞蛾，不断给中原王朝和黎民百姓带来无比深重的灾难。

后晋高祖石敬瑭在位七年，事契丹君臣如孝子事父。这在主观上让中原皇帝人格国格丧尽，屈辱之至。但在客观上，对中原局势的稳定和契丹社会的发展都产生了积极的作用。公元 943 年石敬瑭死，群臣拥立为帝的石重贵，对契丹称孙而不称臣。耶律德光以此为借口发兵南下，仅三年时间就消灭了后晋，实现了自其父以来就日夜思谋占有黄河以北地区的愿望。

而在耶律德光实现这一愿望的过程中，投降契丹的汉臣赵延寿、后晋叛臣杜重威等起了祸国卖主的巨大作用。

赵延寿为常山（今河北正定）人，原本姓刘。后刘父死于唐末战乱，延寿与母落入大将赵德钧手中，母被赵德钧纳为妾，刘延寿被收为义子，改姓赵。后赵德钧投奔李存勖，屡建战功，被李存勖任命为幽州节度使。赵延寿从小随军征战，被后来成为后唐明宗的李嗣源看准，成为李嗣源的女婿，官居枢密使兼徐州节度使。李从珂为后唐皇帝以后，手握重兵的后晋河东节度使石敬瑭谋反。李从珂派北面兵马副总管张敬达率军攻打石敬瑭，石敬瑭求援于辽太宗耶律德光，耶律德光率骑兵驰援石敬瑭。张敬达急向李从珂求援，李从珂命赵德钧出援，并令赵延寿跟进。久谋皇帝之位的赵德钧派赵延寿见耶律德光，愿意掉头挥刀攻打李从珂，并谋求成为石敬瑭第二。不久，耶律德光率军前来，赵德钧与赵延寿开城投降。不久赵德钧去世，赵延寿被耶律德光任命为南京留守，封为燕王。石敬瑭死后，继位皇帝石重贵对耶律德光称孙而不称臣，接续赵德钧仍然做皇帝梦的赵延寿抓住机会，跳出来鼓动耶律德光灭后晋。耶律德光许以赵延寿平晋之后为中原皇帝，并令赵延寿着帝袍检阅汉人部队。

而这时，后晋平卢节度使杨光远又密通契丹，告诉晋主负德违盟，境内大饥，公私困竭，一攻可取，从而进一步鼓舞了耶律德光南下的政治热情。公元944年，耶律德光下令赵延寿、赵延昭、安端、解里等由沧、恒、易、定分道而进，同时又遣将从雁门南下，发动了与后晋争夺中原的战争。但是，契丹骑兵虽凶残善战，但所面对的是人数、武器装备远胜于自己，并且占有地利优势的后晋军队。公元 944 年，契丹三路大军南下，唯丧心病狂的赵延寿中路军长驱直入，其他两路军接连失利，总体无功而返。公元 945 年耶律德光第二次大举南下，又为后晋将领皇甫遇、慕容彦超、李守贞、符彦卿等所败。隔年十一月，耶律德光再次南下，终于在效法石敬瑭的叛臣降将配合下，后晋出帝石重贵成了耶律德光的阶下囚。

耶律德光决定向南用兵时，将山后和卢龙 5 万兵马交与赵延寿统领，满脑子皇帝梦的赵延寿率军为先锋拼死搏杀，使辽中路军节节胜利。后来，赵延寿又以诈降诱使后晋出兵接应，以配合辽军设伏取胜，成为攻灭后晋的首席功臣。与此同时，后晋叛将杨光远配合契丹南下；后晋军校邵珂为契丹提供贝州军情；身为后晋北面行营都统的太原节度使刘知远按兵不动；后晋北面行营招讨使杜重威统领着当时后晋的绝大部分主力军队，却也遣使通辽，以乞降为条件想成为又一个石敬瑭。耶律德光将计就计，诈以中原相许，杜重威便将数十万晋军主力拱手送给耶律德光。无兵可用的后晋，就这样被石敬瑭的追随者彻底葬送。

公元 947 年正月初一，耶律德光以中原皇帝的仪仗进入东京汴梁。当天，在开封举行了隆重的即位大典，完全以汉家皇帝的礼仪接受契丹贵族和汉人官僚的朝贺。耶律德光同时将"大契丹国"改为"大辽"，并将公元 947 年改元为大同元年。一时骄横自信的耶律德光，任契丹兵将以牧马为名四处劫掠，一如既往地在中原帝都周边广阔地域"打谷草"；以犒军为名，大肆搜刮中原财物；大量委以自己亲信子弟高官重任，从而激起中原百姓的群起反抗。许多饱受欺凌的百姓与残存的后晋军队拧成一股绳攻打州县，杀死辽朝官吏，坚决反抗辽朝统治。而后晋河东节度使刘知远也趁机在晋阳称帝，建立后汉政权。耶律德光在中原难以立足，只得北返。

公元 947 年四月，耶律德光率领辽军退出开封。临行前，耶律德光总结失败教训为三，即搜刮各地百姓钱财、纵容契丹士兵打谷草扰民、未能及时派节度使治理各镇。这一总结说明，耶律德光在戎马倥偬之际，仍时时以国事为心，在胜利巨大的环境和条件下，能够清醒地从过失中吸取教训，并及时思考解决办法。然而，天不予时，同年四月十三日耶律德光行军至临城（今河北临城）突然染病，而且病情快速恶化。公元 947 年四月二十二日，耶律德光行至栾城（今河北栾城）杀胡林后病逝。耶律德光在皇帝位 21 年，终年 46 岁。

3. 世宗耶律阮

公元 947 年四月，南下灭后晋占开封的辽军，在北还上京途中，皇帝耶律德光突然病逝。大军行至镇阳（今河北滦县），几位重臣匆忙拥耶律阮称帝，即辽世宗。同年九月，耶律阮依契丹传统仪式即位，称天授皇帝，改元天禄，尊母亲萧氏为皇太后，追谥父亲耶律倍为"让国皇帝"。

耶律阮生于公元 918 年，父亲耶律倍为辽太祖耶律阿保机长子，曾被册立为皇太子。不过，太祖皇后述律平却不喜欢耶律倍这个亲生的长子，而偏爱次子耶律德光。公元 926 年，耶律阿保机去世，述律太后强势终止了耶律倍的皇位继承权。后来在皇权胁迫下，耶律倍带着身边亲信逃亡到后唐，最后客死异乡。耶律倍长子耶律阮和母亲萧氏一起留在了契丹。耶律阮生性机敏，文才过人，音乐绘画都很出色，而且娴于骑射，乐于交友，备受辽太宗耶律德光的喜爱。公元 946 年，耶律阮随从耶律德光伐后晋，直下晋都汴京；公元 947 年二月，耶律阮受封为永康王，而且在契丹文臣武将中广有人脉。

公元 947 年四月二十二日，46 岁的耶律德光突然病逝。这位正值盛年且雄心勃勃的皇帝，怎么也难以想到这一天会突然而至。因此，既没有确立皇位继承人，又没有在临终前留下遗诏，从而将契丹王朝再次置于血雨腥风的十字路口。二十多年前的公元 926 年七月，辽太祖耶律阿保机去世后，由"断腕太后"一手制造的那次令一百多位大臣殉葬的惨剧还历历在目。在耶律阮的支持者中，握有重权的南院大王耶律吼和北院大王耶律洼都知道，立君大事本该请示太后，但他们更加清楚，太后必然要让自己偏爱的少子耶律李胡袭位。如果这次仍然按照述律太后的意志确定皇位继承人，不知又要有多少大臣被太后和耶律李胡送去为太宗耶律德光殉葬。而此时，掌握辽国兵权的南院大王耶律吼和北院大王耶律洼，及耶律阮随从护卫耶律安抟等，决定拥立跟随耶律德光出征回师正在军中的耶律阮为帝。而这一拥立并未掀起滔天大浪，耶律屋质的斡旋和调停，作用非凡。

《辽史》称耶律屋质有器识，重然诺，处事从容，勇于任事，善于调停，对辽初政权的巩固和社会的稳定起了重要的作用。述律后强立耶律德光时，有相当一部分契丹贵族持有异议。述律后残酷惩治异议者，在统治集团内部遗留下众多仇恨。耶律德光即位，依母后意立幼弟耶律李胡为皇太弟，任其为天下兵马大元帅，预示着要以耶律李胡为皇位继承人。游牧社会以兄传弟虽然正常，但此事却大多出自应天皇太后的个人权欲，加之耶律李胡暴戾残忍，素无人望，更不为多数契丹贵族所认可。时在军中的南院大王耶律吼反对耶律李胡继承皇位，便主动拜会北院大王耶律洼，两人一致同意立东丹王耶律倍子永康王耶律阮为帝。耶律阮的随从护卫耶律安抟，更是坚决拥戴耶律阮。在上一次皇位交接时，耶律安抟的父亲因支持太子耶律倍被述律太后杀死。当时，军中也有将领欲立耶律阮，又担心耶律李胡与耶律德光子寿安王耶律璟会与之对抗，从而犹豫不决。这时，耶律安抟诈称上京传来消息，说耶律李胡已死，并迅速传报军中。接着，耶律吼等当即整饬军旅，集蕃汉臣僚于恒州府衙，拿出伪造的耶律德光"遗制"，宣布"永康王耶律阮为大圣皇帝嫡孙、人皇王长子，太后钟爱，群情允归，可于中京即皇帝位。若有不从者，当以军法从事。"就这样，耶律阮成为辽朝第三任皇帝。

然而，这一违背旨意的擅自拥立，让述律太后怒不可遏。当耶律德光灵柩运至上京，述律太后不哭，也不发丧。耶律阮领兵北归，述律太后令耶律李胡以兵迎击。结果，耶律李胡被耶律阮部下耶律安端、耶律刘哥所败。耶律李胡失败后，将耶律阮臣僚家属全部拘为人质。耶律李胡宣称，如果最终战败，则必定杀死这批人质。当时，双方正在潢河横渡隔岸对峙，一场血腥残杀即将在辽朝皇室内部展开，形势异常危急。就在这时，主管皇族事务的惕隐耶律屋质对太后说："太后佐太祖定天下"，而"李胡、永康王皆太祖子孙，神器非移他族。太后宜思长策，与永康王和议。"并自告奋勇为和谈之使，劝耶律阮释怨以安社稷。耶律阮认为耶律李胡之军乃乌合之众，不可能取胜。耶律屋质晓以大义，最终耶律阮同意拜见祖母。耶律屋质抓住机会谏太后"牵于偏爱，托先帝遗命，妄受神器"，导致今日刀兵争夺皇位；也谏世宗"擅立，不禀尊亲"的过失，力劝双方做出让步，终于使辽朝最高权力得以和平交接，从而为政权的延续和巩固创造了条件。

耶律阮总算平稳坐上皇位，但辽统治核心仍有部分贵族并不完全服从。公元 948 年正月，述律太后侄萧翰与辽太宗耶律德光子耶律天德，以及太祖耶律阿保机弟耶律寅底石两个儿子耶律刘哥和耶律盆都等人勾结起来，准备发动政变。耶律阮得知以后，再次果断出击，杀耶律天德，将耶律刘哥流放到边地，罚耶律盆都出使辖戛斯（今贝加尔湖以西），最后将姐夫萧翰杖责后释放。不料受责最轻的萧翰并不死心，又于公元 949 年联络公主阿不里，及世宗耶律阮堂叔、辽太祖耶律阿保机幼弟明王耶律安端，准备再次谋反。耶律安端子耶律察割向耶律阮告密，耶律阮诛杀萧翰，将公主阿不里关进监狱。由于耶律察割揭发叛乱阴谋立下大功，耶律阮将耶律察割留在朝中，让其统领女古石烈军。出于对耶律察割的信任，耶律阮令其扈从，准其出入宫禁。

耶律阮在中原即位为大辽皇帝，回到塞北之后，一直不忘重建对中原的统治。公元 949 年，刚刚结束与述律太后及李胡的对抗之后不久，耶律阮又率军贸然攻入河北，到处杀掠，河北各地节度使、刺史皆奋力带领军民英勇抵抗。经过力战，耶律阮虽攻破内丘（今属河北）等地，然人马死伤过半。此后，耶律阮不认真吸取教训，反而更加一意孤行，定要从事更大规模的南伐。公元 951 年春，郭威代后汉建立后周，刘知远弟刘崇自立于太原。六月，刘崇为后周所攻，遣使向辽乞援，同时对辽世宗耶律阮称侄，且求封册。这时，南唐因受后周威胁，亦向辽遣使乞求救兵。当时，由于南伐战争结束不久，契丹人力物力严重清耗，诸部酋长皆不愿再度兴师，但耶律阮坚持二次南伐，并且亲自出征。这次出征，耶律察割正在世宗耶律阮身边。

耶律察割早有弑君之心，只是未找到适当的机会。这时，耶律察割将自己庐帐移至行宫近处，以便伺机而动。耶律察割的行动引起了右皮室详稳耶律屋质的怀疑，并向耶律阮举发。然而耶律阮对耶律察割深信不疑，甚至将耶律屋质的举发告诉给耶律察割。于是，耶律察割哽咽流涕，在世宗面前声称耶律屋质此举出于妒忌。耶律屋质并没有放松对耶律察割的警惕，并提醒耶律阮尤其要提防对父不孝之人，千万不要被耶律察割制造的假象所迷惑。然而，耶律阮并不在意。公元 951 年七月，在耶律阮南征前不久，耶律察割曾欲谋乱而未果。同年九月，耶律阮率军南征，行至归化州（今河北宣化）祥古山，祭其父东丹王耶律倍。祭后开宴，群臣皆醉。耶律察割抓住机会，当晚与耶律刘哥之弟耶律盆都率兵闯入行宫，将耶律阮杀害。

在辽朝历史上，耶律阮承上启下，完成了契丹由部族联盟向中央集权的转变，为辽朝的兴盛开辟了道路。耶律阮在位 5 年，终年 34 岁。

4. 穆宗耶律璟

公元 951 年九月，燕王耶律察割发动火神淀（河北宣化西）之乱，弑辽世宗耶律阮。右皮室详稳耶律屋质等大臣诛杀耶律察割，拥随征在军中的耶律璟在幽州（今北京）即位，尊号天顺皇帝，年号应历，耶律璟即辽穆宗。

耶律阮被杀，顷刻间陷辽朝于混乱之中。耶律屋质曾再三提醒耶律阮防备耶律察割，但世宗不以为然。于是，耶律屋质时时防范耶律察割，但毕竟皇帝亲许耶律察割随意出入宫帐，因此使其得手。在顷刻的激烈变乱中，逆党同时要杀耶律屋质。耶律屋质遂改穿他人服装摆脱，急遣心腹召诸王及禁卫长皮室等同力讨贼，并快速确定要立耶律德光长子寿安王耶律璟为帝，以防发生更大的不测。当时，赴宴后的耶律璟已经回到自己营帐，耶律屋质火速前去保护和迎接，耶律璟却犹豫不决。耶律屋质反复陈述利害，耶律璟才勉强应允。在这崩天的特大变乱中，耶律屋质一时成为群臣之首。诸将知耶律屋质已经脱离险境，便相继来会。至天明，耶律屋质整军讨逆，诛杀耶律察割及叛党，拥立耶律璟，帮助辽朝再次渡过险滩。

耶律璟生于公元 931 年 9 月 19 日，为辽太宗耶律德光长子，母亲萧氏。公元 939 年，耶律璟被封为寿安王。耶律璟的登基，使辽朝帝位再次回到辽太宗耶律德光一脉。

耶律璟出生时，父亲耶律德光已经为帝四五年。耶律璟来到人世就为皇长子，身份显赫，生活优裕。虽然父亲率领契丹大军横扫四方，威名远扬，可耶律璟从小胸无大志，无所作为。公元947年四月，耶律德光率军从开封返回皇都途中病逝。经过多方博弈，最后耶律璟堂兄耶律阮夺得皇位，无功绩少声望的耶律璟，虽然身为耶律德光嫡长子，却一时与帝位无缘。这次陡生剧变，耶律屋质等重僚忠臣，让对皇位已经无望的耶律璟一夜之间黄袍加身。

应该说，21岁为帝的耶律璟，正值风华正茂的年月，又有众多得力臣属，做一代名君水到渠成。然而，耶律璟却不愿操劳国事，便将朝政大事交由北院大王耶律屋质和南院大王耶律挞烈处理，自己随心所欲做与国与民无关的事。正因为皇帝不太喜欢管理朝政，忠信而有才干的耶律屋质和耶律挞烈等在执政期间，一改前几任皇帝穷兵黩武的作风，基本停止了主动南侵中原的大小战争。同时采取均赋役、劝耕稼政策，鼓励农业生产，契丹农业和手工业都获得较大的发展，国人生活有所改善，朝野上下称赞耶律屋质和耶律挞烈为富民大王，辽朝在皇帝不景气的十多年里，并未明显走下坡路。而耶律璟的暴虐和残忍，也仅仅局限于个人私生活的小圈子内，上不及大臣，下不及百姓，因此耶律璟为帝时的辽朝，总体上相对比较平稳。

当然，耶律璟整天浑浑噩噩，几乎不理国政，让许多辽朝贵族认为有机可乘，便纷纷谋反夺位。耶律璟称帝后的前10年，几乎每年都有叛乱，最多时一年三四起。因此，为巩固地位，耶律璟对异己力量进行排斥打击。曾与辽世宗耶律阮关系密切的大臣，或者被罢官，或者不再重用；对于公开反对或反叛者，则毫不手软地进行镇压。公元 952 年，太尉忽古质谋反，事泄被杀；六月，担任政事令的国舅萧眉古得和宣政殿学士李澣商议投奔后周，李澣还给在后周做官的兄长李涛写信，言说契丹主一味喝酒游猎，无大志向，建议后周用兵。最后事情泄露，耶律璟诏令公布其罪状，萧眉古得被杀，李澣被处以杖刑。七月，辽世宗弟政事令耶律娄国、林牙耶律敌烈、侍中耶律神都、郎君耶律海里等密谋叛乱被拘捕，耶律娄国要自立为帝，被耶律璟绞杀，同谋耶律敌猎被凌迟处死。公元 953 年，耶律李胡子耶律宛、郎君耶律嵇干、耶律敌烈谋反，事情败露，供词中牵涉到太平王耶律罨撒葛、林牙耶律华割、郎君耶律新罗等，于是将他们全部拘捕，耶律华割、耶律嵇干等伏诛。公元 959 年十一月，耶律敌烈主谋反叛，平息后随从者被杀。为警示众人，耶律璟还专门举行大规模的祭祀天地祖先活动。公元 960 年七月，政事令耶律寿远和太保楚阿不等谋反，最后被处死。十月又发生耶律李胡子耶律喜隐的叛乱，耶律璟将耶律李胡父子抓进监狱，耶律李胡死于狱中。

公元 964 年十二月，乌古发动叛乱，掠民财畜。僧隐和乙实征讨乌古时战死。公元 965 年正月，耶律璟以枢密使雅里斯为行军都统，虎军详稳楚思为行军都监，调拨突吕不部军，统合诸部兵马讨伐乌古。公元 965 年三月，大黄室韦酋长寅尼吉叛乱，接着小黄室韦也发动叛乱，耶律璟以秃里为都统，以女古为监军，率轻骑进讨小黄室韦。七月乌古攻掠上京北榆林峪，耶律璟遣林牙萧斡追讨，直到十月将乌古击败。

公元 954 年正月，后周太祖郭威去世，养子晋王柴荣嗣立。二月，后周攻打北汉，耶律璟命政事令耶律敌禄救援北汉。五月，忻、代二州叛变北汉，耶律璟派遣南院大王耶律挞烈帮助耶律敌禄征讨忻、代等州。公元 955 年四月，后周再次攻打北汉，北汉遣使来契丹求援。十一月，北汉国主刘崇去世，其子刘承钧遣使到契丹求嗣立国主之位，耶律璟册封刘承钧为北汉国主。

经过辽太宗及世宗时代的长期战争，辽朝国力消耗殆尽。此时，中原后周政权却正在逐渐兴旺。后周世宗柴荣即位后，志在统一，并采取先南后北的统一战略。南唐占据富庶的长江下游地区，虽然土广民众，但武力不强。面对朝气蓬勃的后周，南唐常遣使泛海与契丹相结，或遣使奉蜡丸书，约契丹共制后周。面对后周咄咄逼人的态势，耶律璟继续加强与北汉的关系，也希望能够结成辽、北汉及南唐三方同盟以抗后周，但实际执行不力，只给了后周进攻南唐的口实。公元 956 年，周世宗指责南唐统治者勾诱契丹入为边患，下诏亲征，使南唐统治者连吃败仗。耶律璟于公元 957 年十一月派遣大同节度使崔勋率军会同北汉骚扰后周，以声援南唐，但仅至后周潞州（今山西长治）城下而返。公元 958 年四月，辽南京留守萧思温攻下沿边州县；六月，萧思温请求增兵，并请求耶律璟御驾临幸南京，而耶律璟忙于射猎，无暇顾及后周的攻掠。七月，耶律璟于拽剌山射猎一直到九月。十一月，北汉遣使来朝告知后周入侵紧急，耶律璟听而不闻。

后周世宗在与南唐停战言和之后，于公元 959 年二月开始秘密向北方调遣军队，紧接着出其不意攻宁州（辽于乾宁军置宁州，即今河北青县），宁州刺史王洪举城降。然后以韩通、赵匡胤等分统水陆大军继续北进，后周大军随即攻克益津关和瓦桥关，辽在两地的守将终廷辉和姚内斌分别以城降，莫州（今河北任丘）刺史刘楚信、瀛州（今河北河间）刺史高彦晖在后周大军压境的情况下，也举城降周。于是，辽燕京以南地区尽入后周。当时，辽守御燕京及其以南地区各关隘和城池的，多数为收编的后晋汉军。这些汉军及其将领纷纷倒向后周，使耶律璟一筹莫展。后周以瓦桥关设置雄州、益津关设置霸州。后周先锋都指挥使张藏英在瓦桥关以北破辽骑兵数百人，攻下固安县。后周出师连收三关三州，共十七县。正在周世宗一鼓作气直取幽州时，突发重病，功败垂成，罢兵南归。在周世宗撤军一个月后，耶律璟部署辽军收复了容城（今属河北），随即又发南京军戍守范阳（今北京市南），双方在燕京以南形成一条新的边界线。

耶律璟性情古怪，不近女色，甚至厌恶女性。耶律璟后宫仅有萧皇后一人，没有一个宫女，服侍者全是宦官。而这仅有的一位皇后，耶律璟也从来不去亲近，以致无有子嗣。祖母"断腕皇后"述律平为延续皇脉，数次要为耶律璟纳妃，都被耶律璟拒绝。为堵众人之口，耶律璟将世宗耶律阮遇害时流落宫外的次子耶律贤寻找回宫，留在宫中抚养。如此一来，再也无人提及延续子嗣之事。而耶律璟另外的几大嗜好，如打猎、喝酒、睡觉、残杀近侍等，个个有过之而无不及。

耶律璟为帝以后，或者通宵纵酒，或者连绵睡觉，或者无度打猎，或者醉酒后滥杀无辜，其余别无所求。有时，耶律璟也上朝，但坐在龙椅上的耶律璟，大白天也照样在龙椅上睡觉，大臣、百姓及邻国，都称其为"睡王"。

耶律璟对喝酒有着高度热情，只要听说大臣家有好酒，即刻圣驾临门，喝高兴以后滥加赏赐。后来觉得人少喝酒缺乏氛围，于是身着百姓服饰，带领随从喝于闹市。公元964年十一月冬至日，耶律璟宴饮达旦。从此开始，耶律璟昼寝夜饮不理朝政。公元968年正月十五夜，上京举办灯市。耶律璟命朝臣扮作百姓前去赏灯，在一家酒店连饮三天三夜。

耶律璟热衷打猎，兴致一来，不分季节外出打猎。公元964年五月，耶律璟率众于白鹰山射猎，六月猎于玉山，八月又射猎城砲子岭，往往几个月不返京城。

如此颠倒时日的生活习惯，致使耶律璟身体状况日下。为了保命，也为了延续自己的统治，耶律璟下诏广求延年益寿妙方。公元957年四月，名为肖古的女巫献上所谓"绝方"，但每副药得有一位男子胆汁为药引。几年下来，耶律璟服用几百副，无故残杀奴隶几百个，结果使身体状况更不如前。耶律璟发觉上当，命人骑马将女巫肖古活活踩死。此后，耶律璟更加暴躁，经常虐杀身边的奴隶和侍从。

自公元963年以后，耶律璟大肆杀戮身边的服役者。这些人多为皇族、外戚及世宦之家出身，因家中有人谋反或犯有其他重罪，全家受株连，被籍没入宫服贱役，称为"著帐户"。耶律璟把无端的仇恨都发泄到已被制裁的"著帐户"身上，如果獐鹿、野豕、鹊雉等猎物遗失或死亡，或饲养者私自回家、告假逾期、应召不准，或者奏对不合己意，甚至饮食方面略有问题，就会处以炮烙、铁梳之类的酷刑，或者亲自挥刀杀死，然后残虐尸体，最后抛尸野外。耶律璟要杀养雉人寿哥、念古时，殿前都点检耶律夷腊葛进谏道，寿哥之罪按律不该处死。耶律璟听后更加生气，亲手将寿哥等斩首后肢解，又将44 名养鹿人杀死。尤其是在后期，暴虐程度变本加厉。公元965 年三月，近侍东儿未及时进羹匙，耶律璟手起刀落将其刺杀；掌管田猎的虞人沙剌迭侦查天鹅延误日期，耶律璟加其炮烙铁梳之刑致死。公元966 年，冤杀近侍白海及家仆衫福、押剌葛、枢密使门吏老古、挞马失鲁等。

公元 969 年二月二十二日，耶律璟在怀州射中一只熊，萧思温及夷离毕牙里斯敬酒祝贺，耶律璟醉后回到黑山下的行宫。当夜，耶律璟醉中索要食物，近侍一时未能送到，耶律璟便要杀人。不甘心坐以待毙的近侍小哥、盥人花哥联合庖人辛古等六人，趁耶律璟大醉将其弑杀。耶律璟在位 19 年，终年39 岁。

5. 景宗耶律贤

公元 969 年二月二十二日，辽穆宗耶律璟在怀州黑山狩猎期间，被身边近侍弑杀。情急之中，群臣拥 22 岁的耶律贤在耶律璟灵柩前即位，称天赞皇帝，改元保宁，耶律贤即辽景宗。从耶律贤以后，辽朝帝位一直传承于辽太祖耶律阿保机长子耶律倍一支，从而对辽朝加速封建化进程、建立嫡长子继承制减少了诸多障碍。

耶律贤为辽世宗耶律阮次子，其祖父为辽太祖耶律阿保机长子耶律倍。耶律贤生于公元 948 年七月二十五日，母亲萧撒葛只。公元 951 年九月，耶律贤四岁时，其父母在辽燕王耶律察割发动的火神淀（河北宣化西）之乱中双双被杀。当时正好也在军中的耶律贤，幸被御厨尚书刘解里藏于柴禾之中，方才侥幸保住性命。后来，耶律屋质等人平息叛乱，并找到仍处在极度惊骇之中的耶律贤，将其带回皇宫抚养。耶律璟即位以后，耶律贤被收养在皇宫中。由于耶律璟不近女色，无子嗣可续，即以耶律贤为子，并聘请优秀汉士和契丹文人教导耶律贤。经过生死惊吓，耶律贤虽患风疾，但为人机灵，勤奋好学，而且深受身边汉人文士和契丹才俊影响，向往中原文化，崇尚勇武精神，并对其以后执政理念产生了深远影响。

由于穆宗耶律璟不理政事，在耶律贤逐渐长大的过程中，就有一批文武大臣暗中聚集在耶律贤周围，时刻谋划夺回帝位，振兴辽朝，从而为耶律贤成长和成才增加了历练和识人的机会。公元 969 年二月，穆宗耶律璟遇弑的消息刚一传来，耶律贤于第一时间召女里集结五百禁兵护卫自己，并立刻召见侍中萧思温与南院枢密使高勋力，在很短时间内组织了一支千余甲骑，并连夜奔赴耶律璟遇害之处控制局势，并于次日顺利即皇帝位。

穆宗耶律璟在位的十九年间，契丹朝政日渐混乱。耶律贤称帝后，即着手予以整肃。耶律贤就耶律璟遇刺事件首先发难，以宿卫不力为名，处死手握重兵的耶律夷腊和萧乌里只，一举将兵权抓在自己手中；接着，耶律贤又将几朝元老耶律屋质由北院大王晋升为于越，使其享受辽国最高荣誉而不再掌实权。兵政大权到手以后，耶律贤开始重用拥立自己为帝的功臣，任命契丹贵族萧思温为北院枢密使，亲信耶律贤适为校检太保，汉人高勋力为南院枢密使，汉官老臣韩知古子韩匡嗣为上京留守，后改任南京留守，加封燕王。从此，耶律贤将有为汉官纳入政权中枢机构。

耶律贤将心腹干将安排在自己周围，使帝位更加稳固以后，便针对上层实际情况，对政敌采取宽容政策，追尊曾经反叛的祖父耶律倍弟耶律李胡为皇帝，不再大肆杀戮政敌，以缓和统治阶层积怨。接着，耶律贤整肃吏治，宽减刑法，复设登闻鼓院，令百姓有申冤之地；对百姓和各方面势力加以安抚，以稳定内部政治局势；为保持政治清明气象，耶律贤从谏如流，郭袭上书劝谏耶律贤减少游猎次数，励精图治，以防穆宗耶律璟悲剧重演，耶律贤对郭袭更加赞赏。为了更好地治理国家，耶律贤认真学习汉文化，总结中原治国经验，鼓励农民开垦土地，支持发展农业生产。为保护农业生产，耶律贤下令禁止随从践踏庄稼，行军时命令部队绕开农田。仿效中原皇帝做法，命下属举荐有才德之人为官，后来下诏招聘贤才，通过考核选拔德才兼备者任以相应职务。对于汉地传统礼仪也尽量消化吸收，废除契丹婚姻制度中不健康的旧俗；下令契丹人做汉官者随汉人礼俗，可以与汉人自由婚嫁，使契丹人与汉人的关系趋向密切。

耶律贤继续任用耶律贤适、耶律休哥、耶律沙等贤臣良将，而且特别重视选用优秀汉臣加入辽朝官吏队伍，在南院枢密使高勋力之后，又任命汉人郭袭为南院枢密使，加封郭袭为政事令；任汉人室昉为工部尚书、枢密使兼北府宰相，加封同政事门下平章事。郭袭与室昉等众多汉臣，为这一时期辽国政治经济的发展做出了重要贡献。而耶律贤坚持"重用汉臣，仿汉制国"的方针，极大地促进了辽政权机构的进步，提升了工作效率，促进了契丹封建化进程。在耶律贤执政期间，辽朝政治稳定，农牧业兴旺，百姓富足，人口增长，辽朝日渐走向强盛，耶律贤也被称为中兴之君。

自公元 936 年石敬瑭将中原屏障燕云十六州割送给契丹，就给历代中原有识之士留下了痛彻心肺的创伤。其后主政中原的有为之君，皆以收复燕云十六州为神圣目标。公元 959 年，后周世宗柴荣北伐燕云，连克契丹瀛、莫、宁、益津、瓦桥、南关等三州三关十七县，本欲乘胜攻取幽州，收复燕云十六州，岂知势头正盛时，却突然身患重病而返。之后北宋开国，宋太祖赵匡胤几次北伐，志在收复燕云十六州，终未能如愿而驾崩。接任宋帝的其弟太宗赵光义，也以收复燕云十六州为目标，而且从消灭与辽结盟的北汉开始，拉开了与辽争夺燕云之地的战争。

公元 979 年的二月，宋太宗赵光义亲自领兵讨伐北汉，辽景宗耶律贤派兵救援，结果辽军在渡河时，被宋军打败，杀死辽军五员战将。六月，宋灭北汉以后，本想一鼓作气将燕云地区收复，赵光义便将军队调到河北地区，准备进攻辽南京（现北京）。战争开始时，辽易州刺史献城投降。宋进军到涿州，又兵不血刃得到一城。其后，宋军兵锋直指辽朝南京。守卫南京的辽将耶律奚底和宋军在沙河初次交战，被宋军打败。耶律奚底退到清河北面，宋军包围南京，辽军则坚守待援。耶律贤见形势紧急，便派名将耶律休哥领重兵相救。耶律休哥兵分两路，一路佯装主力赴南京城下引诱宋军，主力三万骑兵趁夜绕行到宋军背后，在高梁河痛击宋军，皇帝赵光义膝盖中箭，宋军溃败。

辽军取得高梁河之战胜利后，耶律贤又于九月发兵讨伐北宋。十月，两国军队在满城（今河北满城）对阵，宋军以诈降突袭辽军，将辽军击败，宋军乘胜追击，辽军幸有耶律休哥顽强抵抗，方免全军覆没。满城决战第二年，即公元 980 年的三月，辽军又开始与宋军交战。辽军十万重兵围攻雁门（今山西雁门关），宋代州刺史杨业领兵大败辽军于雁门之北。当年十月，耶律贤亲自到南京领兵围攻瓦桥关（今河北雄县旧南关），在宋军救援时被击败。辽军乘胜追击到鄚州（今河北任丘市），与宋军再次决战，宋军连失几员战将，辽军也接连遭到重创，双方虎视眈眈却都无力取胜，只好各自退兵。公元 982 年的四月，耶律贤再次率兵伐宋。辽景宗耶律贤在位时的与宋最后一战，以宋将崔延进击溃辽军而宣告结束。

就辽朝总势而言，耶律贤算得上一位很有作为的皇帝。不过，因为幼时受到常人难以想象的惊吓，耶律贤身染风疾，长年处在病痛困扰之中。因此，在其即位之后，就一直在皇后萧绰的协助下处理国事。而在耶律贤的执政中后期，基本上将辽朝军政大权交由皇后萧绰决断。而就萧绰在辽朝历史上的作为而言，耶律贤相遇并培养萧绰成为杰出的政治家，也应该算作一大功绩。

　　后来被儿子辽圣宗尊为承天太后的萧绰，生于公元953年，为辽朝北府宰相萧思温第三女，小名燕燕。萧绰为辽景宗耶律贤皇后、辽圣宗耶律隆绪生母。耶律贤在火神淀之变中留下终生疾患，继位皇帝后，就让萧绰以皇后身份参与国事。萧绰和耶律贤一样富有远见，坚持任人不疑，信赏必罚，扭转了辽朝自穆宗耶律璟以来的混乱局面，调整了与宋朝的关系，为辽朝走向全盛创造了条件。公元982年，景宗耶律贤病逝，遗诏以长子梁王耶律隆绪嗣位。由于耶律隆绪年少，特遗命军国大事听命于皇后。

　　辽圣宗耶律隆绪12岁即位，母寡子弱，族属雄强，边防未靖，辽政权又一次面临贵族间争权斗争的考验。承天太后以其政治才干，团结蕃汉臣僚，大胆重用并倚靠汉臣韩德让，击败试图夺位的宗室贵族，巩固了幼帝的皇位。自公元969年耶律贤即位至公元1009年，承天太后先后以皇后和太后身份执掌朝政长达40年。在这40年里，承天太后在政治、经济、军事领域进行了一系列改革，增强了辽朝国力，推进了辽朝封建化进程，与强邻北宋签订了"澶渊之盟"，确立了与宋之间兄弟之国的政治关系；继续征服周边尚未归附的部落，加强了对属国和属部的控制，从而带领辽朝进入全盛时期。

　　耶律贤在交由皇后萧绰理政以后，逐渐清闲下来，便不忘契丹传统，四处打猎游玩。而身体虚弱的耶律贤，难以支撑四处奔波的辛劳。公元982年九月，在祥古山（今河北宣化）游猎的耶律贤，身体状况急转直下。同月二十四日，耶律贤在返回上京的路上，病逝于焦山（今大同市西北）。耶律贤在位 14 年，终年 35 岁。

6. 圣宗耶律隆绪

公元 982 年九月二十四日，辽景宗耶律贤去世。次日，12 岁的长子耶律隆绪在父亲耶律贤的灵柩前即位，是为辽圣宗，耶律隆绪母亲、皇后萧绰奉遗诏摄政。其后，耶律隆绪尊母亲萧绰为承天皇太后，并潜心跟随母后及忠臣良将学习执政才能。

耶律隆绪生于公元 971 年十二月，公元 980 年被封为梁王。耶律隆绪自幼爱好学习，十岁即能赋诗。成长过程中，耶律隆绪精骑射，晓音律，喜书法，好绘画，通佛道二教，有很高的汉文化修养，仰慕唐朝贞观盛世，后来钦佩宋太祖和宋太宗的才干。即位以后，耶律隆绪以学唐比宋为执政目标，锐意进取，励精图治。公元 1009 年，执政 27 年的萧太后还政于耶律隆绪。同年 12 月，享年 57 岁的杰出政治家萧太后去世，39 岁的耶律隆绪独掌朝政。跟随母亲理政积累丰富治国经验的耶律隆绪，将国号改回契丹，颁行《五经传疏》，要求官员学习《贞观政要》，效仿唐朝改革契丹制度和法律，依唐制开科取士，提升汉人在统治集团中的地位，对内实行改革，大力整顿吏治，任贤去邪，终将辽朝带入最为辉煌的时期，后人称辽圣宗耶律隆绪为辽代盛主。

辽朝在景宗耶律贤以前，新皇帝由文武百官从皇族中推举。因此，每一位新皇帝的诞生，都伴随着一场腥风血雨。耶律贤幼年失去父亲世宗耶律阮，成年失去养父穆宗耶律璟，连续经历两朝弑君，自己也因为皇权更迭时遭受惊吓而致风疾缠身，所以，对皇权争斗有着切肤之痛。耶律贤成为皇帝之后，即决心学习中原王朝的传统做法，确定契丹皇位传承实行长子继承制。于是，耶律贤在临终之前，将忠于自己的南北院枢密使韩德让和耶律斜轸两位重臣召至身边，嘱托由长子梁王耶律隆绪嗣位，军国大事听命于萧皇后。公元982年耶律贤去世，年仅12岁的耶律隆绪登基为帝，由母亲皇太后萧绰摄政。

此时的萧太后，年不及30岁，没有儿子的其父北院大王萧思温于公元970年被害，没有外戚可以依靠的萧太后母寡子弱，面对诸王宗室拥兵自重觊觎皇权、邻邦北宋虎视眈眈、周边小国不时侵扰的交困局面，萧太后紧紧倚靠重臣名将韩德让和耶律斜轸、耶律休哥，很快稳住了局势。萧太后安排韩德让和耶律斜轸协助自己理政，让在辽宋征战中多次取胜的耶律休哥总理南面军务，专门负责对宋朝的军事行动。为拉拢重臣名将，年轻的萧太后将侄女嫁给耶律斜轸，让小皇帝耶律隆绪和耶律斜轸在众臣面前交换弓矢鞍马，对天盟誓，结为密友，然后把耶律隆绪的坐骑调换给耶律休哥。如此破例厚赏，令耶律斜轸这位沙场名将感激涕零，发誓效忠于太后和小皇帝耶律隆绪。

祖籍蓟州玉田（今天津市北部）的韩德让，生于公元941年，为辽南京（今北京）留守、燕王韩匡嗣次子，《辽史》赞韩德让重厚有智略，明治体，喜建功立事。早年，韩德让事辽景宗耶律贤，为东头供奉官、枢密院通事、上京皇城使，之后代父为上京留守，权知京事，又代父为南京留守。

韩德让是一位才华卓著而且富有政治远见的汉人。韩家几代在辽朝管理军政，耶律贤去世前，韩德让兄弟 5 人均为位高权重的大将，掌握着辽朝近半军政大权。萧太后幼年时曾许配给韩德让，后来被挑选入宫，成了耶律贤的皇后。之前婚配已经不能再提，但萧太后对韩德让一直很有感情。辽景宗耶律贤在位末期，韩德让同时深得皇帝和皇后信任，并任南院枢密使。根据辽朝制度，南枢密院不能主兵，但一心为大辽着想的韩德让，却自己掌握着一支高水准的军队。当韩德让获悉耶律贤病危的消息，竟不待朝廷宣召，即刻率精锐赴行帐，以武力协助承天太后辅佐年幼的耶律隆绪即位。

作为出色的政治家，萧太后喜欢并倚重韩德让，不单单出于个人私情，更是为了巩固儿子的皇权。为此，萧太后赐毒酒致死韩德让妻子，然后向韩德让坦言自己的感情，并明确表示愿意再续前缘。此后，韩德让同太后共处帷帐，起居饮食形影不离，与实质上的夫妻并无二致。而且居住之处，有千余卫兵护卫，有三百膳夫及众多蕃汉女奴日夜侍奉，国家大事主要由太后和韩德让两人参决。这时候的韩德让，事实上已经处于太上皇的位置。公元 999 年，北院枢密使耶律斜轸病故，承天太后更以韩德让兼知北院枢密使事。至此，韩德让集辽朝蕃汉军政大权于一身。而忠于职守、孜孜奉国的韩德让，知无不为，忠孝至诚，重视保护和发展农业生产，维持辽朝的社会稳定，尽全力维护得之不易的辽宋和平局面。凡有益于国，韩德让或向太后进言，或身体力行，而作为国之大臣，韩德让大度能容，以进贤去邪为己任，举人不避亲，任人不避仇，所荐多为治国才干，竭尽全力协助辽朝进入强盛时期，并为辽朝政权的建设，以及契丹文化和汉文化在辽朝的发展，都作出了有益的贡献。

正是在韩德让、耶律斜轸、耶律休哥、萧挞凛、耶律抹只、室昉等忠贤能臣的辅佐下，承天太后和圣宗耶律隆绪摒弃偏见，唯才是用，任人不疑，使蕃汉臣僚各尽其职，同心辅政，内安百姓，外抗强敌，为辽朝政局的稳定、经济的发展和国家的兴盛创造了条件。这时的朝廷，重视人才选拔，不但信任宗室、外戚和契丹诸部有才能的贵族，而且重视任用汉官。除任用那些早期投靠或先后被俘的汉官汉将外，又逐渐以科举取士作为选官方式之一。公元976年诏南京复礼部贡院，正式建立主持科举考试的常设机构。后又诏开贡举，正式确立了科举选官制度。公元1030年，圣宗耶律隆绪下诏次年行贡举法，针对汉人正式开科取士，吸收大批汉人优秀知识分子进入辽国官僚队伍。同时，朝廷参考宋朝制度，确立官员考核办法，奖励清勤自持者，惩治贪酷和阿顺迎合行为。在整顿吏治的同时，朝廷重视审理狱讼，平抚冤情。公元971年恢复了被穆宗废弃的钟院，又置登闻鼓院以达民冤。公元972年诏中外官上封事，了解政事得失。多次更定法令，屏除不利于封建统治的旧制，增加维护封建秩序的内容，确定奴婢犯罪由官府治罪，主人不得擅杀；契丹人犯十恶之罪者，依汉律处罚。太后与圣宗锐意求治，留心听断，多次亲决滞狱和分遣诸臣决诸道滞狱，使罪犯得以及时判决，冤囚得以尽快开释，一时实现了诸道狱空、无人喊冤的治世景象。

自耶律阿保机建孔子庙和以孔子学说为治国主导思想以

来，儒家思想在辽朝统治集团中的影响逐渐加深。辽圣宗耶律隆绪好读《贞观政要》和唐太宗、唐玄宗实录，钦伏唐朝皇帝行事，称唐太宗、后唐明宗和宋太祖、宋太宗为"五百年来中国之英主"，积极学习中原的统治方式和思想文化。耶律隆绪多次以诏旨倡导忠、孝、节、义等封建意识形态和行为规范，改变游牧民族中贵壮贱老、别籍异居、收母执嫂等传统旧俗，在意识形态和思想文化方面尽量接近中原，以提升契丹封建化质量。

随着各种制度和机构的健全、完善，辽朝的文治渐兴，史学也有所发展。耶律隆绪任命了记载皇帝言行、群臣章奏、国家大事的起居注和日历官，修史制度也渐趋完备。公元991年，监修国史的室昉和邢抱朴合撰《统和实录》，记载了人祖至景宗五朝史事。从此，契丹与辽朝的历史从口耳相传进入文字记录阶段，为契丹和辽朝的发展状况保留了大量珍贵资料。

辽朝自太祖耶律阿保机编部以来，社会情况发生了很大变化。为适应变化了的形势，圣宗耶律隆绪再次调整部落组织，解放奴婢，减轻赋税，发展生产。为备御奚人，耶律阿保机曾从契丹八部中各抽调二十户置二十详稳；数十年后，各详稳户口增加，耶律隆绪遂置特里特勉部，设节度使管理。耶律阿保机伐奚，以所俘奚人为著帐子弟，编为撒里葛、窃爪、耨盌三营，籍隶宫分，设夷离堇管理；耶律隆绪以三营置三部，脱离宫分，设节度使管理。辽初，从诸宫和横帐抽调奴隶编成稍瓦石烈与曷术石烈，为皇室捉捕鹰鹘和冶铁；随着两石烈的人口增加，耶律隆绪遂各自置部，也设节度使统领。对俘虏或归附的室韦、女真、达鲁虢、乌古、敌烈、唐古、鼻骨德、剖阿里、盆奴里、奥里米、越里笃、越里吉等部属人户，耶律隆绪不再配隶诸宫和诸部，而是将他们分别编组为部，设节度使统领，使新附者不再沦为奴隶。如此一来，宫分人编为新部，摆脱了被奴役的处境，解放了大批奴隶，从而进一步削弱了奴隶占有制，促使契丹社会发生实质性变化，加速了辽朝封建化进程。

耶律隆绪留心民情，重视发展农业生产，制定和推行了一系列保护农田、奖励垦荒和减轻赋役负担的政策和措施。检括农田，整顿农业生产秩序；定均税法，蠲三京税赋；下诏诸道设置义仓，丰年纳粟储积，以备荒年赈济贫乏。同时罢不急之役，减少诸部岁贡，调整贡物种类以减轻部民负担；多次遣使诸道劝农，禁止诸军非时畋猎妨农，行军中禁止士卒出营劫掠，禁部从伐民桑枣，禁刍牧伤禾稼，改变了契丹军队打草谷的旧制；公元989年，徙宋鸡壁砦居民于檀、顺、蓟三州，择沃壤耕种，官给耕牛、种子；诏燕乐、密云二县荒地，许民耕种，免赋税十年。令诸道劝民种树，募民耕滦州荒地，免租赋十年。这一系列措施，安定了社会秩序，促进了生产发展，在不时有水、旱、蝗灾的情况下，辽朝并没有发生灾民流亡现象，社会秩序相对比较稳定。

随着国势的增强，辽朝对周边各政权的影响也日益扩大。公元989年，封党项贵族李继迁为夏国王，确立了同夏的宗藩关系。为了对宋战争的需要，拆散宋与高丽可能结成的联盟，迫使高丽臣服。渤海人南迁后，原渤海国控制下的女真各部逐渐向混同江、鸭绿江两岸和长白山周围地区发展，并开始袭扰辽朝东京道州县。耶律隆绪先后三次派兵遣将征讨女真和乌惹，迫使其成为辽朝的属国和属部，其中一部分女真人被迁往辽东，成为被编入辽籍的熟女真，辽朝在各部女真人中设大王、节度使和详稳，从而加强了对东北边境的控制。

辽朝北境的海勒水（海拉尔河）、栲栳泊（呼伦湖）周围地区居住着乌古诸部，乌古之西有敌烈，他们均为与契丹关系比较密切的室韦大部。耶律阿保机曾多次征伐乌古诸部，将俘获的乌古人迁往契丹内地，编入契丹部落，留居原地的乌古人则成为辽朝的属部。后乌古曾两次起兵抗辽，皆被镇压。为加强对边部的控制，耶律隆绪对乌古派遣朝廷任命的节度使，同时征调乌古部兵镇守西北边境，由契丹将领统率，防遏阻卜诸部。阻卜，是契丹人对室韦系蒙古语各游牧部属的泛称，有若干互不统属的部落或部落集团，分别游牧于辽西和西北界。辽朝将他们分别称为阻卜、北阻卜和西阻卜。公元 994 年，耶律隆绪以皇太后姊、齐王罨撒葛妃胡辇领乌古部兵和永兴宫分斡鲁朵军驻守西北境，以萧挞凛为西北路招讨使，建镇、防、维三边防城，开境数千里，辽朝对西北地区的统治得到巩固。

在军事征伐中被俘虏而进入契丹内地的回鹘人，也被编入契丹部落，耶律隆绪三十四部中的薛特部，即由回鹘人组成。在耶律隆绪统治时期，留居原地未西迁的回鹘人归附辽朝以后，也成为辽朝属部，对辽朝岁有常贡；高昌回鹘成为辽朝属国，辽在高昌派有都监；甘州回鹘以及葱岭西回鹘建立的黑汗王朝也与辽建立了朝贡和通使关系，辽在其地分别建有高昌回鹘大王府、甘州回鹘大王府和阿萨兰回鹘大王府。

　　从辽太祖耶律阿保机开始，即欲夺取黄河以北之地，但均未如愿。耶律隆绪在巩固统治地位以后，便开始对宋朝用兵。公元 999 年，承天太后与耶律隆绪亲率辽军南下，俘宋高阳关都部署康保裔。公元 1003 年，俘宋副部署、殿前都虞候、云州观察使王继忠。公元 1004 年兵临澶州城下，与宋军隔河对阵。战前，契丹大将南京统军使萧挞凛被宋军伏弩射中，重伤致死，辽军士气受挫。降辽宋将王继忠居间调停，向承天太后建议南北议和，被太后采纳。王继忠又致书宋真宗，通报辽方息兵止戈之意。经过双方谈判，签订了"澶渊之盟"，确定辽、宋双方为兄弟之国的政治地位，划定了双方的边界，决定开展互市贸易，宋每年向辽提供"助军银"10 万两、绢 20 万匹。从此，辽宋双方结束了军事对峙状态，开始和平友好交往，使两国百姓在一百多年中免受战争之苦。

　　辽宋订立澶渊之盟以后，圣宗耶律隆绪十分珍惜与宋的友好关系，诏令严格按和约办事，以促进双方睦邻友好。澶渊之盟后宋使首次入辽时，耶律隆绪要求所过州县刺史迎谒，命幕职、县令、父老送于马前，捧卮献酒，民庶以斗焚香迎引。耶律隆绪对献宋之物，皆亲自阅视。公元 1022 年宋真宗去世，耶律隆绪命契丹群臣举哀，后妃以下穿孝服痛哭，辽宋边境各州各军不得作乐，全国有犯宋真宗名讳者一律改名。耶律隆绪信守和平，终圣宗之世，辽宋间一直友好相处，为后代树立了榜样；耶律隆绪临终前，仍谆谆嘱咐继任者不得失信于宋朝。

　　公元 1031 年三月耶律隆绪患病，六月初一歇驾于大福河（今内蒙古呼虎尔河）之北。六月初三日，勤政一生的辽圣宗耶律隆绪在行宫去世。耶律隆绪在位 50 年，终年 61 岁。

7. 兴宗耶律宗真

公元 1031 年六月初三日，辽圣宗耶律隆绪去世，皇太子耶律宗真继位，是为辽兴宗。

耶律宗真生于公元 1016 年二月二十三日，为辽圣宗耶律隆绪长子，母亲萧耨斤。耶律宗真出生时，父皇耶律隆绪已经 46 岁。耶律隆绪正妻齐天皇后萧菩萨哥才貌双全，深得耶律隆绪喜爱，可惜先后所生两个儿子双双夭折，宫女萧耨斤所生耶律宗真，就成为耶律隆绪的长子，并由心地善良的齐天皇后萧菩萨哥精心抚养成人。耶律宗真少年聪慧，成年后体貌魁梧，豁达大度，擅长骑射，爱好儒家学说，通晓音律，很被朝野看好。公元 1018 年五月，年仅三岁的耶律宗真被封为梁王；公元 1021 年十一月被封为皇太子；公元 1030 年六月兼任北南院枢密使事；次年六月，16 岁的耶律宗真即皇帝位。

然而，即位后的耶律宗真，也不过金玉其外。父皇去世，耶律宗真嬉闹玩乐的本性立刻显现。父皇尚未出殡，耶律宗真即开始白天游玩，晚间纵酒赌博，对朝政漠不关心，从而给野心膨胀的生母萧耨斤可趁之机。

身为宫女的萧耨斤生下耶律宗真以后，被封为顺圣元妃。萧耨斤相貌平平，心地却十分险恶，尤其是在恶意妒忌貌美心善的皇后萧菩萨哥方面，表现得十分险恶。萧耨斤生下皇长子后受到重视，便经常在圣宗耶律隆绪面前诋毁皇后。圣宗心明眼亮，不信谗言，并将耶律宗真交由皇后抚养，这让萧耨斤更加怨恨。耶律隆绪临终前，嘱咐耶律宗真母子要善待皇后萧菩萨哥，还特意留下遗诏，封萧菩萨哥为皇太后，萧耨斤为皇太妃。早有预谋的萧耨斤扣留遗诏，并立即发动了向齐天皇后夺权的政变。萧耨斤令护卫冯家奴、耶律喜孙等诬告齐天皇后与弟萧淈卜及萧匹敌谋逆，并赐死萧淈卜和萧匹敌，将围场都太师女真著骨里、右祗候郎君详稳萧延留等七人杀死，然后以谋反罪将齐天皇后囚禁于上京。萧耨斤自称法天皇太后，并临朝听政，军国大事不许兴宗耶律宗真过问。公元1032年春，耶律宗真外出狩猎，萧耨斤急速派人前往上京，将齐天皇后萧菩萨哥杀害。

萧耨斤把持辽朝政权，不相信朝廷所有的蕃汉臣僚，而是专用自家兄弟分监南北蕃汉事，甚至连家奴也备受重用，接连有四十多人被授以团练、防御、节度、观察等使，以致范阳地区无赖走卒争相要成为萧氏家奴。同时，萧耨斤将被圣宗耶律隆绪裁汰的贪官污吏拉回朝中提拔重用，在朝廷上下安置众多亲信，致使辽朝政堂乌烟瘴气。而兴宗耶律宗真终日无所事事，不但无权而且还被秘密监视。这样时间一长，不甘心忍受母亲专横的耶律宗真，与萧耨斤之间的矛盾浮出水面。公元1034年五月，萧耨斤与娘家兄弟萧孝先等人密谋，要废掉耶律宗真，改立小儿子耶律重元为帝，年幼的耶律重元将母亲的计谋泄露给耶律宗真。在这生死关头，耶律宗真抢先发动政变，召来行宫卫队五百多人，由被争取过来的萧耨斤亲信耶律喜孙率领直入宫中，将萧耨斤押送到庆州（今内蒙古巴林左旗西北）幽禁起来，然后大杀太后亲信，萧耨斤集团彻底瓦解，耶律宗真开始亲政。

耶律宗真皇权在手以后，仍是积习难改，放荡不羁，恣意妄为。时辽每年接受宋朝巨额岁币，内府珍异堆积如山。财富的积聚，为契丹统治者奢侈腐化提供了条件。耶律宗真在宫中享乐挥霍尚嫌不足，还经常化装私入酒肆，与教坊使王税轻等数十人约为兄弟，经常出入所谓兄弟之家，以天子之尊下拜兄弟父母。

耶律宗真身体力行带头崇佛佞教，授以僧人高官，施给僧尼厚利，引导显贵子女成僧为尼，致使僧尼多达数十万，成为辽朝一大公害。耶律宗真滥授官吏，使官僚队伍越来越庞大，吏治越来越腐败。为养活大批官吏和几十万僧尼，将沉重负担转嫁给百姓，社会矛盾不断激化。于是，耶律宗真以要挟北宋和与西夏开战来转移社会矛盾，结果使社会矛盾更加尖锐。

公元 1038 年，西夏李元昊称帝建国。北宋认为李元昊称帝就是叛乱，于是宋夏战事连年不绝。在这种情况下，耶律宗真认为应该乘机要挟宋朝，从而达到转移内部矛盾、巩固统治地位的目的。于是，耶律宗真于公元 1042 年正月遣使与北宋交涉，指责之前宋不该进攻燕蓟；宋兴师伐夏也应该事先告知大辽；宋朝不应在宋辽边界增筑工事等等，并要求北宋将原来辽的藩属北汉领土及关南十县之地归还辽朝。同时，辽调兵遣将，以重兵压境，拉开随时攻掠宋境的架势。宋仁宗命王拱辰起草复信，对辽方指责予以驳斥，指出公元 1004 年双方订立盟好之时，已经确认不再牵扯和过问从前诸事，况且宋太宗进攻燕蓟完全由于辽援救北汉、阻挠宋朝统一所致；瓦桥关南十县地，已是异代之事，故按照盟约不应重提；西夏李元昊及先人早已为宋赐姓称藩，禀朔受禄，现在僭号扰边，理应讨除，并且事先已经闻达于辽；至于备塞隒路和阅集兵夫，本为边臣谨职之常，更是无可厚非。这封复信理直气壮，义正词严，回应辽朝讹诈得体而有力。然而，北宋皇帝与朝臣缺乏坚定立场和据理力争的胆识，于是，议定右正言知制诰富弼为回谢契丹国信使，除携带上述具有中原文识的复信外，更带着契合宋朝及皇帝性格的妥协退让口信。六月，富弼与副使张茂实至契丹，提出宋既可以与辽联姻，也可以增加岁币，二者听凭辽朝选择其一。如增岁币，则辽能令西夏臣服于宋，则岁币增金帛二十万，不然则只增十万。辽认为增岁币比联姻更实惠，并答应调解宋夏关系。就这样，耶律宗真在本次讹诈中，轻而易举获得巨大利益。

　　本来，西夏自李继迁开始，即实行附辽抗宋政策。自李继迁至李元昊，西夏三世坚持倚辽而与辽朝关系和睦。但李元昊称帝以后，西夏日益强盛，由附辽抗宋发展至与辽宋抗衡。西夏招纳辽朝西南境内的党项、呆儿诸部，并出兵支援这些部落抗拒辽军；李元昊个人亦与辽和亲的兴平公主不睦，致使辽国公主忧郁而终，并拖延很久才将这一情况报告辽国。耶律宗真认为，这是西夏对大辽的轻视，辽夏关系开始走向破裂，耶律宗真决意教训西夏。公元 1044 年九月，辽军在九十九泉（今内蒙古卓资北）会集，耶律宗真命皇太弟耶律重元、南院枢密使萧惠率领先锋部队西征西夏。十月初，耶律宗真亲率 10 万骑兵渡黄河至金肃城（今内蒙古准格尔旗西北），分兵三路向西夏进攻，即由南院枢密使萧惠率主力 6 万出北路进兵贺兰山北，皇太弟耶律重元率兵七千出南路策应，东京留守萧孝友统领中路军随护耶律宗真行营。面对辽军大举进攻，李元昊将主力左厢军秘密部署在贺兰山北，以逸待劳，伺机破敌；另以部分兵力在河套地区钳制疲惫辽军，创造战机。辽军进入西夏境四百里未遇抵抗，遂在得胜寺附近设营待机，其北路军前锋兵力在贺兰山北与西夏左厢军接战。李元昊见辽国后续兵力不断增加，一面据险抵抗，一面伪装求和，极度示弱以骄纵辽军。为拖延时间，消耗辽军粮秣，西夏军先后三次撤退百余里，每次撤退即将战地及周边牧草焚烧一尽。十月二十四，辽军跟踪西夏军进至河曲，粮草已经消耗殆尽。萧惠为求速胜，连夜发起进攻。李元昊已经在河西设置拒马，部署兵力，做好了准备。次日一早两军接战，西夏军稍退。萧惠以先锋及右翼军包围西夏军，被李元昊所率千余骑兵击破。时狂风裹沙，迷目塞鼻，辽军乱阵，李元昊乘势挥军大举反击。辽军大溃，人马践踏，死伤惨重。西夏军乘胜攻破得胜寺附近辽营，擒驸马都尉萧胡睹等近臣数十人。辽兴宗耶律宗真仓皇逃遁，收集余部撤回云州（今山西大同）。

公元 1049 年，耶律宗真乘西夏李元昊新丧之机，发兵三路攻西夏。北枢密院使萧惠率南路军渡黄河，向河套地区推进，攻西夏东境；耶律敌鲁古率北路军攻西夏右厢地区，南下攻凉州（今甘肃武威）；耶律宗真率中军攻西夏中部。辽南路军沿黄河而进，战舰粮船浩荡，进入西夏境。西夏军乘辽南路军轻敌冒进，突然发动攻击，辽军猝不及防，死伤惨重，萧惠领残部败走。辽中路军闻萧惠败讯，不敢继续深入，撤兵而回。北路军进至贺兰山，击败没藏讹庞率领的三千骑兵，追至凉州，俘李元昊遗孀没移皇后及官僚家属，获大量牲畜而还。

辽兴宗耶律宗真在位时，辽国国势已经日益衰落。而耶律宗真一朝，奸佞当权，政治腐败，百姓困苦，军队衰弱。面对日益衰落的国势，耶律宗真连年征战，使辽国百姓怨声载道，民不聊生。耶律宗真因感激胞弟耶律重元曾经的告密，一次酒醉随口答应百年之后，传位给耶律重元。这中间，也未曾封长子耶律洪基为皇太子，只封为天下兵马大元帅，从而埋下之后耶律重元父子谋夺帝位的隐患。

不过，耶律宗真自幼受过良好的教育，有较高的文化素养，工诗词，善丹青，所画千角鹿、鹅、鹰点缀精妙，宛乎逼真，为辽国享有名望的山水花鸟画家。在耶律宗真统治时期，进一步完善了法律制度，实行御试进士制度，同时为推广汉地医术，命精通汉文的耶律庶成翻译汉人医书，并印刷出版。公元1038年，耶律宗真命时任翰林都林牙的萧韩家奴兼修国史。在公元1044年第一次贺兰山之战时，耶律宗真意识到党项的崛起对辽国西部边界的威胁，便升云州为西京大同府，作为陪都，以加强对西部地区的军事防御和政治经济文化影响。

公元1055年七月二十六日，耶律宗真在秋山游猎时身染重病。同年八月初二日，耶律宗真病危，召见其子燕赵国王耶律洪基，向其晓谕治国要点。八月初四日，在位25年的耶律宗真在行宫病逝，终年40岁。

8. 道宗耶律洪基

公元 1055 年八月初二日，病危的辽兴宗耶律宗真召见长子耶律洪基，向其晓谕治国之要。八月初四日，耶律宗真去世，遗诏由耶律洪基继承帝位。于是，在父皇的灵柩前，24 岁的耶律洪基登上皇位，是为辽道宗。

耶律洪基生于公元 1032 年八月初七日，时父亲耶律宗真已经登基为皇帝，母亲为仁懿皇后萧挞里。耶律洪基生性沉稳，刚毅自信，学识渊博，儒学知识丰厚，诗词歌赋略有成就。公元 1037 年十一月，时年六岁的耶律洪基被封为梁王；公元 1042 年十一月，进封为燕国王，总领中丞司事；公元 1043 年八月，总理北南院枢密使事，加封尚书令，进封为燕赵国王；公元 1052 年七月刚满 20 岁时，被任命为天下兵马大元帅，知惕隐事（掌管皇族事务的官员），参预朝政。然而，执政以后的耶律洪基，却心口不一，拒谏饰非，听信谗言，残害骨肉，痴迷佛教，晚年贪图酒色，昏庸残暴，执政时间不短，治国成就不多。

辽自与宋澶渊之盟以后，在圣宗耶律隆绪等明君坚持下，维护了一个较为长期的和平环境，经济也获得一定的发展。耶律洪基即位初期，国内储存有相当数量的粮食，国库也有大量余钱。但契丹统治者仍以各种名目横征暴敛，经常遣天使带银牌到处索取，县吏动辄遭鞭笞，富家多次被强取，百姓不堪重负。耶律洪基佞佛，史称一岁饭僧三十六万，一日削发三千。如此众多的劳动力脱离社会生产而坐享其成，在生产力水平低下时期，劳苦百姓水深火热。

　　就政治局势而言，耶律洪基继位后，势力坐大的叔父耶律重元，已经成为对皇权的最大威胁。还是在父亲耶律宗真执政初期，专权的祖母萧耨斥意欲废耶律宗真而改立小儿子耶律重元为帝，是耶律重元主动告密，耶律宗真才抢先下手保住皇权帝位。由于感激弟弟告密之功，耶律宗真曾在酒后许诺要传皇位给耶律重元，从而埋下了隐患。耶律洪基即位仅两天，即下诏封耶律重元为皇太叔，任命为天下兵马大元帅，免拜不名，并赐以金券。然而，如此特封重用，并未能够安抚住耶律重元。耶律洪基感受到耶律重元的威胁与日俱增，便于公元1057年将其子耶律涅鲁古外放为武定军节度使。耶律重元父子也知道皇帝时刻警惕自己，便表面上平静接受，奉公克己，使耶律洪基放松了警惕。公元1061年，耶律洪基调耶律涅鲁古回朝，任知南院枢密使事。耶律重元父子见耶律洪基疏于防范，即抓紧时间准备谋反。公元1063年七月，耶律洪基要往太子山（今承德附近）行猎，耶律重元父子获悉消息后，加快进行部署，要在太子山行宫谋逆。但此阴谋被敦睦宫使耶律良发现。耶律良首先向皇太后密报了此事。太后深感事态严重，即假称生病召耶律洪基进宫探视，趁机将这一消息当面告知耶律洪基。耶律洪基怀疑耶律良奏报不实，太后以社稷大事宜早为计劝说，耶律良建议设计召耶律涅鲁古前来问事，借此以行验证。于是，耶律洪基派使者前往传诏，结果传诏使者当即被耶律涅鲁古拘禁于帐下。后使者以随身所带用餐刀具割断绳索逃出，将实情奏报耶律洪基。耶律洪基紧急召见南院枢密使耶律仁先，布置平叛。

这是辽朝一次空前严重的政治危机。据辽史记载，与耶律重元父子同谋者还有陈国王陈六、同知北院枢密使事萧胡睹、卫王贴不、林牙涅剌溥古、统军使萧迭里得、驸马都尉参及其弟术者、图骨、旗鼓拽剌详稳耶律郭九、文班太保奚叔、内藏提点乌骨、护卫左太保敌不古、按答、副宫使韩家奴、宝神奴等，凡四百多人。同时，耶律重元父子诱胁大批弩手军，作为进犯行宫的主力。然而，多达数千的宿卫士卒在许王耶律仁先、知北院枢密使事赵王耶律乙辛、南府宰相萧唐古、北院宣徽使萧韩家奴、北院枢密副使萧惟信及敦睦宫使耶律良等的率领下，奋力抵御叛军的进犯。叛军虽然人数众多，但当他们了解到事实真相以后，多数放下了武器。耶律涅鲁古被射杀于阵前，逃入大漠的耶律重元，在走投无路的情况下自杀身亡。叛乱既被平定，逆党皆遭族诛，耶律洪基与辽朝度过一劫。

然而，昏庸的耶律洪基，在平定耶律重元叛乱以后，宠信巨奸耶律乙辛，让阴险毒辣的耶律乙辛专权朝政长达 14 年。更为严重的是，耶律洪基听信耶律乙辛的谗言自毁长城，冤杀唯一的皇子即太子耶律濬和宣懿皇后萧观音，让辽朝陷入没有皇子继承皇位的危机。

刚即位的耶律洪基，大张旗鼓下诏，宣称“朕以菲德，托居士民之上，第恐智识有不及，群下有未信；赋敛妄兴、赏罚不中；上恩不能及下，下情不能达上。凡尔士庶，直言无讳。可则择用，否则不以为愆。卿等共体朕意”。如是恳切言辞，尽显明君气象。然而，不多久，即举刀严加惩处敢于直言者，将违己章奏全部归于谤讪书，附和奏议者亦要同罪处死。元老重臣耶律仁先、驸马都尉萧阿剌等忠直有才之臣直谏无果，公元1061年，萧阿剌满怀热忱再次向耶律洪基进谏指陈时弊，耶律洪基当场命人将萧阿剌拖出去勒死。如此作为，让奸佞小人知道皇帝心思所在。于是，耶律洪基周围挤满溜须拍马、阿谀逢迎之臣。

成功平定耶律重元父子叛乱以后，耶律洪基以耶律仁先为北院枢密使，晋封宋王，加尚父；耶律乙辛为南院枢密使；萧韩家奴为殿前都点检，封荆王。耶律良因密报有功，受重赏为隶籍横帐夷离堇，为汉人行宫都部署。其余有功臣将及护卫士卒、庖夫、弩手等分别授官或封赏。公元1063年，封年仅六岁的皇子耶律濬为梁王，明确其为皇位继承人。公元1065年，正式立八岁的耶律濬为皇太子。公元1075年六月，耶律洪基诏十八岁的皇太子耶律濬总领朝政。

在经过耶律重元之乱以后，耶律洪基更加多疑，也更加喜听谄言，从而给奸臣耶律乙辛及其同党更多的机会。耶律乙辛与皇族同出一部，为五院部人，因家境拮据，其父被人称为穷迭剌。耶律乙辛自幼狡黠，善于伪装，精于奉迎，会设圈套，深受耶律洪基信任。公元1059年为南院枢密使，后改知北院，受封为赵王。公元1063年因平定耶律重元叛乱有功，拜北院枢密使，进封魏王，赐"匡时翊圣竭忠平乱功臣"称号，公元1069年又加"守太师"衔。同时，耶律洪基还诏令朝野，四方如有军旅之事，准许耶律乙辛便宜从事。于是，耶律乙辛成为势震朝野的遮天人物，其门下馈赂不绝，顺从者被荐擢，忠直者被斥窜，其权势朝臣无人可比。可是，耶律乙辛发现，皇太子耶律濬不但日渐成熟，而且受到皇帝重用，明显成为自己地位的头号威胁。耶律乙辛谋划中伤太子，却找不到机会，于是，就在太子生母宣懿皇后身上打主意，决定通过诬陷皇后，进而动摇皇太子地位。

宣懿皇后萧观音，多才多艺，聪慧过人，善弹琵琶，且喜填诗词歌赋。公元 1058 年皇后生下皇子耶律濬，更得耶律洪基欢心。耶律洪基在位日久，昏庸愈甚，刚愎任性达到极点。而宣懿皇后出于一腔深爱，经常劝耶律洪基谨慎处事，注意安全。而耶律洪基崇尚游猎，所乘名为飞电的快马，经常只身驰入深林邃谷，皇后对此深感忧虑，劝谏耶律洪基为社稷着想，勿单身进入不测之地，耶律洪基以为皇后多事，开始疏远皇后。皇后尝作《回心院词》，以排解心中苦闷，并被之管弦，与伶人赵惟一等在宫中演唱。辽朝并无类似中原王朝那样严格的后宫制度，伶人出入宫禁本为平常事。然而，这让耶律乙辛看到了机会。于是，耶律乙辛指使皇后身边一个名叫单登的宫女和教坊朱顶鹤一同诬陷皇后私通赵惟一。耶律洪基不加调查分析，而听信耶律乙辛建议，将此案交由张孝杰处理。而张孝杰不但和耶律乙辛同党，而且为耶律乙辛心腹谋士。于是，耶律洪基于公元 1075 年十一月赐皇后自尽，无辜伶官赵惟一遭族诛，耶律乙辛更得耶律洪基信任。

皇后自尽，耶律乙辛即与同党张孝杰、殿前都点检萧十三、林牙萧得里特谋划构陷太子。五月间，耶律乙辛突然上奏耶律洪基，言说据右护卫太保查剌等报告，契丹行宫都部署耶律撒剌与知北院枢密使事萧速撒等，谋划废耶律洪基而拥太子耶律濬提前登基。经过盘查，此事荒诞无实据，耶律洪基仍然将耶律撒剌外放为始平军节度使，萧速撒出为上京留守，以事实肯定了耶律乙辛的诬陷。时隔一月，耶律乙辛又令牌印郎君萧讹都斡及耶律塔不也向耶律洪基请罪，言说自己曾参与了耶律撒剌等欲谋害耶律乙辛并拥立太子为帝的阴谋，只因当时惧怕连坐未敢自首。耶律洪基一听，当即决定由耶律乙辛及其同党张孝杰、萧十三及萧余里也审理此案。得到耶律洪基的支持，耶律乙辛更加肆无忌惮，并以尽快致死太子为目的。耶律乙辛指使拘来皇太子耶律濬，一通杖责之后，将太子囚禁在宫中，然后对受诬陷者施以重刑，逼其招认，乘机回奏于耶律洪基。于是，耶律撒剌、萧速撒及宿直官敌里剌等被处死。耶律洪基让耶律乙辛同党左夷离毕燕哥审讯太子，太子说"帝惟我一子，今为储嗣，复何求，敢为此事！公当念无辜，达意于帝。"太子恳请燕哥向父皇禀告实情，燕哥却先向耶律乙辛及其同党汇报，耶律乙辛们让燕哥谎报太子已经伏罪。就这样，耶律洪基废了太子耶律濬。耶律乙辛将废太子囚禁于上京与世隔绝之处。此后，耶律乙辛惧怕道宗耶律洪基有朝一日醒悟，让太子重见天日，便于公元1077年十一月派达鲁古、撒八去上京，杀死年仅二十岁的太子耶律濬，又秘密杀害了太子妃，然后谎报耶律洪基，说太子因急病已经身亡。昏聩至极的辽道宗耶律洪基，如此被奸臣要猴一样玩弄于股掌之中而不思见亲子一面，听任奸党将当时大辽唯一的皇位继承人送往黄泉。

耶律乙辛除掉太子耶律濬之后，开始策划确立一个将来能由自己完全掌控的皇位继承人，于是建议耶律洪基立宋魏国王耶律和鲁斡之子耶律淳为储嗣。耶律和鲁斡为道宗同母弟，耶律淳为耶律洪基侄。耶律乙辛的建议一提出，群臣皆不敢表示反对，唯北院宣徽使萧兀纳与夷离毕萧陶隗反对，向耶律洪基说舍嫡不立，即为以国与人，祸患无穷。

按照封建宗法制度，嫡长子先亡，则应立嫡孙。已故太子耶律濬有子名耶律延禧，然而，耶律洪基对是否立耶律延禧为储嗣犹豫不决。在这种情况下，耶律乙辛又试图通过操纵立后来左右耶律洪基立储。耶律乙辛同党萧霞抹有妹未嫁，公元 1075 年宣懿皇后被诬陷致死之后，耶律乙辛向耶律洪基盛称萧霞抹妹美而贤，耶律洪基将其纳入宫中，并于次年六月册立为皇后。然而，一两年时间过去，新皇后却一直未能怀孕。新皇后另有一妹叫斡特懒，已经嫁给耶律乙辛子绥也。耶律乙辛又唆使新皇后告诉耶律洪基，说其妹斡特懒"宜子"。求子心切的耶律洪基一听甚是高兴，即由耶律乙辛将儿媳送进宫献给耶律洪基。此后，在盼望前儿媳早生"龙子"的同时，耶律乙辛千方百计加害皇孙耶律延禧。公元 1079 年耶律洪基要去夹山（今内蒙古土默特左旗西北）秋猎，为谋害耶律延禧，耶律乙辛建议道宗不要带耶律延禧同行，遭到萧兀纳的强烈反对。有所警觉的耶律洪基亦开始怀疑耶律乙辛，于是命皇孙随行。次年正月，耶律乙辛外放出知兴中府。三月，刚满六岁的皇孙耶律延禧被确立为继承人。耶律乙辛被逐出朝廷之后，因向境外贩运禁物被囚。公元 1083 年十月，又因私藏甲兵被处死。后悔不迭的耶律洪基，泪汪汪追谥蒙冤受害的唯一儿子前太子耶律濬为昭怀太子。公元 1091 年，道宗耶律洪基授 16 岁的孙子耶律延禧为天下兵马大元帅，同时总北、南枢密院事。

耶律洪基唯一的政绩，是在文化建设方面略有成就。耶律洪基学识渊博，儒学修养深厚，通音律，善书画，爱好诗赋，崇尚唐代文学，学习吸收汉文化，重视儒家经籍的收集整理，公元 1064 年曾下令搜集书库所缺书籍，颁行《史记》《汉书》，征召杰出学者讲解各种经典；在上京设立学校，诏令各地设学养士，热心完善考试制度，于公元 1070 年创设贤良科考进士；公元 1074 年，建立国史编纂机构，于 1085 年完成辽朝前七位皇帝实录，从而保存了大量珍贵史料。

公元 1100 年十二月，年近古稀的耶律洪基患重病后，开始向耶律延禧移交权力。次年正月十二日，耶律洪基病逝于混同江捺钵行宫。耶律洪基在位 47 年，终年 70 岁。

9. 天祚帝耶律延禧

公元 1101 年正月十二日，辽道宗耶律洪基去世后，耶律延禧奉遗诏即位，群臣为耶律延禧上尊号"天祚皇帝"。

耶律延禧为耶律洪基长孙，生于公元 1075 年四月十九日，父亲耶律濬为道宗独子，此时已经被封为皇太子，母亲萧氏。辽道宗耶律洪基重用耶律乙辛、张孝杰等一群奸佞，自己不理朝政，并听信耶律乙辛谗言，在耶律延禧不到 3 岁时，以预谋弑父夺权罪名，将耶律延禧父母处死。耶律洪基害死太子以后，又将孙子耶律延禧和孙女耶律延寿赶出皇宫，年幼的耶律延禧兄妹被寄养在大臣萧怀忠家中。一年以后，在萧兀纳等忠正大臣的劝说下，耶律洪基才将耶律延禧兄妹接入皇宫抚养。耶律乙辛又要加害耶律延禧，在萧兀纳等人的保护下，耶律乙辛的阴谋未能得逞。公元 1079 年，耶律乙辛被罢官赶出朝廷以后，耶律洪基才逐渐开始疼爱这个由自己一手加害而苦命的孙子。1080 年三月，6 岁的耶律延禧被封为梁王，并加封太尉。后来耶律乙辛因罪被杀，耶律洪基方才醒悟自己冤杀了儿子，在追封儿子为昭怀太子以后，将对儿子的愧疚转化为对孙子耶律延禧的疼爱。公元 1083 年十一月，耶律洪基封耶律延禧为燕国王。公元 1091 年，加封耶律延禧为天下兵马大元帅，总领北、南院枢密院事，加任尚书令，并确立为皇位继承人。公元 1100 年十二月，耶律洪基病重以后，开始向唯一的孙子耶律延禧移交权力。次年正月耶律洪基去世，耶律延禧顺利继位。

耶律延禧自幼失去父母，虽然在直臣和亲属呵护下得以保全性命，却未能受到良好教育。后来，耶律延禧一直生活在祖父的宠爱之下，但祖父本人在为君为人方面，都难以成为表率。耳濡目染，日积月累，耶律延禧为人处事酷似祖父。耶律延禧为帝时已经 27 岁，在这样风华正茂的年岁里，耶律延禧却未能干出一番事业，而所执之政及所用之人，却与祖父耶律洪基如出一辙。

昏昧的耶律洪基当政，奸臣耶律乙辛擅权长达 14 年，老成正直的官僚被排挤压制打击，统治集团元气大伤。耶律延禧即位时，辽朝早已陷入政治日益腐败、治国人才匮乏的境况。耶律延禧对辽朝政治腐败、人心涣散、内外矛盾激化和人才匮乏的形势缺乏清醒认识，自己又不思进取，无所作为，反而一味游畋享乐，辽朝的政局很快陷入内外交困之中。

本来，宣懿皇后和太子耶律濬的冤案，是辽朝后期影响巨大的政治事件。彻底清除耶律乙辛党羽对辽朝政局的影响，平反冤案，起用敢于抵制耶律乙辛的官员和将领，是争取人心、振兴朝政、扭转世风的关键。可是，耶律延禧根本没有意识到这一点的重要性，更不要说把握时机开拓进取，却沉迷于个人享乐，不恤政事，亲近佞人，拒听忠言。北府宰相萧兀纳，在耶律乙辛谋害太子以后，又要加害耶律延禧而立耶律延禧堂叔耶律淳时，挺身而出力谏阻拦，并时时保护耶律延禧免遭耶律乙辛毒手，之后又受命辅导耶律延禧，是两次冤案洗劫后仅存的忠直大臣之一。耶律延禧即位前，萧兀纳因屡进直言而招致怨恨。耶律延禧即位后，萧兀纳虽然被尊为太傅，却不得不离开朝廷，外任为兴军节度使。因为厌恶耶律乙辛的行为而被流放镇州的耶律石柳被召回朝廷以后，满怀热情上书耶律延禧，建议尽收逆党以正邦宪，收四方忠义之心，昭国家赏罚之用，并详细记述了太子耶律濬被害和耶律乙辛擅权诸事，希望耶律延禧了解实情，铲除奸邪，以正国风，耶律延禧却当作耳旁风。

北院枢密使耶律阿思贪而奸，有识之士多次向耶律延禧提醒，耶律延禧却将清查耶律乙辛余党这件关系辽朝前途命运的大事交与耶律阿思负责。耶律阿思贪赃枉法，之前制造冤案的首犯因行贿而得免，一些被裹胁或盲从者，却被罗织罪名受到重罚。同知北院枢密使事的萧得里底附会耶律阿思，敷衍塞责，使得前朝贪赃枉法之徒继续得到重用，阿谀奉迎者得以提升。佞臣萧胡笃见耶律延禧喜好游玩，便编造夸大各种游畋项目之奇之乐，以逢帝意。耶律延禧因此将萧胡笃自永兴宫太师提升为殿前都点检、知北院枢密使事。萧奉先、萧保先、萧嗣先兄弟，因外戚而官居要职。萧氏弟兄无军政才干，专以阿谀取容，为固宠保位，不惜牺牲国家利益，排挤打击忠直人士，引荐逢迎取媚贪腐误国之辈，使辽朝的政局每况愈下。而这时，内部的离心反叛和外部女真完颜部的崛起，已经开始向大辽敲击丧钟。

自耶律洪基授女真完颜部首领乌古乃为生女真部节度使以来，女真完颜部迅速壮大。腐化奢靡的辽朝统治集团，对猎鹰海东青和北珠的需求量大增，从而加重了对女真人的搜括和勒索；辽朝吏治日益败坏，出使女真的官员为所欲为，激起女真各部各阶层的普遍不满，反辽情绪日益高涨。辽朝贵族日益骄横，争权夺利斗争愈演愈烈，有的甚至勾结联合女真，更助长和鼓励了女真贵族的抗辽情绪。耶律洪基末年，女真纥石烈部首领阿疎背叛完颜部落联盟，阻止完颜部讨伐温敦部，兵败之后投辽。此后，凡完颜贵族与辽交涉，或要探听辽朝底细，均以归还叛人阿疎为名。公元 1102 年，辽国舅萧海里叛辽逃入女真，遣使联络完颜部共同反辽，遭到女真拒绝。此后，完颜部贵族又受辽朝之命助辽平定了萧海里。而在平定萧海里的军事行动中，大辽军界的腐败无能悉数暴露在女真人的面前。而思谋复仇的女真人，却借战胜萧海里的军事行动，大大改善了自己的军事装备，提高了战术水平。从此，女真人不但清楚了辽朝的虚实，而且找到了与辽朝讨价还价和武力抗辽的突破口，更加坚定了武装抗辽的决心。

女真的强大和不臣引起辽朝一些守边将领和有识之士的警觉，因而不断上奏耶律延禧，建议采取措施加强防备，却一直未能引起耶律延禧和朝廷权臣的重视，以致对女真问题的处置一误再误。公元 1112 年，耶律延禧捺钵至春州（今内蒙古兴安盟突泉县），依惯例生女真各酋长来朝。酒宴正酣时，耶律延禧命生女真各酋长次第起舞，独完颜部阿骨打怒立而不听命。耶律延禧见完颜阿骨打意气雄豪，不似常人，本想假托边事将其诛杀，却因为奸臣萧奉先的歪理邪劝而作罢。

公元 1113 年，完颜阿骨打依例继任生女真部节度使，开始积极部署抗辽。而一味游猎的耶律延禧，却迟迟不给完颜阿骨打签发节度使任命书，令完颜阿骨打更起疑心。完颜阿骨打遣使入辽，以索讨阿疏为名观察动静，刺探辽朝边境军事部署情况。辽东北路统军司向耶律延禧报告女真已经兴兵，宁江州（今吉林扶余北伯都纳古城）可能要遭到攻击。正在庆州秋猎的耶律延禧不以为然，仅遣海州刺史高仙寿以渤海军为支援。第二年，完颜阿骨打趁辽守备空虚之际，誓师励众，向宁江州进发，大败渤海军，乘胜一举攻下宁江州。

失去宁江州，耶律延禧才开始注意女真战事，召开群臣会议商讨对策。耶律延禧仍听萧奉先意见，派萧奉先弟萧嗣先领兵屯驻出河店，结果又被女真击败。耶律延禧认为宁江州、出河店两次失败，是枢密使萧奉先不知兵所致，于是改用汉人张琳、吴庸主东征事。辽朝的汉人官僚历来不主兵事，张琳、吴庸二人更不知兵，失败也在意料之中。

辽军接连三战三溃，依旧未能引起耶律延禧的重视。公元 1115 年正月，完颜阿骨打建立金朝。昏庸的耶律延禧仍然认为，只要自己遣一使节，即可谕令女真降服。于是，耶律延禧连续派耶律张家奴、萧辞剌等出使女真。这一自取其辱的努力之后，辽东北军事重镇黄龙府（今吉林长春农安县）又被女真攻陷。皇帝、朝廷、将军的一系列作为，使辽军士气更加低落，军心愈发涣散，战斗力急剧下降。

辽以耶律延禧为首的统治集团不图进取，对百姓的不满情绪漠然处之，官僚将领中普遍存在麻痹轻敌思想，而一切加强边备的建议，反而被斥为怯懦。萧奉先与众兄弟专尚谄谀，却得到绝对信任，这令群臣大失所望，契丹内部有志之士对耶律延禧的不满日益加深。于是，在部分将领中，便萌生了废耶律延禧另立新君的想法。

公元 1115 年九月，在没有足够准备和周密战略部署的情况下，耶律延禧贸然决定率军亲征，并盲目相信辽军数量众多，限定数月内翦除女真势力。结果，战斗还没有打响，就发生了辽军都监耶律章奴叛归另立新君的事件。

耶律章奴联络魏国王耶律淳妻兄萧敌里及外甥萧延留等，诱胁将卒 300 余人从前线返回上京，告知耶律淳说耶律延禧已经兵败，自己返回就是要废耶律延禧立耶律淳为帝。当时，耶律淳犹豫不决。而知道情况的耶律延禧顾不得征讨女真，急遣驸马萧昱率兵前往广平淀行宫保护后妃，以防耶律章奴对行宫发动攻击，同时遣行宫小底乙信带诏令赶往上京，告诉魏国王耶律淳真相。耶律淳得知耶律延禧无恙，当即将萧敌里及萧延留斩首，然后到广平淀向耶律延禧请罪。耶律延禧知道耶律淳未与耶律章奴合谋，故仍信任如初。

耶律章奴见耶律淳不肯背叛耶律延禧，便领兵西至庆、饶、怀、祖等州，到处宣传自己之所以举兵，是因为耶律延禧只知享乐，不理朝政，强敌肆侮，大辽危于累卵，并重申为救万民废昏立明。如此宣传广得拥护，部众很快增至数万。然而，在耶律章奴向耶律延禧广平淀行宫发动攻击时，其同伙耶律女古等乘机大肆劫掠妇女财畜，耶律章奴不能节制。这支标榜为正义之师的军队，很快丧失民众支持而土崩瓦解。耶律章奴欲逃奔女真，被辽军抓获处死。完颜阿骨打却抓住耶律延禧自前线西还平叛之机，追击耶律延禧。辽军全线溃败，金军获舆辇帑幄、兵械军资、宝物马牛不可胜计。耶律延禧虽然逃得一命，但从此辽朝局面更加不可收拾。

耶律章奴阴谋废立，本是部分契丹贵族将领对耶律延禧失去信心的反映。但耶律延禧却从此与群臣的隔阂更深，对萧奉先等佞臣更加信任不疑。萧奉先利用耶律延禧的信任，肆无忌惮谋求私利，朝廷对抵御金兵了无良策。上京等地相继陷落以后，辽军到处被金军击败，位于原渤海国的辽东京也发生叛乱。这场叛乱一直到公元1116年四月才被平定，但在同年五月，金朝借机占领了辽东京和沈州。公元1117年初，春州（即长春州）又被金军攻陷，东北面诸军不战自溃，紧接着泰州（今吉林白城市东南）亦陷于金。公元1120年，金攻克上京（今内蒙古巴林左旗），留守降。辽国势江河日下，大片国土沦入金人之手。在如此严峻的形势面前，辽朝统治集团内部又爆发了一次严重的内讧，结果导致统帅耶律余睹叛降金朝。

　　耶律余睹出身皇族，有一定威望，素为萧奉先们所忌。耶律余睹妻萧氏与耶律延禧文妃为姊妹。文妃生子耶律敖鲁斡，颇有人望，封晋王。当耶律延禧日益让群臣失望时，耶律敖鲁斡却因得人心而遭到疑忌。萧奉先妹为耶律延禧元妃，生秦王耶律定、许王耶律宁。萧奉先担心耶律延禧会以耶律敖鲁斡为嗣而自己外甥不得立，遂千方百计陷害耶律敖鲁斡。公元1121 年，萧奉先利用文妃与耶律余睹妻姊妹曾相会于军中一事，授意其下诬告耶律余睹与驸马萧昱谋废耶律延禧而立晋王耶律敖鲁斡为帝。刚刚经历耶律章奴废立事件惊魂未定的耶律延禧，对废立之事颇为敏感，便不分青红皂白下令将被诬陷的萧昱处死，并赐文妃自尽，而对萧奉先的谗言不做任何调查分析。身为南军都统的耶律余睹无以自明，惧怕自己也不明不白被陷害，于是带领亲属及千余官兵投降金朝。至此，更无人愿意为耶律延禧效力。耶律余睹降金以后，被金任命为女真监军，领兵追袭耶律延禧，又给萧奉先陷害耶律敖鲁斡提供了口实。耶律延禧听信萧奉先谗言，一如其祖父耶律洪基听信耶律乙辛谗言一样，又将长子耶律敖鲁斡赐死。

　　由于耶律延禧与萧奉先不以国事为务，在女真的连续进攻面前拿不出整军御敌的方略。东京、乾、显诸州失陷后，仍不做防御中京的部署，却一路南逃。公元 1122 年正月，金军攻克中京（今内蒙古赤峰宁城县），进而攻下泽州。耶律延禧闻讯逃出居庸关，又至鸳鸯泺（今河北张家口张北县）。耶律余睹引金兵袭击驻扎于鸳鸯泺的耶律延禧。耶律延禧率卫兵五千人逃往西京（今山西大同），逃亡中将传国玺丢失在桑乾河。三月听闻金军将出岭西，耶律延禧逃亡到白水泺（今内蒙古察哈尔右翼前旗北黄旗海）。听说金兵将要到达，耶律延禧又乘轻骑逃入夹山（今内蒙古呼和浩特）。

由于战时消息不通，辽朝内部以为天祚帝耶律延禧阵亡或被围，于是在南京立辽道宗耶律洪基侄、天祚帝耶律延禧堂叔耶律淳为皇帝，改元建福，史称北辽，耶律淳降耶律延禧为湘阴王。四月，西南面招讨使耶律佛顶降金，云内、宁边、东胜等州亦相继投降金朝。金朝攻陷西京后，沙漠以南部族全部投降金朝。于是，耶律延禧逃亡讹莎烈。六月，耶律延禧传檄天德、云内、朔、武、应、蔚等州，合并诸蕃精兵五万，相约八月进入南京，并遣人到南京索取衣裘等物。不久，耶律淳病逝。公元 1123 年二月，耶律延禧诛杀耶律淳妻萧德妃，降耶律淳为庶人，尽释其党。五月，西夏崇宗李乾顺遣使请天祚帝前去西夏。公元 1124 年正月，耶律延禧逃亡都统马哥军中，金军来攻，耶律延禧弃营北逃，马哥被金军所获。七月，耶律延禧率诸军出夹山，攻下渔阳岭，取天德、东胜、宁边、云内等州，在南下武州时遇到金军，大战于奄遏下水，再次被金军攻溃。公元 1125 年，耶律延禧经天德军（今内蒙古呼和浩特市东）过沙漠，向西逃窜。二月，逃至应州新城（今山西省怀仁县西）东 60 里处，被金将完颜娄室俘获，辽亡。同年八月，金解送耶律延禧至上京，被降封为海滨王。公元 1128 年耶律延禧病逝，其在位 25 年，终年 54 岁。

西　夏

（1038—1227 年）

公元 1038 年十月十一日，党项人李元昊在兴庆府（今宁夏回族自治区银川市）自立为帝，国号大夏，史称西夏，李元昊为西夏景宗。西夏早期与辽和北宋并立，后期与金和南宋分治。西夏盛时幅员两万余里，包括今宁夏回族自治区全部、甘肃大部、陕西北部、内蒙古自治区西南部、青海东北部及新疆维吾尔自治区的一部分地区，都兴庆府。西夏共传十帝，存国 189 年，公元 1227 年七月被蒙古所灭。

一、党项的起源与发展

党项本为西羌中的一支，原居住于青海湖周围的草原和青海湖以南黄河、大通河、湟水源头附近的山地。汉文典籍有关党项的记载首见于唐魏徵等所撰的《隋书》。其后唐李延寿撰《北史》，杜佑撰《通典》，五代及北宋修纂《旧唐书》《新唐书》《五代会要》等，都为党项专门立传，这些史书中直接称党项为"党项羌"。

党项羌居住于古析支一带，为汉时西羌中的一支。古析支即今青海省东南部黄河曲一带的地方。早在汉代，西羌曾大量内徙于河陇及关中一带，遗留在原居地的众多羌人，在西晋末为吐谷浑所统治。自公元552年至公元564年，附属于吐谷浑的宕昌（中心在今甘肃宕昌）和邓至（中心在今四川九寨沟县）两个羌人集团相继为西魏和北周灭亡，宕昌、邓至部分羌人融入党项，成为其组成部分。

自北周以后，党项羌分布地域东接临洮（今甘肃岷县）、西平（今青海西宁市），西至叶护（今新疆若羌），南北数千里。到唐代初年，党项羌活动范围扩展到东至松州（治所在今四川松潘），西接叶护，南杂春桑、迷桑（今青海、四川交界处，果洛、阿坝藏族自治州一带），北连吐谷浑（今青海北部，甘肃南部一带），横亘三千里。

早期党项人以姓氏为部落，各为生业，牧养牦牛、羊、猪以供食，不知稼穑。部落大者五千余骑，小者千余骑，既无法令徭赋，也无文字，候草木以记岁时。党项人尚武力，三年一聚会，杀牛羊以祭天，有战阵则相屯聚。后不断繁衍发展，有细封氏、费听氏、往利氏、颇超氏、野辞氏、房当氏、米擒氏、拓跋氏等逐渐扩大，而拓跋氏最为强盛。除上述党项八部外，史书中还记有在赤水（今青海共和）以西的黑党项，以及居住于河西大积石山的雪山党项两大部落。

根据史书记载，党项与中原王朝发生关系始于北周。公元566年，北周翼州（今四川茂汶地区）刺史杨文思率州兵讨平党项羌叛乱。至杨坚任北周丞相时的公元580年，因中原战乱无暇西顾，党项因此大为寇掠。隋朝建立以后，党项北面的吐谷浑不断寇掠隋西北边境。受吐谷浑役属的党项也经常参与寇掠之中。公元 581 年吐谷浑寇弘州（治所在今甘肃庆阳县北）、凉州，隋文帝遣上大将军元谐率步骑数万迎击，吐谷浑则派定城王钟利房率骑兵三千渡黄河连结党项抵抗，被元谐在半利山（今青海湖东）击败。元谐又败吐谷浑太子可博汗于青海，俘斩吐谷浑军卒万计。大胜后元谐移书吐谷浑，晓以祸福，使其名王十七人、公侯十三人各率所部来降，其中亦有党项的一些部落随之归附。公元 584 年，党项千余户归降隋朝。第二年，党项拓跋宁丛等各率部前来旭州（治所在今甘肃洮水发源处）内附，隋授予拓跋宁丛大将军之职。

从公元 595 年开始，内附党项不停寇隋西北边郡，叠州（治所在今甘肃迭部）附近党项时有反叛，叠州总管慕容三藏率兵讨平。第二年，党项又侵掠会州（今四川茂汶地区），隋朝征发陇西兵前往征讨，大破其众，党项即遣使入朝谢罪。至隋炀帝继位前后，党项又与吐谷浑联合扰掠隋凉州、张掖等地。公元 609 年，隋炀帝率领大军西巡，欲击灭吐谷浑，党项诸部遂向隋贡方物，被击败的吐谷浑可汗伏允率其徒数千骑出逃。隋在原吐谷浑居住地设鄯善、且末、西海、河源四郡。此四郡之外，原吐谷浑领有的今甘肃、四川西北等地遍布的党项羌诸部开始强盛起来。

隋末唐初，党项与吐谷浑利用中原纷争的局面，不断寇扰西北诸州。公元 618 年党项与吐谷浑合兵侵扰唐松州，益州道行台窦轨与扶州刺史蒋善合受命进击，大破党项与吐谷浑。此后党项或联合吐谷浑，或独自出击，于公元 621 年七月至公元

626 年五六年间，多次寇扰西北诸州之洮（今甘肃临潭）、岷（今甘肃岷县）、河（今甘肃临夏）、松（今四川松潘）、叠（今四川迭部）、渭（今甘肃陇西）、廓（今青海尖扎北）等州。

唐朝贞观初年，唐太宗李世民对邻近各部众采取招抚政策。公元 629 年八月，李靖率大军分六路出击突厥，突厥诸部纷纷降唐。在这一形势影响下，党项开始降附唐朝。这年，党项酋长细封步赖举部内附，李世民列其地为轨州，拜细封步赖为刺史，仍准其率所部讨吐谷浑。其后，诸姓酋长相次率部落前来内属，李世民厚加抚慰，列其地为崌、奉、岩、远四州，各拜其首领为刺史。之后，内附党项越来越多，公元 631 年十二月，唐太仆寺丞李世南开党项之地十六州四十七县。至公元 632 年，党项羌前后内属者达三十四万口。党项羌首领拓跋赤辞与从子拓跋思头率众与诸首领归附，唐以其地为懿、嵯、麟、可等三十二州，以松州（今四川松潘）为都督府，拜拓跋赤辞为西戎州都督，赐姓李氏。自是，从河首大碛石山以东，并为中国之境。拓跋赤辞降附后，雪山党项破丑氏仍常为边患，并阻挠其他党项部落归附唐朝，公元 631 年岷州都督刘师立受命率兵讨击，破丑氏率部逃于山谷中。第二年十一月，破丑氏开始向唐称臣朝贡。公元 635 年正月，唐太宗李世民调集大军对吐谷浑进行大规模征讨。四月，李靖北路军追击吐谷浑可汗伏允于河源，伏允逃入黑党项。后被唐军追击，伏允逃至伏伦碛（今新疆且末和田间）为部下所杀。另一支由赤水道行军总管李道彦率领的大军由松州出发，途经党项诸部居地。五月间，当唐将李靖等击败吐谷浑，吐谷浑举部内属时，党项诸部也跟着降服，黑党项酋长敦善王也臣服于唐朝，岁贡方物。至此，党项诸部全部为唐招抚，于其地设羁縻府州统领。

唐贞观年间，在党项拓跋部内附前后，地处青藏高原的吐蕃开始强盛，并不断出兵攻击党项诸部，与唐争夺凉、松、茂、巂（今四川西部和西北部、甘肃东南部）诸州地区。公元 634 年吐蕃进兵攻破党项及白兰诸羌。公元 638 年吐蕃进攻唐松州，松州都督府所辖的党项羁縻州阔、诺（今四川松潘西）二州刺史、党项羌酋以州叛归吐蕃。唐高宗李治继立后，吐蕃势力开始向北扩张，至公元 680 年前后，吐蕃尽收羊同、党项及诸羌之地，东与凉、松、茂、巂等州相接。至唐开元年间，吐蕃势力日盛，唐军屡屡失利。在这种情况下，党项拓跋部上表唐朝请求内徙，唐玄宗同意拓跋部的请求，下诏静边州都督府至庆州（今甘肃庆阳）安置其众。辖下二十五个羁縻州的党项部落，也随之一道内迁，此为党项拓跋部的第一次大迁徙。内徙党项主要分布在陇右道的洮、秦、临等州及关内道的庆、灵、银、夏、胜等州之内。

公元 755 年安史之乱爆发，唐朝全力对付叛军，河陇空虚，吐蕃乘机出兵攻占河陇诸州，并向关内进逼。内迁的党项乘机向南寇扰邠（治所在今陕西邠县）、宁（治所在今甘肃宁县）等州。公元 758 年九月，唐招讨党项使王仲升斩杀酋长拓跋戎德，但未能阻止其南侵。公元 760 年正月，党项逼近京畿长安，使唐廷朝野震动，即命大将郭子仪领重兵出镇邠州，党项退走。自公元 757 年以后，党项常为吐蕃所诱，不时侵叛。

公元 763 年吐蕃率吐谷浑、党项、氐、羌二十万众渡渭水，攻入长安，立原邠王李守礼子李承宏为帝。郭子仪设伏于城周，吐蕃退走。公元 764 年九月，原唐仆射、大宁王仆固怀恩在灵武叛唐，引吐蕃、回纥、党项数十万南下。郭子仪奉命出镇奉天，仆固怀恩退兵。到公元 765 年，仆固怀恩又纠集吐蕃、党项、吐谷浑等数十万军，分道进逼京师长安。此后，仆固怀恩病卒，回纥降唐，吐蕃退走。

之后，唐朝为了将关内道北部的党项、吐谷浑各部与陇右的吐蕃分隔开来，将静边州和夏州六府党项移徙到夏州以东、银州（今陕西米脂）以北的地方。这样，经过党项的第二次大迁徙，内徙党项逐渐集中于灵、庆、夏、银、绥、延、胜等州，并按地域形成为几个大的部落集团，即史书记载的以拓跋部为主的居庆州陇山之东的东山部，及居住在平夏之地的平夏部等。

唐朝后期，统治集团处于风雨飘摇之中，从而给党项首领提供了膨胀野心的机会。公元 873 年，夏州党项首领拓跋思恭占领了宥州（今陕西靖边以东），并自称刺史。公元 880 年底，黄巢军攻入京师长安，唐僖宗仓皇出走至凤翔、兴元。在此危急关头，唐僖宗于正月下诏征集各路兵马，其中包括夏州将拓跋思恭。三月间，拓跋思恭与鄜、延节度使李孝昌会合于鄜州，同盟起兵，传檄天下。四月，唐僖宗因其出兵，封拓跋思恭为左武卫将军，权知夏、绥、银节度使事。拓跋思恭遂率军屯于武功，并会同李孝昌与黄巢军大战于王桥。九月，李孝昌、拓跋思恭与黄巢将朱温、尚让激战于东渭桥，为朱温等击败。在这次战役中，拓跋思恭弟拓跋思忠战死。十二月，唐朝赠夏州节度号为定难军节度。公元 882 年唐僖宗又以拓跋思恭为京城西面都统、检校司空、同中书门下平章事；接着又进为四面都统，权知京兆尹，兼太子太傅，封夏国公，赐姓李。至此，党项平夏部拓跋氏集团乘黄巢军大乱机会，以定难军之名长期割据夏、绥等州，并以此地为中心扩张势力，成为名副其实的唐末藩镇之一。

唐朝虽然镇压了黄巢军，但其本身在黄巢军的打击下更加衰弱。在围剿黄巢军的过程中，诸藩镇势力得到扩张。公元 886 年初，发生邠宁节度使朱玫等拥立襄王李煴为皇帝的变乱。于是，唐僖宗诏令各镇军讨朱玫，其中包括定难军节度使李思恭。同年十二月，朱玫兵败为其部将王行瑜所杀，王重荣率军入长安，斩杀李煴，变乱平定。乘这次变乱，李思恭夺取鄜、延二州，派其弟李思孝知留后。公元 888 年，朝廷授李思孝为保大军节度使、鄜坊丹翟等州观察使并检校司徒、同中书门下平章事，统领鄜、延诸州。公元 895 年，李思恭去世，其弟李思谏继为定难军节度使。公元 896 年三月李思孝上表请致仕，以其弟李思敬代职。唐廷即以李思孝为太师，李思敬为保大军节度使。后唐廷又任命李思谏兼任静难、宁塞两镇节度使。就这样，党项拓跋氏兼定难、保大、静难、宁塞四镇，实领定难、保大二镇之夏、绥、银、宥、鄜五州之地。

唐朝灭亡后，中国历史进入五代十国分裂割据时代。唐末以来内徙的党项诸部，则以其分布地域或直接割据，或分属于内地不同的割据势力。其中，有自唐末以来盘踞于夏、绥、银、宥四州的定难军节度使党项拓跋氏，五代初兴起于麟、府二州的党项折氏，以及居于庆、灵二州间的西路党项诸部。

　　唐朝灭亡前夕，夏州节度使李思谏依附于梁王朱温。朱温建立后梁政权，曾授夏州节度使李思谏为检校太尉兼侍中，成为梁太祖朱温的使相之一。公元908年，李思谏病逝，三军推李彝昌为留后。李彝昌为拓跋思恭之孙、李思谏养子。不久，后梁即以李彝昌为定难军节度使，正授旄钺。李彝昌继立不久，夏州发生内乱。公元909年三月，夏州都指挥使高宗益起兵，袭杀李彝昌。接着，夏州将吏诛杀高宗益，推迎李彝昌叔、夏州蕃部都指挥使李仁福为帅。四月，后梁即命李仁福为定难军节度使、检校司空。公元910年七月，邻近夏州盘踞河东的岐王李茂贞、邠宁节度使杨崇本、彰义节度使刘知俊，以及晋王李存勖等利用高宗益之乱，合兵五万攻围夏州。李仁福据城固守，向后梁告急。后梁派夹马指挥使李遇、刘绾等赴援，夏州始得解围。至公元913年三月，后梁以夏州节度使、检校太尉、同平章事李仁福为检校太师，进封陇西王，此为受唐赐为李姓的夏州党项拓跋氏封王之始。

　　公元923年，晋王李存勖灭后梁，建立后唐政权，夏州节度使李仁福投附于后唐。公元924年四月，后唐庄宗以夏州节度使李仁福依前检校太师、兼中书令、夏州节度使，封朔方王。夏州拓跋氏政权如同与后梁的关系一样，名义上臣附后唐，实际上仍保持着相对的独立，成为割据于北方的地方政权。

　　公元933年，夏州节度使李仁福去世，三军推其次子、曾任夏州左都押牙、防遏使的李彝超为帅。后唐担心李氏与契丹连结，并吞河套以南及关中地区，认为此时是兼并夏州的良机。于是采取迁镇的办法，令李彝超与延州节度使安从进对调，即以李彝超改镇延州，为延州留后，安从进为夏州留后。为确保迁镇成功，后唐又派邠州节度使药彦稠、宫苑使安重益等率军护送安从进至夏州赴镇。夏州是党项拓跋氏安身立命之地，李彝超拒绝迁镇，同时积极行动，以对付赴镇的安从进。公元 933 年五月，安从进率大军抵夏州，城内烽火四起，党项诸部数千骑赶来支援。七月，安从进、药彦稠等向夏州城发动进攻，李彝超率军民固守城池，后唐军久攻不克，便撤军言和。同年八月，李彝超自署其弟李彝殷为绥州刺史，上表后唐朝廷乞求正授。李彝超又遣使上表谢罪，后唐明宗李嗣源于十月下诏任命李彝超为检校司空、使持节都督夏州诸军事、夏州刺史、兼御史大夫、充定难军节度使，夏、银、绥、宥等州押蕃落等使。

夏州之战，使夏州党项拓跋氏势力得以保存，并提高了其在党项诸部及西北各部中的地位。夏州割据势力得到进一步发展，成为中原政权再也不敢轻视的政治力量。公元 935 年二月李彝超去世，其弟李彝殷继掌夏州，后唐诏令李彝殷为定难军节度使。后晋建立之后，高祖石敬瑭于公元 937 年正月大封诸镇时，封定难军节度使李彝殷加检校太尉，同平章事。

公元 943 年八月，夏州党项李氏发生内乱，李彝殷弟绥州刺史李彝敏与弟李彝俊等相勾结，谋划夺权。事败露，李彝敏等投后晋，后晋送还李彝敏等，以争取夏州共同对抗契丹。公元944年正月，契丹遣大军南下，一路连克州郡。二月，夏州节度使李彝殷奉诏出兵，与银州刺史李彝沼合蕃汉兵四万，从麟州（治所在今陕西神木）渡过黄河，攻入契丹境内。后晋封李彝殷为契丹西南面招讨使。公元946年契丹又大举南下，灭后晋。原后晋河东节度使刘知远于公元947年称帝建立后汉，李彝殷改而臣属后汉。公元949年正月，李彝殷借后汉平定李守贞等三镇叛乱之机，向后汉献马求将静州（治所在今陕西米脂）隶属于定难军，得到允许。至此，夏州节度由领属四州增加为五州。

公元951年正月，后汉枢密使、侍中郭威建立后周。同年，原后汉河东节度使刘知远弟刘旻在晋阳称帝建立北汉。后周仍继承后汉对夏州割据势力的羁縻笼络政策，封李彝殷为陇西郡王。李彝殷在接受北周封号、臣属北周的同时，又暗中奉表于北汉。公元954年正月，后周加封李彝殷为西平王。

五代时期的夏州党项割据势力，名义上先后依附于后梁、后唐、后晋、后汉、后周五个政权，受其封号，朝贡不绝，而实际上一直保持着相对的独立。虽然屡遭挫折，仍在不断周旋中得到进一步的发展和壮大。

二、李继迁李德明接续争霸奠定建国基础

就在夏州党项割据势力谋求进一步扩张的时候，一场来自内部的事变，几乎葬送了党项拓跋氏奋斗数百年的基业。而在这一紧要关头，一个关键人物挺身而出，并与其儿子一道，为

党项拓跋氏称雄建国奠定了基础。这位关键人物，就是后来被建立西夏国的李元昊追封为西夏太祖的李继迁。

李继迁为唐朝宥州刺史拓跋思忠后裔，公元 963 年二月生于银州（今陕西米脂西北），父亲李光曮曾为后周银州防御使，母亲罔氏。李继迁自幼喜习武，善骑射，机敏过人。十余岁时带领随从出猎，有猛虎突然扑下山坡，李继迁急令从骑避入柏树林中，自己跃起攀上大树，引弓一箭射中虎眼，自此成为传奇人物。李继迁叔父，即夏州定难军节度使李光睿。公元 974 年，李继迁被北宋授以管内都知蕃落使之职。

早在公元 960 年，后周殿前都点检、宋州归德军节度使赵匡胤篡后周政权，建立了宋朝。时夏州节度使李彝殷闻赵匡胤即帝位，立刻遣使奉表称贺，并避赵匡胤父亲赵弘殷讳，改名彝兴，以示归附。后来，主动出兵抵御北汉对宋朝的侵扰，向宋朝贡奉马匹牦牛，赵匡胤亲命工匠治玉带赐李彝兴。公元 967 年九月李彝兴去世，其子李光睿继承。公元 976 年宋太宗赵光义即位，李光睿避宋太宗赵光义名讳，改名克睿，赵光义嘉其助讨北汉之功，加检校太尉。公元 978 年五月李克睿去世，子李继筠嗣位。公元 979 年三月，宋太宗赵光义亲征北汉，李继筠遣将于黄河列寨，东渡黄河略北汉地以张宋军之势。公元 980 年十月，李继筠去世，因为儿子年幼，由其弟衙内都指挥李继捧为留后。夏州李氏集团内部因此发生内讧，银州刺史李克远与弟李克顺等率兵袭击夏州，被李继捧处死。公元 982 年三月，李继捧从父、绥州刺史李克文上表宋廷，要求许以李继捧入朝，以免再生变乱。宋太宗即遣使诏命李克文权知夏州，以西京作坊使尹宪同知州事。李继捧于五月举族进京留居京师，并向宋朝献出夏州节度使所属银、夏、绥、宥、静五州之地。

此前一段时间内，任定难军都知蕃落使的李继迁因与李克文不和，便率领部下居住在银州。不久，宋廷派使臣诏令李氏五服以内宗亲赴阙。始知李氏五州之地已献于宋朝的李继迁，立即召弟李继冲、亲信张浦等共谋对策。最后，根据张浦对夏州拓跋氏内部与宋朝形势的分析，确定"走避漠北，安立室家；联络豪右，卷甲重来"的战略，得到李继迁等的认同。于是，李继迁诈称乳母去世郊外出葬，藏兵器于棺椁中，率数十亲信，出奔于夏州东北三百余里的地斤泽（今内蒙古伊克昭盟鄂托克旗东北）。李继迁出示曾祖拓跋思忠画像，并以激昂悲情吸引党项各部参拜。李继迁通过打祖宗牌，吸引了党项各部，夜以继日积聚起了反宋势力。

公元 982 年十二月，李继迁自地斤泽率众攻夏州，闻宋朝援军至而退。第二年三月，李继迁遣部下奉表赴麟州，向宋朝贡马及橐驼等物，宋朝遣内侍秦翰持诏书劝降，双方相互试探对方态度与虚实。其时，李继迁及其亲信谋士深知要复兴旧业，必须首先建立巩固的根据地。张浦认为宥州富庶，据横山之险，静可观变，动能借势，建议李继迁攻占宥州。李继迁听言，率军进攻宥州失败，仍撤回地斤泽。公元 984 年七月，李继迁轻取夏州西北的王庭镇（今内蒙古乌审旗西南），俘获宋军万余人，取得对宋朝作战的第一次胜利。于是，李继迁再次聚兵，令张浦、李大信等率众四面出击。宋知夏州尹宪和都巡检使曹光实侦知李继迁驻地内部空虚，即派出精骑数千偷袭地斤泽。大败的李继迁与弟李继冲逃脱，李继迁妻子与母亲罔氏被宋军俘获。宋军放火焚烧帐幕，掳获牛、马、羊及兵器数以万计。

地斤泽被袭破以后，李继迁为躲避宋军追击，在不断转徙中联络党项豪族，招募羌兵，屯聚于夏州北面的黄羊平。公元985 年二月，银州党项拓跋部酋长拓跋迁来投，献策袭取银州。李继迁用张浦计，诈降曹光实。曹光实轻信，被李继迁设伏擒杀于葭芦川，并歼其从骑，袭取银州。李继迁占领银州以后，听取张浦建议，称为都知蕃落使，权知定难军留后，并以张浦、刘仁谦为左、右都押牙，李大信、破丑重遇贵为蕃部指挥使，李光祐、李光允等为团练使，并预署党项酋豪各领州郡。接着，李继迁乘胜进军，攻克会州（在今甘肃靖远）、三族砦（今陕西米脂西）。李继迁欲进取米脂，沿无定河南下攻绥州。宋廷集四路兵围歼李继迁，李继迁大败，死伤五千余，部下将领、亲属或战死，或被俘，或降宋。李继迁不敢返回银州，便率残部径投夏州党项部落。

再次陷入困境的李继迁，决定与辽结盟，以借契丹力量对付宋朝。其时辽宋交兵不断，宋军屡屡战败。公元986 年二月，李继迁遣张浦持重币使辽请附，辽圣宗耶律隆绪正欲扩大牵制宋朝的联盟，便授李继迁为定难军节度使、都督夏州诸军事。李继迁又请婚于辽，辽以宗室耶律襄之女封义成公主嫁李继迁。李继迁得辽外援，于公元987 年二月攻夏州，败宋军于王庭镇，又配合辽军不断袭击宋西北边境。宋屡次用兵失败，疑李继捧泄露朝中机密，出李继捧为崇信军节度使，又徙为陕西路威德军节度使。公元 988 年五月，又起用李继捧为定难军节度使及银、夏、绥、宥、静等州观察处置押蕃落使，赐姓名赵保忠，回镇夏州，令其招抚李继迁。李继捧回到夏州，即与李继迁合谋。当年十二月，李继捧谎称李继迁愿意降宋，宋太宗即授李继迁银州刺史。公元 990 年十月，李继迁攻夏州获胜，辽于同年十二月晋封李继迁为夏国王。公元 991 年正月，宋太宗命商州团练翟守素率大兵赴援夏州。李继迁恐自己不敌，于七月通过李继捧诈向宋朝奉表谢罪乞降，宋太宗立即授李继迁银州观察使，赐姓名赵保吉；授其弟李继冲绥州团练使，赐姓名赵保宁；授其子李德明管内蕃落使、行军司马，封其母罔氏西河郡太夫人。当年十一月，经李继迁奏请，辽授李继捧为推忠效顺启圣定难功臣、开府仪同三司、检校太师兼侍中，封西平王。李继捧与李继迁暗中勾结，蒙在鼓里的宋朝，仍旧一厢情愿地对党项李氏封官赏物，在不断抬高李氏政治声誉吸引周边党项归附的同时，又增长其对付宋朝的物质实力。

公元 996 年三月，李继迁侦知宋军将押送四十万石粮草到灵州，遂领军于灵州通路浦洛河（今宁夏灵武南），截获这批粮草，然后进围灵州，聚兵困城。宋出师五路救援，李继迁采用迂回战术，使宋军人困马乏，无功而返。

公元 997 年二月宋太宗去世，真宗赵恒即位。当年十二月，宋朝即遣使持诏安抚李继迁。李继迁在进攻灵州未果、同宋军作战连连失利、尤其是谋士张浦被宋扣留的情况下，接受了宋朝的安抚，并借宋朝国丧，一面素服致哀，一面遣牙校李光祚赴宋修贡，要求宋朝放回张浦。更加缺乏政治远见的宋真宗，遣使授李继迁夏州刺史、定难军节度、夏、绥、银、宥、静等州观察处置押蕃落等职，复赐姓名；并遣还李继迁首席谋士张浦；接着又是赐锦袍，又是赏银带，又将李继迁母亲封为卫国太夫人，还将李继迁儿子李德明任为定难军节度行军司马，同时赏赐大量财宝。如愿以偿的李继迁，从宋朝异常大方的封赐中，已经感知宋朝软弱无能到可以不以为惧的程度，从此气焰更加嚣张。

之后的多年间，李继迁四出攻伐劫掠。公元 999 年十二月，李继迁在对宋作战的间隙回到夏州，制造陨石落于帐前的障眼迷魂阵，为进一步犯宋大造舆论。不久，李继迁率众扫掠镇戎军（今宁夏固原）。第二年春，李继迁屯兵萧关，九月间又一次邀截宋军从庆州运往灵州的粮运，将大兵驻扎于积石河。这年冬，辽景宗耶律贤遣使授李继迁子李德明为朔方节度使，鼓励督促李继迁攻取灵州。

灵州位于夏州西面，倚负贺兰山，带引黄河，为唐宋时期西北边疆的屏障，地理位置十分重要。灵州以西为古丝绸之路要道河西走廊，那里散居着众多的回鹘部落，西南则是吐蕃分布地区。因而灵州成为宋朝以及回鹘、吐蕃、党项各势力争夺的焦点。公元 1000 年九月，李继迁再次劫灵州粮运。同年十月，李继迁明里扬言出攻环、庆，暗中移兵轻取河西重镇西凉府（治所在今甘肃武威）。从此，一个以绥州为首、灵州为腹、西凉为尾的庞大党项割据政权，横亘在宋朝的西北部。

公元 1001 年八月，李继迁集兵 5 万进攻灵州，一时未能攻下。李继迁以遣牙将赵光允向宋朝贡马为障眼法，暗中遣兵袭破定州，围怀远镇，乘胜连破保静、永州及清远军，使灵州成为孤城。十二月，李继迁再次进兵灵州，攻河外寨，招抚寨主李琼，招诱当地党项熟户归附。公元1002年三月，李继迁在围困灵州两个月之后，终于攻下灵州，杀知州裴济。一味思谋拿丰厚好处拉拢李继迁的宋朝，终于将西北重要的军事重镇拱手给了李继迁。

李继迁得到灵州，认为此地北控河朔，南引庆凉，据诸路上游，扼西陲要害，一旦纵横四出，关中将莫知所备，便建都灵州，并以祖先世爵西平王、本人受辽册封西平王为由，改灵州为西平府，令部下督民建造宫室宗庙，设置官衙。宋朝见李继迁建都西平，兵力日盛，又遣使将尚属宋朝管辖的绥、宥二州之地送给了李继迁，使李继迁拥有了党项李氏世辖的定难军五州之地。

建都西平之后，李继迁于公元1003年二月自西平出驻鏊子山，遣人以铁箭为凭给吐蕃首领潘罗支，言愿与潘罗支结好共谋宋朝。潘罗支探知西平无备，遣人约宋朝共图收复灵州，宋朝加潘罗支为朔方节度使。其时，李继迁因银、夏、宥等州发生饥荒，灵州又面临战事，遂与子李德明集兵屯浦洛河。六月李继迁遣兵到河东边境掳掠，十月暗中遣兵进攻西凉府，破城杀知府丁惟清，复称西凉为凉州府。十一月，李继迁自凉州回到西平，从缴获潘罗支的牌印、官告中得知宋朝授潘罗支为朔方节度使之职，遂集兵往攻潘罗支。潘罗支见李继迁势盛，假意遣使请降，李继迁深信不疑。于是，潘罗支迅速集六谷部兵数万，在西平附近三十九井地合击李继迁军，李继迁中箭败逃西平。后李继迁箭伤发作，日甚一日，自度不久于世，便召子李德明嘱咐后事，又托付张浦等共同辅佐李德明。公元1004 年正月初二日，41 岁的李继迁去世，子李德明继位，自称定难军留后。

李德明为李继迁长子，母亲野利氏，生于公元 982 年，继位时已经 23 岁。李德明初立，即联络潘罗支内部李继迁旧部迷般嘱、日逋吉罗丹里应外合，于当年六月攻杀潘罗支，成功报杀父之仇。后李德明巧妙利用宋辽矛盾，既求生存又谋发展，于公元 1005 年正月派专使向辽请求册封，辽封李德明为西平王，后又封为夏国王。

其时，宋辽刚刚订立澶渊之盟。李德明继位第二年四月，又派遣使臣到宋朝进贡，请求和好。宋真宗以许封李德明为定难军节度使、西平王、赐给金帛缗钱茶等物、开放青盐禁令、李德明归还灵州、遣子弟赴宋朝宿卫等七条与党项西平政权讲和。李德明不同意遣子弟入质宿卫和归还灵州两条，宋真宗以取消开放青盐禁令为条件，与李德明达成了协议。公元 1006年九月，李德明派遣右都押牙刘仁勖向宋朝进誓表，双方正式签订了和约。十月，宋真宗授李德明特进、检校太师兼侍中、持节都督夏州诸军事、行夏州刺史、上柱国，充定难军节度使，夏、银、绥、宥、静等州管内观察处置押蕃落等使，爵西平王，又赐"推忠保顺翊戴亮节功臣"号，遣使赐袭衣、锦带、银鞍勒马、银万两、绢万匹、钱三万贯、茶二万斤。

李德明抓住与宋朝缔结和约后相对和平的外部环境，通过向宋朝朝贡得到大量回赐，并利用朝贡之便，在宋京城与沿途进行贸易活动。公元 1007 年，李德明要求在保安军设立榷场，以及在双方边境榷场中进行贸易，促进了党项经济的发展。从此，李德明解除了东顾之忧，专力向西扩张，对居住在河西走廊地区的回鹘和吐蕃前后用兵长达 25 年。李德明为同河西回鹘争夺甘州，先后出兵五次。公元 1008 年三月，李德明派老臣张浦率领骑兵数千进攻甘州不胜，又遣万子等四军主领兵偷袭甘州，被回鹘侦知设伏击败。次年四月，李德明再遣张浦领精骑 2 万攻甘州，又被夜落纥遣将乘夜出袭，张浦败还。同年十二月，李德明亲自出兵进攻回鹘，以图甘州，因恒星昼见经天卜之不吉而退兵。直到公元 1028 年五月，李德明派其子李元昊领兵突袭回鹘夜落纥可汗，终于夺取甘州。

河西走廊的凉州（今甘肃武威），为李德明与吐蕃争夺的又一战略要地。李德明占领的凉州，时时受到西凉府六谷大首领厮铎督和西凉诸部的威胁。公元 1016 年十一月，凉州守将苏守信死，其子罗麻不能服众，被甘州回鹘可汗夜落纥袭击，凉州被回鹘占领。李德明多次图谋夺回均未成功。公元 1032 年九月，李德明采取声东击西的战术，命李元昊将兵攻凉州，遂夺其城，凉州终于被李德明收入囊中。

公元 1010 年九月，李德明动用数万民夫在延州西北鏊子山修建宫室，绵亘二十余里，豪华壮丽。李德明往来夏州与行宫，乘坐辇舆仪仗俨然等同于宋朝皇帝。公元 1016 年，李德明依帝制追尊其父李继迁为"应运法天神智仁圣至道广德光孝皇帝"。公元 1017 年六月，有人报告见"真龙"在怀远镇

（今宁夏银川）以北的温泉山，李德明认为祥瑞，派遣官员前往祭祀，从此决定迁都怀远。于是，李德明派大臣贺承珍在怀远兴修都城，后改怀远镇为兴州，并定都于此。公元 1028 年，李德明册立李元昊为太子，立李元昊母卫慕氏为后。公元 1032 年十月，51 岁的李德明在完成了建国称帝的各项准备工作之后去世。

三、李元昊建国与皇位传承

公元 1032 年十月，李德明子李元昊在兴州（今宁夏银川市）继承夏国王位。

李德明去世以后，李元昊分别遣使向辽和宋报哀。辽册封李元昊为夏国王。宋朝则授李元昊特进、检校太师兼侍中、定难节度及夏、银、绥、宥、静等州观察处置押蕃落使、西平王。而李元昊一边对辽宋虚应故事，一边紧锣密鼓地进行一系列突出党项理念的改制，以谋尽快建立独立的党项政权。为此，李元昊废除唐、宋赐给党项拓跋氏的李、赵姓氏，改姓"嵬名氏"，自己更名曩霄，称"兀卒"（可汗）；自行建元开运；革党项居银夏一带近二百年来形成的旧俗，先自行秃发，接着又下秃发令，明令三日内不秃发者杀无赦；仿吐蕃赞普服饰，改衣白窄衫，毡冠红里，冠顶后垂红结绶；升兴州为兴庆府，大兴土木，扩建宫城，广营殿宇；命大臣野利仁荣等仿汉字创制党项文字；改深受唐宋影响的党项现行礼乐制度，变吉凶、嘉宾、宗祀、燕享、裁礼之九拜为三拜，革乐之五音为一音，下令不遵守者以灭族罪论。

在做足一系列功课之后，李元昊筑坛兴庆府南郊，于公元1038年十月十一日正式登上皇帝宝座，国号大夏，史称西夏，改元天授礼法延祚，并追谥祖父李继迁为神武皇帝，庙号太祖；父李德明为光圣皇帝，庙号太宗；封妻野利氏为宪成皇后，立儿子宁明为皇太子。

次年正月，李元昊以臣子身份遣使上表宋仁宗，追述其祖先同中原王朝的关系与功劳，表明其建国称帝的合法性，要求宋朝承认自己的皇帝称号。宋朝当然不予承认，并且下诏削夺赐给李元昊的姓氏官爵，停止互市，并在宋夏边境张贴榜文，重金悬赏捉拿李元昊。李元昊立即做出强烈回应：断绝同宋朝的贡使往来；频繁派出细作深入宋境刺探军情；煽动诱惑宋朝境内党项人投夏；遣人向宋朝投置嫚书，指责宋朝背信弃义，挖苦宋军软弱无能；借辽之势威胁宋朝。一时之间，夏宋之间剑拔弩张。

从公元1040年开始的三年里，李元昊向宋朝发动了多次进攻，其中规模较大的有三次，即延州（今陕西延安）附近的三川口战役，镇戎军东南六盘山地区的好水川战役，镇戎军西北的定川砦战役。这三大战役西夏全部获胜，李元昊甚至扬言，要亲临渭水，直据长安！

然而，连年的战争使西夏民穷财尽，士兵死伤过半，各种矛盾更加尖锐。特别是战争爆发以后，宋朝停止了对西夏大宗银、绢等的岁赐，关闭了边境榷场，禁止西夏产品入境，使西夏不仅失去了直接的经济利益，境内粮食、绢帛、布匹、茶叶及其他生活日用品奇缺，物价昂贵，人怨沸腾。于是，李元昊开始向宋朝求和。从公元 1043 年正月开始，宋夏双方经过持续一年多时间的讨价还价，终于达成协议：李元昊以西夏国主名义向宋称臣；宋每年输西夏 25.5 万银、绢、茶，允许恢复榷场；为照顾李元昊接待宋使不用臣礼，宋使访西夏只到宥州（今陕西靖边）而不至西夏都城。

李元昊仍奉行倚辽抗宋之策，但李元昊一向与辽兴平公主感情不合，夏辽双方又因辽境党项部民叛逃问题经常引发纠纷，关系日趋紧张，最终导致夏辽联盟破裂，辽兴宗决定出兵讨伐西夏。公元 1044 年十月，辽兴宗率骑兵十万，分三路渡黄河深入夏境。李元昊采用诱敌深入之计，大败辽军于得胜寺南壁，俘辽驸马萧胡睹，辽兴宗逃走。李元昊大获全胜之后，立即遣使与辽讲和，同时又向宋朝献俘，向双方讨好，从两头获益。

李元昊重视人才和文化，而且特别注意招纳重用宋朝投夏的儒士和文臣武将。宋朝华州人张元，在宋累举不第，科场失意后投奔李元昊，李元昊以其为谋主。后张元官至太师尚书令兼中书令，升任国相。李元昊推广仿汉字创制的西夏文字，并用以翻译汉文典籍《孝经》《尔雅》《四言杂字》；向宋朝献马，求取汉文"大藏经"，并译为西夏文。

然李元昊生性猜疑、暴戾、好杀。继位后，母族卫慕氏首领卫慕山喜曾密谋陷害李元昊，事发被李元昊将卫慕山喜一族全部溺死河中，并以药酒毒杀母后卫慕氏。李元昊妃卫慕氏责以大义，李元昊将其连同幼子一并处死。李元昊好色，妻妾成群又强夺人妻。太子妻美貌，李元昊遂自纳为妃，称为新皇后。李元昊与被杀害的重臣野利遇乞妻没藏氏私通，被野利皇后发觉，李元昊将野利皇后打入冷宫。李元昊令没藏氏出家为尼，自己常到寺中与其幽会，并生子李谅祚，交由没藏氏兄没藏讹庞收养。没藏讹庞兄妹图谋立李谅祚为太子，便策动唆使深怀废母夺妻之恨的太子宁令哥刺杀李元昊，以便借机加害太子而一举两得。公元1048年正月元宵之夜，宁令哥暗伏宫中，乘李元昊酒醉挥剑将其刺伤。46岁的李元昊因伤不久去世，没藏讹庞以谋叛罪处死太子宁令哥及其母野利氏，强行拥立刚满周岁的外甥李谅祚为帝。

没藏讹庞立李谅祚继承帝位以后，尊李谅祚生母没藏氏为宣穆惠文皇太后，并由其摄政，没藏讹庞自任国相，总揽军政大权。李谅祚母没藏氏因与先夫野利遇乞亲信李守贵通奸，后又与李元昊侍从宝保吃多已暧昧，引起李守贵忌恨。公元1056年十月，李守贵伺机杀没藏氏与宝保吃多已。没藏讹庞素与李守贵有仇，遂下令族灭李守贵全家。没藏氏一死，没藏讹庞担忧朝政大权不保，又将女儿奉李谅祚为后。没藏讹庞由国舅升为国丈，仍旧总揽朝政，众臣无不畏惧。

公元1059年，李谅祚12岁，开始参与国事，对没藏讹庞飞扬跋扈独霸朝政心怀不满。时李谅祚与没藏讹庞儿媳梁氏私通，被没藏讹庞儿子发觉，父子二人密谋杀害李谅祚。梁氏得知后密告李谅祚，李谅祚指使没藏讹庞政敌漫咩，于公元1061年逮捕没藏讹庞，连同其全家一并诛杀，并赐死没藏后。李谅祚迎梁氏入宫，立为皇后，任用梁后弟梁乙埋为家相。

　　李谅祚亲理国政后实行亲宋政策，在西夏废蕃礼改行汉仪，遣使向宋朝上表献马，求赐宋太宗御制诗章、"九经"及《唐史》《册府元龟》等书，建阁收藏。后又仿宋朝制度对西夏地方建置进行增设或改革，使西夏官制体系更加完备。公元1063 年七月，李谅祚遣使上表宋英宗，请复唐末所赐李姓；十一月又请宋朝恢复宋夏陕西榷坊，以通互市。正当 21 岁的李谅祚在内政外交方面要有作为时，却于公元 1067 年十二月突然去世，由 8 岁长子李秉常继位。

　　公元 1068 年正月继位的李秉常，尊母梁氏为恭肃章宪皇太后摄政，擢国舅梁乙埋为国相，西夏新的母党集团开始专擅朝政。梁太后摄政第二年，为争取党项贵族支持，一改李谅祚时期改行的汉礼而恢复蕃仪。梁太后摄政时期，与梁乙埋沆瀣一气，穷兵黩武。从公元 1068 年至公元 1076 年间，连年向宋朝发动战争，企图以战争手段提高自己威信。公元 1076 年正月，16 岁的李秉常开始亲政。李秉常崇尚汉地儒家文化，于公元 1080 年正月下令在西夏复行汉礼，遭到母党势力的反对，梁太后与梁乙埋将李秉常囚禁在距兴庆府五里之地的木砦，西夏一时处于混乱之中。直到公元 1083 年六月，梁太后与梁乙埋又让李秉常复位，但朝政大权仍控制在梁氏兄妹手中。公元 1085 年二月梁乙埋去世，梁太后又立梁乙埋子梁乙逋为国相，梁氏姑侄继续把持朝政。同年十月梁太后去世，梁乙逋失去靠山，地位开始动摇。其时分掌西夏左右厢兵的统帅仁多保忠公开与梁乙逋对抗，西夏内部皇族与后族的斗争更加激烈尖锐，软弱无能的李秉常，终日忧愤，于公元 1086 年七月去世。

26 岁的李秉常去世，年仅 3 岁的长子李乾顺继位，仍由母后梁氏与舅父梁乙逋共辅国政。李乾顺母为国相梁乙逋妹，西夏重新陷入梁氏母党势力专权的局面。"一门二后"的梁氏兄妹比之前更加嚣张，公开陷害打击李秉常旧时老臣，继续推行穷兵黩武的战争政策，从梁乙逋世袭国相的公元 1085 年到公元 1099 年的 14 年中，对宋朝发动的大小战事达 50 多次。长期专权的梁乙逋自命不凡，甚至不把梁太后放在眼里。于是，梁太后兄妹之间展开了争夺权力的斗争。公元 1094 年十月，梁乙逋阴谋叛乱，事发后在梁太后支持下，大臣仁多保忠等率众讨杀梁乙逋，并诛灭其全家。公元 1099 年正月，李乾顺年满 16 岁，但梁太后仍不许李乾顺亲政。这时，辽道宗耶律洪基见擅权的梁太后已经不得人心，遂遣使入西夏，将梁太后鸩杀。

西夏借辽朝力量结束了母党专权局面，辽道宗扶植李乾顺亲政后，李乾顺在政治上完全依附辽朝，对宋朝则采取和解政策。不过，李乾顺一直倾慕儒家文化，亲政后下令在原有蕃学之外，建国学教授汉学，挑选皇亲贵族子弟学习儒家文化。

李乾顺执政期间，北方女真建立了金国，迅速南下进攻辽朝。公元 1122 年三至五月间，李乾顺两度出兵援辽，均失败而还。后来，金朝许将辽国西北一带地方割让给西夏，李乾顺见辽朝灭亡已成定局，遂答应弃辽附金，并乘金兵进攻宋朝的机会，陆续攻占宋朝在西夏边境修筑的堡砦，又攻占包括金国许诺给夏国的天德、云内等宋朝沿边州城。公元 1127 年三月，金朝将陕西北部数千里地划给西夏。后来，李乾顺以重金从金国手中得到熙、秦河外的乐州、积石州、廓州。至此，湟水流域大片土地归于西夏，西夏形成了前所未有的广阔疆域。公元1139 年六月李乾顺病逝，终年 57 岁。

李乾顺去世，16 岁的长子李仁孝继立为帝，尊生母曹氏与庶母任氏并为太后，立党项罔氏女为皇后。李仁孝初立，西夏发生了时任夏州都统、曾扈从成安公主附夏的辽将萧合达的叛乱。萧合达联络辽朝旧部围攻西平府，又攻陷盐州（今宁夏盐池），直逼首都兴庆府。萧合达遣人诱静州都统任得敬同叛。任得敬探得虚实，向李仁孝请兵讨伐，并迅速平定了叛军，任得敬被晋封为西平公。公元 1141 年六月，李仁孝断然处决了谋叛投金的枢密使慕濬、慕洧兄弟。

公元 1142 年九月至次年四月，西夏发生了严重的饥荒和地震灾害。面临灾难和危机，李仁孝采取有效的措施，对遭受地震、地裂灾害严重的兴庆府、夏州地区百姓免除租税，帮助修复塌毁房舍，对饥荒严重地区实行赈济。李仁孝仰慕中原儒家文化，继位之后恢复了同宋朝中断近二十年的聘使往来。公元 1144 年六月，李仁孝下令在各州县设立学校，增加学员；于皇宫中设立小学，规定宗室子弟自 7 岁至 15 岁皆得入学，李仁孝与皇后罔氏经常亲临训导；李仁孝尊孔子为文宣帝，令州郡建立孔庙，祭祀孔子。公元 1152 年八月，李仁孝设立童子科，逐步完善了西夏科举取士制度；公元 1154 年九月，李仁孝借与金朝聘使之便，向金朝购置儒、佛经典；公元 1161年五月，命王金等掌管国史，纂修李氏实录；李仁孝崇信佛教，于公元 1159 年派遣使者到西藏，奉迎迦玛迦举教派初祖都松钦巴。都松钦巴派大弟子格西藏琐布赍经像到凉州，李仁孝奉其为上师，并组织人力大规模翻译佛经；公元 1149 年，李仁孝组织人员参照唐、宋律令，结合西夏实情编纂了一部多达 20 卷的综合性法典。该法典定名为《天盛改旧新定律令》，用西夏文雕版印制颁布通行，包括民法、行政法、刑法、诉讼法、经济法、军事法等诸法。李仁孝时期西夏大量文学与学术著作问世，印刷与出版事业十分发达，是西夏文化发展的鼎盛时期。公元 1193 年九月李仁孝去世，终年 70 岁。

李仁孝去世以后，17 岁的长子李纯祐即帝位。李纯祐基本奉行父皇的政治和外交方针，对内安国养民，对外附金和宋。李纯祐生性恭俭仁慈，朝中大臣也多耿介清廉之士。李纯祐重视文教，于公元 1203 年三月开科取士，宗室齐王李彦忠子李遵顼为进士第一，诏令其嗣齐王爵，不久又擢升为大都督主。

李纯祐在位时期，蒙古兴起于漠北草原。迅速强大的蒙古贵族铁木真，对西夏构成严重威胁。公元 1205 年，铁木真借口西夏收纳蒙古逃人，率领蒙古军攻入西夏河西，纵兵至瓜、沙诸州进行掳掠。李纯祐对蒙古军的突然袭击束手无策，只得任其蹂躏。正在西夏面临强敌压境的危难时刻，长久以来图谋篡夺帝位的镇夷郡王李安全，在皇太后罗氏的合谋纵容下，于公元 1206 年正月二十日发动宫廷政变，废黜李纯祐自立为帝。同年三月，30 岁的李纯祐暴卒于宫中。

李安全为仁宗李仁孝族弟李仁友子，生性残暴阴毒，素怀野心。李仁友曾因粉碎任得敬篡权分国阴谋之功而晋封为越王。后来，李仁友去世，李安全向李纯祐上表，请求承袭越王爵位。李纯祐深知李安全品行而未许承袭，并降李安全为镇夷郡王，李安全怀恨在心。李安全篡位后，由于更加强大的蒙古经常入侵西夏，便在金与蒙古之间左右摇摆，而且多时附蒙掠金，被蒙古裹挟连年参与战争，致使国势十分衰弱。公元1211 年七月初三日，齐王李遵顼废黜李安全继立为帝。李安全被废一个月后去世。

李遵顼为西夏宗室齐王李彦宗子，曾于公元 1203 年高中进士，被擢升为大都督府主，深得李纯祐重用，令其统率军队。李遵顼科考第一，治国则无谱无调。公元 1223 年十二月，昏聩无能又刚愎自用的李遵顼，在蒙古军的威逼下，将皇位传给次子李德旺。成为西夏历史上唯一太上皇的李遵顼，于公元 1226 年去世，终年 64 岁。

继位于西夏危难之际的李德旺，立即改变李遵顼的附蒙政策。公元 1224 年二月，李德旺听说成吉思汗率领蒙古军征西域未回，遂遣使联络漠北被蒙古征服的部落结为外援，以谋共同抗击蒙古。当成吉思汗西征归来，知道西夏图谋危害蒙古，决定调集大军再征西夏。五月，成吉思汗亲率大军进攻西夏沙州，遭到沙州守将籍辣思义顽强抵抗。成吉思汗又遣将分兵攻银州（今陕西米脂境）。九月银州被攻破，西夏兵战死数万，牛羊物资被掳掠无数。李德旺遣使到蒙古军中请降，并答应以质子为信，蒙古军方才撤回包围沙州的军队。公元 1225 年三月，成吉思汗因李德旺未如约遣送质子，派大臣孛常秃到西夏问罪。同年八月，李德旺派遣吏部尚书李仲谔等赴金国，希望联合金朝抵抗蒙古。而此时金朝已经自顾不暇，根本无力援西夏抗蒙古。就在这时，李德旺收留了成吉思汗的仇敌乃蛮部屈律罕子赤腊喝翔昆。公元1226年二月，成吉思汗以西夏收留仇人为借口，亲率大军10万攻入西夏，先后攻破黑水城（今内蒙古额济纳旗境）、肃州（今甘肃酒泉）、甘州（今甘肃张掖），尽屠城中居民。蒙古大军所到之处，势如破竹，城邑崩溃，百姓未逃者尽遭屠戮，西夏危在旦夕，束手无策的李德旺，于同年七月，在极度惊忧中病逝，终年46岁。

李德旺去世，西夏群臣拥立李德旺弟清平郡王子南平王李睍为帝。其时，蒙古大军分东西两路向西夏首都中兴府逼进，西路越过沙陀（今宁夏中卫），扼黄河九渡，攻陷应里，东路攻占夏州。两路大军对中兴府和灵州形成钳形包围。十一月，成吉思汗攻灵州，李睍遣大将嵬名令公与蒙古骑兵激战于黄河冰面上，西夏军惨败，灵州失守。十二月，蒙古军攻克盐州川，四处烧杀抢掠，西夏国民幸免于难者百无一二。李睍被围困在中兴府城中，眼看城将被攻破，国亡在即，一筹莫展。公元1227年五月，成吉思汗回师隆德（今宁夏隆德），在六盘山避暑期间，派人向李睍谕降。六月，西夏国都发生强烈地震，宫室房舍塌毁，瘟疫肆虐，中兴府粮尽援绝，疾病蔓延，士卒丧失作战能力，李睍携大臣李仲谔、嵬名令公等文官武将，奉图籍向蒙古军请降。重病中的成吉思汗，答应了李睍的请求。公元1227年七月，西夏末帝李睍献城出降，蒙古军进入中兴府，西夏亡。不几日，李睍及西夏降臣全部被杀。

四、西夏与辽、北宋、金、南宋
及周边势力的关系

西夏建国初期，东北及整个北部与辽接壤，东及南部与北宋相连，南部还与黄头回鹘及吐蕃诸部相接，西部连接西州回鹘。此外，西州回鹘以西为黑汗王朝，吐蕃诸部以南有大理政权。

公元 1115 年，生女真建立金国。十年后，金灭辽。辽宗室耶律大石西走，以原西州回鹘及黑汗王朝之境为主，建立了地域广大的西辽。金灭辽之后，接着南下灭北宋，宋徽宗子康王赵构建南宋。金兵继续南下追杀南宋，南宋在溃逃之中被兵民挽救，开始组织抗金。公元 1141 年，金与南宋议和，金南部边界已至秦岭淮水一线。吐蕃诸部及大理，地域较前变化不大。广袤的蒙古高原中部，则成为克烈、萌古斯等突厥、鞑靼诸部角逐的场所。而这一时期的西夏，东及东南相接与金，南为吐蕃诸部，西有西辽，北为克烈部和萌古斯部。

如此复杂多变的外部环境，不得不使西夏统治者随时做出抉择，以便在纷繁乱世中获得最大利益，或者蒙受巨大损失。

（一）西夏与辽朝的关系

公元 916 年，契丹人始建辽朝。其时，党项夏州李氏割据政权附属于后梁，之后又接连附属于后唐、后晋等五代政权。后晋出帝石重贵时，耶律德光率军南侵，夏州定难军节度使李彝兴率兵自麟州（今陕西神木）渡黄河入辽境，以牵制辽军，此为夏州李氏政权与辽朝的最初接触。宋朝建立以后，夏州政权附宋。定难军传至李继捧，党项贵族内部发生冲突。公元982年，李继捧族弟李继迁抗宋自立，但在几年的攻宋作战中，常遭重创。自感势孤力弱的李继迁，于公元986年投附辽朝。辽授李继迁为定难军节度使等职，后封宗室女为义成公主嫁予李继迁。从此，李继迁谨事辽朝，每年遣使向辽进奉入贡，不绝于途。辽为牵制和要挟宋朝，亦乐于同党项定难军保持良好关系。

公元1004年李继迁去世，子李德明继位。同年宋辽订立"澶渊之盟"。为图自身发展，李德明谨慎处理同辽朝的关系，在诸如西夏与辽沿边党项部族归属等敏感问题上，尽量照顾辽朝利益。但是，李德明对辽朝并非完全言听计从。公元1018年七月，吐蕃王并里尊以向辽入贡绕途遥远而诉苦，辽圣宗谕其假道夏境，李德明未予答应。后并里尊以此为借口停止了对辽的进贡，辽归罪于李德明。公元1020年五月，辽圣宗以狩猎为名，亲率五十万大军攻凉州（今甘肃武威），李德明率军坚决回击，一举打败辽军。之后，为共同要挟北宋，辽与西夏迅速和好。

公元1032年辽兴宗耶律宗真即位，以姐兴平公主嫁李元昊，并封李元昊为驸马都尉，晋爵夏国公。同年十月，李德明去世，李元昊继位，辽封李元昊为夏国王。公元1037年，辽兴平公主病逝。第二年，李元昊即帝位。因李元昊素与辽公主不睦，公主生病也未向辽朝禀报，其后辽兴宗知道情况，便遣使持诏诘问。从此，西夏与辽裂痕加深，两国加紧边防备战。公元 1044 年十月，辽兴宗亲率大军十万，兵分三路攻入西夏境内。李元昊率左厢军与辽北路军接战于贺兰山北，西夏军溃败。李元昊率残部退守贺兰山，并尽焚所退之地牧草。在辽军马饥士疲之时，李元昊突然发起猛攻，辽军大败，辽兴宗单骑逃脱，辽驸马都尉萧胡睹与近臣数十人被俘。大获全胜的李元昊，不失时机地遣使同辽讲和，并用俘虏交换被扣留的夏国使臣。此后，李元昊按例向辽朝贡。

毅宗李谅祚在位期间，西夏与辽关系处在恶化之中。李谅祚周岁继位，朝政大权落在母党没藏氏手中。西夏为辽臣属，按照礼节，李元昊之死与李谅祚继位，西夏应遣使向辽告哀，请求封册。辽兴宗则不给李谅祚行封册，反而借口扣留西夏使者。公元 1049 年七月，辽兴宗又亲征西夏，仍兵分三路。这次辽南路军统帅萧惠轻敌败走，北路军则东进至贺兰山，击溃西夏军队。次年没藏氏分别向辽金肃城、威塞堡进攻，被辽军击败。五月，辽兴宗乘胜进攻西夏京城兴庆府，兵临城下，纵兵烧杀掳掠。六月，辽军攻破西夏贺兰山西北摊粮城（今内蒙古巴音浩特北）。九月，西夏侵犯辽边境，被辽军击败，没藏氏只好遣使向辽请和，但西夏一直备受辽朝刁难。

公元 1067 年西夏惠宗李秉常七岁即位，母后梁氏临朝，外戚专权，穷兵黩武，连年发动对宋战争。因此，不得不依赖和乞援辽朝。而辽既不愿让宋朝占西夏便宜，又不甘任西夏母党专政，便采取两面牵制的观望态度。公元 1086 年崇宗李乾顺 3 岁即帝位，西夏又一次陷入母党专权局面，辽对西夏求援置之不理。公元 1099 年正月，年满 16 岁的李乾顺理应亲政，梁太后却霸政不让，辽道宗遣使至西夏，伺机鸩杀梁氏，扶李乾顺亲政。从此，李乾顺完全听命于辽。及至宋朝实行开边政策，加紧对西夏用兵，西夏更加依赖于辽。辽为支持西夏抗衡宋朝，基本对辽有求必应。

这时，辽北方女真所建金国对辽发动进攻，辽军节节败退。公元 1122 年金兵攻下辽中京（今内蒙古宁城），又攻西京（今山西大同）。三月，李乾顺遣兵五千援助辽国。五月，李乾顺得知辽天祚帝逃入阴山，即遣大将李良辅领兵三万前去救援，并于七月遣大臣曹价慰问天祚帝，赠以粮饷。第二年正月，李乾顺再次出兵救辽被阻。五月，天祚帝在阴山遭到金兵袭击，西逃云内（今内蒙古土默特左旗），李乾顺请天祚帝到西夏避难。此时，金对西夏援辽发出严厉警告，并派人诱降李乾顺。李乾顺权衡得失，决定放弃与辽的各种关系，开始对金奉表称臣。不久，辽国灭亡。

（二）西夏与北宋的关系

公元 960 年，后周殿前都点检赵匡胤代后周建立宋朝。夏州定难军节度使西平王李彝殷即时遣使奉表入贺，投附宋朝。为避赵匡胤父亲赵弘殷名讳，李彝殷改名彝兴。而初即位的赵匡胤，更是对李彝兴给予特殊优待，使其守太尉，位列三公。而宋初职备三公者，内则赵普，外惟李彝兴。从此，至李继捧向宋朝献出五州之地，夏州政权与宋朝一直保持着友好关系，双方贡使往来不断，夏州政权多次出兵助宋抗击和讨伐北汉。

公元976年十月赵匡胤去世，其弟赵光义继位。当夏州政权因李继捧接班而引起内部动荡，李继捧寻求宋朝支持时，赵光义接管了党项拓跋氏世代经营的五州之地。就在宋沾沾自喜未及庆祝时，李继捧族弟李继迁抗宋自立。从此，夏州拓跋氏政权与宋朝进入尖锐对立阶段。其后，软弱的宋真宗左顾右盼，导致李继迁攻取灵州，建都西平，影响及势力快速扩大。之后，在李继迁子李德明主政的二十多年间，李德明为贯彻"西掠吐蕃健马、北收回鹘锐兵"、夺取河西之地的战略目标，表面与北宋一直保持着相对友好的关系。

公元1032年，李德明子李元昊继位后，放手兼并河西，加快建国进程，为显示实力处处刁难宋朝。公元1038年十月，李元昊称帝建国，即遣使向宋上表告知称帝之事，要求宋朝予以承认，遭到宋朝拒绝。同时，宋朝对西夏实行关闭榷场、断绝互市、削夺其姓名官爵、悬赏捕杀及加强边备等措施。李元昊一边发"嫚书"污蔑宋朝，一边对宋发动侵略战争。公元1039年，李元昊多次在宋朝西北边境的府州、庆州、环州、泾州、原州发动小规模军事进攻，在试探中寻找大规模侵宋的突破口。公元1040年正月至公元1042年九月，李元昊向宋朝发动了三川口（今陕西安塞县东，即延川、宜川、洛川三条河流的汇合处）之战、好水川（今宁夏隆德县西北）之战和定川砦（今宁夏固原西北）之战三大战役，西夏均获全胜。而宋朝对三战惨败的反应，用宰相吕夷简的话说："一战皆不及一战，可骇也！"

李元昊对宋朝的三大战役虽然取得胜利，但战争给新生的西夏王朝带来严重的后果。战争加重了西夏百姓的负担，也加深了西夏贵族内部的矛盾。特别是因为战争，宋朝对西夏停止岁赐、关闭榷场、断绝和市，使西夏面临严重的经济危机。因此，李元昊在对宋作战施压的同时，派出使者寻求和谈机会。公元 1044 年十二月，宋朝与西夏达成"庆历和议"，两国关系基本趋于正常。

毅宗李谅祚在位时，周旋于宋、辽和吐蕃几种势力之间。为应付辽朝，西夏基本实行亲宋政策。至西夏惠宗李秉常，恰与北宋神宗赵顼同时在位。宋神宗起用王安石为相，对内进行变法运动，对外则以制服西夏为目标。于是，宋神宗一改宋真宗、仁宗、英宗诸朝的防御战略，转而谋取西夏左厢横山之地，同时旁取熙河湟鄯地区，企望从左翼压迫西夏。其时，西夏摄政专权的梁氏姐弟要以战争转移内部矛盾，两国九年间战事多达四十余次。尤以公元 1081 年，宋朝乘李秉常被梁太后幽禁之机，调集 50 万大军分五路进攻西夏，被梁太后各个击破并大败于灵州城下。次年八月，宋神宗遣给事中徐禧和知延州沈括，在银、夏、宥三州交界处筑永乐城，以谋扼制西夏。西夏统军叶勃麻等集兵三十万过无定河，一战击溃宋军，永乐城陷，宋数万将士战死。此后，兵力伤亡惨重、经济损失不可胜计的西夏和宋，再次达成和平协议。

公元 1093 年九月，宋哲宗亲政，变法派重新登台，并以延续宋神宗时的内外政策为标榜。于是，对西夏断绝岁赐，停止与西夏划分边界的谈判，转而采取筑堡寨、拓疆土的政策。公元 1098 年十月，西夏梁太后亲点四十万大军，进攻宋朝新筑的平夏城（今宁夏固原境），终因粮草不继大败而回。后崇宗李乾顺一面通过辽朝与宋议和，一面在两国沿边地区进行争战。宋徽宗及奸相蔡京为转移国内矛盾，命陕西经略使总领永兴、鄜延、环庆、泾原、熙河、秦凤六路军，经常对西夏发起进攻。之后不久，金兵南侵，宋徽宗父子自顾不暇，北宋只能任由西夏恣意侵吞边地。

（三）西夏与金朝的关系

西夏崇宗李乾顺时期的公元 1115 年，位于东方的生女真首领完颜阿骨打建立金国。由于中间隔有辽朝，西夏与金尚无往来。金朝刚一建国，立即向辽发动进攻，辽军节节败退。公元 1122 年三月，辽天祚帝逃往天德、云中一带的夹山（今内蒙古萨拉齐）地区，金追兵逼近西夏边境。五月，李乾顺听闻辽主逃入阴山，即遣李良辅将兵三万救援，被金兵打败。次年六月，金对西夏援辽提出警告，并以割地拉拢西夏，公元 1124 年与西夏达成和议，西夏崇宗向金奉表称臣，金割下寨以北、阴山以南、乙室耶利部吐禄泺以西之地给西夏。从此，西夏由辽的附庸变为金的附庸。

公元 1139 年李乾顺去世，李仁孝继位，金与西夏维持君臣关系。随着金兵势力深入关陕，西夏感受到对自己的威胁。辽亡后，辽宗室所建西辽军势日盛，金朝担心西辽与西夏联合对金，于是对西夏由武力防范转向政治争取。西夏李仁孝即位，金朝立刻遣使封李仁孝为夏国王，加开府仪同三司、上柱国。公元 1141 年，金在绥德州、保安军、兰州、东胜、环州等地开榷场与西夏贸易。同年七月，金朝遣使贺西夏主生日。公元1146年，金熙宗应李仁孝之请，将德威城、西安州、定边军等沿边州军赐给西夏。

　　公元1149年，金右丞相完颜亮弑熙宗自立为帝，是为海陵王。从此时至公元1193年的40多年间，西夏与金基本处于和平状态。其间的公元1170年五月，西夏外戚权臣任得敬胁迫李仁孝分国，在金世宗的支持下，李仁孝于八月密谋诛杀任得敬及其党羽。公元1193年九月，西夏桓宗李纯祐继位，基本承袭李仁孝时期的和金政策，向金称臣纳贡。李纯祐被废前一年，即公元1205年，兴起于北方的蒙古成吉思汗向西夏和金发动进攻。随着蒙古铁骑的南下，西夏与金保持八十年的和好局面被打破。镇夷郡王李安全篡位以来，西夏继续同金贡使往来，同时竭力抵御蒙古大军入侵。公元1209年九月，蒙古军围西夏京城中兴府。十月，李安全遣使向金乞求援兵。金权衡利弊未能出兵，李安全只好向蒙古纳女请和。公元1210年八月，李安全因金未发兵救援，遣万骑进攻金葭州。公元1211年七月，西夏齐王李遵顼篡立为帝后，与金之间作战长达十余年，以致两国信使不通，边贸断绝。公元1218年五到十一月，李遵顼引蒙古军由葭州攻金鄜、延等地。公元1223年底，李遵顼在内外交困中传位于子李德旺。这时，蒙古军深入西夏境，围沙州，破银州。公元1224年八月，李德旺遣使与金修好。十一月，金与西夏结为兄弟之国，恢复贡使往来和互市。公元1226年七月李德旺去世，西夏立李德旺弟清平郡王子南平王李睍为帝。十二月，蒙古大军围中兴府，西夏即将亡国，李睍遣使金朝，请停两国使聘。但次年正月，金哀宗仍遣使向西夏贺正旦。七月，西夏末帝李睍出降被杀，西夏亡。

（四）西夏与南宋的关系

公元 1127 年，金军攻陷汴京。二月，俘徽宗、钦宗，北宋亡。五月，康王赵构在南京应天府（今河南商丘）即皇帝位，是为高宗，改元建炎，史称南宋。

赵构即位之初，南宋朝臣多主张联合西夏以牵制金兵。公元 1128 年正月，赵构遣陕西抚谕使谢亮持诏谕西夏李乾顺约和。李乾顺假与约和，借机袭取南宋定边军。其时，南宋持续受金打击，国势衰弱，西夏因此对南宋的和好不予回应。公元 1129 年七月，赵构再命主客员外郎谢亮假官太常卿、权宣抚司参议官，再度出使西夏，李乾顺断然拒绝宋使入境。公元 1132 年八月，赵构诏明夏本敌国，从此宋夏之间的朝贡关系结束。

金朝为了更加便捷地对付南宋，册立刘豫为大齐皇帝，扶植傀儡政权与南宋对峙，并将削弱西夏作为战略目标。公元 1132 年八月，金兵将取川陕，李乾顺恐其图己，遣使至宋将吴玠军中请求通好。此后，吴玠断断续续与西夏保持联系，但因相互缺乏诚意，两国关系无实质性进展。李乾顺去世，李仁孝继位，南宋欲乘西夏新帝即位与其恢复朝贡关系，李仁孝未予回应。公元 1142 年，宋金绍兴和议之后，陕西成为金国土地，西夏与南宋被隔断开来，两国关系亦处于断绝状态。

蒙古兴起，对西夏征战。惨遭蒙古入侵的西夏，于公元1220年九十月间，约南宋派军双方出兵陕西夹攻秦、巩二州，但终因各行其是，无功而返。

（五）西夏与吐蕃的关系

党项羌曾在吐蕃的逼迫下，由青藏高原向西北内地迁徙。唐朝安史之乱后，吐蕃乘虚攻占河西陇右数十州之地，被吐蕃役属的党项羌也随吐蕃势力深入西北内地，并经常随同吐蕃对唐朝进行骚扰。唐末吐蕃王朝衰落以后，部分吐蕃人定居于河西走廊的甘、凉一带，并从五代到宋初，自立为地方割据政权。

党项首领李继迁抗宋自立，曾多次侵夺吐蕃聚居的西凉府。公元1002年十月，李继迁遣使携带官告印信，诱降忠于宋朝的吐蕃首领潘罗支，遭到潘罗支拒绝。李继迁暗中派兵突袭凉州，迅速攻占西凉府。潘罗支见李继迁势盛，伪使请降。不久，潘罗支与其弟厮铎督暗中调集数万兵马合击李继迁，李继迁中流矢身亡。李继迁子李德明继续向西扩展，于公元1004年六月，勾引吐蕃叛徒为内应杀潘罗支。公元1008年开始，李德明连年攻西凉，最终于公元1015年六月占领西凉地区。

吐蕃另有唃厮啰政权，为北宋时期甘青吐蕃所建立。唃厮啰本为吐蕃赞普之后，河州人谓"佛"为"唃"，谓"儿子"为"厮啰"，尊称"唃厮啰"，含义近似王子。从公元1008年至公元1032年，唃厮啰先后为宗哥（今青海西宁东南）李立遵、邈川（今青海乐都）温通奇尊立为主。河湟吐蕃唃厮啰政权兴起时，正值李元昊加速谋求建立西夏时期。李元昊为解除对宋用兵的后顾之忧，接连大规模进攻河湟吐蕃。

公元 1035 年，李元昊遣将苏奴儿领兵二万五千攻唃厮啰。唃厮啰于青唐北部的猫牛城击败苏奴儿。李元昊又亲率大军赴河湟，再攻猫牛城。唃厮啰坚守城池达一月之久，李元昊以诈陷城，纵兵大肆杀戮掳掠。后唃厮啰派人侦知夏军虚实，派部将安子罗断夏兵归路，李元昊溃败撤出河湟。

公元 1036 年，李元昊发兵破兰州吐蕃诸部。李谅祚继位，唃厮啰属下捺罗部阿作于公元 1058 年四月率部投西夏，并作为向导领西夏兵围青唐城，被唃厮啰击败。公元 1068 年西夏李秉常即位，唃厮啰已于三年前去世，其子董毡袭位。由于当时宋朝实行开边政策，导致河湟吐蕃与宋朝关系急剧恶化。于是，董毡与西夏解怨联姻，以共同对付北宋。宋朝急对董毡采取安抚措施，宋与董毡关系得到改善，西夏与董毡共同对付宋朝的联盟破裂。为报复董毡，李秉常于公元 1083 年十二月派兵围攻邈川等城寨，被董毡养子阿里骨所败。阿里骨乘胜进入西夏境，大掠而还。

西夏李乾顺在位时，唃厮啰政权由董毡养子阿里骨继承。阿里骨非唃厮啰血统，因此遭到唃厮啰家族反对。阿里骨为巩固政权，曾企图联合西夏收复被宋朝占去的熙河六州，并通过对外战争转移内部矛盾。西夏抓住机会，于公元 1086 年五月与阿里骨联合进攻宋朝，最终以失败告终，阿里骨又弃西夏而投附宋朝。

公元 1096 年九月阿里骨去世，子瞎征继位，吐蕃政权陷入分裂混乱状态。公元 1099 年，宋朝进取湟水河谷，攻占邈川、宗哥等城，瞎征自青唐投降。吐蕃大首领心牟钦毡和董毡妻契丹公主、阿里骨妻西夏公主共立陇拶为青唐主，并以西夏公主名义向西夏请援。李乾顺应请出兵攻宋南宗堡，被宋军击退。同年九月，宋军进逼青唐，大军压境，陇拶率诸部首领降宋。公元 1115 年，西夏被迫退出湟水流域，唃厮啰故地成为北宋郡县。金灭北宋，西夏乘机重新进入湟水流域，以黄河为界与金瓜分了唃厮啰故地。

（六）西夏与回鹘的关系

回鹘于唐初兴起于蒙古高原北部，唐代中晚期衰落后分三支西迁至今河西走廊、新疆及中亚一带，相继建立了甘州、西州及喀喇汗（黑汗）三个政权。

西迁河西走廊的回鹘，于唐末建立了以甘州为中心的回鹘政权。五代后唐时，党项羌曾劫掠河西朝贡物品。李继迁确定向西扩张目标，甘州回鹘为此采取联宋抗夏策略。公元 1001 年，甘州回鹘可汗禄胜遣枢密使曹万通向宋朝进贡，宋朝特授曹万通为左神武大将军。公元 1003 年李继迁去世，继位的李德明于公元 1007 年再夺西凉。其时潘罗支已经去世，其弟厮铎督嗣立，与甘州回鹘结援，并与宋朝相呼应，李德明未敢轻出。公元 1008 年正月，李德明截留回鹘贡宋物品，又遣张浦率数千骑侵扰回鹘，夜落纥可汗出兵迎战，张浦败还。三月，李德明又遣兵攻甘州回鹘，被回鹘打败。公元 1009 年四月，李德明再次遣张浦领精兵二万攻甘州，甘州回鹘以逸待劳，拒守不战，后乘夜出袭，张浦败退。

李德明几攻回鹘失利，又转攻西凉吐蕃，以图占据西凉。公元 1015 年李德明占西凉，派军校西凉人苏守信戍守。不久，苏守信去世，其子罗麻领西凉府事，部落不服。甘州回鹘可汗夜落纥子夜落隔乘机出兵攻破西凉，占据凉州。公元 1026 年，李德明借回鹘萨兰部叛辽之机，联合辽国第三次攻甘州，又未成功。直到公元 1028 年，李德明遣子李元昊攻克甘州。接着，李元昊于公元 1032 年突袭凉州，回鹘戍军弃城逃走，西夏占据凉州。之后，李元昊继其父位为西平王，立刻加速称帝建国准备。为了能够一心南下攻宋，李元昊决定先行攻取河湟吐蕃唃厮啰政权。西夏经过三十多年的残酷血战，终取瓜、沙、肃三州，完全控制了河西走廊地区。此后，以高昌（今新疆吐鲁番）为中心的西州回鹘，则与西夏和平交往。至于西迁至中亚建立喀喇汗王朝的回鹘，建立之初即为辽朝属国，又因与唐王朝有甥舅关系，故称中原王朝的北宋皇帝为"阿舅官家"，与宋相互遣使频繁，沿途经常受到西夏的劫掠干扰。其间，双方偶有边地战事，但均无伤大局。

（七）西夏与蒙古的关系

西夏北邻蒙古高原，在成吉思汗统一蒙古高原各部之前，汉文典籍中记载的蒙古各部名称有克烈、塔塔儿、鞑靼、呆家、保家、银瓮等。在夏辽边界居住的阻卜各部本臣属于辽，但也常投附于西夏。在一个时期内，阻卜各部成为辽和西夏相互争夺利用的对象。公元 1043 年八月，辽出兵讨伐夹山地区的呆儿部时，命李元昊会兵讨击。本次讨击得胜后捕获甚众，却被辽全部占有。为报复辽朝，李元昊于同年十一月诱山南党项诸部及呆儿部八百户叛契丹归附。次年五月，李元昊知辽要发兵进攻西夏，即派使臣前往阻卜请兵攻辽。阻卜酋长乌八将西夏所遣之使缚送辽国，请辽出兵伐西夏，辽立刻实施。此后，辽常用阻卜兵进攻西夏。西夏慑于辽朝威力，不再接纳降附的阻卜人。李秉常至李乾顺时期，辽朝将亡，阻卜各部日渐强大，其利用夏宋交战之机，公然入侵西夏。公元 1084 年二月，与西夏世仇的塔坦，尝以兵侵西夏北境。公元 1091 年九月，塔坦率所部袭击贺兰山，入罗博监军司，杀人户千余，掠牛羊万计。

自铁木真统一蒙古诸部开始对外扩张，西夏基本成为被长期征伐的对象。在长达二十多年的蒙古与西夏的战争中，西夏时而附蒙攻金，时而联金抗蒙，长期的战争消耗与战略决策失误，使西夏日渐气息奄奄。公元 1205 年三月，铁木真灭乃蛮部后，以西夏曾收容蒙古仇人为借口，亲率大军第一次侵入西夏，战争历时一个多月。公元 1206 年铁木真即大汗位，称成吉思汗，次年秋以西夏不肯纳贡称臣为由，第二次率军侵入西夏。公元 1209 年春，成吉思汗发兵第三次侵入西夏，进至克夷门，引黄河水灌中兴府，西夏襄宗李安全纳女请和。公元 1217 年十二月，成吉思汗派木华黎第四次征讨西夏，木华黎长驱直入渡过黄河，再次包围中兴府。李遵顼惊恐万状，命太子李德任留守，自己逃往西凉。

公元 1223 年李遵顼禅位于次子李德旺。李德旺决定与金约和，并乘成吉思汗西征之机，联合漠北诸部组成抗击蒙古联盟。成吉思汗听说西夏另有所图，密令木华黎子索鲁伺机征讨。同年九月，索鲁率大军攻破银州，杀西夏兵数万，俘大将塔海，掳掠牛羊数十万。公元 1225 年二月，成吉思汗亲自将兵十万，攻下黑水等城；四月，驻兵肃州之北，四出抄掠；五至六月进兵攻取沙州、肃州、甘州；七月围攻西凉府。李德旺惊惧而死，西夏立南平王李睍。十一月，成吉思汗率大军攻陷灵州；十二月，蒙古军进至盐州川，纵兵四面搜杀遗落百姓，免者百无一二，白骨蔽野，数千里几成赤地。公元 1227 年正月，成吉思汗遣大将阿鲁术督军攻中兴府，自率将士攻金。四月，成吉思汗驻兵六盘山。中兴府被围困半年之久，西夏末帝李睍因粮尽弹绝，军民病困，又遇地震灾害，不得已遣使向蒙古乞降。七月，末帝李睍献城投降被杀，蒙古军屠中兴府，西夏亡。

五、西夏的政治经济文化科技

西夏建立者李元昊通晓佛学和蕃、汉文字，熟悉中原王朝的法律、制度，并注意吸收先进的汉文化。因此，在西夏建立之初，所立制度基本仿照唐宋制度，中央设置中书省、枢密院、三司和御史台，分掌行政、军事、财政和监察，官员则由党项贵族和汉人分别担任。西夏有自己特殊的文字和学术体系，注重教育，中央设置"蕃学"和"汉学"，分别选蕃汉官吏子弟入学，以科举取士。西夏有自己的诗歌和音乐，以及特殊的皇家礼仪和建筑风格，其中建筑风格兼有凉州唐风及吐蕃风格，具有强烈的西北特色。

总体而言，西夏的行政管理体制，虽与中国封建社会高度集权的君权政治别无二致，但在具体做法上，仍有自己的特色，最为显著的是蕃汉合一，两制并存；司品较少，机构精简；法律完备，制度健全；重礼尚乐，严格管理。其中蕃汉合一，两制并存是其根本。

（一）政治

从唐末党项羌拓跋部崛起，附唐后拓跋部首领受唐朝封为夏州（今陕西靖边境）定难军节度使，据有夏、绥（绥德）、银（今榆林境）、宥（今靖边境）、静（今米脂境）五州之地，成为名副其实的唐朝藩镇。经五代到宋朝建立，中原王朝多次更迭，党项拓跋氏夏州政权虽然实际上割据一方，但在名义上都是以中原王朝节度使的身份进行统治，其属下部落首领分别被授予蕃落使、防御使、团练使、都押牙、指挥使、刺史等官职，在本部落内部仍行使部落首领的权限。李继迁、李德明在位时期，是党项夏州政权大力开拓并积极准备建国的时期。由于党项夏州政权管辖的地区扩大，境内除党项人户以外，还包括人数众多的汉人以及吐蕃、回鹘、契丹等部民众，党项松弛的政权形式与名义上的节度使身份，已经不能适应新的管理需要。李继迁初起时，即开始模仿宋朝制度设立官职，其军事制度和法律制度，也及时地相继建立。

1. 官制

公元 986 年二月，李继迁攻占宋朝的银州，准备称王。当时，在谋士张浦的劝阻下，最后决定仍延续旧职，暂为定难军留后，称都知蕃落使。对部下则设官授职，其官职仍沿用中原王朝过去对党项首领所封的官职和名称，如左右都押牙、蕃部指挥使、团练使、刺史等。至李继迁子李德明继位后，宋、辽两国都以拉拢李德明来牵制对方，争相为李德明封官晋爵。辽封李德明为夏国王，又晋大夏国王；宋先封李德明为西平王，后又晋封为夏王。李德明则完全按照中原王朝的制度筹备建国称帝事宜，并于公元 1016 年行帝制，追尊其父李继迁为"太祖应运法天神智仁圣至道广德光孝皇帝"，册立长子李元昊为太子，立李元昊母卫慕氏为皇后。诸如此类的一系列措施，都在实际上表明西夏已经成为一个独立的王朝，并为今后名正言顺地登基称帝做好了准备。

李德明于公元 1032 年去世以后，继承者太子李元昊立刻加快了立国称帝的步伐，并先于公元 1033 年模仿宋朝制度建立了自己的中央官吏制度。其官分文武班，有中书、枢密、三司、御史台、开封府、翊卫司、官计司、受纳司、农田司、群牧司、飞龙院、磨勘司、文思院、蕃学、汉学。其中书掌进拟庶务、宣奉命令，属有侍郎、散骑常侍、谏议大夫、舍人、司谏等官；枢密掌军国兵防边备，与中书对持文武二柄，属有枢密同知、副使、签书、承制等官；三司总国计，应贡赋之入，属有正使、副使、盐铁使、度支使等官；御史台掌纠察官邪，肃正纲纪，属有御史大夫、御史中丞、殿中御史、监察御史等官；开封府掌尹正畿甸之事，属有六曹、左右军巡使、判官、左右厢公事干当等官；翊卫司掌统制、训练、藩卫、戍守及侍卫扈从诸事，官有马步都指挥、副都指挥及诸卫上将军、大将军之号；官计司掌文武职事员阙，注籍应选；受纳司掌仓庾贮积及给受等事；农田司掌仓储委积、平粜利农，属有司农卿、少卿、丞、主簿等官；群牧司掌内外九牧国马，属有制置使、副使、都监等官；飞龙院为主管御马供养的专门机构，掌防护宫城，警捕盗贼，以武干亲信者为之，或以内臣充职；磨勘司掌选叙、磨勘、资任考课；文思院为专供皇帝衣饰的职能部门，其职务为掌造金银犀玉，金彩素绘，以供舆辇册宝之用；蕃学与汉学是西夏官吏的培训选拔机构，西夏建国时尚无科举取士之法，李元昊特建蕃学，以野利仁荣主持，译《孝经》《尔雅》《四言杂字》为蕃语，在蕃汉官僚子弟中选俊秀者入学学习，并令诸州各置蕃学。西夏建立的中央官制体系，是在皇帝直接主宰下由中书主政、枢密主兵、御史掌监、一府六司两院主行政的一整套完整的官制体系。

西夏官制，从李元昊建国之后，历任都有增置改建。公元1039年，李元昊又仿宋制增设尚书省，置尚书令总理王国一切庶务，考核百官，管辖六司。尚书令的设置改变了西夏早期官制中百官无首的状态，正式确立了丞相的职能地位。同时，李元昊改宋二十四司为十六司，即经略司、正统司、统军司、殿前司、皇城司、三司、内宿司、巡检司、陈告司、磨勘司、审刑司、农田司、总领阁门司、群牧司、受纳司、承纳司，分理六曹。毅宗李谅祚又进一步调整官制，中书机构设各部尚书、侍郎，又增设南北宣徽使及中书、学士等官，使西夏官制更接近中原王朝官制。西夏中期，由于西夏封建经济关系的迅速发展，崇宗李乾顺、仁宗李仁孝结合西夏实际国情，规定了中央国家机构等级司序、官员委派与管理机制等；中央国家机构分为六个等级，即上等司、次等司、中等司、下等司、末等司和司等外，并用法律的形式固定下来。同时规定诸司官员任职期限为三年，任职期满可以连任，无失职行为可以获得奖励；诸司官员上任期限及不赴任或超期赴任则予以处罚。

西夏地方行政体制以州为主，其次有府、郡、军、县的设置。府为地方最高一级的行政区，州或县因其地理或政治、军事上的重要地位而升为府、郡。西夏建国前李德明改灵州为西平府，建都。李元昊建国定都兴州，升兴州为兴庆府，后曾改名中兴府。公元 1036 年五月，李元昊在正式建国的各项措施中，曾升河西走廊边防要地的肃州为蕃和郡，甘州为镇夷郡，同时又在甘州置宣化府，作为对河西回鹘、吐蕃等的宣抚机构。军是西夏的军事行政机构，略同于宋制，相当于州一级，名为监军司。西夏地方军有两厢十二监军司的设置，即把全部地域划分为左右两厢，每厢统六个监军司，十二个监军司分驻于重要州府，监军司长官实际上成为地方一个区域内的军政总管。西夏地方行政建置在府、州、郡、军、县之下，还有城堡、寨的设置，多具有军事防御性质。西夏府州郡县与中央各司一样，也依据职事繁简及地理位置重要与否，分为上、次、中、下、末五等。据西夏《天盛律令·司序行文门》中地方行政建置的统计，西夏共有三府、二州、十七监军司、五军、二郡、七县、三十五城、堡、寨。

2. 法律

西夏建国以前，尚无成文的法律。党项部落及部民之间的纠纷，则依惯例加以断决。西夏开国皇帝李元昊曾熟读汉文兵书和法律，故建国后十分重视法律制度建设。据考古发现的资料，西夏时期曾依据中原皇朝法典制定过多种法典。现存的西夏法典，就有崇宗李乾顺时期颁行的军事法典《贞观玉镜统》，仁宗李仁孝时期颁行的《天盛改旧新定律令》，神宗李遵顼时期编纂的《亥年新法》等。西夏时期曾多次制定和修改律令，使法律制度逐步系统和完备，尤其是《天盛改旧新定律令》。

《天盛改旧新定律令》是现存的一部用西夏文制定颁行的法典。全部律令共 20 卷，卷下分门，共有 150 门；门下列条文，共有 1463 条。条文之下另以款项区分，纲目分明，层次清楚。从内容来看，天盛律令是一部综合性的法典，其中包括刑法、诉讼法、行政法、民法、经济法、军事法等。

《天盛改旧新定律令》以维护西夏封建统治利益为目的，吸收唐、宋封建法制的精髓，包括了维护封建专制统治的"十恶""八议""五刑"等基本内容；确认儒家学说的"三纲"，宣扬君权、父权、夫权的不可侵犯；贯穿"德主刑辅"，引礼入法，礼法结合，使礼成为国法和宗法的重要内容和调整手段；引入区分血缘亲疏的"五服"之制。但在法典的结构形式上则与唐、宋律令有所区别，如中原法律中的注疏、律、令、格、式，在天盛律令中统一归入律令条文，避免了律外生律的现象，使之成为一部更为系统、集中和比较完备的法典，在同时代的法典中具有独创性。

天盛律令规定的条文内容十分具体细致，似乎超越了法律条文而成为具体部门的管理法规。如第十卷的各门条文，大量篇幅是对官员任职、续、转、赏的规定等。第十七卷各门条文，分别规定了仓库管理人员的数量，职员名称，库藏物品种类、名称、耗损规定等。在编纂体例上，以刑律为主体，将独立的部门法规并入其中。与唐、宋律令比较，《天盛律令》中包含的经济法与军事法的内容极为丰富，这反映了西夏处在自然环境恶劣、生产力落后以及强邻包围下以图自强和防御的需要。如有关畜牧业的生产管理，农田水利灌溉、仓储管理，军事法规中的兵员征集、军用物资制造、发放、管理，军将的委派、奖惩等都有明确详细的规定。《天盛律令》作为王朝综合性法典的性质内容涉及西夏社会历史、生产生活的各个领域，诸如政治、经济、军事、文化、宗教、习俗、民族、婚姻、科技、生产、生活方式等，成为研究西夏社会历史文化的第一手史料。

西夏法律制度的实施运行制度也比较完备，在国家机构中设立陈告司、审刑司、用刑务等。对刑事犯罪，西夏规定官府在接到诉状后，将犯人枷在狱中追查证据，对抗拒不招供者，使用严刑拷打，逼其伏罪入状。要求执法者休做人情，莫违法条，案检判凭，依法行遣。并规定无论何人昔日作恶多端，入狱需教以行正道，使其明了自己的罪恶性质及危害程度。

3. 军制

西夏建国后的军制，是在党项原部落武装"种落兵"的基础上建立起来的。羌俗以部落盛大者为长官，下有蕃落使、防御使、都押牙指挥使等职。西夏的中央国家行政机构中，枢密院为最高军事统御机构。与枢密院分掌兵权的下属机构有翊卫司，后来翊卫司由殿前司代替。西夏建国初，仍以帐为最小的征兵单位，其民一家号一帐，男子年 15 岁成丁，至 60 岁止。每家凡二丁取体壮者一人为正军，另一丁为负赡，担任随军杂役，组成为一抄。凡家有四丁者抽两抄，其余壮丁叫作空丁，可以不服役，但有可能要顶替别的丁男当负赡兵，也可以顶替正军之中的疲弱者担任正军。在西夏建国初，与宋朝战争频繁，按旧例征兵兵员不够，于是扩大征兵范围和人数，直至实行全民皆兵。公元 1082 年九月与宋朝永乐之战前，西夏国内凡年六十岁以下十五岁以上者，全部自备弓矢和甲胄参战。

西夏军队大体分为皇帝侍卫军、国防军和朝廷直属部队三部分。李元昊曾挑选善弓马者五千人组成皇帝侍卫，西夏宫廷宿卫制度十分严格，宿卫军佩戴铜质腰牌，上镌"防守待命""防守命令"和"后门宫寝待命"等西夏文字。驻防军为西夏军队中人数最多的一种，也是西夏军队的主力。西夏李元昊称帝之前，即置十二监军司，其名称和驻地为左厢神勇军司，驻银州弥陀洞（今陕西横山县东南）；祥祐军司，驻石州（今陕西米脂西北）；嘉宁军司，驻宥州（今陕西靖边县西北）；静塞军司，驻韦州（今宁夏同心县韦州镇）；西寿保泰军司，驻柔狼山北（今甘肃定西城）；卓罗和南军司，驻兰州黄北北喀罗川东（今甘肃兰州红城子）；右厢朝顺军司，驻贺兰山克夷门（今宁夏石嘴山市东北）；甘州甘肃军司，驻甘州（今甘肃张掖市）；瓜州西平军司，驻瓜州（今甘肃安西县）；黑水镇燕军司，驻黑水城（今内蒙古额济纳旗黑水城）；白马强镇军司，驻娄博贝（今内蒙古阿拉善左旗吉兰泰）；黑山威福军司，驻河套西北黑山（今宁夏河套地区）。西夏兵力分布与驻防任务为，自河北至午腊蒻山（今内蒙古乌拉特旗东）七万人，以备契丹；河南洪州（今陕西靖边西南）、白豹、安盐州、天都、惟精山（今宁夏中卫南香山）等五万人，以备环（今甘肃环县）、庆（今甘肃庆阳）、镇戎（今宁夏固原）、原（今甘肃镇原）州；左厢宥州路五万人，以备鄜（今陕西富县）、延（今延安）、麟（今神木北）、府（今府谷）；右厢甘州路三万人，以备西蕃、回鹘；驻兵贺兰（今宁夏银川西北）五万，灵州（今宁夏灵武西南）五万，兴州兴庆府（今宁夏银川）七万为镇守，总兵力达五十余万人。朝廷直属部队主要有卫戍首都的军队二万五千人。西夏军队中一般一名正军配一名负赡兵，但在朝廷直属的都城卫戍军中，则每名正军配三名负赡兵，此为皇帝直接掌握和调动的精锐部队。

西夏军队兵种有骑兵、步兵、炮兵、水兵，以及由作战任务不同而分为的擒生军、强弩兵、负赡兵等。西夏军队以骑兵为主力，由党项贵族子弟组成的精锐骑兵称"铁骑"或"铁鹞子"，作战时以铁骑为前军突阵，敌方阵乱则直接冲击，步兵紧紧跟进。步兵为西夏军队的主要组成部分，人数最多。西夏步兵最精锐的部队，是由山间部落丁男组成的"步跋子"。这支部队逾高超远，轻足善走，有很强的战斗力。西夏军队中有炮手二百多人，名为"泼喜"。他们陡立旋风炮于囊驼鞍，纵石如拳。西夏军队的旋风炮，即为一种抛石装置。后来西夏从宋朝学会制造火炮，即火蒺藜，与抛石战车结合使用。公元1098 年十月，西夏梁太后亲率四十万大军进攻宋朝平夏城，连营百里，名为对垒的高车载数百人，飞石激火，昼夜不息。

（二）经济

党项部落内迁以后，与汉地百姓日夜打交道，生活习俗和生产形式发生了重大改变。尤其是西夏建国以后，随着战争的频繁、人口的增加、疆域的扩大和统治者奢侈享乐欲望的增长，物质需求急剧扩张。不断增长的社会需求和内地先进生产技术的吸收应用，促进了西夏社会经济的快速发展。

1. 农业

在西夏，农业是经济和民生的重要保障，政府设农田司管理农业生产。西夏在农业生产方面的主要特色，有注重水利建设、普遍使用铁制农具和牛耕，以及重视粮食贮藏。西夏境内河西陇右地区的兴（今宁夏银川）、灵（今灵武西南）、甘（今甘肃张掖北）、凉（今武威）等州，地饶五谷，尤宜稻麦。西夏虽然地处西北高原，气候干燥，雨量稀少，但河水资源相对比较丰富，而且自汉唐以来，一直重视引河水灌田，著名的古渠就有秦渠、汉源、唐徕渠等。西夏建国以后，继承前代开发水利引河灌溉的传统，在大力疏浚修补旧有灌溉渠道的同时，又开凿修建新的灌溉渠道。西夏建国初修建的昊王渠，由今宁夏青铜峡至平罗，南北长三百余里。另外河西走廊诸州，利用祁连山雪水形成的居延、沙河、黑水等河流引水灌田；横山农业区则靠其境内著名的无定河、大理河、白马川等灌溉农田，使这些地区岁无旱涝之虞。为保证农田水利建设和灌溉，西夏制定了一套完整的农田水利法规，并纳入国家律令之中。今存西夏文《天盛律令》卷十五中分列有《春开渠事门》《园地苗圃灌溉法门》《灌渠门》《桥道门》《地水杂罪门》等，对农田水利灌溉诸事作了详尽规定。西夏国家层面设立专门的农田水利管理机构，规定渠头、渠主及渠水巡检的职责，并组织百姓维护灌溉设施和合理使用灌溉渠道、处理灌水纠纷，禁止私开新渠和在大渠侧畔取土等，以保护农田灌溉渠道不受破坏。

西夏在农业生产中已经普遍使用铁制农具和牛耕，农具、耕作技术和方法与汉地相差无几，亦使用二牛抬杠耕作方法。西夏农具有犁、铧、镰、锄、锹、耧、耙等，粮食作物主要有麦、大麦、荞麦、糜粟、稻、豌豆；蔬菜有芥菜、香菜、蔓菁、萝卜、茄子、胡萝卜、葱、蒜、韭等，也栽培果树。西夏鼓励农民开垦抛荒地和无主生地，规定所垦荒地或生地三年内免交租税，以促进农业发展。

由于连年战争和频繁灾荒，西夏有丰年藏粮的习惯。西夏德靖镇（今横山北）的七里平、桃堆平的国官窖，鸣沙川的御仓，贺兰山的摊粮城（今石嘴山西）等库仓中，都贮粮上百万石。然而，相对严酷的自然条件和积年累月的战争劳役，使西夏的粮食往往不能自给。每遇战争或灾年，百姓则依野菜、野果、野草充饥。宋人曾记载西夏百姓"春食鼓子蔓、咸蓬子，夏食苁蓉苗、小芜黄，秋食地黄叶、登厢草，冬则蓄灰条子、白蒿子，以为岁计"，其艰难程度可想而知。

2. 畜牧业

畜牧业是西夏经济和生活的重要来源，也是连年发动战争的主要支撑，西夏设群牧司管理牧业生产。党项人素有从事畜牧业的丰富经验，西夏境内的夏（今陕西靖边北白城子）、绥（今绥德）、银（今米脂西北）、盐（今宁夏盐池北）、宥（今陕西定边东）诸州，以及鄂尔多斯高原，阿拉善和额济纳一带的山地和沙漠草原地带，不利农耕而宜畜牧。河西走廊地区有广阔的草原，瓜、沙诸州专以畜牧为生，甘、凉等州水草丰美，素有畜牧甲天下之称。西夏畜牧业的畜类，主要有羊、马、驼、牛、驴、骡、猪、狗等。马匹除用于军事和生产外，还作为大宗商品同周边进行贸易，又是向宋、辽、金的主要贡品，在牧业经济中占有特别重要的地位。西夏出产的党项马最为驰名，宋朝战马多购自西夏。骆驼为高原和沙漠地区的运输工具，阿拉善和额济纳地区是主要养驼地区。羊、牛、猪、狗是西夏农牧民日常生活中衣食的主要补充。党项人具有丰富的畜牧业生产知识，对牲畜的管理、繁殖、饲养、疾病防治等，都有独特的方法和经验。

西夏畜牧业一般以家庭为生产单位，但随着畜牧业的发展与供需的要求，国家设立了直接由群牧司管理的官营牧场。西夏《天盛律令》更以法律形式规定了国有牧场的管理制度，其卷十九就牧场管理设有《遣牧头纳畜册门》《牲畜分配门》《死畜注销门》等十二门之多，对官营牧场幼畜登记、按期校验牲畜数、牲畜分配、死亡注销及赔偿等都有明确的规定。与畜牧相补充的是狩猎，党项人居住的山地、沙漠和半沙漠地区，多有虎、狼、黄羊、沙狐、兔、鹰、鹘等禽兽出没。西夏军队出战前，有一种仪式为举行大规模的狩猎活动，每年冬闲也要组织狩猎。其狩猎方法有捕捉、网捕、圈套、陷阱、烟熏等多种。猎物鹘、黄羊、沙狐等，多用于向宋、辽、金王朝进献的贡品。

3. 手工业

党项人在相当长的时期内，均在家中从事畜产品的加工制作，如鞣皮、制革、手纺毛线、织造毛褐、氆氇、毡、毯、衣、巾、鞋、帽、帐篷等。西夏建国以后，随着农牧业的发展和生活消费品需求的升级，手工业生产得到较快发展。西夏《天盛律令》中，规定设立的国家手工业管理机构有刻字司、造案司、金作司、绢织院、首饰院、铁工院、木工院、造纸院、砖瓦院、出车院等。史书记载和考古证明，西夏重要的手工业生产行业有纺织、冶炼、金银器制作、采盐、陶瓷、建筑、砖瓦等，而且都有一定的生产规模和制造水平。

（1）**纺织业**　西夏建国后，在党项人原有的家庭牲畜皮毛加工制作的基础上，很快发展起了纺织手工业作坊，政府设立织绢院管理纺织生产，纺织技术多从中原地区输入，毛、麻、丝、棉四种纺织品都可以生产。毛纺织是党项传统手工业产品，有毛褐、毡、毯等，制毡原料有秋毛、羔毛和春毛之分。西夏以白驼毛制成的白毡，被意大利旅行家马可·波罗称为世界最良之毡。西夏有自己的丝织业，丝织品种类有绫、罗、绣锦、绢、丝、纱、紧丝、煮丝、克丝、采帛等。西夏多植麻，麻布为民间主要的衣料。西夏也种植棉花，有自己的棉纺织品。西夏对纺织品，也有一整套成熟先进的染色技术。

（2）**金属冶炼与制造业**　西夏的冶炼业包括采矿、冶炼、金属制造。夏州（今陕西靖边境）东境有丰富的铁矿资源，西夏在那里设立冶铁务，专司采矿与炼铁。西夏都城兴庆府(今宁夏银川）等地有国家设置的锻造作坊，打造兵器或农具等。考古出土的西夏金器有金莲花盘、金碗、金佛像、金桃形饰片、金指剔、金饰马鞍、金扣边以及花瓣形金饰等；银器有银钵、银碗、银盒、鎏金银饰、圆形带钉银饰，以及镶嵌有绿松石或蓝宝石的金银饰物，一些金银器物造型轻巧，色泽光莹，图案精美，表明西夏手工业匠人熟练高超的工艺技术。

冶铜与打铸铜器是西夏冶炼业中的重要生产部门。西夏人已经懂得加入氧化物冶炼各种性能不一样的铜。铜器的制造分锻制与铸造两种，已发现的西夏铜器制品有铜牌、铜印、铜钱、铜镜、铜刀、铜牛、铜铃、铜甲片等。宁夏贺兰山西夏皇陵出土的长 1.2 米、宽 0.38 米、高 0.45 米，重 188 公斤的模制浇铸鎏金铜牛，证明了西夏高超的铜铸工艺。

　　冶铁与铁器制造是西夏冶炼制造业中最重要的生产部门。西夏的夏州（今陕西横山县境）东境蕴藏有丰富的铁矿资源，西夏建国初即在此开采、冶炼，制造兵器和农具。西夏铁器种类繁多，有剑、矛、刀、枪、箭、铠甲等兵器，镢头、斧头、耙叶、铁凿等生产工具，屠刀、火炉、锯、镫、剪刀等生活用具，斧、锯、锛、剪、尺、规等手工工具。西夏的冶炼与锻造技术都达到了较高的水平，冶铁已经采用了当时比较先进的鼓风设备竖式风箱；在兵器制作方面，能够应用冷锻技术，所造兵器坚硬光滑，锋利无比，宋朝人称其为天下第一。

　　（3）**采盐业**　西夏有丰富的食盐资源，采盐业是西夏重要的手工业生产部门。西夏食盐主要分布在盐州、灵州等地，五原盐州有乌池、白池、瓦池，灵州有温泉池、两井池、长尾池、五泉池、回乐池等，其中乌池、白池以出产青白盐驰名。青白盐为盐水经日晒自然凝结而成的食用盐，量大质纯，广为民众喜爱。西夏对盐实行官营，作为重要的财政收入，并用盐同宋、辽交换货物、粮食等。西夏景宗李元昊时，曾要求宋朝每年购进西夏盐 10 万石，可见其量产之丰。

　　（4）**陶瓷业**　西夏初期所需瓷器，主要靠宋、辽输入。随着西夏对陶瓷制品与建筑材料需求的扩大，西夏建立了自己的制瓷工业作坊，并多次向宋乞派制瓷工匠。随着中原制瓷匠人的流入和先进制瓷技术的应用，西夏陶瓷制造水平快速提高。西夏瓷器产品主要有生活器皿、文房器具、娱乐用品、雕塑艺术品、佛教用品、建筑材料、兵器等。其中生活器皿有碗、盘、盆、钵、釜、杯、高足杯、扁壶、瓶、罐、缸、瓮、铃、钩等。西夏瓷器中双耳或四系的瓷扁壶数量众多，瓷塑骆驼、马、羊工艺品，瓷铃、瓷帐钩及游牧民喜爱的乐器牛头瓷埙等，极具地域特色，体现了党项人的喜好。西夏瓷器釉色多为白釉瓷，黑釉与褐釉的剔刻花壶等具有代表性。曾在伊克昭盟伊金霍洛旗敏盖村发现的两件酱褐釉剔花瓶，造型凝重大方，瓶身刻有牡丹花纹，堪称精品。

（5）**砖瓦业**　西夏建国前后建筑业的发展，促进了砖瓦等建筑材料的生产。西夏在国家机构中，专设"砖瓦院"管理砖瓦生产。西夏生产的砖瓦主要供给寺庙、皇家宫殿、园陵、官署、贵族官吏邸宅及城市民居建设。考古证明，西夏砖瓦窑坊一般开设在大型建筑物附近，银川西夏皇陵陵园以东，就发现数十座西夏时期的砖瓦窑和灰石窑址。这些砖瓦窑的建筑形制基本等同于唐宋马蹄形砖瓦窑的形制。同类砖瓦等建筑材料，在灵武磁窑堡窑址中也有发现。西夏砖瓦建筑材料品种很多，工艺水平十分高超。在西夏皇陵遗址发现的有各类纹饰的瓦当、滴水、琉璃瓦、脊筒、琉璃砖、鸱吻、石柱雕栏、柱础等，多数造型奇特，色彩瑰丽，质地坚固，反映了西夏砖瓦业的技术水平。

（6）**酿酒业**　党项部民酿酒历史久远，内迁前党项人虽不知稼穑，土无五谷，但也要在周边换取大麦酿以为酒。党项内迁后到建国前，酿酒业从农牧业中分离出来，发展成为独立的手工业，并仿宋朝建立了"酒务"，专门职掌酒的酿造与销售。西夏也采用以曲酿造谷物酒的传统方法，并加入中草药制曲。西夏以谷物研磨成面，令混以药草做曲，有麦曲、清水曲和百花曲等酒曲。西夏法典《天盛律令》中详细规定了酒的生产与征榷，酿酒须经官府批准，并颁发生产许可证；酒曲由官府统一榷卖；禁止民间私人造曲酿酒；禁止邻国酒曲进口等。西夏酒类品种有黄酒、葡萄酒、马奶酒和麦酒等多种。

（7）印刷业　西夏的印刷业十分发达，迄今已发现有 500 多种西夏时期的西夏文和汉文书籍，其中刻本书籍有 300 多种，超过千卷。其中除佛经外，还有用西夏文创作的语文、诗歌、谚语，还有儒家经典、诸子、史传、小说、历书、兵书、医书等。存世最早的西夏汉文刊本刻于公元 1073 年。崇宗李乾顺时期在国家机构中设置"刻字司"，到仁宗李仁孝时期，西夏印刷业空前繁荣，今存世的西夏时期汉文和西夏文刊本多刻于仁宗时期。如公元 1189 年仁孝皇帝与罗皇后在大度民寺一次法会中，就发愿刊印施散佛经多达数万卷，另一次甚至达到二十五万卷。在西夏故地黑水城遗址，宁夏贺兰山宏佛塔和拜寺沟方塔中都出土了大量的西夏文木雕版。西夏的雕版印刷业分官刻、坊刻和私刻三种。官刻由中央政府机构"刻字司"掌管，主要刻印汉字和西夏文译佛经、儒家经典与兵书、字书等。官刻本数量大，动辄数万十数万卷。坊刻应是私人作坊，多翻刻官刻本。传世的西夏印刷品中，已发现私人刻印的佛经达十多种，有官员、僧人，也有平民。尤其是 1991 年宁夏贺兰县拜寺沟方塔出土《吉祥遍至口和本续》佛经，经文化部组织专家委员会进行鉴定，确认为迄今为止世界上发现最早的木活字版印本实物，从而将我国木活字的发明和使用时间提前了 130 多年。同时证明我国应用木活字印刷技术的年代，比联合国教科文组织曾经认定的韩国出土的《直指心体要节》早将近 200 年，也因此改写了人类的印刷史。

4. 商业

西夏的商业比较发达，在社会经济中占有重要地位。都城兴庆府（今宁夏银川）和河西走廊地区的甘（今甘肃张掖）、凉（今武威）、瓜（今安西东南）、沙（今敦煌西）等州城，都为四冲之地，车辙马迹，辐辏交会，成为联结内外商业贸易的中心城镇。汉文史书中也有关于西夏国内市场商品物价的记载，如夏景宗李元昊发动对宋战争期间，宋朝断绝对西夏的"岁赐"和"和市"，致使西夏国内物价飞涨，尺布可值数百，升米超过百钱。

西夏与宋、辽、金、回鹘、吐蕃等相邻地区都有频繁的商业贸易往来。西夏在与宋、辽、金的边境地带设有共同使用的榷场进行和市，如夏、宋边境的保安军（今陕西志丹）、镇戎军（今宁夏固原）、吴堡（今陕西吴堡北）、银星；夏、辽边境的天德（今内蒙古乌拉特前旗东北）、云内（今呼和浩特西南）等处榷场。在榷市中，有固定的贸易场地和牙人评定货物等级，由双方官府派遣的监督、稽查人员共同管理市场，征收税务。西夏对外贸易种类很多，与宋朝主要以驼、马、牛、羊、玉、毡毯、甘草易缯帛、罗绮；以蜜蜡、麝脐、毛褐、羱羚角、柴胡、苁蓉、翎毛等易香药、瓷器、漆器、姜桂等物。西夏还向宋朝输出池盐和枸杞、大黄等物品，输入粮食、茶叶、丝帛、百货与金、银、铜、锡等金属及其制品。西夏与宋朝的贸易额很大，仅青盐一项，西夏每年向宋朝卖出 10 万石，成为西夏的重要财政收入；宋仁宗曾下诏保安军、镇戎军榷场，每年各向西夏市马二千匹，羊一万只。

除官设的榷市贸易外，西夏与宋、辽、金民间也通过私市进行交易。私市交易的商品则无所不包，民间买卖金属等违禁品主要通过私市进行。西夏出使宋、辽、金等国的使臣，也兼营商贸。西夏使臣入宋朝，自由出入于民间市肆，或在馆舍内进行贸易。辽、金只允许西夏使节于馆内贸易三日。

西夏地处"丝绸之路"的中间地带，扼东西方交通要道，占据着优越的地理位置，因此往往做转口贸易。宋、金通过西夏从回鹘商人手中购买玉器；西夏利用宋朝所赐茶叶向西北诸蕃换取贵重物品。西夏对回鹘、高昌、于阗、龟兹等西域贡使和过境商旅，征税重达十分之一，往往逼使远方商人避开西夏境内的河西走廊，另外开辟新的经商通道。

（三）文化

在中国历史上，西夏也曾经创造了灿烂的文化。西夏自景宗李元昊建国以来，随着封建经济的发展和党项汉化的加深，文化也通过广泛吸收养料，形成了以党项文化为依托，以中原儒家文化为核心，并杂糅吐蕃文化、鲜卑文化、回鹘文化等成分的综合文化，尤其是以西夏文字为先导，包括思想观念、宗教信仰、政制官制、蕃学汉学、文学、音乐、舞蹈、书法、绘画、雕塑等等，都成为中华文化的重要组成部分。

1. 语言文字

西夏建国前夕，在李元昊的主持下，由大臣野利仁荣仿照汉字结构，创制了记录党项语言的文字，成十二卷，称"国书"或"蕃书"，后世称西夏文字。西夏文字属汉文字体系，是模仿和借用汉字的笔画重新创制的一种新的方块字。西夏文字笔画繁冗，结构复杂，现今发现有六千多个单字。西夏文字为词符文字，文字构成多采用类似汉字构造的"六书"中的会意字和形声字等，也由偏旁、部首组合而成。但同汉字相比，西夏文字笔画更为繁复，多撇、捺，无竖钩。

西夏文创制以后，李元昊于公元 1036 年下令颁行，并被尊为"国字"。接着，李元昊于西夏建国初的公元 1039 年，于首都建立"蕃学"，由野利仁荣主持教授西夏文，培养官吏。全国各州亦设立"蕃学"，以学习"蕃书"的程度决定其是否可以任官。因此，学习与书写"蕃书"，就成为西夏官僚子弟入仕的便捷途径。而且西夏规定，国中凡艺文诰牒尽易蕃书，与周围王朝往来的表奏、文书和民间交往，都要使用西夏文字，从而使西夏文字得到广泛推行、普及和应用，并成为西夏文化的重要特色。从已经发现的西夏文字文献文物中，就有用西夏文记载的历史、法律、文学、医学著作；有用西夏文翻译的汉文典籍，如《论语》《孟子》《孝经》《类林》《孙子兵法》《贞观政要》等；有大量译自汉、藏等文字的佛教经典；还有用西夏文镌刻的碑文，书写的题记，铸造的印章、钱币、符牌、铜镜等。

西夏灭亡时及其以后，西夏文典籍遭到灭绝性的毁坏和散佚。历经数百年沧桑，随着党项人的被融合及消亡，西夏语言不再使用，西夏文字也逐渐被历史遗忘，成为无人可识的文字。直到20世纪以来，与西夏文字有关的文献文物被大量发现，其中有官私文书、法律典籍、审案文书、买卖契约、文学作品、历史著作、字典、辞书、壁画题记，碑刻、岩画、木简、器物、符牌、印章、钱币等。从已发现的西夏文献与文物看，西夏文字书体有篆、楷、行、草四种，篆书仿汉篆笔法。在黑水城遗址发现的西夏文献中，还保存了丰富的西夏语言资料，有韵书《文海宝韵》，字书《音同》，韵图《五音切韵》，西夏文与汉文双解辞语集《番汉合时掌中珠》等。在中外西夏学者的努力下，西夏文字解读和西夏语言结构的研究已经取得较大进展，西夏语言的秘密被逐渐解开。中华文化的宝库中，又复活了一项珍贵的文化瑰宝。

2. 宗教信仰

早期党项人崇拜大自然，三年一聚会，杀牛羊以祭天。党项内迁以后，随着与周边民众互动的深入和社会的迅速发展，党项人逐步由自然崇拜发展到对鬼神的崇拜。景宗李元昊建国称帝伊始，首先到西凉府（今甘肃武威）祭祀神灵。随着党项社会的发展与生产的分工，党项人从自然崇拜发展到多神崇拜，从而为佛教在党项地区的传播提供了适宜土壤。而河西走廊是由西域进入中原的交通要道，佛教自西域传入，在党项人生息的河西、陇右、陕北地区已经流传六七百年，党项人不可避免地受到影响；西夏周边的宋、辽、金、吐蕃、回鹘诸王朝都信仰佛教，西夏与之经常交往，深受其宗教信仰的影响；党项人经历长达百余年的迁徙劳顿，在进入自然环境比较恶劣的西北地区之后，又饱受多重压迫和各种自然灾害的折磨，而佛教的因果轮回、西方净土、涅槃解脱理念，在慰藉心灵方面有着很强的抚慰和指归作用；西夏统治者有意利用佛教思想安抚百姓，维持专制统治。诸多因缘和合，西夏佛教空前发展。

西夏历届统治者，无不带头信奉佛教。西夏建国前的公元1007年，李德明母亲去世。为了给母亲祈愿，李德明向宋朝提出，要到五台山修供十寺，宋真宗遣使护送李德明祭品到五台山。李德明子李元昊少年时代即通晓佛学，证明佛教当时已经成为党项贵族的重要信仰之一。公元1031年李德明派遣使臣向宋朝献马七十匹，求宋朝赐佛经一藏，宋朝答应了李德明的请求。从这次起，西夏景宗、毅宗、惠宗三朝的43年间，向宋朝"赎经"达六次之多。西夏建国初，李元昊下令每年四季首月初一日为"圣节"，任官民礼佛。

佛寺及石窟的建造，佛经和佛像的印行，亦成为西夏佛教兴盛的显著标志。李元昊刚一建国，即于公元1038年八月于京师兴庆府大兴土木，建造佛舍利塔。公元1047年，李元昊又下令于兴庆府东15里，役民夫建高台寺及诸浮图，俱高数十丈，贮宋朝所赐《大藏经》，吸引东土名流与西天达士前来进奉佛舍利和修行说法。早在公元1036年，印度僧人善称等一行九人，经夏州向宋朝贡献梵文经、佛骨舍利及铜菩萨像。返程时李元昊留其于驿舍，向善称一行求贝叶经。李元昊母亲没藏氏曾于戒台寺出家为尼，号称"没藏大师"。公元 1050 年，太后役兵民数万，历时五年半修建了承天寺，贮宋朝所赐《大藏经》。当时西夏佛教寺院遍布全境，见于文献记载的著名寺院有京师兴庆府的戒坛寺、高台寺、承天寺、大度民寺；贺兰山腹地的佛祖院、五台山寺、慈恩寺，拜寺口的连片寺庙群，河西走廊地区的凉州护国寺、圣容寺、崇圣寺，甘州卧佛寺、崇庆寺、诱生寺、十字寺等。而河西地区著名的敦煌莫高窟，安西榆林窟，东、西千佛洞，酒泉文殊山万佛洞、昌马石窟、武威天梯山石窟、永靖炳灵寺石窟等处，都留下了西夏时期修凿的石窟、壁画、供养人像、题记等。据考证，西夏时期在敦煌莫高窟新开凿洞窟 7 个，重修前代洞窟 96 个；安西榆林窟重修洞窟 11 个，在各处洞窟中有大量的西夏时期的汉文和西夏文题记，记载了西夏僧俗朝山礼佛、诵经念咒、烧香求福以及修葺洞窟、清理积沙等善事的发愿文。公元 1167 年，西夏印造西夏文、汉文佛经二万卷。公元 1184 年印造西夏文、汉文佛经五万一千卷。公元 1189 年仁宗在大度民寺法会上，布施各种佛经 25 万卷。后来在另一次法会上，桓宗母罗太后向信众布施佛像佛经 17 万卷（幅）。

西夏佛教与藏传佛教的关系源远流长。由于地域风俗等关系，党项和吐蕃在历史渊源和文化传承方面有着共同之处。早在吐蕃时期，藏传佛教就开始影响党项。至西夏建国初期，藏传佛教已经盛传于党项。从发现的西夏时期藏传佛教文物文献和佛教石窟遗址来看，到西夏中后期，西夏藏传佛教的兴盛几乎超过了汉传佛教。

西夏佛教的兴盛与发展，还在于建立了一套比较完善的佛教管理机构和管理制度。西夏《天盛律令》规定，西夏管理佛教事务的最高机构是"僧人功德司"和"出家功德司"，两功德司各设六位国师，二位合管。此外，僧人功德司设四副、六判、六承旨；出家功德司设编祖提举六名，承旨六名，两功德司内之职概由僧人担任。西夏对僧民实行严格的度僧和度牒制度。由于国家提倡尊崇佛教，西夏对高僧大德封赐名号，以示尊崇。见于西夏佛教文献的封号有帝师、上师、国师、德师、大师、大德、定师、法师、禅师等。

从西夏《天盛律令》的规定可以看出，道教是西夏仅次于佛教的宗教。在《天盛律令》第十章《司序行文门》中，中央机构设"道士功德司"，统理全国道教事务。道士功德司内职官设一正、一副、一判、二承旨及都案、案头各两名。《天盛律令》中对俗人入道、道士注册、还俗，道士犯罪处罚，道士的特权，道观及道教尊像的保护等，都有明确规定。

西夏人笃信鬼神，尚诅咒，信占卜，用以问吉凶，决疑难。西夏占卜方法有用艾草烧羊胛骨，视其征兆；擗竹棍于地以求数，类似折著草占术；于夜间牵羊，焚香祷告，又在野外烧谷火，次日晨屠羊，视其肠胃，通畅则主吉，羊心有血则不吉；用箭杆敲击弓弦，听其声而占算战争胜负和敌至日期。西夏人作战忌晦日，重单日。战败后要举行"杀鬼招魂"仪式，用以超度亡灵。其做法是于战争之后三日复至原处，捕捉人马或缚草人埋于地，众人以箭射击。党项人特别重视复仇，如仇家有丧则不受侵害；无力复仇者，集壮妇享以牛羊酒食，赴仇家纵火，焚其庐舍，被焚者趋而躲避，因党项之俗认为敌女兵不祥。报仇以后，则双方用鸡、猪、犬血和酒，用髑髅盛血酒共饮，起誓和解。

3. 文学

党项人未创制文字之前，其书面文学作品基本学习模仿中原汉地文学内容和方法，并无多大成就可言。但党项人素有用诗歌形式表达感情、歌功颂德和劝世行善的传统，因而诗歌创作不绝于世，尤其是用西夏文创作的诗歌和谚语。西夏崇宗李乾顺喜好汉文学，重用文学人才，公元 1112 年下令选拔官员时，工文学者尤先擢升。公元 1139 年四月，有灵芝生于后堂高守忠家，李乾顺作《灵芝歌》。西夏皇陵碑亭遗址出土的《灵芝颂》残碑中有"俟时效祉，择要腾芳"，"德施率土，贲及多方"等句，句法整齐，文句优美。宁夏贺兰山西夏方塔废墟中出土的无名氏写本诗集约 60 首，据考证为仁宗时期的作品，诗题有《寺》《春水》《善射》《冬早喜雪》《忠臣》等。黑水城遗址发现的西夏文献中有多种西夏文诗歌集，比较重要的有公元 1185 年刻印的《赋诗》《大诗》《月月乐诗》《道理诗》《聪颖诗》五部诗集残本。《大诗》叙述党项神话中的宇宙产生缘起；《月月乐诗》描述一年十二个月的物候人事。而抄写在刻本诗集纸背的近三十首诗中，有歌颂党项人祖先的史诗《夏圣根赞歌》，歌颂西夏文字创制师野利仁荣的《造字师颂》，赞美西夏太学的《新修太学歌》，都洋溢着党项人的自豪感，充满对英雄的景仰和对和平的渴望，而且遣词造句华丽典雅，具有一定的艺术感染力。

西夏谚语是西夏文学中的一份宝贵遗产，传世西夏谚语集最著名的是仁宗李仁孝时期由学者梁德养、王仁持收集整理刊印的西夏文《新集锦合道理》，共收谚语 364 条，每条谚语从三言到十八言不等，由字数相当的上下两个联句组成，一般对仗工整。谚语内容广泛涉及西夏社会生活、风尚习俗、宗教信仰、伦理道德等方面，寓意深刻，极富哲理，充满生活气息，如"谚语不熟，不善谈话；牛马太少，就吃不饱"；"山中积雪者高，人中有德者尊"。公元 1182 年刊印的西夏文类书《圣立义海》中也有一些精彩谚语，如"占有牲畜不富，怀有智慧才富"；"聪明人珍视妇女品行，愚蠢人注意妇女容貌"等。

4. 艺术

西夏在继承发展汉地传统文化艺术和广泛吸收藏传佛教艺术的基础上，创作了大量有一定党项特色的艺术作品。目前国内外遗存的比较完整的西夏艺术品有 1600 余件，主要包括壁画、卷轴画、唐卡、彩绘木板画、佛经版画等绘画作品，泥塑、石雕、木雕、砖雕等雕塑作品，佛塔、陵园、建筑装饰等建筑作品，瓷器、金银铜器、钱币、书籍装帧、绢麻毛织染等工艺美术作品，以及书法篆刻、音乐舞蹈等作品，而且其中大多数都是中华民族艺术宝库中的精品。

（1）**绘画** 西夏的绘画艺术，留传于今的作品主要是佛教绘画，有石窟、寺庙壁画，藻井边饰图案，经卷木刻画，木板、绢帛、纸本绘画等。石窟壁画主要保存在敦煌莫高窟、安西榆林窟等石窟寺中。绘画题材有佛本生故事、说法图、经变画、千佛、供养菩萨、供养人像与洞窟装饰图案等。西夏初期壁画题材、布局、人物形象、技法等方面受北宋影响较大，其后深受回鹘壁画风格和藏传佛教风格的影响，形成了自己独特的艺术风格，其线条以铁线与兰叶描为主，辅以折芦、莼菜条；敷彩大量使用石绿打底，从而在构图、人物造型、线条、敷彩等方面独树一帜。莫高窟西夏洞窟中的龙凤藻井，榆林窟中的《水月观音图》，西夏供养人像及反映现实生活的《犁耕图》《踏碓图》《酿酒图》《锻铁图》，都是西夏绘画艺术反映时代生活的精品。黑水城遗址出土的西夏佛教绘画，有绢帛画、纸本画、木板画三百多幅，多数为绘画艺术中的精品。榆林窟第 29 窟的西夏供养人像，无论男女，都身材修长高大，男像圆面高准，两腮肥硕，体魄魁伟，穿戴别具特色，充分表现出党项羌人粗犷、剽悍、豪爽的性格。黑水城出土的大量西夏佛画，用绢、帛或纸本绘制，有《文殊图》《普贤图》《弥勒佛图》《阿弥陀佛接引图》等。其中还有《十一面观音图》《上乐金刚图》《胜三世明王曼荼罗图》及大型坛城木版画等密宗绘画，浓抹重彩，色调深沉，画中附绘供养人像与西夏文题款，堪称艺术佳品。在甘肃武威西郊的西夏墓中发现的木板彩画中，有武士、侍从、牵马人及禽畜等，以排列整齐的人物形象渲染严肃气氛，构图简练，线条流畅，笔法飘逸，人物形象逼真，富有生活气息。黑水城出土的版画《卖肉图》

和《魔鬼现世图》，构图新颖，脉络分明，描绘生动，刀法娴熟，反映了西夏绘画艺术从写实到写意方面的高超技法。木刻版画中还有上图下文的插图本佛经，为中国最早的连环画之一。

而榆林窟第2窟《水月观音图》中，唐僧与孙悟空师徒二人《牵马驮经图》，则是迄今所见最早的唐僧取经图。而西夏的唐卡，则是至今发现最早的藏传佛教唐卡，因为其他地方发现的唐卡，主要绘制于明清时期。宁夏贺兰县宏佛塔天宫出土的《胜乐金刚图》《上师图》，青铜峡一百零八塔出土的《大日如来佛图》等唐卡，都按照藏传密宗的造像仪轨绘制，直接传承吐蕃王朝佛教前宏期的绘画艺术风格。在西夏经变画中，首创以民间故事为题材的高僧画传。在榆林窟第2窟的《水月观音图》中，观音菩萨足下碧水对岸，玄奘宽袖袈裟双手合十朝观音膜拜，孙悟空猴头人身着圆领短衣窄袖衫，足穿高靴，左手牵驮经马，右手举额向观音行注目礼。榆林窟第3窟《普贤变》中，普贤左侧也有一幅唐僧取经图，唐僧和孙悟空身边白马已经背驮经箧，经箧上方有两条袅袅上升的曲线，点化经书飘香的圣味。唐僧取经图在西夏壁画中共发现6幅，这是中国最早的唐僧、孙悟空绘画艺术形象，比小说《西游记》早三百多年。

（2）**书法** 西夏书法艺术源于汉字，有楷、行、草、篆四体。传世作品中，楷书多见于写经与碑文，篆书见于碑额与官印，文书、契约则多用行、草。出土文物中发现有西夏时期使用的竹笔，用以书写硬笔书法。西夏仁宗时期的翰林学士刘志直工于书法，其用黄羊尾毫制作的毛笔，质量很高，为时人所效法和喜爱。

（3）**雕塑** 西夏雕塑艺术品种类多，有铸铜、石雕、砖雕、木雕、竹雕、泥塑、陶瓷等。西夏皇陵出土的鎏金铜牛，长 120 厘米，重 188 千克，模制浇铸，通体鎏金，造型生动，比例匀称，是西夏铜铸艺术的代表作。西夏石雕题材丰富，出土的有石马、石狗、石螭首、石雕人头像、栏柱、柱础、人像石座等。动物石雕、栏柱石雕都为通体圆雕，比例均衡，刀法细腻，有的留有彩绘痕迹。西夏皇陵出土的人像石座，呈跪坐负物状，形象有男女之分，皆双眉粗厚，双目凸出，短鼻獠牙，独具特色。

泥塑艺术以佛寺塑像为代表，夏崇宗时期修建的甘州大佛寺释迦牟尼涅槃像，身长 34.5 米，肩宽 7.5 米，木胎泥塑，金装彩绘，西夏泥塑规模与风格于此可见。敦煌莫高窟第 491 窟西夏供养天女彩塑，高 67 厘米，头梳垂髻，面露微笑，典雅俊美，宛然如生。在今内蒙古额济纳旗一古庙和宁夏贺兰县宏佛塔中，都出土有佛、菩萨、罗汉、供养人、力士、童子泥塑，这些泥塑多用写实与艺术夸张手法，刻画现实生活中的人物形象，逼真自然，富有生活气息。

雕塑陶瓷艺术品，在宁夏灵武窑出土的有人物和动物形象，如秃发的青褐釉供养人头像，卧姿褐釉骆驼，形象生动，釉色精美。西夏还出土有木、竹雕刻品，木雕中有一件菩萨像，冠带罗裙，端坐于龛内，左右置宝瓶和童子，画面富有生气。在长 7 厘米宽不足 3 厘米的竹雕画面上，有庭院、松树、假山、花卉和人物，刻工精细、生动，是西夏存世的竹雕精品。

（4）**音乐** 党项羌人富有音乐传统，早期党项羌人的乐器有琵琶、横吹、缶等。横吹即竹笛，由羌人发明。从唐代起党项人接受中原音乐，李德明时其礼文仪节，律度声音，无不遵依宋制。西夏建国后，李元昊下令革乐之五音为一音。公元1148年，仁宗令乐官李元儒参酌中原乐书，更定音律，赐名《鼎新律》。西夏流行的乐器有三弦、六弦、琵琶、琴、筝、笙、箜篌、管、笛、箫、筚篥、七星、吹笛、击鼓、大鼓、丈鼓、拍板等，宁夏灵武窑遗址曾出土牛头瓷埙。西夏设有蕃汉乐人院，已经发现的西夏文献藏品中，有《刘知远诸宫调》戏曲残本，说明戏曲已经传入西夏。

（5）**歌舞** 党项人擅长歌舞，入居中原以后，往往醉后在市井中连袂歌其土风。西夏时期的舞蹈，在碑刻和石窟壁画中留下了生动的形象。建于公元1094年的《凉州护国寺感应塔碑》碑额两侧的线刻舞伎，舞姿对称，裸身赤足，执巾佩理，于豪放中显出妩媚。在敦煌莫高窟、安西榆林窟等河西走廊地区的石窟寺西夏壁画中，伎乐菩萨的舞姿已接近唐宋风韵。榆林窟第3窟西夏壁画中的《乐舞图》，由舞女与乐队组成，舞女上身半裸，披挂绸带，着短裙长裤，赤足，颈部、手臂饰以璎珞、臂钏、手镯，舞姿优美。在黑水城出土的一幅西夏观音图下方，有一组四人乐舞图。图中一舞者抬臂开胯欢舞，动作雄健，另三人一弹、一吹、一击掌，是一幅生动的西夏乐舞风俗画。

（四）科技

西夏建国后，积极从北宋和辽朝引进科技人才，在天文历法、医药卫生、冶金铸造、纺织技术、建筑等许多方面，都达到了很高的水平。尤其在武器制作方面，西夏剑被宋朝誉为"天下第一"；西夏铠甲坚滑光莹，非劲弩可入；西夏名叫"对垒"的攻城战车可以越壕沟而进；西夏装在骆驼鞍鞯上的"旋风炮"可以发射大石弹；西夏"神臂弓"射程近 300 步，能洞重扎。

1. 天文历法

据记载，党项羌内迁前尚无历法，而以候草木以记岁时。党项内迁后，唐、宋王朝每年都向党项政权颁历法和通报天象，如宋朝给西夏颁"仪天历"等。西夏仁宗时期的《天盛律令》中，在国家机构中设"大恒历司"，应为制订历法、编制历书的机构。西夏有关天象的记载，在刊于公元 1190 年的《番汉合时掌中珠》中，提供了较为系统的资料。对星空的认识依次有十一曜、二十八宿、丛辰、五神（或五兽）、十二宫以及天河等。西夏的十一曜即日、月、金星、木星、水星、火星、土星、紫炁、罗睺、计都和月孛。而中原自汉至元，基本不用紫炁、罗睺、计都、月孛这四个隐曜。

西夏建国前一般使用宋朝颁赐的历法，李元昊建国后即制订自己的历法。迄今已发现的西夏历日残页中有西夏文历日、汉夏文并用历日和汉文历日共十件。按类型分为佛历、观天记录和一般历日三种。黑水城发现的汉夏文并用的公元 1047 年日历，系表格式，其中表示月份、星宿、节气、十支和数目的文字分别用西夏文或汉文书写。该历残存五月至十二月的部分内容，为日、月、干支考订。黑水城出土的数件西夏文历书，上有正月至腊月名称及干支、五行等。西夏纪年法有天干地支相配纪年，如"人庆乙丑年"。或只用地支，如"天庆虎年"，即公元 1194 年。有用星岁纪年的，如《夏国皇太后新建承天寺瘗佛顶骨舍利碣铭》署："天祐纪历岁在摄提季春廿五日壬子。"也有用藏历纪年的，如甘州《黑水建桥敕碑》的藏文部分纪年为"阳火猴年"，即公元 1176 年。

　　西夏重视占星术，《天盛律令》设"卜算院"，负责观察星象变化，拟卜吉凶。据文献统计，从西夏建国前的李德明至西夏国亡二百余年中，西夏记录的星象变化有六十多次。如公元 1009 年，李德明"出兵侵甘州，恒星昼见，惧而还"。公元 1030 年"火星入南斗，天子下堂走"。公元 1040 年"春正月朔，日有食之"，大臣杨守素以"吾军胜象"，请李元昊出兵攻宋延州。公元 1088 年"太白昼见，司天言：不利用兵，梁乙逋不听"。公元 1144 年"九月彗星见"，群臣上言"彗者，除旧布新之象，宜改元应之"，遂改元人庆元年。

2. 冶金铸造

　　党项人初期使用的铁制工具和兵器，多为通过交换或战争中劫掠而来。党项内迁后，境内横山地区煤、铁蕴藏丰富，开始发展自己的冶铁铸造业。西夏采用先进的竖式风箱，这种风箱可以推拉互用，连续鼓风，风箱风量大，燃料能够得以充分燃烧，提高炉火温度，增强冶炼强度，不仅加快了锻造速度，同时也提高了锻造质量，为打制精良的铁器提供了技术保障。西夏冶铁主要用于制造兵器和生活用具，包括社会用品、军事用品、生产用品、生活用品等。由于战争频繁，西夏统治者需要精良的兵器、铠甲等军事装备，因此十分重视兵器制造。西夏建国后设铁工院，专门负责兵器制造。西夏各种兵器制造都有专门的工匠，如弓箭匠、披铠匠、枪柄匠、绳索匠等。西夏铁器制造主要采用冷锻硬化工艺，其中制造最多、质量最好的是刀剑之类的西夏兵器。史书记载西夏甲胄"皆冷锻而成，坚滑光莹，非劲弩可入"。"契丹鞍、夏国剑，皆为天下第一，他处虽效之，终不能及。"西夏陵出土的夏国剑，剑长 124 厘米，仅剑身长 88 厘米，刃部最宽处 5 厘米，厚 1.9 厘米，管状柄，虽腐蚀严重，但仍显示出当时制作工艺的精良。陵区出土的铠甲片，部分外表还有鎏金，有孔眼，薄厚均匀。

西夏政府机构中设有文思院，专门负责金、银、犀、玉等高级用品的制造。西夏金银器铸造分为生金熔铸、熔熟板金、熟打为器等，即熔铸生金后再熔为熟板金，然后打制成器物。从出土文物金莲花盘、金碗、金桃形饰件和金剔指、马鞍金饰及银钵、银碗、银盒、鎏金银饰等，可知西夏金银器制造工艺水平的精湛。

冶铜是西夏手工业中重要的生产行业。西夏铜器制造技术相当先进，已经融冶炼、模具雕塑、浇铸、焊接、抛光、鎏金等工艺于一体，技术十分复杂。从出土文物鎏金铜牛、铜钱、铜牌、官印、铜镜等，可以看出西夏铜器制造技术的先进。其中最具代表性的是出土于西夏陵的鎏金铜牛，身长 120 厘米，重达 188 公斤，模制浇铸而成，空心，外表通体鎏金，造型生动，线条流畅，形象逼真。尤其是打磨抛光的眼睛，使铜牛神采奕奕，宛如活物。鎏金铜牛集美术、模型、浇铸、抛光、鎏金等技术于一身，已被定为国宝级文物。

3. 纺织技术

毛纺织技术是党项的传统手工技术。党项内迁前已经能够织牦牛尾及毛为屋，服裘褐。内迁后，由于与宋朝贸易的需要，毛纺织业迅速发展，出现了专门的编织匠、织褐匠，生产毡毯、毛褐，以及毛麻混纺的精细毛布、地毯。西夏的毛织品白毡，《马可·波罗游纪》中称作世界最良之毡，以白骆驼毛制成。西夏向宋朝及周边地区学习丝绢纺织技术，曾多次向宋朝要求派遣丝绸纺织匠人到西夏传授技术。西夏丝织品见于文献记载的有绫、罗、绣锦、绢、丝、纱、紧丝、煮丝、克丝、彩帛等，并已掌握了织经、织纬和络织技术，能织造出通经断纬的克丝、捻织金线的织金、花纹突起的透贝等技术特殊复杂的纺织品。西夏纺织染色工艺有较高水平，有染红药、染青草，及采湖蓝等。西夏染丝有熟染、草染、染杂色，色彩有白、银黄、肉红、纷碧、大红、石黄等，色彩亮丽，光艳如霞。

4. 医药卫生

史书载早期党项人生病不用医药，只求之于鬼神；或迁于他室，谓之"闪病"。其后，逐步由汉地和吐蕃传入医药知识。公元 1063 年宋朝以医书赐西夏，《千金方》和《神农本草》一类的汉医药书籍传入西夏。受汉地中医药影响，西夏大量开发和利用中药材，并作为主要商品输出，宋夏贸易中的药材甘草、蜜蜡、麝脐、羱羚角、柴胡、苁蓉、红花等都来自西夏，特别是枸杞、大黄久负盛名。《天盛律令》第十七卷《物离库门》中列举的中药名称有 230 多种。甘肃武威发现的西夏文写本药方残页，内容是治疗伤寒病的药方，内列药名有牛膝、椒、术米等，其煎法、服法也与汉地传统中医一致。

西夏人已有相当丰富的人体解剖知识，《文海》中记载的人体器官有六七十项，并对各种器官的组织功能有了比较科学的认识。西夏人把疾病的病因归结为由于"四大不和合"所致。这种认识主要来自佛典，即人体由地、水、火、风四大合成。西夏文献中提到西夏人的疾病及其症状有几十种，涉及内科、外科、妇产科、儿科、五官科等。记载的妇产科病就有早产、晚产、小产、难产、堕胎、解胎等。《文海》中还记载有针刺疗法。

5. 建筑

西夏经营西北数百年，修建了大量的各类建筑，包括都城、陵园、佛寺、佛塔、石窟、堡寨、民居。其中许多建筑，都成为人类建筑史上的瑰宝。

西夏正式建国前，党项首领李继迁曾以灵州（今宁夏灵武西南）改西平府建都。公元 1020 年李德明迁都怀远镇（今银川），改名兴州。公元 1033 年李元昊继承王位，升兴州为府，改称兴庆府，并一直为西夏都城。兴庆府是在怀远镇原有城郭的基础上扩展修建的。李德明迁都时，遣官督役夫构门阙宫殿。从公元 1033 年起，在原宫室基础上大兴土木，广宫城，营殿宇。公元 1046 年，又于城内作避暑宫，逶迤数里，亭谢台池，争奇斗胜。后来又多次役兵夫数万人于贺兰山东营离宫数十里。从公元 1055 年起，历时五年修建承天寺。兴庆府的建设，从李德明迁都怀远镇，到毅宗李谅祚时承天寺建成，前后修建长达三十余年。兴庆府城周回 18 里，东西倍于南北。城周围开挖护城河阔 10 丈，沟通城内外渠沟水系；又从不同方向引渠水入城，作灌汲水源和充盈宫苑水面之用。兴庆府南北各有二门，东西各一门，门上有城楼建筑。城内街坊呈方格形系统，一般居民密集分布于数十个街坊之内；作为皇家统治与生活中心，有一定规模的宫城建筑，宫室殿宇，官厅衙署，还有为皇家服务的手工业作坊及庞大的兵营和仓库。城西北建有避暑宫，西部贺兰山东麓建离宫、佛祖院、五台山寺、皇帝陵园，城东 15 里的黄河岸畔建高台寺及诸浮图。整体设计合理，建筑宏伟，功能齐全，风格独具。

而西傍贺兰山，东临银川平原，位于宁夏银川市西的西夏王陵，则是中国现存规模最大、地面遗址最为完整的帝王陵园之一，也是现存规模最大的一处西夏文化遗址。西夏王陵占地面积 58 平方公里，核心区 21 平方公里，分布 9 座帝王陵墓，270 余座王侯勋戚的陪葬墓，规模宏伟，布局严整。每座帝陵都坐北向南，呈纵长方形的独立建筑群体，规模相当于明十三陵。西夏王陵吸收自秦汉以来及唐宋皇陵之长，形式在中国陵园建筑中别具一格。

西夏陵园陵城和角阙形制具有西夏佛教的突出特点。陵园陵城为夯土墙，墙体总高 4 米，底部宽 3.5 米，墙体收分较少，内外出檐为 50 厘米，有效地保护了夯土墙免受雨水的侵蚀。夯土墙表面涂抹几厘米厚的草秸泥，又用细泥红墙皮外表装修，顶部铺瓦，其滴水、瓦当有完整而精美的兽型等装饰图案。这种红墙青瓦的墙体建筑结构，使西夏陵园更显典雅、庄重和肃穆，充分显示了西夏王朝皇家帝陵的庄严和雄伟。内城角阙是用五版或七版连续外弧夯筑而成的圆形墩台，其中角阙和门阙的塔基和塔身外部均有包砖，包砖错缝平铺，逐级收分，高度在 2.2 米左右。完整的外包砖既起到保护夯土阙的作用，又烘托了陵园的宏伟气势。角阙实心夯筑，上用砖瓦、脊兽垒砌成高低错落的塔式建筑，塔角悬挂铜铃，这种在陵园中修建佛塔建筑尚属首见。陵园所有角阙和门阙皆为一座座大小不一的佛塔组成，与陵塔遥相呼应，形成一座气势恢宏的具有浓郁党项特色的建筑群。这种以高大宏伟的密檐塔状陵台为中心，四周围绕高低错落有致的佛塔群，使陵园充满尊崇佛法的宏大气势，突出了西夏陵别具一格的建筑特色。

献殿位于南神门内约 25 米处，是西夏日常用来供奉皇帝亡灵和上陵朝拜祭礼时举行祭奠活动的地方。殿堂为八角形，直径 16 米左右。整个中线显示出西夏陵独有的特点，即墓道正对并连接着献殿。有可能为帝王灵柩运来以后，先放置于献殿，然后由献殿后面北侧门一直运往墓道，这在全国也是首次发现。陵塔位于陵城西北隅墓室的正后方，是西夏陵园中重要而又特殊的建筑，为中原地区陵墓所未见。其他朝代陵墓的宝顶位于主墓室上方，而西夏王陵的陵塔则位于墓室后方；中原帝王陵多做金字塔型，西夏王陵则为直径34米左右的圆形密檐佛塔，内部为夯土结构，外檐装饰有大量琉璃瓦及琉璃饰物。

　　西夏陵园吸收了我国秦汉以来，特别是唐宋陵园之所长，同时又受到佛教建筑的巨大影响，使汉文化和佛教文化与党项文化三者有机结合的产物，构成了我国陵园建筑中别具一格的建筑形式，在中国陵寝发展史上占有十分重要的地位。

　　在贺兰山著名的拜寺口，大面积分布着西夏时期的寺庙建筑群遗址。这里有西夏时期建筑的双塔，则是中国佛塔建筑史上不可多得的艺术珍品。双塔东西对峙，两塔相距80米。东塔秀丽挺拔，平面呈八角形，每边长约2.9米，直径7.6米，通高约39米。除第一层塔身较高外，第二层以上檐与檐之间的塔身高度逐层减少。第十三层之上，砌造上仰莲瓣形刹座，刹座上承托相轮。每层的塔檐下均有两个砖雕兽面，雕兽怒目下视，十分威严。两兽面之间为祥云托日月的图案，塔壁转角处为影塑宝珠火焰纹。塔门向南，有宽50厘米、高2米的券道进入塔室。塔室为直径3米的圆形，室内第一层高3米，为圆木板阁楼装置，塔室各层采用厚壁空心式的木板楼层结构。西塔为14层，高度与东塔基本相似，但其外形略显丰硕，有众多的彩绘浮雕装饰，比东塔更为雄伟华丽。塔身底层每边长约3.2米，直径8.4米，通高约41米。除第一层塔身外，其余各层塔身的八面正中砌有一个浅壁龛，龛内放置砖雕影塑佛像一尊。第三至六层为罗汉像，罗汉中有拄杖倚立的老者，有神态潇洒的青年，或瞑目思索，或笑容可掬，或手舞足蹈，或诵读经文，具有浓厚的人文特色和生活气息。七至十一层为神态各异的护法神像，或项挂璎珞，或腰系长带，或手执法器，或舞动，或跳跃，或伸臂，或抬腿，动作自如，姿态健美。在佛龛的两侧均饰有直径 30 厘米的圆形砖雕兽头，雕兽口含串珠，怒目圆睁，獠牙外露，活灵活现。塔顶佛龛内置有一根六棱木质中心刹柱，直径约 30 厘米，柱身有墨书西夏文题记。至今耸立的拜寺口双塔，显示了西夏高超的建筑艺术和精湛的雕刻技巧。而且明清时期，宁夏银川地区一带地震频繁，特别是清乾隆年间的公元 1739 年 1 月 3 日，这里曾发生一次八级地震，双塔附近的建筑、房屋均被震毁，双塔却傲然挺立，使西夏佛塔高超的建筑水平得到更为充分地验证。

帝王全览

1. 景宗李元昊

公元 1038 年十月十一日，辽朝所封夏国王、宋朝所封定难军节度使、西平王李元昊在兴庆府（今宁夏银川市）正式登上皇帝宝座，国号大夏，史称西夏，李元昊为西夏景宗。

公元 1003 年五月初五，银州党项贵族之女卫慕氏，在灵州（今宁夏灵武）为李德明生下儿子李元昊。其时，李元昊祖父李继迁，作为长期割据夏州（今陕西省靖边县）定难军的党项拓跋部首领，正在为扩张势力疯狂争夺河西地区。李元昊出生的第二年，李继迁在同吐蕃六谷部首领潘罗支激战中，身中流矢，伤重去世，由李元昊父亲李德明继立为夏州定难军留后。从此，李德明奉行联辽和宋政策，腾出手向西用兵争夺地盘，使党项夏州割据政权得到迅速发展。

在这一段时间里，李元昊逐渐长大。青少年时期的李元昊，面孔圆润，双目炯炯，鼻端耸起，刚毅英武。李元昊平素喜穿白色长袖上衣，头戴黑色冠帽，身佩弓矢，经常率百余骑兵出行。李元昊自乘骏马，前有旗手开道，后有侍从张伞，耀武扬威，藐视一切。天资过人的李元昊，自幼喜读兵书，对当时流行的《野战歌》《太乙金鉴诀》一类兵书爱不释手，专心研读，精于其蕴。李元昊颇具文才，精通汉藏语言文字，又懂佛学，而且广泛搜读治国安邦的法律著作，并善于思索谋划，文有韬略，武有勇谋。虽然年龄不大，但对许多要事都有自己的见解，比如对父亲的睦宋政策，就很不以为然。一次，李德明遣使臣到宋以马匹换取物品，却因所得物品不合心意，盛怒之下要将使臣斩首。李元昊对此十分不满，劝诫父亲莫要以自己重要物品换取他人一般东西，而且轻易怒杀使臣，更会失去人心。李德明见十余岁儿子有这种见识，从此更加器重。

李元昊长大成人以后，经常劝父亲李德明不要向宋朝称臣。李元昊认为，党项部落人多势众，不如以所得辽宋俸赐招养蕃属，习弓练枪，四行征抢，侵夺封疆，才是长久之计。李德明虽然表面不予应承，暗中一直鼓励李元昊发展壮大这种观念，并以实际行动给予支持。公元 1010 年九月，李德明被辽封为西夏王以后，即动用数万民夫在延州（今陕西延安）西北的鏊子山修建宫室，绵亘 20 余里，极其豪华壮丽。而且从夏州出巡到鏊子山行宫时，李德明的仪仗俨然等同宋朝皇帝。公元 1016 年，李德明依帝制追尊其父李继迁为"应运法天神智仁圣至道广德光孝皇帝"，庙号"武宗"。公元 1017 年夏天，李德明听说有人在怀远镇（今宁夏银川）以北温泉山看见龙，即刻派官员前去祭祀，立即改怀远镇为兴州，确定为都城，派大臣贺承珍到怀远负责兴建。

公元 1028 年五月，李德明派 26 岁的李元昊率兵进攻甘州（今甘肃张掖）。以甘州为中心的回鹘政权和占据西凉的吐蕃，都是宋朝长期联络并借以挟制党项的盟友。李德明为了使自己的割据政权得以巩固和发展，首先采取攻占河西走廊的战略，并将重任交给儿子李元昊。李元昊率兵杀到甘州，采取突袭战术，使回鹘可汗来不及调集兵力，甘州城即被攻破。首战甘州成功，李元昊又采取声东击西的战术，出奇兵突袭西凉（今甘肃武威），逼隶属甘州回鹘的沙州（今甘肃敦煌）回鹘分部瓜州王曹贤顺归附李元昊。此战之后，李德明立李元昊为太子，以李元昊母卫慕氏为太后。公元 1029 年，李德明向辽朝为李元昊请婚，辽兴宗封宗室女为兴平公主，嫁予李元昊。

公元 1032 年李德明去世，李元昊嗣位，承接父志继续加快称帝准备工作。为了巩固后方和惩罚吐蕃唃厮啰的归附宋朝，李元昊于同年七月发动了对河湟吐蕃的进攻，攻占了猫牛城（今青海大通县）。公元 1035 年，李元昊乘唃厮啰发生内乱，出兵进攻宗哥带星岭诸城寨，进围青唐城，与唃厮啰部将安子罗战，苦斗二百余日，进展无几。李元昊撤军渡宗哥河时，被安子罗军击溃败逃。同年十二月，李元昊再次亲率大军进至河湟，又被唃厮啰打败。次年十二月，李元昊击败河西回鹘。这时，李元昊开始窥视陇蜀，又担心宋朝利用吐蕃诸部谋其后路，于是率领大军循阿干河攻破兰州诸羌，进军马衔山（今甘肃临洮北），于瓦川会筑城镇守，以阻断吐蕃与宋朝的联络通道。时唃厮啰发生内乱，李元昊乘机以重赂行间，并诱使磨毡角首领郢城俞龙归附。郢城俞龙带领万余人投降李元昊，后来又嫁女于李元昊儿子宁令哥为妻。李元昊从同唃厮啰部将安子罗旷日持久的战斗中脱身以后，率军西攻瓜州回鹘，直抵沙州，又回师占领肃州（今甘肃酒泉）。至此，李元昊完全控制了河西走廊，结束了甘州回鹘对河西的统治。

就在李德明去世李元昊接任后，辽兴宗耶律宗真派宣徽南院使、朔方节度使萧从顺、潘州观察使郑文囿到兴州，封李元昊为夏国王；宋朝也派出以工部郎中杨告、礼宾副使朱允中为正副旌节官告使，授封李元昊为特进检校太师兼侍中、定难军节度、夏银绥宥静等州观察处置押蕃落使，爵西平王。但此时的李元昊，已经对宋、辽封爵不感兴趣，尤其是对宋朝。李元昊在接待宋朝使节时，不行臣礼，对宋仁宗封赐诏书遥立不拜。既而利用招待宋使机会，在宴厅后边锻砺兵器，以铿锵之声威慑宋使，礼仪上故意让宋使难堪，轻蔑宋朝欲挑事端之势昭然若揭。

与此同时，李元昊采取一系列措施，加快建国称帝步伐。

首先，李元昊废除唐、宋"赐"给党项拓跋氏的李、赵姓氏，改姓"嵬名氏"，自己更名曩霄，号"兀卒"；公元 1033 年李元昊以避父讳为名，改宋建元明道为"显道"；次年，李元昊建元"开运"，后听说"开运"为后晋灭亡之号，遂又改为"广运"；李元昊率先剃光自己顶上头发，随即向境内党项人下达秃发令，而且限期三日，不秃发者处死；李元昊改服饰上衣为白窄衫，毡冠红里，冠顶后垂红结绶；文官戴幞头，蹬靴执笏，穿紫衣、绯衣；武官按等级戴镂金、镂银和黑漆冠，穿紫衣，系涂金银束带；庶民百姓则只准穿青绿色衣服，以别贵贱；李元昊亲自动手创制记录党项语言的新文字，命大臣野利仁荣等演绎整理，编纂成 12 卷，称为"蕃书"，李元昊尊为"国字"颁行，下令凡纪事尽用蕃书，在对辽、宋往来的文书中，同时使用蕃汉两种文字；设立"蕃字院"，以传授学习创制文字，大力推广使用；以"忠实为先，战斗为务"改革党项因受唐、宋影响形成的礼乐制度，裁在吉凶、嘉宾、宗祀、燕享诸场合中的九拜为三拜，革乐之五音为一音，并下令照此执行，不遵者格杀勿论。

接着，李元昊仿照中原王朝，在政治、军事制度方面开始一系列建设。公元 1033 年五月，李元昊升兴州为兴庆府，定为都城；建立起一整套与宋朝大同小异的中央地方官制体系；军队方面在原有部落军事组织基础上，规定 15 岁以上、60 岁以下为丁，战时各丁自备武器自带食物入阵作战；规定每户按丁男多寡抽丁从军，一丁为"正军"，一丁为"负赡"，一正军一负赡为一"抄"，正军从事战斗，负赡随军负责杂役；规定以步兵、骑兵为主，辅以炮兵、"擒生军"，侍卫亲军等兵种；为战争和军政建设需要，设置地方军区性质的"监军司"，仿宋朝军事单位"厢""军"制度，划分全境为左、右两厢，设有十二个监军司，各立军名，规定驻地，设置军事首领都统军、副统军和监军使等职；在全境广布兵员，护卫首都，防卫宋、辽；升河西走廊肃州、甘州吐蕃及回鹘聚居地区的郡为府，置以重兵，镇抚并用，加强统治。就这样，李元昊在短短的六年时间里，完成了建国的各项准备工作，一个东尽黄河、西界玉门、南接萧关、北控大漠的党项政权形神俱备。

公元 1038 年十月十一日，李元昊在野利仁荣、杨守素等亲信大臣拥戴下，在兴庆府南郊筑坛，正式登上皇位，国号大夏，史称西夏。李元昊改元天授礼法延祚，大封群臣，追谥祖父和父母谥号、庙号，封野利氏为宪成皇后，立子宁明为皇太子，诣西凉府祀神。次年正月，李元昊以臣子身份，遣使到宋朝给宋仁宗上表，追述和宣扬祖先与中原皇朝的关系及其功劳，说明自己建国称帝的合法性，要求宋朝正式承认自己的皇帝称号。

如此分裂叛国行为，遭到宋朝严词拒绝。宋仁宗断然下诏削夺所赐氏姓官爵，停止互市，并在边关张贴告示榜文，悬赏重金捉拿李元昊。李元昊在摸清宋朝态度之后，频繁派出细作到边境刺探军情，煽动诱惑宋朝境内的党项人附夏，公开断绝同宋朝的使节往来，向宋朝送"嫚书"，极尽污蔑宋朝形象，指责宋朝背信弃义，挖苦宋军腐败无能，搬出大辽威胁宋朝，摆出一副马踏宋朝的架势。

在公元 1040 年至公元 1042 年的三年间，李元昊先后向宋朝发动了数十次小规模试探性进攻。在基本摸清宋军底细之后，李元昊接连发动了声势浩大的延州（今陕西延安）附近的三川口战役、镇戎军（今宁夏固原）东南六盘山地区的好水川战役和镇戎军西北的定川砦三大战役。

公元 1040 年三月，李元昊一面率军佯攻北宋的金明寨（今陕西安塞南部），一面送信给宋延州（今陕西延安）知州范雍，表示愿意与宋和谈，以此制造假象麻痹范雍。范雍信以为真，立即上书朝廷，并放松了对延州的防御。同年七月，李元昊派大军包围延州，宋朝大将刘平和石元孙奉命增援。当宋朝援军赶到三川口（今陕西延安西北）时，被偷袭的西夏军队重重包围。刘平石元孙二人率军与西夏军队苦战，西夏军队损失惨重，但终因寡不敌众，宋军只好退守三川口附近的山坡。西夏增援大批军队，猛攻宋军驻守的山坡，刘平石元孙被俘。后来，由于宋将许德怀偷袭李元昊得手，西夏军队被迫撤出宋朝境内，延州之围始得缓解。

公元 1041 年二月，李元昊又率兵 10 万南下，直抵好水川（今宁夏隆德县北）。李元昊采用设伏围歼战法，将主力埋伏于好水川口，遣部分兵力至怀远城（今宁夏西吉县偏城）一带诱宋军入伏。宋将韩琦闻西夏军队来攻，命环庆路副都部署任福率兵数万伺机破敌。二月十四日，宋军阵未成列，即遭西夏骑兵冲击。激战多时，宋军混乱，西夏左右伏兵居高临下夹击，宋军死伤甚众，任福战死。获胜的西夏军队闻听宋环庆、秦凤路派兵增援，遂退师折返。

公元 1042 年，李元昊以谋臣张元计，意图牵制宋朝边境地区军队，另遣精兵偷袭宋朝防御薄弱的关中地区，并趁势直捣长安（今陕西西安），一战即可全胜。于是，李元昊派遣 10 万大军兵分两路进攻宋朝。一路从刘燔堡（今宁夏隆德）出击，一路从彭阳城（今宁夏彭阳县）出发向渭州发动攻击。宋将王沿闻知，急派葛怀敏等人率军增援刘燔堡，宋军在定川寨（今宁夏固原西北部）陷入西夏军队的重围，宋军大败，葛怀敏等 15 员将领战死，宋军近万人全军覆灭。另一路西夏军队遇到宋朝军队的顽强阻击，西夏士兵死伤惨重，李元昊直捣关中的美梦破灭。

西夏三战大胜，但获胜代价巨大，而且掠夺所得不抵战争消耗，连年征战致使国库空空。由于战争爆发，宋朝停止了对西夏的大宗银、绢、钱的"岁赐"，关闭了边境榷场，禁止西夏所产食盐入境，使西夏失去了直接的金银物资，而且失去了榷场贸易，西夏境内粮食、绢帛、布匹、茶叶等生活用品奇缺，物价飞涨，人怨沸腾，统治集团内部矛盾加剧，境内百姓纷纷逃奔辽宋。而且西夏兵力死伤过半，再战几无胜算。同时，李元昊也认识到，宋朝在战略上的优势并非西夏可比，要战胜地广人众物丰的宋朝，远非西夏能够胜任，加之李元昊与辽争夺领属部落而导致关系恶化。深感孤立的李元昊，便试探性向宋朝求和。而宋军三战接连大败，使宋朝上下惊恐不安，虽然声言要战而实际急于求和。于是，从公元 1043 年正月到次年六月，两国使臣来往穿梭一年有半，终于在公元 1044 年达成协议。这次史称"庆历和议"的协议规定，西夏向宋称臣并取消帝号，李元昊接受宋的封号，称西夏主；宋朝每遣使到西夏，使臣只居住宥州（今陕西靖边），不进西夏都城，以免李元昊以臣礼接待宋使；宋每年"赐"西夏银5万两，绢13万匹，茶2万斤；每年各种节日，另"赐"西夏银2.2万两，绢2.3万匹，茶1万斤；允许恢复边境榷场，同意西夏使臣在宋京城馆驿从事买卖。就这样，李元昊再次大得实惠。

李元昊祖父李继迁时，就与辽结为姻亲。其父李德明又为李元昊向辽圣宗请婚，公元1031年十二月，辽兴宗姐兴平公主嫁予李元昊，辽封李元昊为驸马都尉，晋爵夏国公，又封夏国王。可是，李元昊却不喜欢这位兴平公主，致使辽公主抑郁而终，李元昊又不及时向辽朝禀报；李元昊建国以后，煽动辽国境内党项人叛辽归夏，与辽经常发生纠纷，西夏还一度出兵掠入辽境，杀辽边将，使西夏与辽关系日趋紧张，辽兴宗耶律宗真决定出兵讨伐西夏。公元1044年十月，耶律宗真亲率骑兵10万，分三路渡过黄河，长驱直入深入西夏境内400里。李元昊率左厢军迎战于贺兰山北，兵败退守贺兰山中。当时辽军人多势猛，李元昊知道不可力敌，便一边向耶律宗真谢罪请和，一边连续三次向后撤退百余里。所退之地尽焚草木，坚壁清野。辽军人马无食，答应讲和。李元昊故意拖延时日，陷辽军于危困饥饿之时，纵兵突袭辽营，被辽军掩杀钳夹。正在两军难解难分之时，忽然狂风骤起，沙尘扑面，昏天黑地。辽军向来少遇此种天气，一时沙尘迷眼，阵中大乱。李元昊乘机猛攻辽军驻地德胜寺南壁，辽军大溃。李元昊俘获辽驸马都尉萧胡睹及近臣数十人，辽兴宗耶律宗真仅与数骑逃出。李元昊在取得同辽作战胜利之后，立刻遣使同辽讲和，同时又向宋朝献俘。李元昊一事双捷，辽宋通吃，进退有度，多头取利。更为重要的是，通过这几次战争，李元昊在政治上取得了与宋、辽平等的地位，尽管形式上西夏仍向宋、辽称臣，但实际上宋、辽、西夏三足鼎立的局面已经形成。

李元昊在世只有 46 年，但其文治武功并非一般。李元昊20 多岁征服回鹘、吐蕃，统一河西，不久又战胜北宋与辽；建国前后实施一系列政治建设、文化建设和经济建设。建国前，李元昊仿宋朝制度建立起一整套职官制度，称帝后又于公元 1039 年九月改革官制，仿宋制增设总理庶务的尚书令，又改宋朝的二十四司为十六司，隶尚书省，分理六曹。文化方面李元昊在中央国家机构中设"蕃学"，由野利仁荣主持翻译《孝经》《尔雅》《四言杂字》等汉文典籍为西夏文，建立学校学习推广；仿宋朝"科目取士"办法，通过"蕃学"培养人才选拔官吏；李元昊通晓佛学，崇奉佛教，继位后与其父一样向宋朝献马求赐佛经，并向吐蕃、回鹘、西域各国及印度访求高僧和汉、藏、梵文经典，组织僧侣译释；李元昊称帝后，在境内广修佛教寺院贮经译经，规定每年四季首月初一日为"圣节"，令官员百姓礼拜佛陀；李元昊不惜人力物力建造宫苑陵寝，在兴庆府和天都山兴建宫苑，在贺兰山东麓建造长达数十里台阁离宫，在贺兰山东麓修建方圆数十里的西夏王陵，每项工程都是传世杰作。

西夏建国后农牧业并重，在朝廷机构中设"农田司"、"群牧司"为管理机构。西夏中心地带处于黄河上游富庶的银川平原，"天下黄河富宁夏"就是这一地区的荣称。李元昊建国后，在疏通原有灌溉渠道的基础上，又修筑了由青铜峡（今宁夏青铜峡市）至平罗（今宁夏平罗县）长达 200 余里的灌渠工程，后人称为"昊王渠"，使首都兴庆府周围成为西夏主要的粮食生产基地。党项人历来以畜牧业为经济基础，在李元昊攻占"畜牧甲天下"的河西走廊甘、凉地区以后，西夏畜牧业发展基础更为雄厚。为应对频繁的战争消耗和牲畜损失，李元昊设立专管畜牧业的群牧司，并建立直接由群牧司管理的官营牧场。李元昊在夏州（今陕西靖边）以东设立铁冶务，管理铁矿开采冶炼，制造兵器农具。西夏的青白盐驰名于世，李元昊建国后对盐业开采加工买卖实行垄断专营，并要求宋朝每年从西夏购买青盐 10 万石，有效保障了西夏的财政收入。

李元昊效法祖父李继迁"曲延儒士"的遗范，十分重视招揽使用人才，国家重要官职不论蕃汉称职者用而不疑，宋朝大臣也无不称赞"拓跋自得灵、夏以西，其间所生英豪，皆为其用"。李元昊还特别注重招揽宋朝奔夏的失意知识分子和文臣武将，或授以将帅，或任之公卿，或倚为谋主。华州人张元、吴昊在宋朝累试不第，科场失意后投奔李元昊，李元昊以二人为谋主，凡立国及出寇方略，多向二人请教。

然而，几乎在杀戮中长大成人的李元昊，性暴戾，多猜疑，好杀虐。李元昊继位以后，为了排除异己，防止外戚篡权，实行残酷的诛杀政策。李元昊舅父卫慕山喜，为祖父李继迁留下的重臣。公元 1034 年十月，卫慕山喜暗中篡权，李元昊察觉后，将卫慕山喜一家人丁全部溺死在河中。接着，李元昊又以药酒毒死母后卫慕氏，尽诛卫慕氏族人。公元 1037 年九月，李元昊叔父左厢监军使嵬名山遇劝谏李元昊不要轻易进攻宋朝，李元昊不听忠言而猜忌嵬名山遇，嵬名山遇遂叛逃宋朝。软弱的宋朝顾及与西夏的关系，将嵬名山遇执送西夏，李元昊将叔父嵬名山遇父子一门尽皆处死。李元昊生性多疑，被宋将轻施离间之计，将心腹重臣野利王野利旺荣、天都王野利遇乞兄弟杀害。

李元昊好色，妻妾成群却喜夺人妻。李元昊后宫有卫慕氏、耶律氏、野利氏、索氏、都罗氏、咩迷氏、没移（史书上在"移"字前加"口"字旁）氏、没藏氏等。其中没移氏本来已经择为太子宁令哥妻，李元昊见其貌美，竟自纳为妃，称为新皇后；没藏氏本为重臣野利遇乞妻，野利遇乞被杀以后，李元昊与没藏氏私通，被野利后发现，将没藏氏贬入戒坛寺出家为尼。李元昊又经常去寺中与没藏氏幽会，并废野利后。后来没藏氏生子李谅祚，收养于没藏氏兄国相没藏讹庞家中。时李元昊怠于政事，与诸妃醉梦于贺兰山离宫。国相没藏讹庞抓住机会，与妹没藏氏密谋要废掉太子宁令哥，改立自己亲外甥李谅祚为太子。没藏讹庞深知宁令哥娇妻被夺，母后被废，舅父被杀，满腔怒火已经熊熊燃烧，便多次挑唆撩拨太子的仇父情结，暗示太子应该刺杀李元昊自立。公元 1048 年正月十五日，酒醉的李元昊被侍卫扶回宫中，太子宁令哥乘机入宫行刺，李元昊躲避不及被削掉鼻子。慌乱之中的宁令哥逃出皇宫，被没藏讹庞以弑君罪斩杀，同时被杀的还有宁令哥的

母亲野利氏。翌日，失血过多的李元昊去世。李元昊在帝位
11 年，终年 46 岁。

2. 毅宗李谅祚

公元 1048 年正月，西夏景宗李元昊遇刺去世，太子宁令
哥被杀。李元昊遗命由从弟委哥宁令承继帝位，朝中大臣欲拥
立委哥宁令登基，国相没藏讹庞站出来，以委哥宁令并非李元
昊子且无功提出反对意见，并言明西夏自祖考以来父死子继，
今先王李元昊有嫡嗣李谅祚，继承皇位怎么能选他人？群臣一
时无理由反对，于是拥立出生仅 11 个月的李谅祚为新帝，尊
李谅祚生母没藏氏为宣穆惠文皇太后听政，没藏讹庞自任国
相，总揽军政大权。

公元 1047 年二月六日，没藏氏在跟随李元昊打猎的路上，
生李谅祚于两岔河畔，李元昊为其取名"宁令两岔"。党项语
"宁令"为欢喜之意，"两岔"为河名，后取谐音改称李谅祚。
李谅祚出生以后，因生母没藏氏出家在戒台寺，就被寄养在母
舅没藏讹庞家中，由没藏黑云前夫野利遇乞部属毛惟昌与高怀
正妻抚养。

李谅祚年幼，没藏太后摄政。太后兄没藏讹庞自任国相总
揽朝政，权倾朝野，出入仪卫与王无异。公元 1047 年四月，
宋朝方面遣尚书刑部员外郎任颛出任册封使臣，供备库副使宋
守约出任副使，册封李谅祚为西夏国主。十二月，西夏亦遣使
谢宋朝封册，并献马驼各 50 匹，宋朝设宴招待西夏使臣并赐
物。其时，辽对公元 1044 年十月南壁惨败于西夏耿耿于怀，

既不肯为李谅祚行封册，又借口西夏所遣贺正使迟期，遂羁留夏使，欲集兵讨伐西夏。没藏氏闻讯后，又遣使赴辽朝以观动静，使臣再次被扣留。公元 1049 年七月，辽兴宗为雪兵败南壁之耻，乘西夏李谅祚初立，下诏亲征。西夏军匆忙迎战，一路败退。次年五月，辽军进至西夏兴庆府周围，纵兵大掠，又攻破贺兰山西北的摊粮城，抢劫西夏储粮而去。十月至十二月，没藏氏又两次派遣使臣赴辽称臣请和，辽兴宗一概置之不答。为遏制敲打西夏，又在辽夏边境布置重兵，更让西夏昼夜难安，不时遣使赴辽进呈表章、纳贡、献马驼，以乞和解。

没藏讹庞大权独揽，一言九鼎；内外政策，尽以谋取私利为目的。公元 1053 年二月，没藏讹庞看准宋朝境内古渭州之地，欲占为己有，便不顾国家利益，移文向宋朝索取，被宋仁宗驳回，没藏讹庞便纵兵入宋德顺军，围静边砦，接着又攻环庆。公元 1055 年三月，没藏讹庞派兵侵耕宋麟州西北屈野河（今陕西境内窟野河）以西的肥沃耕地，收获所得全部攫为己有，且岁岁东进，贪占不歇。宋朝诘责西夏失信，并禁绝宋夏银星和市。没藏太后得知此事，遣幸臣李守贵巡视屈野河。李守贵查证后如实禀告没藏太后，太后责其兄将所侵耕地归还宋朝，没藏讹庞从此忌恨李守贵和没藏太后。公元 1057 年五月，没藏讹庞又在屈野河屯兵数万，搜掠麟州以北耕牛农具，欲尽耕河西之地。宋朝遣管勾军事郭恩以巡边为名前往按视，没藏讹庞与宋军战于忽里堆，大败宋军，宋朝又下令禁绝河东和市。公元 1059 年五月，没藏讹庞以兵据屈野河，派出部民侵种耕地，遣兵沿屈野河屯驻，白昼驱赶汉人，夜间过河剽窃。

次年七月，没藏讹庞仍于鄜延沿边德靖等十堡寨开垦生地，剽掠人畜，无所顾忌。

李谅祚母后没藏氏本好淫逸，喜玩乐，常令街市张灯结彩，命众骑士侍卫夜拥出游。之前，没藏氏在戒坛寺为尼时，同先夫野利遇乞出纳官李守贵私通。后来，又与李元昊侍从宝保吃多已通奸。李守贵妒性大发，一直图谋杀死没藏氏与姘夫宝保吃多已。这年十月间，没藏氏与宝保吃多已到贺兰山出猎，夜归途中，有蕃兵数十骑跃出，击杀没藏氏与其侍卫宝保吃多已等。没藏讹庞抓住机会杀李守贵，族灭李守贵全家。没藏氏一死，没藏讹庞失去皇太后这个靠山，唯恐朝政大权不稳，便将自己女儿嫁给年仅 10 岁的李谅祚为后。没藏讹庞由国舅升为国丈，仍总揽朝政，声势更炽，臣民无不畏惧。

这时的没藏讹庞，已经不把年幼的李谅祚放在眼里。公元1059 年，李谅祚年满 13 岁，开始参与国事。八月，没藏讹庞要借故杀李谅祚乳母之夫高怀正和毛惟昌，李谅祚出面劝阻，没藏讹庞置之不理，仍杀高怀正和毛惟昌，并诛二人全家。李谅祚知道，没藏讹庞专杀对自己最忠诚的高怀正和毛惟昌，就是要给自己下马威，即对没藏讹庞飞扬跋扈行为更加不满，双方矛盾开始激化。于是，李谅祚开始谋划除奸亲政。大将漫咩，本来位居没藏讹庞之上，但没藏讹庞专权以后盛气凌人，经常轻看漫咩，漫咩心意难平，愤恨不已。李谅祚着意礼敬漫咩，结为心腹。而没藏讹庞发现朝中侧目者日益增多，预感不祥，便策划寻找时机先行下手。正在这时，没藏讹庞发现李谅祚与自己儿媳梁氏私通，便与其子密谋弑李谅祚于梁氏寝室之中。不料此事被梁氏得知密告李谅祚，李谅祚遂召漫咩等商议。公元 1061 年四月的一天，李谅祚召见没藏讹庞至密室议事，并于室外暗设伏兵。待没藏讹庞至，漫咩一举捕获没藏讹庞，又派亲兵杀没藏讹庞子，并诛杀没藏讹庞全家及其党羽。李谅祚下诏废没藏后，囚禁冷宫，后赐死。李谅祚迎没藏讹庞儿媳梁氏入宫，并立为后，任用梁后弟梁乙埋为家相，自己开始亲理国政。

李谅祚亲政以后，即采取一系列措施扭转没藏氏专权造成的混乱局面。首先，李谅祚提倡汉文化，于这年十月下令在国内停止使用蕃礼，改用汉礼；快速解决由没藏讹庞贪私引起与宋朝的屈野河地界争端问题。公元 1062 年四月，李谅祚遣使向宋朝上表求赐宋太宗御制诗章隶书石本，欲建书阁收藏。并献马 50 匹，求赐"九经"《唐史》《册府元龟》。宋仁宗仅允赐"九经"，并发还所献马匹。五月，李谅祚对西夏建国后设置的州郡进行了调整，以威州（今宁夏同心境）监军司为静塞军，绥州（今陕西绥德）监军司为祥祐军，左厢监军司为神猛军，于西平府（灵州）设监军司为翔庆军总领。在官制上，李谅祚增设各部尚书侍郎、南北宣徽使及中书学士等官，使官制更加完备。公元 1063 年七月，李谅祚遣使上表宋英宗请复唐时所赐李姓。十一月，又请宋朝恢复宋夏陕西榷场，以通互市。通过这些措施，短短几年中西夏政权得以巩固和发展。

李谅祚采取灵活的外交策略，对于强大的辽国以乞和为主；对于吐蕃则以联姻方式加以笼络；对于相对软弱的宋朝，则采取战和交替的手段，讹诈交好并用，从中谋取最大利益。公元 1063 年，李谅祚将宗室女嫁给吐蕃首领禹藏花麻，禹藏花麻乃以西使城和兰州（今甘肃皋兰县）之地归附西夏。同年宋仁宗去世，赵曙即位，李谅祚派遣使臣入宋恭贺。因礼仪等方面原因，西夏使臣与宋朝官员发生争执。李谅祚以宋朝轻慢西夏使节为借口，于次年发兵进攻宋朝，侵扰宋秦凤、泾原诸州。此后两年，李谅祚不断向宋进攻，总体失多得少。公元 1066 年九月，李谅祚亲率步骑数万进攻宋庆州，围大顺城（今甘肃庆阳县北），被宋军蕃官赵明埋伏在城壕中的强弩兵飞矢射中铠甲，李谅祚夺路逃走。次年三月，李谅祚闻宋朝大有抱负的神宗赵顼继位，乃罢战休兵，派遣使者向宋朝纳贡谢罪，保证今后谨守封疆，不再犯境。宋神宗同意西夏请求，并赐给西夏绢 500 匹，银 500 两。八月，宋夏双方中断一年多的和市得以恢复。

正当李谅祚周旋于宋、辽、吐蕃之间，在内政外交上颇有作为时，却于公元 1067 年十二月突然病逝。李谅祚在位 20 年，终年 21 岁。

3. 惠宗李秉常

公元 1067 年十二月，毅宗李谅祚去世，8 岁太子李秉常继承皇帝位，由皇太后梁氏摄政。

梁氏姐弟依靠先帝李谅祚的专宠，经过多年苦心经营，在朝廷中形成了强大的势力。李秉常幼年即位，梁氏姐弟乘此机会选用亲信，培植党羽，安排亲信和子弟担任朝中要职，牢牢控制最高统治权，排斥打击异己。李元昊弟嵬名浪遇在李谅祚时曾主持朝政，担任都统军，精通兵法，熟谙边事，却因不附梁氏姐弟，被梁乙埋罢官流放。经过清洗和培植，西夏朝中很快形成一个以梁太后、梁乙埋和大将都罗马尾、贵族罔萌讹为首的新的母党集团，架空了皇族的权力。而李秉常年幼，性格软弱，成为梁氏姐弟操纵的傀儡。

梁氏母党集团为了争取党项贵族的支持，一改李谅祚时期施行的汉礼，于公元 1069 年七月假借李秉常的名义，向宋朝上表，请求在西夏恢复蕃仪，得到宋朝的允许。同时，从公元 1068 年至 1076 年的近十年间，梁太后和梁乙埋姐弟擅权，连年向宋朝发动战争，企图用战争的手段提高自己的威信，向宋朝索取厚赐。公元 1070 年八月，梁太后亲点 30 万兵马，倾巢出动，兵分五路大举进攻宋朝大顺城。后屯军榆林，距宋庆州（今甘肃庆阳）40 余里，西夏骑兵经常驰奔直逼庆州城下，宋朝陕右情势危急。后因吐蕃首领董毡乘虚率兵攻入西夏境，迫使梁氏姐弟匆忙撤军。其时西夏甚感财政拮据，兵力疲困，政治也不稳定，又提出与宋朝议和。

公元 1076 年正月，李秉常年 16 岁，开始亲理朝政，但实权仍操在太后与梁乙埋手中。李秉常喜好儒家文化，在与宋朝作战中，西夏俘虏了不少汉人文士，李秉常经常请教学习宋朝礼仪制度，准备在西夏复行汉礼。公元 1080 年正月，李秉常正式下令废除蕃仪恢复汉礼。此举受到梁太后、梁乙埋及母党势力的竭力反对，李秉常未予理会。次年，为寻求支持削弱梁氏母党集团势力，李秉常接受大将李清建议，打算通过结好宋朝借助宋朝的势力对付梁氏母党，被梁太后得知。梁太后召集幸臣罔萌讹等将李清捕杀，又立即将李秉常囚禁在距兴庆府宫五里之地的木砦，同时下令命梁乙埋与罔萌讹聚集兵马，控制河梁要道，断绝都城与外界联系。后李秉常被囚禁的消息传出，一时朝廷上下震惊。李秉常的皇族亲党、左右亲信和各地首领纷纷拥兵固守所属城池堡寨，与梁氏母党势力对抗，西夏一时处于混乱之中。

西夏保泰监军司统军吐蕃人禹藏花麻，一向不满诸梁专权。当听到皇帝李秉常被囚禁的消息，于公元 1081 年五月以西夏国主失位，国内变乱为由，向宋熙州发文照会宋朝。宋神宗据此诏熙州知州苗授，令派人核实后上报朝廷。而这时在对待西夏内乱问题上，宋朝主战与反战朝臣相互争执。主战派以鄜延路总管种谔上疏称西夏内乱，宜兴师问罪。反战派有知枢密院孙固、知谏院滕元发等人，认为举兵易，解祸难。年轻气盛的宋神宗支持种谔，并部署 50 万大军兵分五路，以熙河经略使宦官李宪为统帅，从东、南、西南三个方向发起对西夏的全面攻击。宋军五路来攻，开始小胜连连，西夏军节节败退。后西夏诱敌深入，击退宋军于灵州城下。

这次宋朝 50 万大军的征讨，虽然最后失败，但先已得到西夏银、夏、宥三州。为驻守新得之地，鄜延路经略安抚使沈括上奏在横山筑城。朝廷下诏，命给事中徐禧与内侍李舜举探察筑城之事。徐禧认为银州虽然占据明堂川、无定河交汇处，但旧城东南已为河水所吞没，其西北又被天堑阻隔，实不如永乐形势险恶，便与沈括商议在此地修筑永乐城。种谔认为永乐城距银州故城不远，三面绝崖而无水源，力谏此处不可筑城。骄横而自负的徐禧不听，并上奏种谔跋扈，皇帝乃下诏将种谔调离。公元1082年七月，宋朝大耗人力物力，在夏、银、宥三州界筑就永乐城，以谋威胁西夏。同年九月，西夏梁太后命统军叶悖麻、咩讹埋领六监军司所辖30万大军进攻永乐城，宋将徐禧出动7万大军迎战于永乐城下。西夏军出动号称"铁鹞子"的骑兵抢渡城东无定河，与北宋军激战于城下旷野。西夏骑兵驰骋冲杀，锐不可挡，宋军尽被击溃，退入城中。西夏军继围永乐城，截断流经城中的水源，永乐城中缺水，掘井极深而不见泉眼，士卒饥渴而死者过半。西夏军队强攻孤城，徐禧往来城上，亲以矢石击西夏兵。宋朝士兵扶疮忍渴坚持战斗，死者积尸如山。徐禧知道势必不能战胜，乃遣吕文惠到敌军大帐谈和，西夏军不允。后来天降大雨，新建城墙浸水后被西夏军擂垮，宋军饥疲不能迎战，西夏军队攻破永乐城，宋军数万士卒免死者无几。自信能够击溃西夏的宋神宗赵顼闻败临朝痛哭，宋夏再度议和。

梁太后囚禁李秉常以来，因与宋朝连年战争，宋朝断绝岁赐与和市，西夏财政困乏，物价暴涨，官民怨恨，朝中对梁氏母党专权的不满情绪日趋激烈，要求李秉常复位的呼声遏而不止。公元1083年闰六月，梁太后与梁乙埋为缓和矛盾，只得让24岁的李秉常复位。李秉常复位后，朝政大权仍然紧握在梁太后与梁乙埋手中。西夏以李秉常名义遣使到宋朝上表称臣纳贡，以求重新得到宋朝岁赐。同时又以索回西夏旧有疆土为由，继续对宋朝边境进行骚扰、攻掠。公元1085年二月，国相梁乙埋去世，梁太后又以梁乙埋子梁乙逋为国相，梁氏姑侄继续把持朝政，李秉常仍在梁太后的控制之下。这年十月，专横一世的梁太后终寿，梁乙逋失去靠山。其时，分掌左右厢兵统帅皇族仁多保忠公开与梁乙逋抗衡，西夏统治集团内部皇党与后族之间的斗争更加尖锐。在这场激烈的争权夺利斗争中，软弱无能的李秉常只有终日忧愤，却无任何作为。公元 1086年七月十日，在忧愤中难以自拔的李秉常去世，其在位 20 年，终年 26 岁。

4. 崇宗李乾顺

西夏惠宗李秉常去世，4 岁太子李乾顺即位。李乾顺为李秉常长子，生于公元 1083 年，母亲梁氏。李乾顺年幼即位，由母后梁氏与舅父梁乙逋共同辅政。公元 1087 年正月，宋朝遣使册封李乾顺为夏国王。公元 1089 年七月，辽朝也派遣使臣册封李乾顺为夏国王。

李乾顺祖母大梁太后，为李乾顺母亲小梁太后的亲姑母。大梁太后与其弟梁乙埋结成母党，专擅西夏朝政近达 20 年。其间，大梁太后连身为皇帝的儿子李秉常也敢于囚禁，可想而知大梁太后的心肠和手腕。而这位强势太后晚年得孙李乾顺，却显得格外慈祥，对李乾顺十分疼爱，常常亲自照看，护雏有加。而李乾顺生母小梁太后的政治手段，比其姑母则有过之而无不及。小梁太后将姑母对自己丈夫的子丑寅卯，悉数用在儿子李乾顺身上，将儿子变成了自己的傀儡。与此同时，在小梁太后的父亲梁乙埋去世之后，其兄梁乙逋接手父亲权位，与小梁太后再次结为母党，而且仗着梁家"一门二后"的威势，对内扩大母党势力，牢固控制朝政大权，打击排挤李秉常旧时的亲信和老臣，到处安插亲信，拉拢善于奉迎的朝臣，无所顾忌地飞扬跋扈，激起了广泛矛盾。为转移国内这些矛盾和危机，赢得党项强硬派的支持，梁氏兄妹效法前朝，更加无度地推行穷兵黩武的战争政策，不断对宋朝用兵。公元 1087 年，梁乙逋勾结吐蕃，商议共同入侵宋朝的定西城（今甘肃定西南）。并与吐蕃约定取得胜利以后，以熙（今甘肃临洮）、河（今甘肃临夏）、岷（今甘肃岷县）三州归吐蕃，以兰州（今属甘肃）、定西城（今甘肃定西南）归西夏。西夏与吐蕃 20 余万联军攻宋，但终因各怀异志，缺乏统一部署和指挥，被宋军各个击破，双双大败而回。之后，梁氏兄妹仍然攻宋不辍。从公元 1085 年到公元 1099 年间的 14 年间，西夏对宋朝发动大小战事 50 多次，其中一些年份多达六七次。梁氏母党一边频繁进攻宋朝，一边同宋朝贡使交聘往来不绝。得意忘形的梁乙逋经常对部下声称，之所以连年兴兵南下，就是要使宋朝惧怕西夏而多给银两，使西夏得到安宁。就这样，擅权到忘乎所以的梁乙逋，逐渐发展到企图控制其妹小梁太后，甚至图谋篡夺小梁太后的权力。处在母党核心地位的梁氏兄妹之间，就这样展开了一场争夺权力的斗争。然而，在政治的旋涡中，当小梁太后的权力遇到掣肘和威胁，小梁太后显示出比姑母兼婆婆大梁太后更铁的手腕。公元 1092 年十月，宋夏环庆之战中，小梁太后不再授予梁乙逋统兵权，而是自己亲自领兵作战。梁乙逋心怀疑虑并更加不满，遂加紧了篡权活动。公元 1094 年十月，小梁太后得知梁乙逋要发动针对自己的叛乱，便联合皇族大臣嵬名阿吴和仁多保忠，下令逮捕并诛杀了兄长梁乙逋及其家属。

小梁太后消除了异己势力，得以亲自掌权，便挟持年幼的李乾顺，继续对宋朝用兵。公元 1096 年十月，李乾顺在其母小梁太后的懿命下，侍母御驾亲征，集兵号称 50 万，进犯宋朝的鄜延路，攻陷金明砦。此战结束，梁太后把掳获的宋俘献给辽朝，并以轻慢之态向辽显示自己的才能，引起了辽道宗耶律洪基的更加不满。公元 1098 年十月，梁太后通报李乾顺后，又亲率 40 万大军争夺宋朝的平夏城（今宁夏固原境）。西夏重兵强攻十三日，平夏城岿然如故。西夏军粮草用尽，掳掠难支，又突遭暴风寒潮，宋军乘机果断出击，梁太后大败溃逃，同时遣使向辽求援，辽未回应。这时，李乾顺已经 16 岁，小梁太后依旧擅权专恣。公元 1099 年，辽道宗耶律洪基得知小梁太后已经不得人心，遂遣使至西夏，借宴会之机鸩杀小梁太后，扶李乾顺亲政。

李乾顺借助于辽朝的力量，结束了母党专权的局面，又依靠辽道宗的扶植得以亲政，所以在政治上完全依附于辽朝，对宋朝则采取和解政策。公元 1099 年二月，李乾顺出兵，帮助辽平息了拔思母部的叛乱，更得辽朝嘉许。这时，李乾顺希望同宋朝讲和，宋哲宗不许，辽朝出面斡旋，李乾顺又处死了曾经为小梁太后策划扰宋边境的嵬保没、结讹遇二人，并再次遣使向宋朝上表谢罪，宋朝才答应与西夏议和，恢复岁赐。公元 1100 年十一月，李乾顺向辽请婚，意在消除因小梁太后之死而造成的隔阂，再次用联姻的方式巩固夏辽关系，但辽道宗始终没有答应。及后，辽道宗耶律洪基去世，辽天祚帝继位。公元 1102 年六月和次年五月，李乾顺两次遣使向辽请婚，西夏使臣李至忠等向天祚帝百般称颂李乾顺秉性英明，处事谨慎，是难得的良君圣主，天祚帝才答应了婚事。公元 1104 年三月，天祚帝封宗室女南仙为成安公主，嫁给李乾顺。

西夏使臣李至忠向天祚帝夸耀李乾顺之言，虽多为溢美之辞，但李乾顺也算难得的英主。李乾顺亲政后整顿吏治，确定君主集权的体制，结束了西夏累朝出现的外戚贵族专政的局面；颁布等级制的官阶封号，除皇帝及帝位继承人以外，分为七品，西夏政治制度日臻完备；调整外交策略，附辽和宋，设计诛杀拥兵重臣收回兵权，选贤任能巩固国政；尊汉礼，崇儒学，减赋税，修水利，重农桑，固国基，乘金军攻宋之机发兵南下，夺占宋朝大片土地。经过李乾顺的励精图治，西夏国势强盛，政治清明，社会经济得到发展。

西夏自李元昊建国以来，一直存在着"蕃礼"与"汉礼"之争。毅宗李谅祚、惠宗李秉常两朝经过反复，到李乾顺时斗争更加激烈。李乾顺对高度发展的儒家文化与汉地文明十分倾慕，便决定在西夏大力提倡汉文化，以改变西夏社会及民众生活中的落后习气。公元 1101 年，李乾顺下令在原有的"蕃学"之外，特建"国学"，用以教授汉学。挑选皇亲贵族子弟300 人，建立"养贤务"，由官府供给廪食，设置教授，培养人才。李乾顺尊儒崇佛，公元 1103 年二月，为给母后祈福，于甘州（今甘肃张掖）建造宏伟壮丽的卧佛寺。公元 1112

年，公布按资格任用官吏，除宗族世家议功议亲俱加蕃、汉一等外，对擅长文学的士人尤先擢用。李乾顺自己汉学程度不浅，曾借大臣高守忠宅第后院生长灵芝一事，作《灵芝歌》与诸大臣酬唱，并勒石记载。

李乾顺亲政以后，吸取之前数十年外戚专权的历史教训，努力削夺母党势力。其时梁后亲信统军仁多保忠心怀异志，李乾顺解除其兵权，同时采取分封皇族以巩固帝王权力。公元1103 年九月，李乾顺封勇武多谋的庶弟察哥为晋王，让其执掌兵权；公元1120 年十一月，又封宗室李景思子李仁忠为濮王，李仁礼为舒王。李仁忠、李仁礼兄弟二人通晓蕃、汉文字，又擅长诗文，李乾顺爱其才，又授李仁忠为礼部郎中，李仁礼为河南转运使，封大臣嵬名安惠为梁国正献王，以进一步巩固皇权。

宋朝徽宗赵佶继位后，起用蔡京为相。奸臣当政，急于创造政绩，平抑矛盾，便开始对西夏用兵。公元1104 年五月，蔡京命陕西转运使知延州陶节夫出兵进攻西夏石堡砦，夺其粮食窖藏，新筑城堡以守。愤然的李乾顺出动铁骑相争，被宋军击退。六月，西夏军与宋将折可适战于灵州川，又败。十月，李乾顺遣使向宋朝请和，遭到拒绝后，被迫集聚四监军司兵力，向宋朝泾原等州发动进攻，包围平夏城，又攻镇戎军。公元1106 年二月，迫于辽朝压力，宋徽宗答应归还近来所占西夏边地，与西夏议和。但是宋朝权臣蔡京、童贯集团实行开边邀功的野心和转移国内矛盾的私心并未改变，在经过七年多的准备之后，又重新开始对西夏用兵。从公元1115 年至公元

1119 年，宋军多次攻入西夏，宋熙河经略使刘法军深入西夏都城兴州、灵州腹心地区。面对宋朝的咄咄逼人，李乾顺命晋王察哥率步骑万余人迎敌，西夏军奋勇力战，全歼骄纵的刘法所部，宋军死伤数万。西夏军乘胜攻破宋统安城，进围震武城，宋朝被迫接受与西夏议和。

其时，东北方向局势大变。向来落后的生女真突然建立金国，一举南下进攻辽朝。曾经不可一世的辽军节节败退，很快丢失中京，金兵又进击西京。公元 1122 年三月，李乾顺派出5000 兵马援助辽西京，西京失守遂还师。五月，李乾顺得知辽天祚帝逃入阴山，乃遣大将李良辅领兵 3 万救援，与金将完颜娄室战于宜川河畔，西夏兵大败。七月，李乾顺遣大臣曹价向天祚帝恭问起居，并馈赠粮饷。公元 1123 年正月，李乾顺再次出兵救辽，被金兵阻击不能前进。五月，辽天祚帝伪降金朝，西遁云内州（今内蒙古吐默特左旗），李乾顺遣使于西夏边境迎驾，请天祚帝入西夏境。六月，天祚帝遣使册李乾顺为夏国皇帝，且诏命发兵救辽。这时，金朝也向西夏派遣使臣，向李乾顺提出如能以事辽之礼事金，金允许将辽西北一带之地割让给西夏。李乾顺见辽朝灭亡已成定局，为了保全西夏割据地位，遂答应了金的条件。公元 1124 年三月，李乾顺向金朝上誓表，表示依附于金。辽灭亡以后，李乾顺妃辽成安公主悲痛不已，遂在宫中绝食而亡。

公元 1126 年三月，李乾顺乘金兵进攻宋朝的机会，派兵将原来宋朝在西夏边境修筑的城堡陆续攻占。李乾顺根据金朝对西夏的许诺，进占天德、云内、武州及河东八馆地带，以及宋边境震武城（今陕西榆林境），又攻占宋朝西安州、麟州建宁砦、怀德军，乘胜攻克天都寨，围兰州，大肆掳掠后撤军而还。不久，金将完颜宗弼又派兵强占天德、云内等州，李乾顺向金朝提出质问。公元 1127 年三月，金与西夏划定疆界，金朝将陕西北部数千里之地划给西夏，以此作为天德、云内等地的抵偿。公元 1128 年九月到次年七月，李乾顺出兵攻占宋定边军（今陕西吴旗境）与德静砦（今陕西榆林境）。公元 1136 年七月，又攻占西宁州（今青海西宁）。公元 1138 年九月，李乾顺遣使携重金到金，请求将熙、秦河外诸州之地归于西夏，金便将乐州（今青海乐都）、积石州（今青海贵德境）、廓州（今青海化隆境）等三州割让给西夏。至此，李乾顺取得了湟水流域之地，西夏拥有了前所未有的广阔疆域。

北宋灭亡以后，南宋高宗于公元 1128 年正月及公元 1130 年正月，两次遣使与西夏通好，李乾顺都没有给予回应，并于公元 1132 年下令停行宋朝所赐历书。八月，李乾顺听到金朝集兵云中将取川陕的消息后，恐金进攻西夏，遂遣使至川陕南宋军中，表示愿与宋朝通好。公元 1137 年四月，宋朝知西安州（今宁夏海原西）任得敬投降西夏，并将 17 岁的女儿献给李乾顺为妃。李乾顺擢任得敬为静州（今宁夏永宁境）防御使。任妃庄重寡言，待下宽厚有恩，与李乾顺曹妃并居，相处融洽，深受李乾顺宠爱。而任得敬蓄意要使其女为后，便不惜财货贿赂朝中显贵及宗室掌权者，终于不久其女被册立为皇后。同时，任得敬被升为静州都统军。公元 1139 年六月四日，李乾顺去世。李乾顺在位 54 年，终年 57 岁。

5. 仁宗李仁孝

崇宗李乾顺去世，16 岁的太子李仁孝继承皇帝位。李仁孝为崇宗李乾顺长子，生于公元 1124 年九月，生母为汉人曹氏。李仁孝出世后憨态可人，李乾顺妃辽成安公主非常疼爱，请名"仁孝"。李仁孝继位后，并立生母曹氏与庶母任氏为太后，次年改元大庆，二月立党项大姓之女罔氏为皇后。

李仁孝初立，西夏发生了萧合达叛乱事件。萧合达本为辽朝将领，扈从成安公主来到西夏，因武勇善骑射，被李乾顺挽留。萧合达从征多有战功，被赐国姓，提升为夏州都统。李乾顺背辽附金以后，辽成安公主及与李乾顺所生长子李仁爱相继去世。忠于辽朝和公主的萧合达，遣人赴西域寻访耶律大石建立的西辽未果，遂愤而据夏州城反叛，图谋联络阴山与河东契丹部属，拥立辽朝皇室后裔恢复辽朝。公元 1140 年六七月间，夏州统军萧合达据城叛乱，并联络辽朝旧部围攻灵州，又攻陷盐州，直接威胁都城兴庆府。萧合达遣人劝任得敬同叛，任得敬将计就计，从来者口中探知萧合达虚实，于是向李仁孝请兵讨伐夏州。十月，任得敬领兵至夏州，为麻痹敌人，任得敬于暗中周密部署，明里松弛懈怠。一日凌晨，任得敬挑选精兵 300 突袭夏州，继以骁骑 5000 疾驰入城，尽获萧合达亲属，抚谕兵民，开仓赈济。又领兵进攻盐州，与从灵州赶来的萧合达相遇。任得敬率众力战，萧合达兵败，北奔至黄河口不得渡，被斩首级。任得敬以功授翔庆军都统军，晋封西平公。公元 1141 年六月，李仁孝又诛杀图谋叛投金朝的慕洧、慕濬兄弟。

公元1142年九月，西夏发生严重的饥荒，粮价飞涨，升米百钱。公元1143年三月，都城兴庆府一带发生强烈地震，余震逾月不止，震坏官宅私舍，人畜死者无数。四月，夏州发生地裂，黑沙涌出，高达数丈，树木民居陷没。地震饥荒造成的灾难，使党项部民难以生存，只有铤而走险，举行武装叛乱，以便险中求生。这年七月间，韦州（今宁夏中卫县东）大斌，静州（今灵武县北）埋庆，定州（今宁夏平罗县）笆浪、富儿等部纷纷聚兵，多者万余，少者五六千众。叛乱者攻劫州城，州县连连告急。李仁孝面对灾难和危机，采纳御史大夫苏执义的建议，对遭受地震、地裂灾害严重的兴庆府、夏州地区百姓，凡因灾家中死亡二人者免租税三年，死亡一人者免租税二年，受伤者免租税一年；房舍塌毁者令官府帮助修复；同年八月下令诸州官吏亲临受灾之地视察，对饥荒严重地区，按灾荒轻重程度进行赈济，并使赈济抚恤达于井里。对蕃部的叛乱，李仁孝交由西平都统军任得敬剿抚并用。任得敬遣官抚谕诸盗，对多数起事首恶宽大处理，余众解散，韦州、静州等地很快平定；对定州笆浪、富儿二部据险扼守、恃险抵抗者，乘夜发兵突袭其寨，擒斩首领哆讹，安抚其众，诸州之乱得以平定，西夏平稳渡过双重难关。从此，李仁孝结好金国，稳定外部局势；重用文化程度较高的汉臣和党项大臣主持国政；制定新律，使其包括刑法、诉讼、民事、婚姻、经济、行政等诸多内容，成为西夏以至当时世界上最为完整的法典；新法颁布，李仁孝明令严格执行，使群臣敢直言，官民依法行事；李仁孝反对奢侈，减轻地租赋税；设立各级学校，广泛推行教育和科举考试，选拔德才兼备官吏；尊重儒学，修建孔庙，尊孔子为文宣帝；建翰林院，修历朝实录，重视礼乐；尊尚佛教。就其治国措施和效果而言，李仁孝成为西夏最有作为的皇帝。

李仁孝重视吏治建设，前朝重臣晋王察哥，常倚战功作威作福，年已七十妻妾成群，任意抢夺民宅田园。察哥去世，李仁孝立即下令将其宅园归还原主。担任国相的任得敬弟殿前太尉任得聪、兴庆府尹任得恭二人，倚仗其兄之势弄权受贿，李仁孝依举报罢其官职。李仁孝重用保护耿直廉介的官吏，翰林学士焦景颜刚直不阿，在朝中当面怒斥和揭露奸行，得到李仁孝的支持，并提升焦景颜兼枢密都承旨。为方便管理，李仁孝将西夏辽阔疆域划分为 27 州，分为黄河以南 12 州，黄河以西 11 州，熙、秦河外 4 州。在地方沿用李元昊时期的州、县两级制，州级官员由中央委派，县级官员由各氏族首领担任。为适应经济发展需要，李仁孝于公元 1158 年五月设立铸钱机构"通济监"，命监察御史梁惟忠掌监务，所铸"天盛永宝"通行。公元 1163 年五月，李仁孝颁发诏令禁止奢侈。李仁孝鼓励垦荒，减免地租和赋税，均定租赋，并且以法律形式确立下来。在颁布的新法中，明确垦荒者可以将开垦的土地占为己有，并有权出卖。

李仁宗皇后罔氏聪慧知书，爱行汉礼，经常向李仁孝说及儒学要义。李仁孝也酷爱儒学典籍，认为宋朝遵从的儒家文化，在治国和教民方面都具有重要作用。继位之后，除着意维持与金朝的友好关系外，仍然惦记与远在江南的宋朝交往。公元 1144 年五月，李仁孝遣使赴南宋贺天申节，向南宋贡献珠玉、金带、绫罗、纱布、马匹等物，恢复了同宋朝中断近二十年的聘使往来。同年十二月，又遣使到南宋贺正旦，贡献金酒器、绫罗、纱縠等物，进一步密切同南宋的交往。公元 1144年六月，李仁孝下令在各州县设立学校，并将进学子弟增至3000 人，比崇宗朝的"国学"人数增加了十倍。李仁孝又于皇宫中设立"小学"，置教授，凡西夏宗室子孙自 7 岁至 15 岁皆得入学，李仁孝与皇后罔氏经常亲临训导。公元 1145 年七月，李仁孝模仿宋朝制度建立"太学"，并亲自主持"释奠"大礼，对教师学生分别给予赏赐。在建立太学的第二年，李仁孝又尊孔子为文宣帝，下令各州郡修建孔庙祭祀孔子，要求所建孔庙宏伟高大。同年，李仁孝下令乐官李元儒参照汉家乐书，结合西夏现行制度，重新修订国家乐律，历时三年至公元 1148 年五月完成，李仁孝赐名《新律》。公元 1147 年八月，李仁孝仿宋朝制度实行科举，立唱名法，设立"童子科"，逐步完善了通过科举选拔官吏的制度。公元 1148 年三月，又建"内学"，李仁孝亲自选派名儒主持讲学。公元 1151 年十二月，李仁孝委任家学深厚、汉文和西夏文字著作丰富的学者斡道冲担任蕃汉学教授。公元 1149 年九月，借与金朝聘使之便，李仁孝向金朝购置儒、佛经典。公元 1161 年正月，李仁孝于中央机构中设立翰林学士院，以王佥、焦景颜等人为学士。同年五月，命王佥等掌管国史，纂修李氏实录；公元 1164 年八月，李仁孝追封西夏文字创制人野利仁荣为广惠王，以表彰其对西夏文化的贡献。李仁孝时期西夏文化鼎盛，大量文化与学术著作问世，印刷与出版业发达，已发现的李仁孝时期的雕版印刷书籍，有诗歌集《月月娱诗》，谚语集《新集锦合辞》《圣立义海》，西夏文和汉文对照双解辞典《蕃汉合时掌中珠》，韵书《文海宝韵》等。由于李仁孝提倡文治，使西夏人才辈出，涌现一批卓越的学者，斡道冲、王仁忠，以及编纂《夏国谱》的罗世昌、焦景颜等，都是学问人品上乘的学者和忠臣。

李仁孝崇信佛教，公元1159年派遣使者到西藏，奉迎迦玛迦举教派始祖都松钦巴，向西藏粗布寺敬献金璎珞、金幢盖等饰物。都松钦巴派大弟子格西藏琐布带着经像到凉州，李仁孝尊其为上师，并组织大规模翻译藏琐布带来的佛经。李仁孝时期佛教发展到大规模的校经时期，现存的西夏时期佛经中，属于李仁孝时期校经的有《悲华经》《佛说宝雨经》《现在贤劫千佛名经》《大方广佛华严经》《大般若波罗蜜多经》《大宝积经》《金光明最胜王经》等数十部。公元1189年，李仁孝派人请来宗律、净戒、玄密等国师，在大度民寺举行盛大法会。法会上，李仁孝一次施散西夏文和汉文佛经达15万卷。

李仁孝提倡以儒治国的同时，十分注意加强法律制度建设。从公元1149年开始，李仁孝组织人员编纂法典，在修订西夏旧有法律的基础上，参照唐宋法律加以补充完善，新修法典定名为《天盛改旧新定律令》，共20卷，用西夏文刻印颁布通行。这部法典包括民法、行政法、刑法、诉讼法、经济法、军事法等内容。为了更好地落实法律，做到"上无勿知之隐，下无不达之情"，李仁孝于公元 1162 年十月，将中书省、枢密院移到内门外，以便随时查问情况。公元 1171 年五月，李仁孝重用刚介直言的斡道冲为中书令，以后升任为国相，群臣敢言之风在李仁孝执政时期一直盛行。

李仁孝对佞臣任得敬的忍让与纵容，几乎导致西夏分裂。任得敬投降西夏以后，献女为妃，并成功平定萧合达及蕃部之乱，成为居功至伟炙手可热的人物。而李仁孝对其女的宠爱和对任得敬的信任，更让任得敬不可一世。任得敬由防御使、都统军一路进封为西平公，已经居功自傲到恶性膨胀的地步，而且不甘屈居州下，时刻图谋入朝参政。公元 1147 年五月，任得敬上表以入觐之名请求入朝，李仁孝听取几位重臣谏言未予准许。公元 1149 年七月，任得敬以金宝珠玉贿赂宗室位高势重的晋王察哥，在察哥的斡旋下，李仁孝令任得敬入朝为尚书令。晋王察哥权倾朝野，任得敬百般谄事察哥，二人投桃报李。此后，任得敬进一步得宠于李仁孝，次年十月被进封为中书令。公元 1156 年四月晋王察哥去世，九月任得敬又被封为国相。任得敬大权独揽，无所顾忌，专横跋扈，结党营私，安插其弟任得仁为南院宣徽使，任得聪为殿前太尉，任得恭为兴庆府尹，侄任纯忠为枢密副都丞旨。公元 1160 年三月，任得敬又被晋爵为楚王。任得敬的出入仪从，俨然与李仁孝相同。

这时的任得敬，野心已经突破了为臣的底线。公元 1165 年五月，任得敬役使民夫 10 万大肆修建灵州城，以翔庆军监军司署为基础，营建新的西平宫殿。任得敬图谋将李仁孝安置在瓜、沙一带，自己窃据灵、夏腹心之地，自立为王。公元1170年四月，任得敬女任太后去世，任得敬更加无所顾忌。五月，在任得敬的胁迫下，李仁孝同意将国之西南路及灵州罗庞岭分与任得敬，任由任得敬建立国家，并遣左枢密使浪讹进忠、翰林学士焦景颜到金朝，为任得敬请求封册，被辽朝驳回。后来，在辽朝的坚定支持下，李仁孝下定决心暗中聚兵，于公元1170年八月三十日诛杀任得敬，灭其党羽。公元1171年五月，李仁孝任命斡道冲为中书令，不久升其为国相。

李仁孝在位的时期，正是辽亡金兴、宋室南渡、西夏处于金朝包围之中的大变动时期。面对这种局势，李仁孝决定与金通好，承认其宗主国地位。为了与金搞好关系，求得自身的独立发展，李仁孝每年都要派众多使者去金国朝贡。在李仁孝一代，西夏派往金国的使者有140多次。金世宗时，金发现在金与西夏的双边贸易中，西夏总是用珠宝换取金国丝棉，认为是拿别人无用的东西换走自己有用的东西，于是立即关闭了保安、兰州榷场，给西夏贸易带来困难。李仁孝马上命使者向金献"百头帐"，要求金恢复关闭的榷场，尽力维护西夏利益。公元1146年正月，李仁孝又从金朝得到德威城（今甘肃靖远西）、定边军等沿边土地，使西夏疆域包括了今宁夏回族自治区全部、甘肃省大部、陕西省北部、内蒙古自治区西南部、青海省东北部及新疆维吾尔自治区的一部分地区。李仁孝时期，是西夏疆域最为广阔的时期。

公元1193年九月二十日，李仁孝去世。李仁孝是西夏皇帝中在位最久且寿命最长的皇帝，其在位54年，终年70岁。

6. 桓宗李纯祐

仁宗李仁孝去世，17 岁太子李纯祐继承皇帝位。李纯祐为仁宗李仁孝长子，生于公元 1177 年，母亲为章献钦慈皇后罗氏。

李纯祐继位后，奉行其父方针政策，附金和宋，安于现状。公元 1194 年，金朝册封李纯祐为夏国王。公元 1197 年，经李纯祐请求，金朝允许复置西夏保安、兰州二地榷场，与西夏互市。公元 1200 年正月，母罗太后患风疾不愈，李纯祐遣武节大夫连都敦信等到金朝贺正旦时，向金朝求医，金派遣太医时德光、王利贞到西夏为罗太后治病，并赐给药物。

李纯祐生性仁慈恭俭，承父遗训，治国有方，朝中大臣多耿介清廉之士。西夏御史大夫、宗室嵬名世安，一生廉洁清正，刻苦自励，成为西夏为官者的楷模。李纯祐治国颇重文教，朝中多俊逸之士。公元 1203 年三月，李纯祐于国中科举策士，宗室齐王李彦忠子李遵顼为进士唱名第一，李纯祐诏令其嗣齐王爵，不久又擢其为大都督府主；凉州人权鼎雄中举进士，以文学知名于世，李纯祐授其翰林学士。

李纯祐时期，蒙古兴起于北方草原。蒙古贵族铁木真的迅速崛起，对西夏构成了严重威胁。公元 1205 年，铁木真在消灭乃蛮部以后，开始谋划进攻西夏。三月，铁木真借口西夏收纳了仇人桑昆，率兵攻入河西，相继攻破西夏力吉里寨、落思城与乞邻古撒城，并纵兵至瓜、沙诸州进行掳掠。对于蒙古铁骑的突然进攻，李纯祐束手无策，只得任其蹂躏。之后，因盛暑将至，铁木真率部掳掠大批百姓和牲畜后北返。蒙古撤军后，李纯祐庆幸危机已过，于是下令大赦，修复经蒙古军队毁坏的城堡，改都城兴庆府为中兴府，以希望西夏在经过这场劫难之后，能够再度中兴，恢复昔日的辉煌。同年十一月，李纯祐听到蒙古军进攻金国，与金将河东监军完颜天骥相持不下，即领兵进入金境，意图助金抗击蒙古，后得报金兵被蒙古军击败，遂撤兵而还。

公元1196年十二月，李纯祐父李仁孝弟李仁友病逝。李仁友在粉碎任得敬篡权分国阴谋中立有大功，被进封为越王。李仁友子李安全生性残暴阴毒，善于拉帮结派，其父去世后，便上表请求承袭越王爵位。李纯祐深知李安全品行不端，未准其请，并降封李安全为镇夷郡王，李安全更加怨恨。之后，李安全暗中挑唆拉拢朝臣，加紧诌谀皇太后罗氏，逐渐把持朝政，并图谋篡夺皇位。公元1206年正月二十日，长久以来图谋篡位的李安全与李纯祐生母罗太后合谋，发动宫廷政变，废黜了李纯祐。同年三月，李纯祐突然暴卒于宫中。李纯祐在位14年，终年30岁。

7. 襄宗李安全

公元1206年正月，西夏镇夷郡王李安全伙同太后发动政变，废李纯祐自立为皇帝。李安全为崇宗李乾顺孙，生于公元1170年，其父为仁宗李仁孝弟李仁友。李仁友处事深沉有器度，颇得李仁孝重用，初封郡王。任得敬擅权误国，李仁友深自韬晦，暗中观察其变。及任得敬狂妄到要与李仁孝分国、李仁孝谋诛任得敬时，李仁友奉命捉拿任得敬弟殿前太尉任得聪、南院宣徽使任得仁等党羽，以功封越王。公元 1196 年十二月，越王李仁友去世，李安全上表桓宗，诵赞先父之功，请求承袭越王爵位。李纯祐知道李安全昏庸无能，鲜耻寡恩，残暴阴毒，未许其请，并降封其为镇夷郡王，李安全更加怨恨。之后，李安全暗中在朝堂拉帮结派，于后宫寻找靠山，谄谀皇太后罗氏，逐渐把持朝政，图谋篡夺皇位。

公元 1206 年正月二十日，李安全在罗太后支持下废黜李纯祐自立，改元应天。对于西夏宫廷之变，金朝一直保持沉默。公元 1206 年六月，罗太后遣御史大夫罔执中奉表赴金朝，表中称李纯祐不能嗣守，便与大臣商议改立李安全，请求金朝给予李安全册封。金章宗完颜璟为此遣使赴西夏，询问罗太后关于废立之事。罗太后再次上表于金朝，多方饰情，请颁封册。至七月间，李纯祐不明真相而亡，李安全篡位既成事实，金朝顺水推舟，遣使到西夏正式册封李安全为夏国王。李安全以隆重礼仪接待金朝封册使，此后与金一直保持和好关系，聘使往来不绝。

李安全在位期间，由于蒙古兴起并侵犯西夏，初行附金抗蒙之策。公元 1207 年秋，成吉思汗得知李安全废主自立的消息，即发兵进攻西夏，破兀剌海城（今甘肃张掖东），四出掳掠。李安全调集右厢诸路兵马抵抗。成吉思汗见西夏兵势尚盛，不敢继续深入，加之粮草短缺，便于次年二月退兵。公元 1209 年三月，成吉思汗再次率军从黑水城（今内蒙古额济纳旗境）北兀剌海关口攻入西夏。李安全命皇子李承祯为主帅，大都督府令公高逸为副帅，领兵 5 万抗击。西夏兵抵挡不住蒙古军的勇猛冲杀，大败溃逃，副帅高逸被俘，以身殉职。四月，蒙古大军再攻兀剌海城，西夏守将不战而降。西夏太傅西壁讹答率亲军与进入城中的蒙古军巷战，力屈被俘。七月，蒙古军乘胜南进，直抵中兴府外围的重要关隘克夷门（今银川西北），李安全派大将嵬名令公领兵 5 万抵御蒙古军。嵬名令公借地形之利，命令部队自山坂急驰而下，冲击蒙古军，两军相持长达两个月之久。蒙古军设伏兵诱西夏军出战，西夏兵中计溃败，嵬名令公被俘，被囚禁于土牢中，虽蓬首垢面，却气节凛然。

蒙古大军攻克天险克夷门，挥师迅速围困西夏首都中兴府，李安全亲自督促将士登城守御。蒙古军久攻中兴府不下，至九月，天降大雨，黄河水暴涨，成吉思汗派兵筑坝，引黄河水灌城。成吉思汗灌城日久，城中百姓淹死甚众，城墙快要坍塌，情势十分危急，李安全紧急派人向金朝求援。当时金朝在位皇帝，为著名昏君卫绍王完颜永济。金朝大臣以唇亡齿寒之义劝卫绍王出兵救援，与西夏联合夹攻蒙古军。卫绍王则以“敌人相互争战为吾国之福”拒不出兵。至十二月，因河水久灌，中兴府城墙溃相环生，危在旦夕。蒙古军所筑拦河堤坝也多塌毁，水势四溢，城外几成泽国，蒙古军也都泡于深水之中。于是，成吉思汗答应了李安全的投降请求，遣被俘的西夏兀剌海守将西壁讹答到中兴府招降。走投无路的李安全，只得向成吉思汗献女及金银财宝和大批牲畜求和，蒙古大军方才退去。

蒙古成吉思汗退兵后，李安全对金朝于西夏危难之时不出兵援助耿耿于怀，日夜思谋寻找机会报复。公元 1210 年八月，李安全派遣万余骑兵，攻打金与西夏交界的葭州（今陕西佳县境），西夏与金联盟关系正式宣告破裂。接着，西夏与金之间的战争首尾 13 年，大小战役 25 次，使两国元气大损，从而给蒙古军各个击破创造了最佳机会。而其中的公元 1211 年五月，新兴的黑塔坦国王白厮波起兵进攻西夏河西州郡，李安全亲自领兵迎战而大败。李安全自知再战也无胜算，遂遣使请以臣礼事塔坦王，白厮波才退军而去。

西夏累经兵事，国势已十分衰落。就在这一年，即公元 1211 年七月初三日，西夏又一次发生宫廷政变，齐王李遵顼将在位 6 年的李安全废黜。李安全被废一个月后突然去世，终年 42 岁。

8. 神宗李遵顼

公元 1211 年七月，西夏齐王李遵顼发动政变，废襄宗李安全自立为帝，改元光定。

李遵顼为西夏宗室齐王李彦宗子，生于公元 1163 年。李遵顼年少好学，年长博通群书，工于篆隶。公元 1203 年三月，桓宗李纯祐实行科举策士，李遵顼以"廷试进士，唱名第一"成为状元，深得李纯祐赏识和重用。不久，李纯祐命李遵顼嗣齐王爵，又擢升为大都督府主，由其统率军队。公元 1206 年正月，李安全废李纯祐篡位以来，西夏面临蒙古军压境的危机。李安全忙于抵抗蒙古侵略，对内疏于管理，给李遵顼可乘之机。公元 1211 年七月，齐王李遵顼发动宫廷政变，废黜李安全自立为帝。就这样，49 岁的李遵顼成为中国历史上唯一一位状元皇帝。然李遵顼为学聪明过人，为人则目光短浅，自负偏激；治国理政则格格不入，而且采取一系列自取灭亡的措施，不遗余力地协助蒙古将绞索套在西夏自己的脖颈上。

李遵顼继位以后，一改前朝的附金抗蒙国策，不切实际地开始攻金，进而附蒙攻金，并企图乘蒙古进攻金国的机会，掳掠金国财物，扩张西夏领土。李遵顼称帝伊始，不但不按惯例遣使向金朝请求册封，反而立即出兵攻打金葭州（今陕西佳县），结果大败而归。接着攻击金朝东胜城（今内蒙古托克托），当金兵赶来救援，西夏兵慌忙退走。公元 1211 年十一月，李遵顼乘蒙古军围攻金中都之时，派兵攻入金朝的泾、邠二州，进围平凉府（今甘肃平凉），当闻听金朝已有防备，并有援兵即将赶到时，又匆匆忙忙撤离。公元 1212 年正月，李遵顼向金朝派遣贺正使，主要意图为刺探金朝虚实及会同馆互市。按照旧例，西夏使至金，金允西夏使于会同馆互市。其时，金已处于两面受敌的危急之中，此次李遵顼派遣贺正使，金主完颜永济大喜过望，遂遣使主动册封李遵顼为夏国主，希望以此缓和两国关系，共同对付蒙古威胁。而同年六月，李遵顼再次出兵攻金，破金保安州（今陕西志丹县），围攻庆阳府（今甘肃庆阳县），杀州刺史与知府。八月，又攻破金邠州，降其节度使金朝驸马乌林答琳。十一月，李遵顼得知金卫绍王完颜永济被弑，国中已乱，遂发兵进攻金会州（今甘肃靖远县东北），结果窄土峡与东关堡两战均被金击败。十二月，李遵顼出动数万骑兵攻破巩州（今甘肃陇西县），杀巩州节度使夹谷守中，后西进围攻平凉。公元 1214 年七月，李遵顼令左枢密使、吐蕃路招讨使万庆义勇遣吐蕃僧减波把波等，携带蜡书二丸到南宋西和州（今甘肃和县境）宕昌砦，约请南宋制置使董居谊出兵夹攻金朝，被董居谊拒绝。八月，李遵顼先令在西夏居住的金人乔成带信给金宣宗，要求制止金朝边兵侵掠西夏，金宣宗知其为寻衅之言，不予理睬。李遵顼遂出兵攻金朝庆、原、延安诸州。十一月，李遵顼应金叛人程陈僧请求，出兵 3000 赴兰州救援。公元 1215 年正月，西夏兵进入金境武延川掳掠，金边吏也派兵扰西夏境以为报复。西夏又进攻金积石州（今青海贵德）失败，转攻环州（今甘肃环县），也遭失败。九月，再次出兵援助金国叛人程陈僧，与金兵多次作战，负多胜少。十月，西夏军攻金保安不下，再攻延安又败，乃集右厢精兵 8 万破金临洮府（今甘肃临潭县西南），又转攻绥德境内之克戎、绥平诸地与熟兰砦。十二月，李遵顼派兵和金国叛将程陈僧一起再攻临洮府，遭到金兵痛击。公元 1216 年五月，李遵顼派兵潜入金来羌城界河修筑折桥，桥成被金兵焚毁。李遵顼又遣细作陈岊入金探虚实，欲再攻临洮、巩州（今甘肃陇西），陈岊被金将抓获。七月，金朝主动出兵怀安砦与环州，兵分两路攻西夏，李遵顼点集军队待命，金军偷袭阿弥湾，杀西夏军数百人。八月，西夏军攻金安塞堡，三战连败。

数战不胜之后，李遵顼开始引狼入室，即遣人联络蒙古军队，合兵攻打金延安、代州等地，并攻陷潼关。十一月，李遵项遣4万余骑围攻金定西城，金兵奋力抵抗，西夏军死2000余人，损失马匹辎重无算。金朝连连遭到西夏进攻，忍无可忍，于同年十二月分兵两路发起反攻。一路进入西夏的盐、宥、夏诸州；一路进攻威、灵、会等州，李遵顼分道迎战。公元1217年正月，当蒙古军对金国发动进攻时，已经附蒙的西夏征派3万骑随蒙古军进攻金平阳府（今山西临汾境）。金兵顽强抵抗，蒙古军大败。西夏军退兵时，途经宁州（今甘肃宁县）被金将伏击，大败逃归。李遵顼不甘失败，又于五月间围金大北岔，被击败。六月，李遵顼出兵赶赴兰州接应金叛将李平。七月，又攻金黄鹤岔，转围羊狼砦。九月，西夏军在马家平遭到金兵的袭击，李遵顼又遣兵攻掠绥德克戎砦。

　　李遵顼对金军的作战，非败即无功而退。同时，受蒙古军的役使征调，西夏军民疲于奔命。这时，正逢蒙古大军西征花剌子模，再次向西夏征兵。西夏连年用兵，元气大伤，加上兵民厌战，朝议沸腾，李遵顼便拒绝蒙古征兵要求，不愿再随蒙古军出征。这一年十二月，成吉思汗以西夏拒绝出兵为借口，亲率大军渡黄河进攻西夏，迅速围困西夏首都中兴府。眼见城破在即，在西夏危在旦夕的紧要关头，李遵顼遂命太子李德任守城，自己带亲随扈从逃奔西凉躲避。直到蒙古大军退走，李遵顼才返回中兴府。

　　经过这次事变，李遵顼深感蒙古对西夏的威胁，便由一意攻金改为时而联金抗蒙、时而联宋抗金、时而附蒙攻金。公元1218年二月，李遵顼重用主张联金抗蒙的秘书监苏寅孙，擢升苏寅孙为枢密都承旨，做出亲金抗蒙的姿态。三月，李遵顼写信给金朝，请恢复绥德、葭州边境贸易，与金重新和好。金宣宗知道李遵顼反复无常，便未应允。李遵顼因金不许互市，立即勾引蒙古军由葭州犯金鄜、延二州，被金兵击败。七月，又攻金龛谷砦，不胜。十一月，西夏驻屯在质孤堡的军队遭到金军的偷袭，损失惨重。

李遵顼联金行动处处碰壁，转而与南宋联盟共图金朝。公元 1219 年二月与次年正月，李遵顼两次派枢密招讨使宁子宁到四川，约请南宋方面出兵夹攻金国。南宋利州路安抚使丁焴，回信同意与西夏联兵抗金，但未能按期出师。就在这段时间内，李遵顼也未曾停止对金国的进攻，先后出兵攻破金通秦砦、通秦堡及威戎砦、镇戎军、新泉城等堡寨要塞。金兵也乘西夏无备之时，攻西夏隆州、破宥州、围攻神堆府（今陕西靖边境）。同年五月，李遵顼终于收到南宋四川安抚使安丙的复信，定议宋夏同时出兵，夹攻金国。八月，李遵顼如约出师，遣兵万人攻破金会州，金守将乌古论世显投降西夏。金宣宗命陕西行省与西夏议和，被李遵顼拒绝。九月，李遵顼又发兵 3 万破西宁州，围定西城，又遣枢密院使宁子宁与大将嵬名公辅领兵 20 万，进攻金国军事重镇巩州。巩州城久攻不下，宁子宁即派人入四川催促宋军出兵。宋宣抚使安丙命利州副都统程信督促张威、王仕信分道进兵，宋军攻克来远、盐川两镇及定边城，与西夏军会师于巩州城下。两军商约西夏军野战，宋军攻城。城仍久攻不克，宋夏两军死伤惨重，只好退兵。在撤退途中，西夏军被金兵伏击，伤亡不计其数。

蒙古军木华黎部由东胜州渡过黄河进攻西夏国河西诸城

堡，西夏守将无力抵抗，纷纷投降。面对蒙古大军压境，回到附蒙攻金老路的李遵顼，急忙派监府塔海设宴款待蒙古将领，并派塔哥甘普等率兵5万归木华黎指挥，随蒙古军进攻金国。十月，蒙古将木华黎与西夏将塔哥甘普引兵取金葭州，进攻绥德，破马蹄、克戎两寨。十二月，李遵顼得报金宣宗将调集10万大军进攻西夏兴、灵二州，便先发制人，征兵数十万分三路进攻金朝，使金边境地区遭到严重破坏。

公元1222年正月，李遵顼攻破金大通城，逾月又被金兵收复。三月，与金兵战于永木岭，也未能取胜。六月，蒙古将木华黎和右都监石天应率兵攻金陕西诸州，向西夏国借道，李遵顼立刻答应，许其自东胜渡河进兵。九月，西夏军攻克金德顺城。十二月，蒙古军再次约西夏出兵，由河中葭州攻金陕西，至质孤堡再次被金兵击败。公元1223年一月，蒙古将木华黎进军凤翔，李遵顼又征发10万兵随蒙古军攻城，金兵勇猛出击，西夏兵见势不可挡，丢下蒙古军私自撤兵而回，让蒙古军遭受巨大损失。

李遵顼昏聩无能却又刚愎自用，附蒙攻金的政策步步失败，一再误国。朝廷中以太子李德任为首，竭力反对李遵顼的错误政策。公元1223年四月，李遵顼令太子李德任领兵进攻金朝，李德任不愿受命并一再进谏，恼羞成怒的李遵顼将太子软禁在灵州。

西夏累经战争，兵员消耗，财用匮乏，处于严重的经济危机之中。公元1223年五月，西夏都城中兴府及灵州等地发生严重旱灾，颗粒无收，饥民相食，李遵顼仍不顾百姓死活，继续全力对金朝作战。在调集军队已经十分困难的情况下，李遵顼仍于六月间，乘金朝疏于防备之机，调遣万人攻金陇安军。七月，西夏军队攻克并占领金积石州。十月，蒙古军为报西夏军在凤翔之役中不辞而别之仇，围困并抄掠占领金积石州的西夏军队，西夏军队伤亡惨重。

穷兵黩武的李遵顼盲目自信，自篡位以来连年发动战争，非但没有使西夏从中得利，反而将西夏拖入苦海之中。西夏百姓痛苦不堪，民怨四起，朝臣多有不满。而李遵顼反复无常的行为，也引起蒙古军队的反感，成吉思汗多次遣使到西夏责令李遵顼退位。公元 1223 年十二月，在位 13 年的李遵顼在蒙古军队的威逼下，被迫将皇位传给次子李德旺。公元 1226 年五月，64 岁的李遵顼去世。

9. 献宗李德旺

公元 1223 年十二月，神宗李遵顼在外内强大压力下，以禅位形式将西夏这一烂摊子交给次子李德旺。

本来，这一烂摊子应该由兄长太子李德任来撑持，但因李德任反对神宗李遵顼持续无果的攻金做法，被父皇李遵顼囚禁在灵州。43 岁的李德旺临危受命，念战祸使生灵涂炭而首罢用兵，纳忠谏之言思谋良臣，交受害之国以期结盟抗击蒙古强敌。然而，此时的金朝已经困于蒙古军中自身难保；抗蒙虽然是当时的唯一选择，但前朝数十年与金国交战致使兵竭粮尽，李德旺的抗蒙之策，仅仅只是一个坚强的决心和悲壮的过程。

李德旺继位之初，立即改变神宗执政时的附蒙政策，试图整合力量对抗蒙古。公元 1224 年二月，李德旺听说成吉思汗率领蒙古军远征西域未回，遂遣使联络漠北未被蒙古征服的部落，希望与之结成联盟，抗击共同的敌人。当成吉思汗从西域归来，又以西夏对蒙古另有异图为由，决定调集大军再征西夏。五月，成吉思汗亲率大军进攻西夏的沙州（今甘肃敦煌），遭到沙州守将籍辣思义的顽强抵抗，沙州城坚守一月有余仍然不下。成吉思汗又遣将分兵攻银州（今陕西米脂境），九月银州被攻破，数万西夏兵战死，西夏大将塔海被俘，牛羊物资被掳掠无数。

就在强敌蒙古军入境的危急时刻，李德旺接受右丞相高良惠的建议，于十月间遣使奉表愿与金朝修好，以为后援。但这一决定为时已晚，在银州失守以后，漠北未被蒙古征服诸部已经溃散，被围困在沙州城中的军民，在半年多时间的坚守中，牛羊马驼已经宰杀食用殆尽。李德旺只得遣使到蒙古军中请降，并答应以质子为信，蒙古军才撤回包围沙州的军队。

公元 1225 年三月，成吉思汗以李德旺未如约遣质子到蒙古军中，派大臣孛秃到西夏问罪。右丞相高良惠进言两国相交忠信为主，彼强吾弱势难背言。李德旺则寄希望在同金朝修好以后，可以共克北敌。担心质子一进蒙古军中，会受到蒙古束缚，即便开战也会受到掣肘。于是，西夏依旧未遣质子，只将蒙古使臣敷衍遣回。

蒙古使臣孛秃走后，李德旺整饬国政，积极施行联金抗蒙的一系列举措。同年六月，李德旺求直言于国中，殿中御史张公辅向李德旺上疏，陈说整顿国事七策，诸如"收溃散以固人心，坚盟信以纾国难，修城池以备守御，明军政以习战守，联烽堠以立应援，崇节俭以裕军储，观利便以破敌势"等，即增强国力，联金抗蒙。李德旺十分赏识张公辅的这篇上疏，擢升其为御史中丞。然而，药方虽好，此时的西夏已经难觅好药，况且沉疴痼疾缠身，强敌吞并意志坚定，而且用以自我疗救的时日不多。公元 1225 年八月，李德旺派遣吏部尚书李仲谔、南院宣徽使罗世昌、尚书省左司郎中李绍膺等赴金朝，与金朝订立和约。约定金与西夏结为兄弟之国，西夏为弟，并以兄事金国；两国各用本国年号；金朝不再向西夏赐予岁币等。十二月，李德旺遣徽猷阁学士李弁赴金朝，商议恢复双方互市，向金国派出了因为构兵中断多年的贺正旦使。

李德旺联金抗蒙，实际上对挽救西夏危亡只是一种愿景。因为其时的金朝，已经处在亡国前夕，兵虚财尽，民心尽失，官员离心，蒙古攻击不辍，自顾尚且不暇，根本无力支援西夏抗击蒙古。西夏南院宣徽使罗世昌出使金朝返回，多次进谏李德旺金朝已经不足恃，西夏只有自图良策。而这时，李德旺又收留下成吉思汗的仇敌乃蛮部屈律罕子赤腊喝翔昆。罗世昌力谏此举只是授敌以柄，李德旺不听。罗世昌遂请求致仕归里，而故里银州已经被蒙古军队占领，罗世昌只得流落龙州（今陕西志丹境），著《夏国世次》20 卷藏于家中。

公元 1226 年二月，成吉思汗亲率 10 万大军从北路进攻西夏。蒙古军队深入河西，接连攻破西夏重镇。四月，蒙古军为避暑驻兵于肃州（今甘肃酒泉）北之浑垂山。五月，招降肃州不下，破城后尽屠城中军民。六月，西夏甘州被围，蒙古军招降西夏甘州守将曲也怯律，副将阿绰等杀曲也怯律和蒙古军使者，率领城中军民浴血抵抗。城被攻破，阿绰等人以身殉国，城中百姓无一幸免。七月，蒙古军队围攻西凉府（今甘肃武威县），西夏守将斡扎箦屡战不胜，开城投降。蒙古军乘胜进击，搠罗、河罗等县也先后沦陷，西夏河西地区几乎全部被蒙古军队攻占。

这时，蒙古大军所到之处，城邑崩溃，百姓或逃或亡，西夏束手无策，危在旦夕。公元 1226 年七月，在位 4 年的李德旺在日夜惊忧中病逝，终年 46 岁。

10. 末帝李睍

公元 1226 年七月，西夏献宗李德旺病逝，群臣拥立李睍为帝。李睍为神宗李遵顼孙、献宗李德旺弟清平郡王子。曾被封为南平王的李睍，继位时西夏已经处在风雨飘摇之中。为挽救西夏，李睍仍坚持与金结盟。继位后，立即遣使赴金朝报哀，金遣使赴西夏吊祭，并将之前作战中掳掠的西夏人口全部放还。而面对亡国危局，李睍坚定地率领军民展开抗蒙救亡的生死搏斗。

其时蒙古大军分东、西两路向西夏都城中兴府逼进。八月，蒙古西路军越过沙陀（今宁夏中卫），抢占了黄河九渡，攻陷应里。十月，蒙古东路军又攻破夏州。于是，蒙古大军两路夹击，形成钳形攻势，指向西夏腹地都城中兴与灵州地区。十一月，成吉思汗亲率大军围攻灵州，李睍遣大将嵬名令公带领 10 万兵马前往救援。在冻结的黄河冰面上，嵬名令公率领西夏军队，与成吉思汗的骑兵驰骋冲杀，战斗十分激烈，西夏军遭到惨败，灵州失守，兀纳剌城也被蒙古军攻克。蒙古军俘灵州守将神宗前太子李德任，李德任坚贞不屈被杀害。十二月，蒙古军攻克盐州川，四处搜索，烧杀抢掠，西夏居民幸免于难者"百无一二，白骨蔽野，数千里几成赤地"。成吉思汗攻取灵、盐二州以后，又遣大将阿鲁术督军进围中兴府。李睍遣兵驻扎于合剌合察儿地，与蒙古军英勇作战。两军相持不下，蒙古军决定长期围困中兴府。李睍以中兴府被围，遣使赴金国请停两国聘使往来。但公元 1227 年正月，金哀宗仍然向西夏派来了贺正旦的使节。

公元 1227 年二月，成吉思汗率蒙古大军南下渡黄河攻入金积石州，随后又破临洮府及洮、河、西宁三州。其时，西夏正处于马饥人瘦、兵不堪战的境地。一日，李睍听说蒙古军数万人患疫病，于是集结兵力欲乘机反攻。后得报蒙古将耶律楚材攻破灵州时缴获大批大黄等中药材用于治病，使蒙古军无恙，西夏兵遂不敢出。三月，蒙古军再次进攻沙州，成吉思汗遣大将忽都铁木儿先行招降州将。州将伪降，宰牛置酒犒劳蒙古军，暗中设伏兵以待。险些被俘的忽都铁木儿脱险后，率蒙古军反攻，沙州陷落。

李睍被围困在中兴府中，眼看城池将被攻破，国势濒危，便召来三朝老臣右丞相高良惠委以国事。高良惠内镇百官，外厉将士，坚守都城，自冬入夏昼夜亲自巡逻。终因年事已高，劳累过度去世。李睍三次到丞相高良惠灵前痛哭，中兴府悲泣之声不断。

就在这年五月，成吉思汗回师隆德（今宁夏隆德县），因天气炎热，到六盘山避暑。成吉思汗见孤立无援的西夏仍不出降，即派御帐前首千户察罕赴中兴府向李睍谕降，又一次遭到拒绝。六月，西夏发生强烈地震，宫室房舍塌毁，瘟疫流行，坚守半年之久的中兴府已是粮尽援绝，军民患病无治，已经丧失抵御能力。于是，末帝李睍携同大臣，奉图籍向蒙古军请降，并请求宽限一月，以备贡物，而后亲自朝谒。已经身患重病的成吉思汗答应了李睍的请求，并立遗嘱以待李睍投降。公元 1227 年七月，成吉思汗在清水行宫去世。李睍带领李仲谔、嵬名令公等文武大臣献城投降后，被蒙古军队全部杀害，西夏亡。李睍在位 1 年，生年不详。

金

（1115—1234 年）

公元 1115 年正月初一，女真完颜部都勃极烈（联盟最高长官）完颜阿骨打，在上京会宁府（今黑龙江省哈尔滨市阿城区）自立为帝，国号金，史称完颜阿骨打为金太祖。

女真原居住于黑龙江流域，几经发展，至完颜阿骨打时，由氏族社会开始向国家转变，并借助抗辽胜利的东风，建立起了一个新的奴隶制国家，并于公元 1125 年灭辽，公元 1127 年发动靖康之变灭北宋；公元 1130 年，南宋高宗赵构向金帝上降表称臣。之后的较长时间内，金主要与西夏和南宋对峙。金盛时疆域东抵日本海，北到蒲与路（今黑龙江克东县）以北三千多里的火鲁火疃谋克（今俄罗斯外兴安岭南博罗达河上游一带），西北到河套地区与蒙古部、塔塔儿部、汪古部等大漠诸部落为邻，西沿泰州附近界壕与西夏毗邻，南部以秦岭、淮河及大散关一线与南宋为界。金传 9 帝，历 120 年，始立都会宁府（黑龙江阿城），公元 1153 年海陵王完颜亮迁中都（今北京），金宣宗完颜珣迁汴京（今河南开封）。公元 1234 年正月，金被蒙古与南宋联军所灭。

一、生女真的源流与壮大

属于通古斯语系的女真，最早是以肃慎的名称出现在历史记载中。西周初年，肃慎接受周王室册命，朝贡"楛矢石砮"，其地属周之"北土"。据《国语》和《山海经》记载，方位远在北土的肃慎盛产隼（海东青）、楛矢、石砮。及至肃慎这个名称被挹娄代替后，始有明确的方位记载。《三国志·魏志·挹娄传》说，"挹娄在夫余东北千余里，滨大海，南与北沃沮接，未知其北所极。"据此，挹娄西南是夫余（今呼嫩平原一带），分界处约在今黑龙江与松花江合流处；南为北沃沮（今图们江北），分界处约在今兴凯湖；北极弱水，弱水即弱洛水，其上源指今结雅河（精奇里江），意为黄水，指今黑龙江与松花江合流处以下，亦即唐时的黑水；北与东滨大海，即今鄂霍次克海及日本海。晋时，肃慎已经向南延伸到不咸山（长白山）北，与高句丽接界。后魏时，勿吉强大，逐夫余，占有夫余南部（今东流松花江南），并进入第二松花江及辉发河流域。

汉、魏、晋时期的肃慎，基本处于"楛矢石砮"的石器时代，生活主要来源有农业兼畜牧加射猎。其时能加工麻布，以养猪著称，地产"挹娄貂"。社会最基本组织为部、邑落，部的首领为"君长"，邑落头目称"大人"。财产共有，维护公共财产是其共同遵守的最高准则。后魏时期的勿吉，是包括原来的挹娄以及其他不同语言的一些部落结合而成的群体。勿吉农业已经有了发展，出现了原始的"偶耕"制。在今黑龙江省绥滨县同仁发现的属于勿吉的文化遗址，出土陶器、石器和铁制带卡、镞、锛、小刀等。房屋为半地穴式，穴壁四周皆镶有护墙板，房顶为四角钻尖式。居住面上平铺有木板，房中心有木板镶成的方形火灶。

靺鞨，是勿吉的继续和发展，有粟末，伯咄、拂涅、安居骨、号室、黑水、白山七部，分布在东流松花江南、黑龙江中下游南北、牡丹江、乌苏里江、第二松花江流域。东及东北滨日本海、鄂霍次克海，西南至松花江、嫩江合流处及靺鞨西南山（萨哈亮山脉），南至长白山一带。7 世纪初，粟末、白山二部臣属于高句丽。唐贞观中太宗李世民征高句丽，靺鞨出兵帮助，白山部众多入唐，部分粟末靺鞨人迁至营州。开元时期女真经常来朝，被拜为勃利州刺史，遂置黑水府，以女真部长为都督或刺史。

原居住在今黑龙江与松花江合流以下黑龙江流域南北地区的女真，后来有一部分继续向南迁徙。在契丹建立辽国以后，其中居住于混同江之南者，被称为熟女真；居住于混同江以北者，被称为生女真。生女真地区气候寒冷，山多林密，田宜麻谷，以耕凿为业，不事蚕桑。土产名马、生金、大珠、人参，禽有鹰、鹘、海东青，兽多牛、羊、麋鹿、白彘、貂鼠，海多大鱼、螃蟹。冬天极寒，皆以厚皮毛为衣，经济生活处在半农半猎阶段。严酷的自然环境，造就生女真人劲健凶悍、疾恶如仇、有仇必报、艰苦卓绝、英勇善战的性格，常为其他部落之患。其俗皆编发，项间缀以猪牙为饰物。虽然开始种植粟、麦，种田仍以人力耦耕为主，生产力水平大致相当于中原地区的西周时期。至辽末，部分女真人虽然已经有了剩余产品，但仍以物易物互通有无。当时，生女真完颜部还不能生产铁器，即不惜重金从邻近地区购进甲胄。

唐末五代初期，女真始祖完颜函普时，生女真完颜部居住在仆干水（今牡丹江、镜泊湖附近）一带。完颜函普从今朝鲜咸镜北道来到居住在仆干水的完颜部，因为立约解决了完颜部与其他部之间的长期哄斗问题，便在各部中树立了威望，完颜函普被尊为本部始祖。由此可以推测，也许在此之前，完颜部还无法确立一个男系相承的始祖。之后的史料证明，完颜函普成为完颜部始祖以后，父子相识并以男系计算血缘关系的家族部落开始确立，亦说明至少从这个时候开始，女真已经进入父系氏族制的较快发展阶段。那时，血缘复仇和私斗在部族之间经常发生，完颜函普为调解各部族之间的争斗，约定以牛、马、黄金等财产抵偿所杀伤之家，并得到完颜部民众的信任和尊重，被推选为本部酋长，而且远近相服。看来，至少在完颜函普时期，女真已经在亲近部落之间结成了联盟，完颜函普被推举为联盟首领。从此，完颜部内部便析出三个分支，即被称为宗室完颜氏的完颜函普一系，被称为异姓完颜氏的原同部系，以及被称为同姓完颜氏的与完颜函普有部属关系的疏支一系。后来，又出现了以完颜氏等大姓为主的白姓与黑姓几个婚姻集团。

11世纪初，完颜函普重孙完颜绥可为部落联盟首领时，完颜部始定居在按出虎水（今黑龙江哈尔滨以东阿什河），并在那里种植五谷，刳木为器，制造舟车，修盖屋宇。而后来的金朝建立者，正是定居在按出虎水的这一系。"按出虎"意为"金"，完颜部居住于按出虎水之源，所以其居住地被称为"金源"。完颜部建国以"金"为国号，即来源于此。

完颜绥可之后，其子完颜石鲁大刀阔斧继续扩张，已经由亲属部落联盟发展为更加扩大和持久的军事部落联盟。完颜石鲁订立条款，进一步控制和约束诸部。《金史》称"昭祖（完颜石鲁）将定法制，诸父、国人不悦，已执昭祖，将杀之"。完颜石鲁所定的法制，是经过同诸父、国人的斗争后确立的。史载其法为："有被杀者，必使巫觋以诅祝杀之者，乃系刃于杖端，与众至其家，歌而诅之……"，"其声哀切凄婉，若蒿里之音。既而以刃画地，劫取畜产财物而还。其家一经诅祝，家道辄败"。由此可见，完颜石鲁所定之法，正是函普以来所规定的杀人则以物偿制度的发展和扩大。实际上，此法已经成为联盟首领或强大者借以掠夺财物的工具，并结合巫师的活动，使掠夺更有神秘性和权威性。

完颜石鲁在氏族内部新旧两种势力的激烈斗争中，其所在的完颜氏已经取得了军事部落联盟酋长的地位。可在当时，作为军事部落联盟的政治辅佐职权，则由同部完颜氏一系掌控。可见，女真军事部落联盟内部，实行军事、政治二府制。后来，作为军事首长的政治辅佐称为国相，由完颜雅达担任。完颜雅达属同部完颜氏一系，而且国相一直在同部完颜氏家族人丁中选任，实际上是宗室完颜氏与同部完颜氏共同管理军政事务。

女真由亲近部落之间的联盟，到征服其他较远的诸部而结成较大的军事部落联盟，始于石鲁，而形成于景祖乌古乃时期。辽圣宗耶律隆绪时期的公元1021年，被称为生女真第六代祖的完颜乌古乃出生。完颜乌古乃为完颜石鲁长子，自其接续父职以后，生女真才有了具体明确的纪年，并开始参与辽朝的军事政治活动，开始接触中原文化，从而加速了生女真军事部落联盟组织的扩大和发展。完颜乌古乃继承其父完颜石鲁的事业，在与本部旧势力及各部的斗争中，确立了自己军事部落联盟首长的地位。完颜乌古乃役属诸部，顺者抚之，不从者讨伐之，自白山、耶悔、统门、耶懒、土骨论之属，以至五国之长，皆听命完颜乌古乃。最后，完颜乌古乃将本部法令推行到其他被征服和来附的部落之中，一个强大而又持久的军事部落联盟从此形成，先后被纳入这个部落联盟的有泰神忒保水完颜部、神隐水完颜部、雅达澜水完颜部、统门水温迪痕部、斡泯水蒲察部、耶悔部、耶懒部、土骨论部、五国部、温都部、裴满部、加古部、馺满部、术甲部、术虎部、不术鲁部、唐括部等等。完颜乌古乃被辽任命为生女真部节度使以后，又借助辽朝势力进一步立官属，定纪纲。《金史·白官志》中称，金自完颜乌古乃始建官属，统诸部以专征伐。其官长皆曰勃极烈，其部长曰勃堇，统数部者曰忽鲁。其实，勃堇在完颜函普时就已经出现。勃极烈是勃堇的转音，在完颜乌古乃立官属时，勃极烈与勃堇分职，勃极烈成为联盟中最高官长之称，而勃堇为部长之称。其后经过演变，勃极烈成为联盟内最高官属之称，而勃堇则成为一般官吏的称呼。完颜乌古乃为加强本家族在联盟中的绝对地位，在本部及个人权势和影响的笼盖下，通过财物和马匹换取了在同部完颜氏中传承的国相位置，交由自己的儿子完颜颇剌淑担任。从此，生女真部落联盟的军政大权，全部被宗室完颜氏掌控。

在世祖完颜劾里钵嗣位之初，完颜部内发生一次重大事变，即跋黑企图离间桓赧、散达、乌春、窝谋罕等部与完颜劾里钵的关系，分裂部落联盟组织。这时居住在阿勒楚喀附近的桓赧、散达兄弟来攻，完颜劾里钵全力应战，大会战于婆多吐水，击败了桓赧、散达兄弟，巩固了以完颜部为部落联盟领导核心的地位。另外，在按出虎水以北的斡勒部杯乃与乌春、窝谋罕等来攻，完颜劾里钵与肃宗完颜颇剌淑合力进军苏素海甸，打败了来攻的联军，杯乃被俘，张广才岭以西全服。而当时在活剌浑水纥石烈部的腊醅、麻产兄弟，屡下来流水掠夺牧马，完颜劾里钵与穆宗完颜盈歌出征，战于野鹊水。腊醅、麻产与乌春、窝谋罕交结，被完颜劾里钵攻破，麻产逃去，腊醅和石显子婆诸刊被擒。完颜劾里钵使欢都为都统，在斜堆破乌春、窝谋罕，蒲察部故石、跋石就擒。完颜劾里钵又亲自出马过乌纪岭，至窝谋海村，与欢都会合，结果阿不塞水、张广才岭以东地区全部降服。完颜颇剌淑时，麻产尚据直屋铠水，营堡完缮，招纳亡命，形成大势。完颜颇剌淑遣康宗完颜乌雅束及完颜阿骨打讨伐，杀麻产，平定其党属，部民来附。后又遣完颜阿骨打征服帅水的庬古部，今呼兰及其以北地皆被完颜部统一。穆宗完颜盈歌嗣位后，决定进一步征服今延边的女真各部，于是自率大军由马纪岭越阿茶桧河（今噶啥里河）进逼阿疏城（今延吉市布尔哈图河，纥石烈阿疏所居）；撒改军由别路进取，经由阿不塞水（今敦化北勒福成河）、胡论岭（今哈尔巴岭）过濠春、星显两路，攻下纯恩城（约在今延边海兰河），至阿疏城下与盈歌军相会，今之延边地区悉被完颜部统一。

辽朝一直称女真为女直。依辽朝制度，属国、属部官，大者拟王府，小者准部使。《辽史·百官志》载有"女直国顺化王府""北女直国大王府""南女直国大王府""曷苏馆路女直国大王府""长白山女直国大王府""鸭渌江女直大王府""濒海女直国大王府""回跋部大王府""黄龙府女直部大王府"等等，是为辽中期以前的女真各部。至辽末，此消彼长，各部力量已经发生了很大的变化。按出虎水的完颜部虽不系辽籍，但名义上其首领仍然接受辽封。该部本是一个小部族，其始祖完颜函普四传至昭祖完颜石鲁时，始受辽官职为惕隐，说明当时的完颜部连封节度使的资格都不够，更不必说封王。生于辽圣宗之世的完颜石鲁子完颜乌古乃在位时，已经使白山、耶悔、统门、耶懒、土骨论以及五国等部臣服，但仍被辽视为小部族，完颜乌古乃只被辽任命为生女直部节度使。可是在实际中，辽的册封对强大的完颜部已经起不到约束作用。而辽朝要授予完颜乌古乃官职，目的在于使完颜乌古乃服服帖帖地接受辽朝的控制。完颜乌古乃为了不落入辽朝的控制，不肯系辽籍。辽朝再三催促，完颜乌古乃指使部人扬言说，如果主公完颜乌古乃受印系籍，部人必将其杀之。完颜乌古乃用本部民众的力量拒绝了辽朝的进一步约束，使生女真在很大程度上保持了自己的独立性。而完颜乌古乃又充分运用被辽任命为节度使这么一张招牌，确立了以本部为中心的秩序，扩大了本部对邻部的控制。

完颜乌古乃去世以后，其三个儿子相继为生女真首领。先是次子完颜劾里钵袭节度使，完颜劾里钵借助辽朝所授官职的权威及乌古乃在世时积蓄的武力，相继讨平了桓赧、散达、乌春、窝谋罕等部，进一步扩大了势力。继完颜劾里钵而立的是完颜颇刺淑，再其次是完颜盈歌。完颜盈歌袭节度使时已经42 岁，时为辽道宗时期的公元 1094 年。完颜盈歌在健全制度、统一生女真各部的事业中又取得了新的进展。公元 1096年，完颜盈歌采纳其侄完颜阿骨打的建议，迫使统门、浑蠢、耶悔、星显四路及岭东诸部以后不得再称"都部长"，实际上强迫他们归附完颜氏，承认完颜部首领为"都部长"。原来诸部各置信牌，至公元 1103 年，完颜盈歌又规定各部擅置牌号者以法处置，从而统一了各部的号令。

生女真名义上为辽朝属部，但实际上经常在辽和高丽之间叛服摇摆。准确地说，辽对生女真只不过是一种类似"羁縻"的管辖。尽管如此，辽主每年秋猎，生女真首领照例须前往效力。这些平时在部民面前高高在上神一样存在的首领，在辽朝统治者眼里还不及奴才。这种情况的长期出现及愈演愈烈，促使生女真首领对辽朝统治产生强烈的不满，并不时以给辽朝制造边患加以发泄。至辽末，契丹统治者对生女真各部的骚扰更是日甚一日，生女真对辽之仇恨也跟着与日俱增。

契丹统治者对生女真各部的骚扰，其中一个原因与宋辽榷场贸易有直接关系。北宋徽宗年间，昏君与奸臣沆瀣一气，统治集团奢侈之风日甚一日，狂建宫苑中对北珠的需求量大增，价格十分诱人。而这种珍珠，北宋只能通过榷场贸易从辽朝获得。辽朝要得到宋朝青睐的这种珍珠，就要盘剥生女真地区。因为大如弹子、小如梧桐子的北珠，皆产于辽东的大海之中。每年八月十五日前后，正值北珠大熟之期。而珠皆藏于海蚌体内。此时的北方，早已天寒地冻，海边坚冰厚达尺余，人已经无法直接破冰入海捕蚌取珠。但当地有一种以蚌为食的天鹅，食蚌之后珍珠存于嗉内。也就是说，得天鹅则能得北珠。而当地有一种叫"海东青"的猛禽鹰鹘，专能捕杀天鹅。只要得到海东青，就能捕得天鹅，并从其嗉中获得北珠。这种被称为海东青的鹰鹘产自五国部，契丹统治者为多得北珠，每年督促生女真发兵进入五国部境内攫取海东青。但五国部为保护自己的资源，每次都与之发生激烈战斗。辽统治者需要用北珠换取北宋的高档消费品，因此，不断遣使率兵以驱使生女真前往五国部掠取鹰鹘，生女真不堪其扰。同时，契丹沿边诸帅每次率兵前来，都毫无例外地要对生女真各部巧取豪夺，要求生女真人进奉各种各样的礼物。这些贪官污吏贪得无厌，为非作歹，每次到来，还要寻找生女真人的年轻女子"荐枕"。最初尚在中、下户人家留宿，以未嫁女子侍寝。后来，络绎不绝的使者自称奉天子使命前来，并专择美貌的已嫁妇女侍寝，而且不问其社会地位高下。这种光天化日之下的蔑视和侮辱，更令生女真上下不堪忍受，便不断群起而保护自己的利益。对此，契丹统治者计无所出，只好借助生女真各部中最为强大的完颜部为之讨除。公元 1096 年，陶温水、徒笼古水纥石烈部阿阁版等阻断了通往五国部的鹰路，并且执杀辽朝的捕鹰使者。为此，辽道宗诏令生女真节度使完颜部首领完颜盈歌为之讨除。完颜盈歌经过激战，将被关禁的辽使救出。

而完颜盈歌并非真心助辽，只是借重辽的声威，乘机统一女真各部。完颜盈歌向辽朝施加压力，暗中令主隈、秃答两水流域的女真人故意阻绝鹰路，同时又让鳌故德部节度使向辽朝禀报，要开鹰路非得生女真节度使完颜盈歌不可，辽朝只好命完颜盈歌讨伐阻绝鹰路者。在鹰路之战中，真正获利的是生女真节度使完颜部首领完颜盈歌。辽对完颜盈歌的深深依赖，壮大了完颜盈歌号令生女真各部的权威。而公元 1102 年爆发的辽将萧海里劫乾州武库器甲叛入女真阿典部事件，又给了完颜盈歌和生女真发展壮大的绝好机会。

萧海里本是辽国大国舅帐郎君，身边养了几十号亡命之徒。萧海里平时耀武扬威，横冲直撞，强取豪夺，终于犯下严重命案，辽政府对其实行抓捕。萧海里为逃避抓捕，干脆策反部分辽军，很快聚集几千兵马。公元 1102 年，萧海里攻陷乾州，劫夺兵器库，抢走大量武器和五百多副铠甲，从而惊动了天祚帝。天祚帝立即命令北面林牙郝家奴率军镇压，萧海里寡不敌众，逃入女真阿典部避难，并派人联络完颜盈歌。完颜盈歌审时度势，知道亡命之徒萧海里难成气候，便拒绝萧海里的请求，同时决定助辽平叛。辽朝也想一举两得消耗完颜盈歌势力，便责成完颜盈歌讨捕萧海里。萧海里的叛军来自辽朝正规部队，要制伏萧海里，就要有足够的军队和装备。完颜盈歌趁机向辽请示招募甲士，辽国准许其请。从前，辽朝限制女真发展甲士，女真部族之间的争斗一直处在乡邻之间的械斗状态。但这次在辽朝支持下，完颜盈歌一次招募甲士一千，从而使生女真有了自己的精锐武装。面对上千甲士，完颜阿骨打认为"何事不可图也！"

完颜盈歌率领甲兵，很快平定了萧海里的叛军，并马上派阿离合懑将萧海里的首级送给辽国。萧海里从辽带来的精锐武器和五百多副铠甲，都被完颜盈歌缴获，并就地增加和武装了自己的军队，生女真的军事实力从此大为增强。更为重要的是，曾经让辽军焦头烂额的萧海里数千叛军，在生女真军队面前却不堪一击。辽军的衰弱、辽国社会的黑暗和政府的腐败，就这样完全暴露在生女真人面前。从此，在生女真人的眼里，辽国不再神圣。生女真对辽国的轻慢之心就此滋生，并以不断侵犯骚扰辽国边境来演习试探。

公元1103年，完颜盈歌病故，其兄完颜劾里钵长子完颜乌雅束袭位。完颜乌雅束在位的十一年间，完颜部进一步加强了对生女真各部的控制，且成功地处理了与高丽之间的关系，从而在未来对辽的战争中，免除了后顾之忧。公元1113年十月完颜乌雅束去世，其弟完颜阿骨打继位生女真部落联盟长都勃极烈。生女真的历史，从此翻开了残酷而壮阔的一页。

二、完颜阿骨打建金及帝王传承

完颜阿骨打为金世祖完颜劾里钵次子，其母为拿懒氏。幼年时候，完颜阿骨打与同伴玩耍，一己之力能抵好几个同伴，而且足智多谋，举止稳重，深得完颜劾里钵喜欢。一天，辽朝使臣坐在完颜劾里钵府前，看见完颜阿骨打手拿弓箭，便让其射鸟。完颜阿骨打连发三箭，箭无虚发，辽朝使臣惊诧佩服。完颜阿骨打曾经到纥石烈部活离罕家中赴宴，在门外散步时，见众人向着南边一座小土山比赛射箭。完颜阿骨打走过来，一箭射过了那座小土山。在众人惊疑中，有人专门做了丈量，完颜阿骨打一箭射出三百二十步远，比宗室子弟中最为远射者谩都诃多射出一百来步，众人无不称奇。

辽朝后期，春捺钵地点通常定在宁江州（今吉林扶余东南石头城）境内。每年初春，辽主必至其地凿冰钓鱼，并且以纵鹰鹘搏击天鹅以为娱乐。届时，生女真各部亦皆来献方物。其实，是为一种朝贡形式的贸易，只不过这种贸易极不公平，辽朝故意压低女真人带来的貂鼠皮等猎物的价格，对女真人巧取豪夺，并把这种不义行为直接叫作"打女直"，女真人不满由来已久，辽朝统治者对此也早有警惕。于是，每年的春水、秋山活动，就成为辽朝检验生女真各部酋长对朝廷是否效忠的时机。

公元1112 年二月，辽天祚帝在混同江（松花江）上钓鱼，大摆头鱼宴。依惯例，逢此盛会，生女真各部酋长皆来赴会。这一次，完颜部酋长完颜乌雅束未能前来，命其弟完颜阿骨打代而赴会。席间，天祚帝命生女真诸酋长依次歌舞，为其助兴。该完颜阿骨打跳舞时，完颜阿骨打竟怒目圆睁，端视直立，不为所动。天祚帝谕之再三，完颜阿骨打坚立而不从命。这不仅使天祚帝大为扫兴，而且引起辽朝警觉。天祚帝认为完颜阿骨打意气雄豪，顾视不常，恐贻后患，便要枢密使萧奉先找一借口诛之。然而，萧奉先却以诛杀完颜阿骨打会有伤向化之心而劝谏，一味玩乐的天祚帝便不再追究，完颜阿骨打得以躲过一劫。

返回本部的完颜阿骨打，知道天祚帝已经对自己产生了怀疑，索性肆无忌惮地扩张势力，用兵兼并其他各部。女真赵三、阿骨产以兵相拒，结果部族皆被完颜阿骨打俘虏。二人向辽咸州（辽宁开原）详稳司投诉，案情上达辽枢密院之后，却并未引起萧奉先的重视，只作为寻常小事上奏天祚帝。忙于享乐的天祚帝懒得注意，而且早将头鱼宴上的不愉快丢于脑后，仅指示咸州对完颜阿骨打予以责问。而企图起事的完颜阿骨打，却把这种情况看得十分严重，认为与辽朝之间的敌对关系已经形成。所以从此以后，辽朝虽然多次召完颜阿骨打入朝，完颜阿骨打都以患病为辞推脱。

公元 1113 年十月，完颜乌雅束病故，完颜阿骨打袭位，称为都勃极烈。次年六月，辽天祚帝派使臣授予完颜阿骨打节度使称号。而完颜阿骨打再次派遣宗室习古乃及完颜银术可去辽朝，以索要逃奔在辽的阿疏为名，以打探辽朝内部虚实，为起兵反辽做好准备。

这位被生女真一直挂在嘴边的阿疏，为女真星显水（今延吉市布尔哈通河）纥石烈部人。其父阿海，为纥石烈部勃堇，辽圣宗于公元 990 年封阿海为顺化王。阿海去世以后，阿疏继任为纥石烈部勃堇。生女真完颜部在壮大的过程中，逐步征服其他部族。穆宗完颜盈歌时期，完颜部的势力扩展到星显水一带时，与阿疏产生了冲突。完颜盈歌与国相撒改分两路进兵包围阿疏城，经过历时三年的激烈战斗，将阿疏城攻克。自度不能对抗完颜部的阿疏，便逃往辽国求援。纥石烈阿疏奔辽以后，辽朝政府数次派遣使者调停，命完颜部退还攻城所获，并补偿阿疏所部损失。这个命令遭到完颜部的抵制，并派人阻断了辽朝捕海东青之路，搪塞辽使并转移辽朝的注意力。而阿疏的入辽不归，成为女真要挟和反抗辽朝的一大借口。完颜阿骨打动不动即遣使到辽朝索要阿疏；在举反辽大旗时，仍将"罪人阿疏，屡请不遣"作为辽朝罪状之一，用来号召生女真民众。

这次习古乃他们从辽朝返回，向完颜阿骨打详细报告了辽朝天祚帝统治骄肆废弛、朝廷腐败、军队涣散的真实情况。完颜阿骨打听完，立即召来僚属、耆旧，告以准备南攻辽朝的决定，要求各僚属于要冲之地加强戒备，建城堡，修戎器，以听调遣。

生女真完颜部势力的壮大，早已引起辽朝一些有识之士的关注。天祚帝即位之初，太傅萧兀纳被夺朝官后曾任临海军（锦州军号）节度使。萧兀纳到任不久即上书指出，自萧海里逃亡到女真境内之后，女真即有轻慢朝廷之心，故应加强兵力，以备不虞。后萧兀纳知黄龙府事，统辖东北路统军司，又再次向朝廷上书，说近观女直所为，其志非小，宜先其未发，举兵图之。但是，都未能引起辽廷重视。

辽朝的宁江州，军事上隶属长春州东北路统军司。女真人每年来宁江州参加春捺钵活动并进行贸易，对这一战略要地早已相当熟悉。特别是完颜阿骨打，还亲自到这里参加过天祚帝的头鱼宴。但辽朝一直疏于防范。直至公元1114年阿息保从生女真地区归来，天祚帝获悉完颜阿骨打确实在备战，才开始调浑河以北诸军增援东北路统军司。当完颜阿骨打得知辽军进行调动的消息后，马上派仆聂剌再次向辽朝要求引渡阿疏，借此观察形势。仆聂剌回来以后，说宁江州已经有大批辽兵。完颜阿骨打认为辽军刚开始调动，不可能一下子集结太多。于是，又派胡沙保前去打探。胡沙保侦察到那里只有四院统军司与宁江州军及渤海军800人。于是，完颜阿骨打决定先发制人，对宁江州发动攻击。公元1114年九月，完颜阿骨打进军宁江州，各路女真军皆会于来流水（今拉林河），总数有2500多人。完颜阿骨打仍以要求索还阿疏为借口，同时指责辽朝对完颜部擒获萧海里之功，非但不予褒奖，反而侵侮有加。完颜阿骨打命诸将传梃而誓："汝等同心尽力，有功者，奴婢部曲为良，庶人官之，先有官者叙进，轻重视功。苟违誓言，身死梃下，家属无赦。"

当东北路统军司报告宁江州遭到女真军攻击时，正在庆州射鹿的天祚帝，只派遣海州刺史高仙寿统渤海军前去增援。女真军一入界，即与渤海军相遇，完颜阿骨打亲自射杀辽将耶律谢十，并命完颜宗幹督士卒夷平辽朝用于防御的壕堑。女真大军很快到达宁江州城下，萧兀纳孙移敌蹇战死，萧兀纳退守城内，仍然招架不住，于是留下官属守御，自己率领300骑渡过混同江，向西逃走。宁江州城遂被女真军攻陷，防御使渤海王族大药师奴被俘。完颜阿骨打将大药师奴放回，让其劝说辽人投降，于是铁骊部前来向女真军送款。完颜阿骨打又将俘获的渤海人梁福、斡答剌放回，让其招谕辽东京附近的渤海人，并表示女直、渤海本同一家。同时，命完颜娄室前去招谕系辽籍女真，遂降伏了移炖益海路太弯照撒等。

宁江州战役结束后，完颜阿骨打对女真部族的军事组织进行了整顿。女真人原来就有在部族组织基础上编成的"谋克"军事组织，整顿以后，女真军队以猛安谋克为组织形式，每三百户为一谋克，每十谋克为一猛安。女真军实行这种整齐划一的编制，大大削弱了原来的部族组织，加速了女真各部的统一。

宁江州之役以后，女真和辽朝两方面继续积极备战。辽以大奸臣枢密使萧奉先弟萧嗣先为东北路都统，原来的东北路都统萧兀纳为副都统，发契丹、奚军三千人，中京禁兵及土豪两千人，另外又选诸路武勇两千余人，驻屯在距宁江州不远的出河店。萧嗣先不懂军事，仅凭其兄得宠于帝而耀武扬威。女真军占据宁江州之后，萧嗣先隔混同江与之对峙，并以为女真军不敢轻举妄动。然而，女真军于当年十一月间偷偷渡过混同江，在出河店（今黑龙江肇源西南的吐什吐）对辽军出其不意发动攻击，辽军当即溃不成军，许多军将战死，身为一军统帅的萧嗣先与十几位将领率先逃遁，此战彻底失败。而萧奉先担心朝廷会追究其弟萧嗣先不战而逃的责任，于是，出河店溃败之后，即奏请天祚帝肆赦，说东征溃军四处逃散，所至劫掠，如不肆赦，这些败兵即将啸聚造反。天祚帝最怕有人造反，于是按照萧奉先的建议赦免了这些败逃兵将。此令一出，诸军以为战则有死而无功，退则有生而无罪。从此以后，辽军士无斗志，一遇强敌转身溃逃。女真军乘势追击到斡论泺，虏获车马、甲兵、珍玩不可胜计，而且军队增加到万人，其势锐不可挡。

女真军乘胜分路进兵，勃堇斡鲁古斩辽节度使萧兀纳，攻占宾州（今吉林农安东北）。吾睹补、蒲察败辽将赤狗儿、萧乙薛军于祥州东。辽斡忽、急塞两路军投降。斡鲁古又败辽军于咸州（今辽宁开原）西，与完颜娄室一起攻占咸州。女真部落联盟逐步统治了周邻各部落，进而攻占了辽朝统治下的宁江州、宾州、咸州等广阔地区。

就在女真兵接连胜利之时，完颜阿骨打弟完颜吴乞买和撒改、辞不失等，拥戴完颜阿骨打建国。公元1115年正月元旦，完颜阿骨打在皇帝寨（即后来的上京会宁府，今黑龙江省阿城县南之白城）称帝，国号大金，建元收国，完颜阿骨打即为金太祖。

完颜阿骨打称帝后，辽天祚帝统领70万大军围剿，完颜阿骨打率2万将士与之周旋，瞅准机会大败辽军，一天追逐天祚帝逃奔500里，为灭辽创造了条件。完颜阿骨打铲除弊政，锐意改革，规定民无贵贱，一律平等，保证税收，扩大兵源；革除传统婚俗，严禁同姓婚姻；创制文字，收集保存各种文献典籍；改革兵制，战时作战，不战务农；发展生产，交流移民，进行系列改革，促进女真族政治、经济、文化、军事各方面向封建制度过渡。

公元1123年八月，完颜阿骨打病逝，其四弟完颜晟继承皇帝位。完颜晟协助其兄统一女真，征战辽国，治理国政，是完颜阿骨打的主要助手。完颜晟继位以后，接连发起灭辽战争，于公元 1125 年灭辽，并以武力迫使西夏称臣。后大举向宋用兵，1126 年破宋都汴京，次年虏宋徽、钦二帝，灭亡北宋。接着又大举进攻南宋，连连得胜。完颜晟依据宋、辽旧制建立中央政府，完善各项典章制度，在汉地依靠汉人管理，实行科举考试，录用汉人为官；建立赋税制度，严禁官员贵族私役百姓；迁女真人到内地，劝稼穑，轻赋役，恢复农业生产；不建宫殿，不喜奢靡，法度详明，世有好评。

公元 1135 年正月完颜晟去世，完颜阿骨打第二子完颜亶继承皇帝位。完颜亶小时候随汉人学习汉文经典，能用汉字赋诗作文，喜欢汉人礼乐服饰，继任后进行一系列汉化改革。完颜亶尊孔养士，重用汉族知识分子；改多种权力交叉的勃极烈官制为汉官制，制定新的礼仪制度，参考宋律制定新的《皇统法》；下令女真人南迁，同中原汉人杂居，进行屯田，严禁变农民为奴隶，收废地荒地分给农民耕种。在武力征讨南宋无果时，主动与南宋议和，册封宋朝皇帝，收取宋朝纳贡，实现边境和平。然大兴土木，好色残暴，命全国未婚女子侍寝，屡兴大狱处死元老，酗酒日甚，不理朝政，给他人可乘之机。公元 1149 年十二月九日，完颜亮率众闯宫杀死完颜亶。

完颜亮为完颜阿骨打庶长子完颜宗干之子，自幼英俊潇洒，深沉有计谋，很早就在朝中做官。1148 年，完颜亶封完颜亮为右丞相、都元帅、太保。后来，完颜亮与皇后勾结架空完颜亶，直至杀君篡位。篡位称帝后，完颜亮励精图治，厉行革新，鼓励农业，整顿吏治，印钞铸钱，完善财政，推行汉化，强化中央，有所作为。而残暴狂傲，淫恶不堪，杀人如麻，骇人听闻。即位先向太宗完颜晟一脉开刀，杀其子孙后代70余人，直到斩尽杀绝。之后刀锋又指向其他皇族，众多宗室大臣被灭满门。尤以荒淫不择骨肉、刑杀不问罪责、耗费不恤民力，实为罕见。公元1161年十一月二十七日，在统兵南下攻宋时，完颜亮被兵马都统领耶律元宜等刺杀，后废为庶人。

完颜亮被杀四十多天前的公元1161年十月八日，部属拥立完颜雍在东京（今辽宁辽阳）登上皇帝位。同年十二月十九日，完颜雍领兵入中都夺取中央政权。完颜雍为完颜阿骨打三子完颜宗辅子，能文能武，在上层贵族中有较高威望。完颜亮诛杀宗室大臣，完颜雍以忍气吞声、低调行事、进献珍宝而免受屠戮。完颜雍称帝后，修德政，肃纲纪，揽英雄，收民心。初继位，下诏讨伐完颜亮，厚葬被屈杀的宗室大臣，恢复他们的爵位，安定上层人心；广开渠道推选官员，重视通过科举选拔人才，及时免除德行低劣庸碌无为官吏；竭力提倡节俭，自己不穿丝制龙袍，减降后宫膳食，下令释放宫女，减免农民赋税，颁发免奴为良诏令，鼓励垦荒种田，注重兴修水利，预防黄河水患，大力发展农业、畜牧业，使府库充盈，农民生活改善，社会安定。

公元1189年正月初二完颜雍病逝，皇太孙完颜璟继承皇帝位。完颜璟父完颜允恭为完颜雍第二子，于公元1185年去世，次年完颜璟被立为皇太孙。完颜璟在位期间，废除奴隶制度，连同寺院控制的契丹奴婢也全部释放。进一步限制女真特权，保护封建农业，减少围猎次数，允许番汉通婚；尊重孔子，修缮孔庙，完善科举，增设宏词科以取非常之士；健全礼制，编成《大金仪礼》，修备法典，完成《明昌律义》。然后期多与文士饮酒赋诗而怠于朝政，重用外戚致使政风下滑，安于现状导致军事弛懈，加之水旱蝗灾频发，黄河三次决口，社会矛盾增加。

公元 1208 年十一月，完颜璟病逝，因其无子，传位于叔父完颜永济。完颜永济为世宗完颜雍第七子，自幼懦弱，平庸无能，胸无成见，却能呈现一副老成持重面貌。完颜璟传位于完颜永济，正是看重完颜永济诚实，希望完颜永济能传位于自己两个尚未出生的孩子。完颜永济即位后，即刻立自己儿子为皇太子，接连诛杀完颜璟两个有孕之妃。完颜永济不善用人，而且忠奸不分。时蒙古各部已经统一，成吉思汗多次率兵来攻。被委以右副元帅之职、负责中都北面防务的胡沙虎不理政务，一味游猎。完颜永济派使臣督促，就此惹怒胡沙虎。胡沙虎拥兵反叛，于公元 1213 年八月二十六日将完颜永济毒杀。

公元 1213 年九月，毒杀完颜永济之权臣胡沙虎，拥立章宗完颜璟异母兄完颜珣继承皇帝位。完颜珣并无治国之才，又无识人之能，理政措施连连失误，招致全国危在旦夕。时外有蒙古大军压境，内有权臣胡沙虎把持朝政，完颜珣一筹莫展。后术虎高琪杀死胡沙虎，完颜珣任其为相。术虎高琪滥权营私，残害忠臣，完颜珣同其合污。时蒙古大军进犯，在与蒙古议和后，完颜珣为避蒙古锋芒决意迁都，在全国造成重大混乱；执意与西夏断交，又增加了新的敌人；打压忠臣良将，引发多地叛乱；攻打南宋无有进展，深陷南北夹击之中。

公元 1223 年十二月二十二日，完颜珣病逝，完颜守绪挫败兄长完颜守纯的夺位阴谋即位称帝。完颜守绪为完颜珣第三子，在太子父子相继去世后，完颜守绪被立为太子。受命于危难，完颜守绪整顿朝纲，肃整法纪，广开言路，选贤任能，和宋合议，联络西夏，鼓励抗敌，收复失地。然蒙古大军势如破竹，完颜守绪回天无力。公元 1232 年初，金军主力在钧州（今河南禹县）南三峰山与蒙古大军遭遇，全军覆没。接着，汴京被围，完颜守绪被迫出逃，于次年夏到达蔡州（今河南汝南）。金政权在此苟延残喘半年，次年正月蔡州被宋蒙联军攻陷，金朝灭亡。

三、金与辽、北宋、西夏、南宋及高丽之间的关系

金朝立国之初，仅占有后来名为上京会宁府（今黑龙江省哈尔滨市阿城区）的周边及其以北地区。紧接着，金接连不断对辽朝、宋朝、西夏与高丽发动战争，先后攻灭辽朝与北宋。这时，金东至混同江下游吉里迷、兀的改等部落居住地；东南在朝鲜半岛以清川江流域为界与王建创建的高丽政权相连；西北至河套地区与蒙古部、塔塔儿部、汪古部等大漠诸部为邻；西沿泰州附近毗邻西夏；南部以秦岭、淮河、大散关为界与南宋接壤。与此同一时期，与金并不接壤的部落联盟及政

权有蒙古高原西部的八喇忽部、密儿纪部、黠戛斯及辽宗室耶律大石建立的西辽；西南有吐蕃诸部及大理政权。

（一）金与辽的关系

金朝的建立者生女真完颜部，名义上为辽朝属部，但实际上经常在辽和高丽之间叛服不定。而辽在事实上一直没有实际控制生女真，尤其是完颜部。准确地说，辽对生女真只不过"羁縻"而已。就生女真完颜部来说，接受辽的封号，只是借重辽的声威，乘机扩大自己的势力，加快统一女真各部。至完颜阿骨打嗣位为生女真完颜部都勃极烈以后，便把反辽作为斗争的主要目标。公元 1114 年九月，辽朝加强了对宁江州（今吉林扶余东）的防御，完颜阿骨打集诸路兵誓师于来流水（今拉林河），举旗抗辽。接着攻占辽的宁江州、出河店（今黑龙江肇源西南的吐什吐）、宾州（今吉林农安东北）、咸州（今辽宁开原）。随着战争的胜利、新的占领区的扩大和降附者的增多，完颜阿骨打于公元 1115 年正月初一日即帝位建立金国。

金朝刚一建立，即确定继续抗辽灭辽和取辽而代之的方针。金太祖完颜阿骨打抗辽斗争的宗旨是致辽之罪，以义师征伐无道。在来流水起兵时，完颜阿骨打申告天地时说："世事辽国，恪修职贡，定乌春、窝谋罕之乱，破萧海里之众，有功不省，而侵侮是加。罪人阿疏，屡请不遣。今将问罪于辽，天地其鉴佑之。"登基典礼之后，完颜阿骨打亲自领兵，进攻辽在东北方统治女真的重镇黄龙府（今吉林农安），首先攻下达鲁古城（今前郭尔罗斯蒙古族自治县的塔虎城），九月攻下黄龙府。辽天祚帝闻讯率契丹及汉军 10 余万向金军进讨，完颜阿骨打以 2 万兵迎战。两军战于护步答冈（今黑龙江五常西），辽军大溃，死者相属，天祚帝逃往长春州（今吉林大安西北），辽军主力被击溃，为金南下夺取辽东京奠定了基础。

在辽军屡败的情况下，辽统治者内部不断发生叛变。当时辽国军心不稳，遇战则迟疑不行，溃不成军，辽之军民纷纷向金归附。完颜阿骨打与天祚帝相反，对内则不断论功行赏，对来归附者尽力安抚。公元 1116 年正月下诏："自破辽兵，四方来降者众，宜加优恤。自今契丹、奚、汉、渤海、系辽籍女真、室韦、达鲁古、兀惹、铁骊诸部官民，已降或为军所俘获，逃遁而还者，勿以为罪，其首长仍官之，且使从宜居处。"完颜阿骨打在对辽的问题上有长远作战的打算，对所俘或所附的东京渤海人多行释放或留养，以便日后为其效用。这些政策既得到渤海人等的拥护和支持，又起到瓦解敌人的作用。辽朝统治的东京渤海人高永昌据辽东京（今辽宁辽阳）反辽，自称大渤海国皇帝，据有辽东 50 余州，改元隆基。天祚帝派萧韩家奴、张琳等镇压，高永昌向金求援。高永昌的反辽复国，对辽朝来说是分裂；而对新兴的金朝来说，也是一个迟早要对付的地方割据势力，绝对不能允许其发展壮大。因此，金辽双方都不能放任高永昌得势。同年四月，完颜阿骨打以斡鲁统内外诸军，与蒲察、迪古乃会同咸州路都统斡鲁古，合力讨伐高永昌。五月，高永昌兵败被擒，东京州县尽为金所有，渤海人、汉人、曷苏馆女真归附，完颜阿骨打以斡鲁为南路都统。辽为阻止金军南下，派军 6 万攻昭散城（当在今吉林海龙东南）。金派阿徒罕、乌论石准击辽军，辽军大败，于是斡鲁南下攻沈州（今辽宁沈阳）、东京。

公元 1117 年，金军获悉辽在长春州和泰州（今吉林白城东南）方面防备薄弱，完颜阿骨打立即派斜也取长春州，派宗幹、宗雄攻金山县（今黑龙江齐齐哈尔西），然后两路合攻辽西北重镇泰州。宗幹、宗雄所率队伍很快到达金山县城，该县文武一听说金军将至，不战自溃，金军顺利占领金山县。宗幹择选土人以诏书招谕，于是女固、脾室四部及渤海人投降，接着攻下泰州。同年九月，辽为抵抗金军西进，招募饥民 2 万多人，名之"怨军"，以渤海铁州（今辽宁盖县东北）人郭药师为渠帅。十二月，金军大举进攻，败辽军于蒺藜山（今北镇、义县之北），接着连拔显（今北镇西）、乾（今北镇南）、懿（今彰武西）、徽（今阜新北）、成（今阜新西北）、川（今北票南）、惠（今建平北）等州。

公元 1118 年正月，辽双州（今铁岭西）节度使张崇降；六月，通（今吉林四平）、祺（今辽宁康平东南）、双、辽（今新民东北）等州归金。这时辽上京已经处于被包围之势，辽朝见大势已去，派太傅习泥烈封完颜阿骨打为"东怀国皇帝"，以期金兵缓进。公元 1120 年，金决意攻取辽上京（今内蒙古巴林左旗南），上京留守挞不野投降，天祚帝逃往中京（今内蒙古宁城西大名城）。天祚帝在中京大定府，密令内库官员打包珠玉珍玩五百余囊，预备骏马二千匹，伺机逃跑。金破辽上京，捣毁辽朝统治中心，占有辽过半土地，金抗辽斗争已经取得决定性胜利。

公元1121年，辽都统耶律余睹降金，金进一步得辽虚实。完颜阿骨打立即发起灭辽统一战争，以斜也为内外诸军都统，以完颜显、宗翰、宗幹、宗望、宗磐为副，率大军伐辽。公元1122年，金军攻克高（今内蒙古赤峰东）、恩（今赤峰南）、回纥（在今赤峰一带）三城，取中京，进据泽州（今河北平泉南）。天祚帝逃往鸳鸯泊（今河北张北西北），斜也与宗翰分道追捕，天祚帝又逃到西京（今山西大同）。金军占领西京以后，进而招降天德（今内蒙古乌拉特前旗北）、云内（今土默特左旗东南）、宁边（今准格尔旗东）、东胜（今托克托）等地，天祚帝又逃入夹山（今萨拉齐西北）。六月，完颜阿骨打从上京出发，追击天祚帝到大鱼泊（当即鱼儿泺，今内蒙古克什克腾旗西达来诺尔湖），天祚帝又逃去。金于十二月向燕京（辽南京，今北京）进发，此时燕京小朝廷耶律淳已经去世，萧德妃出奔，燕京降。

公元1123年八月，完颜阿骨打去世，弟完颜晟即位。公元1125年十月，辽天祚帝耶律延禧经天德军（今内蒙古呼和浩特市东）过沙漠，向西逃窜。二月，天祚帝逃至应州新城（今山西省怀仁县西）东60里处，被金将完颜娄室俘获，辽亡。

（二）金与北宋的关系

北宋末年，政治腐败，国内矛盾日趋尖锐，昏君徽宗赵佶与贪官蔡京、童贯等，欲乘辽朝衰亡之际，采取联金灭辽的战略，趁机夺取五代后晋割送于辽的燕云十六州，以建立万世功业。公元 1111 年，郑允中、童贯使辽，辽人马植深夜与童贯商议灭辽之策，童贯遂约马植归宋。马植至宋首都开封，上书给宋徽宗，献计宋派遣使臣自登州（今山东蓬莱）、莱州（今属山东）渡海到辽东与女真结盟，共灭辽朝，可以夺取后晋割送辽朝的燕云地区，深受徽宗赏识。赵佶赐马植姓名为李良嗣，后又赐姓赵。金朝建立后，宋遣使渡海，但未能登陆而回。公元 1118 年马政使金，表达宋金联合攻辽及燕云地区归宋事宜。金太祖完颜阿骨打为了加快实现灭辽目标，同意与宋联盟。于是，遣散睹等人使宋商议结盟事务。公元 1120 年宋遣赵良嗣、马政先后使金，金亦数次遣使来宋，双方议定夹攻辽朝，辽燕京由宋军攻取，金军进攻辽中京大定府（今辽宁宁城西）等地。一旦辽亡后，燕云地区归宋朝，宋将原纳给辽朝的岁币转给金朝，史称此约为宋金"海上之盟"。

然而，腐败的北宋数十万大军两次攻打辽南京（燕京），均被辽守军打败。最后，辽南京仍由金军攻占。北宋每年加付 100 万贯钱为代税钱，随同每年"岁币"交付给金朝。公元 1123 年四月，金将燕京及所属九州中的西部六州划归宋朝，但燕京大部居民已经被金俘往东北做奴隶，宋朝所得只是残破不堪的一座空城。金答应在北宋出犒军费给金的条件下，将云州（辽西京）地区归属宋朝。五月，金已许将朔（今属山西）、武（今山西神池）、蔚（今河北蔚县）三州先归宋，尚未及执行时，因完颜阿骨打突然病逝而中止。

金太宗完颜晟即位之初，并未改变与宋盟约。公元 1124 年主将宗翰、宗望反对割山西地与宋。这时，已经熟知北宋底细的金国，将中原作为吞并对象，便开始为侵宋寻找借口。公元 1123 年五月，降金辽将、金南京（平州）留守张觉据平州（今河北卢龙）叛金。六月初，张觉兵败逃往燕山府，为宋朝收纳。不久，北宋将张觉处死，并将人头函送给金朝，但还是成为金太宗完颜晟侵宋的借口。公元 1125 年二月，金俘辽天祚帝，扫清辽残余势力以后，完颜晟于同年十月下诏攻宋。

金军兵分两路，西路军以左副元帅宗翰为统帅，自西京大同府（云州）南攻太原（今属山西）。东路军以南京路都统宗望、六部路都统挞懒为主将，自南京（平州）西攻燕山。十一月，东路金军占领檀州（今北京密云）、蓟州（今天津蓟县）。十二月初，西路金军统帅宗翰首先派使臣前往太原，命童贯急行上奏，速割河东河北两路土地，并以大河为界，金可存大宋宗庙社稷。随即，宗翰自河阴（今山西山阴东南）南下，首先攻占已属宋朝的朔州（今属山西），又克代州（今代县）、忻州（今属山西），遂围太原。同月，东路金军进至三河（今属河北），大败宋军郭药师部于燕山府东之白河（今北京通县东潮白河），又败另部宋军于古北口（今属北京），郭药师以燕山府降金。

当金军进围太原、占领燕山府的消息传到首都开封，昏君赵佶方才下诏，罢浙江诸路花石纲、延福宫、西城租课及内外制造局，罢道官，罢大晟府、行幸局、应奉局等广激民怨的搜刮项目。在金军大举南下的情况下，赵佶只思远逃躲避，遂匆忙任命太子赵桓为开封牧，并下诏各地起兵勤王，并企图以太子监国名义，将抗金重任推予太子赵桓。急于南逃的赵佶，在吴敏、李纲等人逼迫下，于当年十二月下旬传位给太子赵桓，赵桓即为宋钦宗。

东路金军在攻打中山、真定两府后，越城南下。钦宗赵桓即位后，东路金军相继攻占庆源府（今赵县）、信德府（今邢台）。靖康元年即公元 1126 年正月初，东路金军又占领相州、浚州，宋黄河南岸守军焚河桥溃逃。正月初三，宋军焚桥溃逃的消息传到开封，作为太上皇的赵佶，立即于当天连夜出逃。东路金军迅即渡河南下，初七日到达开封城下，开封军民在东京留守李纲率领下，打退金军的多次进攻。但金使要求宋割让太原、中山、河间三镇，并以宰相、亲王为质方可退兵。赵桓急派九弟康王赵构、次相张邦昌前往金军谈判。二月初，钦宗赵桓直接主使的宋军夜袭金军失败后，为示求和诚意，赵桓随即将主将李纲罢职，并同意割让三镇。当宋朝勤王军兵不断到达开封，西路金军因久攻太原不克而滞留于河东时，钦宗赵桓仍以割让三镇、改以三弟肃王赵枢代替赵构、升张邦昌为首相作为人质向金求和，东路金军方于二月九日从开封退兵。西路金军在太原久攻不下的情况下，留部分金兵攻城，主力转而南下，连下威胜军（今山西沁县）、隆德府（今长治），到泽州（今晋城）时，遇到宋朝北上割地求和特使后北返。

徽宗赵佶逃到镇江以后，随即以太上皇圣旨，将东南地区的"递角""纲运"和"勤王"军队扣留，掌控了东南地区的军、政、经济大权，企图重新上台当皇帝。为了维护帝位，钦宗首先贬逐"六贼"中的王黼、李彦、朱勔，不久又将王黼、李彦、梁师成处死，随后将赵佶身边的童贯、蔡攸，以及南逃的蔡京贬官，并下诏太上皇宋徽宗不得干预政事。赵佶被迫以密信向钦宗表示，愿回开封"乐处闲寂"，不再"窥伺旧职"。赵佶回开封以后，行动受到限制。蔡京死于贬途，蔡攸、童贯、朱勔等相继被处死，恶贯满盈的"六贼"等终于被除。

虽然宋钦宗下诏割让三镇以求和，但太原、河间、中山三府军民不接受割地诏书，西路金军主将宗翰只得留下部分金军继续攻打太原，自己退回大同。东路金军也在宋将种师中率宋军尾随的情况下，暂时退回燕京。宋钦宗在李纲等坚持抗金与三镇军民抗拒割地的形势下，二月中旬又废除割地议和协议。种师中等率军西进增援太原，主力于寿阳与金军遭遇，五战三胜，继续向榆次进发，增援太原。在榆次又与金军相遇，饥困交迫的宋军溃败，种师中战死，河东其他宋军也接连失利。

公元 1126 年八月上旬，金太宗以宋废除割地和议为名，命宗望、宗翰分率东西路军第二次侵宋。王禀率军民在粮尽援绝的情况下，坚守太原长达八个多月。九月初，金军攻破太原，王禀率军巷战至死。十月初，二千宋军在重镇真定府抗击东路金军主力围攻近四十天，后被攻占，宋将刘翊巷战后兵败自杀，太守张邈被俘后不屈被害。两路金军攻城略地迅速南下，宋钦宗又急忙派出康王赵构为使、刑部尚书王云为副使，前往东路金军统帅宗望军前，再次同意割让三镇。东路金军已经再次渡河南下，金使提出划河为界，宋钦宗立即派出执政官耿南仲、聂昌分使两路金军统帅宗望、宗翰军前，同意划河为界议和。此时，赵构、王云到磁州，磁州百姓当即将王云杀死，康王赵构慌忙退还相州；耿南仲与金使前往卫州，被乡兵围困，金使逃走；聂昌到达绛州，为宋守军所杀。

十一月末，两路金军先后到达开封城下，多次攻城，均为开封军民击退。关键时刻，宋钦宗和右相何㮚等，竟然听信骗子郭京所谓"六甲神兵"攻打金军谎言，闰十一月二十五日，郭京以神兵出战为名大开城门逃走，金军乘机攻占开封城墙。十二月初二，宋钦宗奉表请降。北宋靖康二年，即公元 1127 年二月六日，金下令废北宋徽宗、钦宗二帝。四月初，宗望、宗翰押徽宗赵佶、钦宗赵桓及北宋宗室四百七十余人北去，北宋亡。

（三）金与西夏的关系

公元 1115 年初，完颜阿骨打建立金国后，立即展开灭辽战争。由于当时与西夏不相为邻，其间两国并无接触。直到公元 1122 年三月，为追击西逃天德、云中夹山地区（今内蒙古萨拉齐）的辽天祚帝，金兵逼近西夏边境。同年五月，西夏崇宗李乾顺派兵三万救天祚帝，被金将斡鲁、娄室击败，西夏军伤亡惨重。次年六月，天祚帝遣使册封李乾顺为夏国皇帝时，金对西夏援辽发出警告。为了减少灭辽阻力，金采取割地与西夏的策略，派宗望与西夏议和。公元 1124 年金与西夏达成和议，西夏向金朝奉表称臣，以事辽之礼称藩；金割下寨以北、阴山以南、乙室耶利部吐禄泺以西之地给西夏。从此，西夏由辽的附庸变成金的附庸。

金灭辽以后，为了争取西夏共同对付宋朝，于公元 1124

年将天德、云内、金肃、河清四军及武州、河东八馆之地割与西夏。公元 1134 年三月，西夏李乾顺乘宋金激战之机，发兵由金肃、河清渡河，攻取天德等四州八馆地。金以数万骑以出猎为名，至天德逼逐西夏军队，悉夺西夏新占之地，西夏遣使请和。公元 1127 年三月，西夏拒绝承认金朝单方面的划界方案。同年五月，李乾顺遣将军李遇率兵取威戎城。当时，金已先占该城，金帅娄室遂命金兵退出威戎城。公元 1132 年正月，金以陕西地赐予刘豫伪齐政权。次年八月，李乾顺乘刘豫寇掠伊阳，发兵五万攻怀德军，被伪齐军击溃。公元 1136 年七月，西夏进攻乐州、西宁。次年九月，李乾顺又遣使以厚帛向金乞取积石（今青海贵德境）、乐州（今青海乐都境）、廓（今青海化隆、贵德境）三州，金遂将三州之地归于西夏。

公元 1139 年李乾顺去世，在李仁孝继位后的十六年间，金与西夏表面上君臣相称，聘使往来，背后仍不断明争暗斗，但并未影响双方关系大局。其间，金与南宋形成对峙局面，南宋极力争取西夏以牵制金朝，金朝对西夏的策略也由武力防范转向政治争取。李仁孝即位以后，金朝立刻遣使封其为夏国王，加开府仪同三司、上柱国。公元 1141 年金熙宗答应西夏请置榷场的要求，首次在绥德州、保安军、兰州、东胜、环州等地开设榷场与西夏贸易。同年七月，金朝又遣使贺西夏主生日。金将折彦文与西夏有毁坟戮尸世仇，金以折彦文守府州（今陕西府谷县），折彦文大开边隙侵占西夏土地。西夏为东部边境安全计，多次出兵破金麟、府二州，进而围金晋宁军。公元 1142 年十月，金熙宗命折彦文移守青州，并遣使谕西夏，令各归侵土，谨守疆场，西夏李仁孝同意。公元 1146 年，金熙宗又应西夏之请，将德威城、西安州、定边军等沿边州军赐给西夏。

公元 1149 年金右丞相完颜亮弑熙宗自立为帝，是为海陵王。十二月，西夏贺正使至广宁，听闻金熙宗被弑，国中大乱，乃持仪物而回。随后，海陵王完颜亮遣使到西夏告哀，并谕废立之事，李仁孝未让金使入境，并责问熙宗何以见废？公元 1150 年三月，海陵王再次派遣侍卫亲军步军都指挥使完颜思恭、万户完颜撒改到西夏告谕，李仁孝只好接受；七月，李仁孝遣御史中丞热辣公济、中书舍人李崇德贺海陵王即位。从此直到公元 1193 年间的 30 多年间，金与西夏关系基本处于和平友好状态，两国每年按例互相派遣贺正旦、贺生辰、贺即位及万春节、贺上尊号、谢横赐及奏告使节，聘使往来频繁，加强了两国之间的政治、经济、文化联系。

这中间，在金世宗的支持下，西夏一举粉碎了外戚权臣任得敬的分国阴谋。金朝早已关注任得敬的专权跋扈，公元 1161 年九月，金贺李仁孝生日使太常博士萧谊中在西夏时，曾向兴庆府尹赵良、中书舍人芭里昌明探问任得敬的情况。公元 1168 年二月，李仁孝为给任得敬治病向金朝求医。之后，李仁孝遣谢恩使时，任得敬亦附表进呈礼物，金世宗以"得敬自有定分，岂宜紊越"拒绝接受。同年七月，李仁孝获得任得敬密通宋人求助的帛书，密献于金。金世宗一直密切注视任得敬的行动，并向接近西夏的熙秦路边境增兵。公元 1170 年五月，任得敬胁迫李仁孝分国，李仁孝被迫为任得敬向金朝求封册。金世宗知道此为权臣逼夺，便以多项措施，支持西夏李仁孝诛杀任得敬及其党羽，西夏为此深谢并听命于金。

公元1189年金世宗完颜雍去世，章宗完颜璟嗣位。四年后西夏李仁孝去世，子李纯祐立，西夏仍对金称臣纳贡，使节往来一如既往。公元1200年正月，李纯祐母罗氏因病不愈，李纯祐遣金贺正使时求医于金，金章宗即遣太医判官时德元及王利贞往诊，年内两次赐药，金与西夏关系基本和好。

公元1206年正月，西夏被镇夷郡王李安全篡位，三月后李纯祐去世。就在李纯祐被废的前一年，兴起于北方的蒙古成吉思汗向金国和西夏发动进攻。随着蒙古铁骑的南下，保持八十年之久的金与西夏和好关系发生剧烈变化。李安全之废李纯祐，得到了李纯祐母罗氏的有力支持。公元1206年李安全自立的当年六月，罗太后遣御史大夫罔佐执中奉表至金为李安全请封，金章宗遣使诘问罗太后废立之故。罗太后于七月遣使奉表饰辞陈请，金章宗才遣使册李安全为夏国王。从李安全继立起，西夏一面继续同金国贡使往来，一面抵御入侵的蒙古大军。公元1209年九月蒙古大军兵围西夏京城中兴府，十月李安全遣使向金乞求援兵，金卫绍王完颜永济乐于壁上观而不出兵，李安全只好向蒙古纳女请和，蒙古兵退。公元1210年八月，李安全恨金不发兵救援，遂遣万骑进攻金莨州。同年七月，西夏齐王李遵顼继立为帝，八月李安全去世。

西夏李遵顼时期，金与西夏之间爆发战争长达十余年。李遵顼甫立，即于公元1211年九月攻金东胜；十一月，乘隙攻陷金邠、泾二州，进围平凉府，被金兵击退。后攻金莨州，破金保安军，围庆阳府，下金邠州，金驸马乌林答琳降。之后，两国久战不绝，虽然胜负相当，但两国信使不通，边民贸易断绝，人力物力耗费巨大，经济损失不可估量。公元1218年三月，西夏李遵顼致书金之保安、绥德、葭州，乞复互市，以寻旧盟。金右都监庆山奴禀告金宣宗，宣宗知李遵顼反复无常，未予答应。五到十一月，李遵顼以金不允互市，遂引蒙古军由葭州攻金鄜、延及冕谷寨、质孤堡，俱败。从这时到公元1223年，西夏李遵顼不停地向金发动攻击，或配合蒙古军进攻金国，但大都不能取胜。

至金哀宗完颜守绪与西夏献宗李德旺继立，两国开始真诚议和。议定金与西夏易"君臣之国"为"兄弟之国"，金朝致西夏国书称"兄大金皇帝致书于弟大夏皇帝阙下"，两国贡使往来和互市基本恢复。公元1226年七月李德旺去世，清平郡王子南平王李睍继位为末主，即遣使报哀于金，金亦遣使吊奠。十二月，蒙古兵围中兴府，西夏将亡，李睍遣使入金，请停两国使聘。但次年正月，金哀宗仍遣使到西夏贺正旦。六月，蒙古大军即将破城，西夏李睍出降被杀，金与西夏关系终止。

（四）金与南宋的关系

金太宗完颜晟决定灭宋，另立傀儡政权以统治黄河以南的原北宋统治区。在废宋徽宗和宋钦宗二帝以后，完颜晟下诏册立张邦昌为楚国皇帝，在开封登基，定都金陵（今江苏南京）。张邦昌为宋东光（今属河北）人，公元1119年在北宋朝廷为臣，后升任少宰。张邦昌力主割地求和，并先后为康王赵构与肃王赵枢副手同为人质，被升任为类似于首相的太宰。金在册封张邦昌为伪楚皇帝以后，于四月初撤军。张邦昌迫于形势，迎宋哲宗赵煦后孟氏为宋太后，自己为尚书左仆射。金为统治黄河以南地区而设立的这一伪楚政权，实际历时 32 天便自行解散。

北宋靖康元年，即公元 1126 年闰十一月中旬，在开封已经被金兵围攻的危急关头，宋钦宗赵桓以蜡书诏令在相州的康王赵构为河北兵马大元帅，起兵入援首都开封。十二月一日，赵构于相州建大元帅府，就任大元帅。这时，金军已经攻占开封城墙，赵桓再次蜡书诏令赵构入援开封。赵构一面传檄河北各州府起兵会于北京大名府，自己率近万军队，经临漳（今河北临漳西南）渡过黄河。副元帅宗泽率军二千人，信德（今邢台）知府梁扬祖率部将张俊、杨沂中及三千军兵，刘光世、韩世忠也率所部相继到达。副元帅宗泽主张迅速南下援救开封，遭到赵构反对。赵构命宗泽以大元帅旗号，率数千军兵南下开德府（今河南濮阳），向开封进发以吸引金军，自己则率大队人马于公元 1127 年正月初，逃往东南方向的东平府。二月下旬，赵构等逃到济州，前往宋太祖赵匡胤兴王之地南京应天府（今河南商丘），准备自己当皇帝。在金军北撤、伪楚自行消灭以后，赵构遂于公元 1127 年五月初一在南京应天府即位，改元建炎，不久建都临安（今浙江杭州），史称南宋，赵构即宋高宗。

赵构为躲避金军可能的南侵，十月初一即从南京应天府乘船南逃，同月末即逃往扬州。同年十二月，完颜晟下诏进攻南宋。而赵构担心抗金会招致金朝有可能将徽宗、钦宗二帝南送回国，从而影响自己的帝位，因此决意走避江南，并快速逃往扬州。同年十二月，金军兵分两路，西路由娄室攻陕窥蜀，次年攻占陕西中部许多州县。东路主力攻陷京东州县，宗翰从大名府（今河北大名）渡黄河，攻克兖（今属山东）、郓（今东平）、庆府（今济宁）等地。公元 1128 年正月末，金军由徐、泗（今盱眙北）二州奔袭扬州。赵构仓皇渡江逃到镇江，喘息未定又逃往杭州。金军仅小股部队到达扬州，主力因渡江困难焚扬州北返。

赵构于二月中旬逃到杭州以后，决定向金称臣求和，并先后派出两批求和使臣，求和使臣尚在途中，金军第二次大规模南侵已经开始。金军仍分东西两路，西路再攻陕以入蜀，东路南越长江追击赵构。十月上旬，赵构在风声鹤唳中从临安过浙江南逃越州，又于十二月初逃到明州（今宁波）。金军宗弼随后由广德军越过天目山，占领临安。赵构则从明州乘船逃到定海（今镇海），随即入海到昌国（今定海），金将阿里也渡浙江追击，取越州。公元 1129 年正月，金军攻占明州，赵构自昌国南逃台州（今临海）海边，金军阿里入海攻占昌国，并乘海船追击，被宋提领海舟张公裕击退，赵构又乘船逃往温州。二月初，金军退回临安，宗弼听说宋浙西制置使韩世忠将从江阴截击其后路，于是在二月中旬纵火焚烧临安城后北返。三月，赵构离开温州，由余姚回到越州。宗弼也北返抵镇江，韩世忠以舟师扼江口，金军渡江不成，沿长江西上，在黄天荡

（今南京东北）被宋军打败。接着，在建康又被宋通泰镇抚使
岳飞打败。五月中旬，宗弼自建康渡江北返。

金发大兵进攻，其目的在消灭南宋，于黄河以南重建傀儡
政权。大将宗弼渡江穷追赵构未获而北返，使金知道短期内不
可能消灭南宋，遂决定在已经占领的黄河以南地区建立傀儡政
权。这时，宗翰和挞懒向金完颜晟推荐刘豫。刘豫为阜城
（今河北交河）人，原任宋济南知府，金左监军挞懒攻济南，
刘豫杀抗金将领关胜降金，任金京东、淮南安抚使，知东平府
兼诸路马步军都总管。公元 1130 年七月，完颜晟册立刘豫为
伪齐皇帝，国号齐，建都大名（今属河北）府，辖区为原宋
朝黄河以南的全部领土。

金朝在伪齐境内驻兵，干涉政治，索要巨额岁币。公元
1133 年，刘豫派兵攻陷南宋河南的唐州（今河南唐河）、信阳
军（今信阳市）以及湖北的襄阳府和郢（今湖北钟祥）、随
（今属湖北）两州。刘豫乞援于金，于次年七月又联金南侵。
十月，淮东宣抚使韩世忠在扬州大仪镇打败金兵，别将董旼再
捷于天长县鸦口（今安徽天长东）。金兵惊溃连夜退兵，伪齐
兵弃辎重逃遁。公元 1136 年，伪齐二次分道侵宋，被宋将杨
沂中大败于滁州附近的藕塘镇（今安徽定远东南），伪齐从此
一蹶不振，只能依靠金军支援。公元 1137 年十一月，金废伪
齐，于汴州设行台尚书省。

公元 1137 年二月，宋高宗赵构派王伦赴金奉迎宋徽宗棺
椁时，曾向金左副元帅挞懒转达了南宋愿意为金朝属国以企求
和的意愿。同年十一月，金废伪齐。赵构决意向金投降，并于

三月初任命秦桧为右相兼枢密使，处理投降求和事务。十月，当议和金使即将到达时，赵构首先将反对议和的左相赵鼎罢相，由秦桧独自主持议和，其他文武大臣不得参与。十二月下旬，金使张通古到临安，称南宋为"江南"而不称"宋"，用"诏谕"而不称"国书"，并要宋高宗拜接金熙宗诏书。

同年七八月间，主战首相完颜宗干和升任都元帅的完颜宗弼等掌权。公元 1140 年五月初，金再次分兵两路南下，河南各地相继投降。五月末，金军围攻顺昌，为宋军击败。六月初，金都元帅宗弼率亲军到达顺昌城下，督率 10 万金军攻城，战败后退往开封。而金宗弼率领的东路军，于五月中旬自河中（今山西永济西）渡黄河进入同州（今陕西大荔），很快占领永兴军（今西安），随即西向凤翔。南宋四川宣抚副使胡世将派吴璘率军 2 万自河池赶往宝鸡，经过苦战遏制了金军南侵的锋芒，但陕西被金军占领。

公元 1140 年五月金军围攻顺昌时，宋高宗赵构首先起用刘光世驻太平州，节制李显忠、王德两军进援顺昌。六月初，赵构命韩世忠、张俊、岳飞兼河南、北诸路招讨使，以防备金军大举南下。岳飞军于闰六月中下旬攻占颍昌（今许昌）、陈州、郑州、中牟等地，距金军指挥中心开封只有 60 里地，七月初又攻占洛阳。金都元帅宗弼率精骑奔袭宋军指挥中心郾城，岳飞率留守部队奋战，击败金军。金军败退后转而进攻颍昌，也被守城宋军打败。正当金军准备撤离开封北上、河南地区即将收复之际，赵构急命各路宋军退兵，从而断送了宋军主动进攻扩大战果的机会。

公元 1141 年初，金都元帅宗弼又率金军渡淮侵宋，攻占寿春，进至庐州附近。宋军刘锜、杨沂中奉命进援，并令岳飞东进江州策应。岳飞提议北进中原直攻开封、迫使金军退兵的战术，遭到赵构拒绝。刘锜率 2 万宋军赶到庐州，见城池残破，只得退屯东关（今安徽巢湖东南）。二月，当金军即将临江之际，王德率宋军渡江北上进驻和州（今和县），宋金两军在和州、含山、巢县，以及昭关（今含山北）、清溪（今含山西南）一带展开激战。金军都元帅宗弼率主力与宋将杨沂中、刘锜等部决战于柘皋（今巢湖市西北），金军大败，退守紫金山（柘皋西北）。宋军又败金军于店步，收复庐州。三月，金军在濠州（今凤阳西北）设伏，击败宋将杨沂中、王德所部后渡淮北归。这时，赵构见金军进攻势头大减，担心同仇敌忾的宋军将金军打败，便以赏柘皋之功为名，命韩世忠、张俊交出兵权，罢岳飞官职，随后罗织罪名将岳飞下狱。与此同时，赵构、秦桧加紧降金求和准备。十一月，以南宋称臣、划淮为界、岁贡银 25 万两、绢 25 万匹达成和议。十二月末，以莫须有罪名将岳飞、岳云、张宪杀害。

公元 1149 年十二月，金副相完颜亮刺杀金熙宗后夺取帝位。完颜亮企图消灭南宋，便于公元 1153 年由上京会宁府（今黑龙江阿城）迁都中都大兴府（今北京），并积极备战。公元 1161 年二月，完颜亮以巡狩名义前往南京开封府。五月中旬，完颜亮遣使赴杭州，直接向赵构提出划江为界，且以军事相威胁，南宋被迫作出防御部署。七月，金迁都南京开封，随即部署侵宋，由徒单合喜、张中彦统兵 5 万出凤翔，拟取大散关（今宝鸡西南），以遏制宋军出川攻金；由刘萼、仆散乌者统兵 2 万出蔡州（今河南汝南），进攻长江中游地区；由完颜亮自统金军主力，拟渡淮取寿春（今安徽寿县）以攻淮西；另派徒单贞统兵 2 万拟取淮阴以攻淮东；以苏保衡、完颜郑家奴于胶西县（今山东胶州）东南海湾（今青岛西侧胶州湾）率水军由海道南下，直取南宋首都临安。九月初，金军西线出兵攻占大散关后修垒自守。同月下旬，中路金军进攻信阳（今属河南），完颜亮也自开封南下，侵宋战争全面展开。赵构于十月初下诏亲征，两淮宋军统帅刘锜扶病自扬州进驻淮阴抗金前线。金军自涡口（今安徽怀远东）大举渡淮，淮西主将王权自庐州南逃昭关（今含山西北），再逃至和州，金军攻占庐州、滁州，刘锜不得已从淮阴退回扬州。在金军即将到达长江北岸之际，赵构准备再次东逃入海，百官也纷纷遣送家属出城逃亡。在宰相陈康伯等人坚持下，赵构决定亲征，遂任命知枢密院事叶义问任督视江淮军马、中书舍人虞允文任参谋军事，统一指挥江淮战事。所任将领尚未从临安出发，王权已经弃和州逃到江南东采石（时属当涂县，今安徽马鞍山市南），金军随即占领和州，完颜亮进抵江北岸渡口杨林渡。另一路金军已攻占真州（今江苏仪征），并进攻扬州，刘锜等退守瓜洲（今扬州南），扬州为金军占领。金东路主力虽然进抵长江北岸，其他各路却进展不大，水军甚至未及出发，即于十月下旬被宋将李宝所率水军全部消灭。

金军渡淮大举南侵之后数日，金朝反对完颜亮南侵的将领拥立金东京（今辽宁辽阳）留守完颜雍即皇帝位，是为金世宗。金帝完颜亮得知朝中发生政变的消息后，决定立即渡江进攻南宋，于初七日临江誓师，决定次日于西采石渡江南侵。宋参谋军事虞允文到达东采石时，遥见长江北岸金军大量水军船只已出杨林渡口，虞允文命当涂兵民乘海鳅船冲击金水军船队。次日，宋将盛新率军乘船防守于长江江心，控制金水军基地杨林河口，宋军又以火攻烧毁金水军大量船只，完颜亮被迫焚毁其余船只，转往扬州。完颜亮在扬州下令三日内渡江南侵，但金军在采石战败后士气低落，金在胶西东南海湾的水军被全歼的消息传来，加之金世宗已经控制金大部分地区，促使金都统制完颜元宜等，在十一月二十七日杀完颜亮于扬州，金军随即退兵渡淮北归。

早在公元 1131 年正月，孟太后以梦中所见为辞，秘密建议无有子嗣的高宗赵构选立太祖赵匡胤后代作为继承人，以巩固宋朝统治。此后，宰相范宗尹也有与孟太后相同的建议。于是，赵构遂选宋太祖次子赵德芳六世孙赵伯琮为继承人。30 年后的公元 1160 年，赵构始立赵伯琮为皇子。公元 1162 年六月十一日，赵构退位为太上皇，改名为赵昚的太子即位，是为宋孝宗。

孝宗即位后，金朝侵宋战争仍在继续。公元 1162 年九月，金要南宋按绍兴和议臣属，并索回采石之战前后被宋军攻占的淮北州府，并要南宋依旧每年纳贡银绢。十一月初，金世宗命右丞相仆散忠义兼都元帅统兵攻宋。宋孝宗决定通过对金作战来改变臣属关系，即命枢密使、都督江淮军马张浚督军北伐。五月初，张浚命宋将李显忠、邵宏渊分别自濠州（今安徽凤阳东北)、盱眙（今属江苏）渡淮北攻，李显忠首先攻克灵璧，金河南路都统奚人挞不也战败降于李显忠。邵宏渊兵围虹县（今泗县），李显忠挥师东进，虹县金守将泗州知州蒲察徒穆等向李显忠投降，张浚随即渡江前往濠州督战。中旬，李显忠率军进攻宿州，攻下宿州北门，经过激烈巷战，杀敌数千，攻占宿州。

宋军迅速攻占灵璧、虹县、宿州，震动金国朝野。金世宗随即派中使督战，金左副元帅纥石烈志宁立即率精兵进攻宿州，李显忠率所部主动出击，连日激战，后因邵宏渊临阵脱逃，宋军遂移师守淮。而这次失败，却正合太上皇赵构心意。得到太上皇支持的秦桧党羽汤思退重新上台，并以太上皇赵构压制宋孝宗，宋孝宗遂下诏进行议和。但宋孝宗通过积极部署抗金防务，在与金议和草约中明确今后不再向金称臣，易岁"贡"为岁"币"，并减十万。公元 1165 年正月，宋金就此达成和议。

蒙古要假道于宋灭金，便与南宋达成共同灭金和约。公元 1230 年七月，蒙古窝阔台将兵入金陕西，命四弟拖雷及侄蒙哥率师渡黄河趋凤翔。蒙古与金接连大战，金军节节败退。公元 1233 年正月，金哀宗逃往归德（今商丘南）。四月，金南京将领崔立将金太后、皇后、宗室 500 余人押送到蒙古军前献纳。六月，归德粮绝，金哀宗又逃到蔡州（今汝南）。南宋派兵与蒙古军合围蔡州，公元 1234 年正月初十破蔡州城，金哀宗自缢身亡。

（五）金与蒙古的关系

在辽朝势力衰落时，尤其是辽亡金兴的过程中，若干较为强大的蒙古部落集团开始形成，如克烈、蔑儿乞惕、斡亦剌惕、汪古、广吉剌、塔塔儿，等等。这些部落集团互相掠夺，争战不休，但其中的大部分对金朝仍保持某种程度的臣属关系，向金朝纳贡，其首领接受金廷封号。金朝设置西北、西南、东北三路招讨司，管辖各归属部落，收受贡赋，颁发赏赐，并统军征讨其中的一些叛乱者。在金灭辽时，辽宗室耶律大石西迁并建立西辽。西辽壤接西夏，耶律大石又遣使联络南宋，从而给了新兴的金朝很大的压力，迫使金出兵漠北，试图逮捕或驱逐耶律大石。三千余里多是沙漠的无人之境，士兵死不胜计，车牛十无一二得还。面对如此恶劣的环境，金不得不畏而却步。更为严重的是，沙漠以北众多蒙古部落拒绝臣服金朝。公元 1130 年，金军征讨耶律大石时向蒙古诸部征兵，诸部抗而不从。征兵失败的金军，回撤时袭击了蒙古诸部。之后，又对北部不断用兵，将俘获的民众卖给内陆为奴，或驱赶到北部用以交换马匹，不断激发仇恨。

与辽相比，金对漠北地区的统治已经大为减弱。由于蒙古诸部的不断强大，金所设三路招讨司的治所均在内地，如东北路招讨司治所设在泰州（今吉林洮安东）；西北路招讨司治所在桓州（今内蒙古正蓝旗西北）；西南路招讨司治所在丰州（今呼和浩特东），实际很难控制较远地区，蒙古诸部反抗金朝统治、侵扰金地的战争不断发生。尤其是金朝长期推行的残酷压迫政策，使蒙古人对金朝统治者恨入骨髓。金熙宗时期，成吉思汗先祖俺巴孩汗曾被金朝以反叛罪处死。金世宗时，金不仅要蒙古纳贡，还每三年遣兵向北剿杀，谓之"减丁"。金朝为防蒙古报复袭扰，自达里带石堡子（今内蒙古莫力达瓦达斡尔族自治区北），经鱼儿泊（今达来诺尔）到夹山（今呼和浩特西北），筑成一条长达 3000 余里的界壕或边墙，后世称之为金长城。

然而，随着蒙古部孛儿只斤家族的铁木真先后征服蔑儿乞、鞑靼、克烈、乃蛮等部，统一整个漠北地区以后，金朝边防军队以及 3000 多里的界壕边墙，都难以阻挡蒙古铁骑的残酷蹂躏。公元 1206 年，蒙古乞颜部首领铁木真建立大蒙古国，用军民合一的千户制组织百姓，扩充军队，练成一支善于野战和远程奔袭的强大蒙古军，并为伐金做了五年多时间的准备。首先，成吉思汗从公元 1205 年起，连续三次大规模出兵西夏，以武力迫使西夏臣服，成功剪除金朝一翼，消灭了攻金时的牵制力量；扫除境外残敌，以保障后方安全；招纳为金守卫界壕的汪古惕部，使阴山以北地区成为蒙古攻金的基地；策反金军，招纳金成边官兵作为内应；利用商人、使节及侦探广泛收集金朝情报等等。

在做足各种功课以后，成吉思汗于公元 1211 年二月亲自率军，自怯绿连河（今克鲁伦河）南下，派先锋哲别率轻骑入金西北境侦察军情。四月，金帝闻蒙古军至，遣使乞和不成，命平章政事独吉思忠、参知政事完颜承裕领兵抵御蒙古军队。当年秋天，卫绍王完颜永济集中金朝 45 万主力，与蒙古

10万军队在野狐岭展开决战。蒙古军分兵两路，东路由成吉思汗率领趋中都，西路由成吉思汗子术赤、察合台、窝阔台率领趋金西京（今山西大同）。成吉思汗乘金军不备，一路袭取乌沙堡、乌月营（今河北张北西北）。卫绍王撤独吉思忠，改命完颜承裕为主帅。而完颜承裕畏惧蒙古军，节节败退，连失昌州（今内蒙古太仆寺旗西南）、桓州（今正蓝旗西北）、抚州（今张北），金军溃退会河堡（今怀安东南），蒙古铁骑跟踪追击，激战三日，歼灭金军精锐。蒙古西路军从十月攻掠云内（今内蒙古土默特左旗东南）、东胜（今托克托）、朔州（今属山西）等地，金西京守将匕石烈胡沙虎闻蒙古军至，弃城逃入中都。两路蒙古军在今河北、山西北部地区掳掠大批人畜财物后撤还。十二月，哲别攻克金东京（今辽宁辽阳），烧杀抢掠月余方才回师。

公元1212年，金千户耶律留哥在辽东起兵叛金。成吉思汗派部将与其结好，并遣兵支援，多次击败前往攻击的金军。秋季到来，成吉思汗再次率主力围攻西京，歼灭金元帅左都监奥屯襄所率援兵。公元1213年七月，蒙古军第三次攻金。成吉思汗率主力与金军战于怀来（今河北怀来东）、缙山（今北京延庆），大败金帅完颜纲、术虎高琪所部十余万人，乘胜直抵居庸关北口。蒙古军施计南北夹击，夺取居庸关后迂回南下，袭破紫荆关（今河北易县西北），克涿州，攻中都。八月，金胡沙虎发动政变，杀死卫绍王完颜永济，改立宣宗完颜珣。随后，铁木真乘胜进攻金朝首府中都，金帝被迫献出公主及500童男500童女求和，成吉思汗撤兵。

　　公元 1214 年五月，金宣宗畏惧蒙古军再攻中都，下令迁都南京（今河南开封）。六月，护从金宣宗的纥军因受到歧视，在良乡（今北京房山东北）一带哗变，推举斫答为帅降蒙。成吉思汗乘金迁都人心浮动之机，命部将三摸合拔都、石抹明安等率军，从古北口入长城，会合纥军围攻中都；又命木华黎率军进攻辽西、辽东以作策应。三摸合拔都迫使金右副元帅蒲察圻等投降，切断漕运，歼灭金援兵及运粮部队，使中都粮尽援绝。

　　公元 1215 年五月，金中都主帅完颜承晖服毒自杀，副帅抹捻尽忠潜逃，余众以城降。蒙古军占领中都，成吉思汗下令将中都城府库全部财物运往蒙古草原，随后纵使蒙古将士入城抢劫。金中都惨遭野蛮蹂躏，血流成河，大火月余不息，一座繁华都城变成人间地狱。次年成吉思汗命三摸合拔都率万骑，由西夏袭取潼关，挠掠河南。蒙古骑兵在长城内外纵横驰骋，歼灭金军大量精锐，残破金国半壁河山，掳掠大量人畜财物。两年后，成吉思汗在率主力西征前，封木华黎为太师、国王，命木华黎统率数万蒙古兵攻金，并谕其招纳中原豪杰，建置行省。木华黎改变之前肆意杀掠夺地不守的惯例，重用降附蒙古的河北清乐军首领史秉直史天倪父子，攻取金辽西、河北、山西、山东各地数十城，并置官镇守。公元 1221 年秋，木华黎率石天应、史天祥等进攻山西，旋渡黄河入陕西。次年八月，木华黎转攻被金朝收复的太原府，太原再次失守。公元 1223 年三月，木华黎病卒军中，其子勃鲁袭职，命将领史天泽击败武仙，夺占河北大片地区。

　　金哀宗完颜守绪即帝位以后，逐步改变以前三面对敌方略，停止攻宋，同西夏和好，集中全力抗蒙，以兵数十万西守潼关一带，另派精兵 20 万沿黄河分四段坚守。于是，蒙金形成隔河对峙局面。公元 1227 年四月，正在进攻西夏的成吉思汗见西夏亡国已成定局，遂挥师入金境，连破临洮（今属甘肃）等地。七月，成吉思汗病逝。两年后，成吉思汗第三子窝阔台即大汗位。窝阔台继位后大举侵金，于公元 1231 年二月攻破要地凤翔。至当年秋天，蒙古军分兵三路出师，东路斡陈那颜领军出山东济南，从东面牵制金军；中路由窝阔台亲率，从白坡（今河南孟县西南）南渡黄河，正面威逼南京；西路主力由拖雷率领，从凤翔南下，长驱入陕南，过天险饶凤关（今陕西石泉西），在均州（今湖北丹江口市西北）一带北渡汉水，进兵河南腹地，从侧后威逼南京。公元 1232 年正月，金哀宗急调黄河沿岸守军 20 万，至禹山（今河南邓州西）一带阻击。拖雷率兵四万北上，置主力于金援兵必经之地钧州（今河南禹州）西南三峰山一带设伏。金援兵中计，蒙古伏兵四起，歼金军精锐 15 万，俘杀金帅完颜合达、移剌蒲阿，潼关金将李平闻讯投降，黄河以南十余州皆为蒙古军所占。三月，窝阔台命部将速不台、塔察儿率军三万围攻南京，以炮数百门攻城。守城军民使用震天雷、飞火枪等奋勇抗击，激战十六昼夜。时值大疫，双方死伤惨重，遂暂时议和。八月，蒙古军在郑州附近歼灭金兵 10 余万。至此，金军主力所剩无几。十二月，金哀宗见南京粮尽援绝，率少数臣将辗转奔归德（今河南商丘南）、亳州（今属安徽），尔后至蔡州（今河南汝南）。

公元 1233 年正月，南京守将崔立向蒙古军投降。同年八月，蒙古使者王楫与南宋达成联兵灭金协议。南宋出兵占金寿州（今安徽凤台）、唐州（今河南唐河）等地，并拒绝金哀宗借粮请求。九月，塔察儿率蒙古军围攻蔡州，屡败金军。十一月，南宋应约遣江陵府副都统制孟珙率军二万、运米三十万石，与蒙古军会师蔡州城下，联兵攻城。公元 1234 年正月初十，金哀宗传位于末帝完颜承麟。十一日，蒙宋联军破城，金哀宗完颜守绪自缢，完颜承麟被杀，金朝日历就此翻过。

（六）金与高丽的关系

公元 918 年，王建在朝鲜半岛中南部创建了高丽政权，即王氏高丽，为辽朝藩属国。王建创立高丽政权后，积极北进，于公元 922 年修葺古都平壤，移民，置官设署，以西京相称，并以西京为基地继续向北扩展。公元 926 年辽朝灭渤海国，继之西移朝鲜半岛的原渤海民，从而削弱了辽在这一带的影响力和控制力，高丽趁机对这一带的渤海人和原渤海统治下的女真人进行招诱驱讨，不断扩张势力。有辽一代，高丽将领土北界由前朝新罗时的坝江（今大同江）向北扩张至清川江流域，并与长期生活在半岛北部的长白山三十部女真接壤。

早在生女真完颜部建立金国之前，就与高丽有着千丝万缕的联系。公元 921 年前后，在朝鲜半岛中部生活着一支以完颜为姓氏的女真人，其首领为阿古乃、函普、保活里兄弟三人。在新罗与高丽递嬗之际的战乱中，函普与保活里率领部分女真人离开半岛中部北上。金朝皇室一族，均出于生女真完颜部始祖函普一系。史载，生女真始祖函普与弟保活里及兄阿古乃分手，离开高丽。函普来到仆幹水之涯，依托完颜部；保活里居耶懒地区；阿古乃或其后人来到辽东曷苏馆。兄弟三人及其后人，均成为上述地区女真人的首领。

辽代时，长白山三十部女真与高丽往来频繁，经常以朝贡形式将马匹、貂鼠皮、青鼠皮、铁甲、楛矢、米等运往高丽，从高丽得到纺织品、耕牛、器皿等回赐。高丽授予该部女真酋长爵秩，如大相、大匡、正甫、将军等，以示怀柔和笼络。同时，这支女真从陆地到海上，经常与高丽发生冲突。后来，以完颜部为首的女真部落联盟逐渐壮大，并将图们江女真纳入联盟之中。公元 1102 年，完颜部首领完颜盈歌遣使赴高丽，不久便发生了高丽与之争夺曷懒甸的战争。

"曷懒"汉文之义为"榆树"，咸镜南道之城川江为曷懒水，城川江流域及其周围长满榆树的地方即曷懒甸，此地在高丽千里长城之北，散居着大量的长白山三十部女真人。以完颜部为首的女真联盟南下此地时，曷懒甸诸部尽数来附。高丽恐其势大而不利于己，便于公元 1104 年初，派林干率兵与女真联盟军战于定州城外，高丽大败。女真联盟军乘胜占领定州、宣德二城。继之，高丽又派尹瓘与女真联军再战又败。曷懒甸的女真人，从此正式纳入以完颜部为核心的女真部落联盟。接连失败的高丽，口头讲和结盟，但并未放弃占领曷懒甸的企图。于是，高丽针对女真人的战术特点，专门组建骑兵，扩充步兵和精弩等别武班，四季操练，整顿军纪，筹积军粮，誓与女真再战，以雪国耻。公元 1107 年高丽任命尹瓘、吴延宠为正副元帅，率 17 万大军兵分五路水陆并进对曷懒甸发动全面攻击。防备不足的女真 6000 余人被斩，130 多座村庄被攻破。高丽在侵占地区建咸州、英州、雄州、福州、吉州、公峻镇、通泰镇、崇宁镇、真阳镇九座城，配备军人固守。

曷懒甸不仅为统一女真的战略要地，而且东进可以控制鸭绿江女真及辽朝东京，向南可以控制高丽门户。完颜部首领听从完颜阿骨打的建议，遣能征惯战的赛斡率兵前往曷懒甸解救危机。赛斡率女真军与高丽军在曷懒甸展开一年多的争夺战，高丽军败多胜少，消耗巨大，边患四起，国内开始不稳定。公元 1110 年，高丽再次请和，并撤离九城，退出所占女真之地，曷懒甸回归女真，长白山三十部女真正式加入女真联盟。曷懒甸的回归，截止了高丽向北扩展的趋势，完成了生女真从东面包围辽东京的战略部署。

公元 1115 年，函普九代孙完颜阿骨打在阿什河畔树起反辽大旗，建金称帝。于是，女真联盟与高丽的关系，一夜之间变为国与国之间的关系。这时，金太祖完颜阿骨打为了不分散灭辽精力，尽可能地与高丽保持正常关系。随着金辽战争迅速向纵深发展，作为辽朝藩属国的高丽静观以待渔人之利。时辽多次遣使高丽，要求高丽出兵共同抗金，均被高丽拒绝；高丽不再使用辽朝正朔，在文牒中删除辽朝年号；高丽趁火打劫，出兵围攻辽在鸭绿江下游东岸的重要边防城镇保州和来远城。公元 1116 年，金为截断辽与高丽的联系，派遣军队攻打保州和来远城。高丽为了得到这两座州城，遣使恳求完颜阿骨打允许高丽接收二城，完颜阿骨打没有拒绝。之后，金军攻克二城，准予高丽接收。高丽多年以来的愿望终于实现，并改保州为义州，以鸭绿江为界置关设防。

金辽战争中，金军的胜利捷报频传，金朝在东北亚的地位迅速提升，与高丽交往的口气从"结为兄弟"到"诏谕高丽国王"，金很快将自己提高到宗主国地位。高丽在痛苦中眼见金于公元1125年灭辽，又多次打垮北宋军队，并明确要求高丽称臣。高丽君臣经过长期廷争和反复权衡，最后以保全国家之策，向金奉表称臣。金朝与高丽的疆界，基本一如辽代，即仍以清川江流域为界，其南为高丽，其北为金。唯一变化是，公元1130年，金将鸭绿江下游入海地段南岸的保州赐给了高丽。

高丽作为金的藩属国，按特定礼仪定期朝贡、国王接受金的册封、使用金朝正朔等。高丽贡品主要有金属器皿、丝布织品、药材、纸墨、大米等。作为宗主国的金朝接受贡品时，还要回赐大量物资，主要有服饰、羊、马匹等，并常是薄来厚往，以示宗主国的风度。自公元1115年金国建立，到公元1234年金被蒙古和南宋联合攻灭的120年间，高丽遣使赴金174次，金遣使赴高丽118次。

四、金的政治经济文化科技

完颜阿骨打嗣位为生女真部落联盟都勃极烈以后，便把反辽作为斗争的主要目标。公元1114年九月，完颜阿骨打集诸路兵誓师于来流水（今拉林河），接着攻占辽宁江州。之后随着战争的不断胜利，新的占领区和降附者不断增多，以及女真社会内部奴隶制的快速增长，完颜阿骨打便建国称帝，并开始了进一步的灭辽和南下攻宋战争。

然而，正处于奴隶制上升阶段的金朝前期，一方面继承了辽和北宋之末残破的社会经济和崩溃的政治局面，另一方面打着统一战争的旗号南下侵宋。这一切在推进的过程中，又充分发挥了奴隶制残酷的掠夺性，对北方进行了野蛮的摧残和破坏。这种摧残和破坏，比中原改朝换代的战争更为残酷。在金初的战争中，金军进入中原大肆烧杀掠夺。当时金骑所至，屠戮生灵，劫掠财物，驱掳妇女，焚毁殿堂屋舍。金兵所到之地，人口非杀即逃，城市农村悉数摧毁。当时北宋都城东京，猫犬残尽；黄河南北、两河、京东和淮南，百姓或死于屠刀之下，或被掠为奴隶，或成为驱丁，城市农村破瓦残垣，田野荒芜。金在占领之地，将女真习俗强行加在汉人头上，金元帅府下令髡发，禁民汉服，稍不如式，即被斩首。女真统治者以对待奴隶的习性和办法对待北方汉人，于诸州郡大起地牢，随意关押杀戮，阴森恐怖至极。

其后，金朝开始注重改革，完善典章制度，全面实行科举考试，录用汉人为官，严禁变农民为奴隶，加快了奴隶制向封建制的过渡，社会政治经济文化科技均有不同程度的发展和进步，并在中华民族大家庭的史册上，留下了值得记述的业绩。

（一）政治

女真部落联盟在发展过程中，初期将亲近分散的氏族部落联合起来，出现了众多小联盟；接着把分散的小联盟结集成大联盟；最后，以完颜部为核心统一为巩固持久的庞大联盟。就这样，金朝在氏族制的废墟上建立了奴隶制国家。金朝建国伊始，即确定以农为本、不改女真旧俗、发展奴隶制和抗辽灭辽的内外政策。为建设和巩固新建立的奴隶制国家，采取的重要措施为把部落联盟军事首长改称为皇帝，确定皇帝在全国的最高统治地位；以谙班勃极烈为皇帝继承人，仍保持兄终弟及制；在中央设最高统治机构，把国相与勃极烈结合起来称为国论勃极烈，把原来由官属组成的贵族议事会改革为由诸国论勃极烈组成的相府；以猛安谋克为地方行政组织，并用猛安谋克改编汉人和渤海人等。

1. 官制

金朝官制，是在女真官制和辽宋官制基础上形成的。金初实行女真官制，即在朝廷实行国论勃极烈制，在地方实行猛安谋克制。女真语勃极烈意为"治理众人"，金太祖完颜阿骨打以都勃极烈即皇帝位，其次则有国论勃极烈（相当于宰相）及左右国论勃极烈（相当于左右相）等，均为政府最重要的官员。所属各部长官叫勃堇，统领数部的叫忽鲁。金在征服辽东京（今辽宁辽阳）、上京（今内蒙古巴林左旗南）、中京（今宁城西）的过程中，主要推行女真官制，对当地汉人、渤海人、契丹人、奚人等均用猛安谋克改编。朝廷在国论勃极烈下，设置都统司、军帅司、万户府、都勃堇等不同类型的路，在诸路以下为猛安谋克的地方行政设置。完颜阿骨打占领辽统治的汉人地区以后，则在北面继续实行猛安谋克制，在南面实行中原官制，以统治原辽地汉人。这样，在南面用中原宰相制度，置中书省、枢密院于广宁（今辽宁北镇），而朝廷仍用女真宰相制度。金太宗完颜晟灭北宋，占领黄河以北的河北、河东地区以后，则沿用宋制。于是，在同样的汉人地区出现了辽制与宋制的不同，但都受制于元帅府。公元 1126 年，立尚书省以下诸司、府、寺，以统一辽、宋官制，把以中书省为中心的三省制改革为以尚书省为中心的三省制。公元 1132 年，改革勃极烈为四员，谙班勃极烈为储贰，为皇帝的继承人，国论忽鲁勃极烈为总理，国论左右勃极烈为左右大臣，实为尚书令、左右丞相的前身。金熙宗完颜亶即位后，废除勃极烈制而采用辽宋官制，设太师、太傅、太保三师，太尉、司徒、司空三公，及三省、六部、御史台、都元帅府、大宗正府、翰林院、太常寺等，而三省并不各自分立，门下、中书二省地位低于尚书省，长官也由尚书省官员兼任，实际为尚书省执政，中书省和门下省隶属于尚书省。海陵王完颜亮时，以尚书一省为最高行政机构，尚书省设尚书令，为最高行政长官；左右丞相、平章政事相当于宰相左右丞，参知政事相当于副宰相。不过由于尚书令地位过高，逐渐演化为荣誉职衔，真正统领尚书省的是左丞相。尚书省下又分左、右司，各有郎中、员外郎、都事，分管左、右司事务，并分察吏、户、礼三部和兵、刑、工三部。六部长官为尚书，下设侍郎、郎中、员外郎。地方如有重大变故，尚书省则向地方派出机构，称为行台尚书省，也简称行省。行台尚书省设官与尚书省基本相同，唯不置令，级别低尚书省一级。公元 1162 年十月，金世宗完颜雍重新增设平章政事，尚书省置尚书令、左右丞相和平章政事为宰相官；左右丞和参知政事为执政官。金世宗不仅扩大宰相的设置，而且以汉人进入朝廷任宰相、执政官者增多。金代官制发展和演变的过程，由推行女真官制到沿辽南北面制，又由在汉人地区建尚书省到全国建尚书省，由三省制成一省制，使中原官制发展成为金朝的主要官制。

金朝中央其他机构，大体可以分为五类。第一类为与军事相关的机构。枢密院为最高的军事机构，长官是枢密使，下设副使、签书枢密院事、同签枢密院事。枢密院与尚书省下的兵部有相互制约的作用，枢密院是军队的统帅机构，兵部则是军政事务的管理机构，枢密院受尚书省节制。武卫军都指使司负责守卫京城，长官为都指挥使；殿前都点检司负责侍卫宫廷，长官是殿前都点检；军器监主管修治兵器，长官为军器监。第二类为与监察、谏议、司法相关的机构。御史台为最高监察机构，长官为御史大夫、副贰是御史中丞，下设侍御史、治书侍御史、殿中侍御史、监察御史。登闻检院初隶御史台，负责向皇帝报告尚书省、御史台处理不当的事情。登闻鼓院初时亦隶御史台，负责向皇帝报告御史台及登闻检院处理不当的事情。两院各设知院、同知院事。公元1191年登闻检院、登闻鼓院从御史台分出，自成独立机构。谏院是负责向皇帝进谏的机构，有左右谏议大夫、左右司谏、左右拾遗、左右补阙。审官院负责奏驳任命官员中的失误，设知院、同知院事。大理寺负责司法刑狱，与宋制相同。第三类是与经济财政相关的机构。金章宗完颜璟时，户部从尚书省中独立出来，改称三司，成为最高财经机构，长官为三司使，宣宗初年罢。劝农使司是主管农业的机构，长官是劝农使，宣宗时改为司农司。太府监主管国家财用钱谷，少府监主管手工业生产，都水监主管水利工程等事务，各监设监、少监等官。第四类是与礼仪、教化、文翰等事务相关的机构。有主管礼乐、祭祀的太常寺，主管朝会、筵席、殿庭礼仪和监制御膳的宣徽院，主管纂修国史的国史院，主管学校的国子监，主管经籍图书的秘书监，主管校译经史的弘文院，其设官大多与辽、宋相同。第五类是为皇帝家族服务的机构。大宗正府主管完颜氏皇族事务，设判大宗正府事等官，金章宗时改为大睦亲府。卫尉司主管皇后中宫事务，设中卫尉、副尉、左右常侍等。宫师府是为皇太子专设的官署，有太子三太三少，下设詹事院，由詹事、少詹事总领东宫庶务。

金朝地方分路、府、州、县四级。有十九路，分别有以京为名的路和一般的路。金置五京：中都（今北京）、南京（今河南开封）、北京（今内蒙古宁城县）、东京（今辽宁辽阳）、西京（今山西大同）。以五京为名的路置留守司，主管一路政务，设留守、同知留守、副留守等官；又置按察司，主管一路司法监察，设使、副使；兵马都总管府，主管一路兵马，设都总管、副都总管等官。一般的路只设都总管府，主管一路军政。路的治所称府，府设府尹、同知、少尹等官。

金的地方官制较为复杂，以诸京留守司留守带本府府尹兼本路兵马都总管为第一级，诸府府尹兼都总管为第二级，诸府府尹不兼都总管为第三级。州分节镇州、防御州、刺史州，分设节度使、防御史、刺史为长官，总领一州军政。县一级设令、丞、主簿、尉等。与县相仿的镇、城、堡、塞，各设知镇、知城、知堡、知塞，均为从七品小官。关津路口则设巡检，负责稽查奸伪盗贼诸事。

与州县并行的还有猛安谋克制度。猛安谋克是女真内部军政合一的一种组织。金建国前，猛安是作为部落和部落长的称谓，谋克是作为氏族和氏族长的称谓。各部落成年男子平日生产，战时参战。建国后，女真军由猛安（千夫长）、谋克（百夫长）逐级统领。在燕山以南、淮陇以北的广大地区，猛安谋克人户实行计口授田，无事耕作，有事战斗。猛安、谋克既是军事首领又是行政长官。宣宗完颜珣以后，猛安谋克逐渐瓦解。

2. 法律

金初推行女真本部法，后来占有辽及北宋地区以后，又兼用辽法和宋法。金熙宗完颜亶以本朝旧制，兼采隋、唐之制，参考辽、宋之法，制定金朝第一部成文法典《皇统制》，是为金朝立法之始。后海陵王多变旧制，制定《续降制书》，与《皇统制》并行。金世宗即位后曾颁行《军前权宜条》，公元1165年命有司复加删定，与前《制书》兼行。公元1179年制定《大定重修条制》颁行，《大定重修条制》是综合整理金熙宗、海陵王以及世宗初年所定法典而成，对统一法制起到重要作用。到金章宗时所完成的《泰和律》，标志着金朝立法的完备。金朝的法律是以中原法律为骨干建立起来的，来源包括女真法、唐法、辽法和宋法四个方面。

金朝在立法中把女真法吸收到法典之中，《皇统制》"殴妻至死，非用器刃者，不加刑"，表现了女真浓厚的家长制男子特权；"僧尼犯奸及强盗，不论得财不得财，并处死"等规定，与女真法的精神相符合。到《泰和律》对强盗规定一贯徒二年，三贯徒四年，十贯及伤人者绞，而杀人者斩。

　　金朝的法律，上承唐律，下仿辽和北宋，唐律对金代法制的形成发生了重要影响。金熙宗学习中原汉文化，曾研读过唐律。公元 1140 年重新收回河南地，"乃诏其民，约所用刑法，皆从律文"，确定了律在法律中的地位。金世宗曾多次强调断狱"以律文为准"。金章宗时的《泰和律》，主要是接受唐律令的影响而以律令格式为体系的一部法典。《泰和律》的篇名与唐律全同，其律条共 565 条，其中对唐律略有损益者 282 条，从唐律之旧的 126 条，分其一为二和分其一为六的 6 条。这样，金律约有 414 条，其中 70% 以上不同程度地与唐律有关。在律条、刑法的原则上，金律都可以从唐律中找到渊源。

　　金朝法制参用了辽法。唐律和宋《刑统》规定徒刑最高为三年，辽代徒刑分为一年半、五年和终身。金熙宗《皇统制》规定"徒自一年至五年"，五年系参照辽制五年而定。唐、宋规定杖刑最高一百，辽规定自五十到三百。《皇统制》规定"杖自百二十至二百"，其最高数二百，当是取辽制最高数三百与唐制最高数一百的中值。金代法制同样参用了宋法，《大金国志》谓熙宗"新律之行，大抵依效大宋"。而《金史·刑志》则谓"以本国旧制，兼采隋、唐之制，参辽、宋之法，类以成书"。金朝对法的解释，多用宋《刑统》释文。泰和元年的《新定敕条》3 卷，为受宋影响而制定。

金代法律的来源是多元的，其中明显有中原宗教观念、儒家思想和断狱方式的影响，如金世宗大定十三年关于刑忌的规定："立春后，立秋前，及大祭祀，月朔月望、上弦下弦，二十四气，雨未晴，夜未明，休暇并禁屠宰日，皆不听决死刑，惟强盗罪则不待秋后。"金朝帝王也常为祈福免灾而清理讼狱大赦。儒家提倡"父为子隐，子为父隐"，金后期法律除"十恶"重罪外，有服的亲属都可互相容隐。历代帝王及孔子名讳，乃至谥号都要避讳。金朝自世宗以来，重视儒家的孝悌之道，这种思想在金后期的法律中也有体现。例如子孙犯死罪，而父母或祖父母无人赡养者，一般可上请从轻处罚，必须处死者由官府承担对犯人父母或祖父母的赡养。

3. 军制

女真建国前，无常备军队，部民能参战者皆兵，有战事则调集部落内部兵士以及遣使到诸部征兵，其基本军事组织以猛安谋克为核心。猛安为千夫长，谋克为百夫长。部卒之数并无定制，完颜阿骨打在称帝前一年，始以 300 户为谋克，10 谋克为猛安。以后，凡所掳或新降诸部，都以猛安谋克名号授给其首领，让其统率部人。金初就确立了勃极烈制度，勃极烈为统领各部落军的军事统帅，分谙班（女真语意为"大"）勃极烈、国论（女真语意为"尊贵"）勃极烈、忽鲁（女真语意为"总帅"）勃极烈，都为协助皇帝议事的诸王。

金朝建立后，仍把军队编为猛安谋克。猛安之上置军帅，军帅之上置万户，万户之上置都统。金攻下辽燕山后，沿袭辽制，在广宁府设枢密院，以统率汉军。金朝也仿照辽宋兵制不断改革，在出兵灭辽时，以谙班勃极烈为内外诸军都统；因为对宋用兵，则改勃极烈制为专设元帅府，由都元帅、左右副元帅指挥军队作战，各路还设有左右监军、左右都监等。都元帅府与枢密院为一套机构，战时称都元帅府，平时称枢密院。金熙宗时始在各路设兵马都总管，各州设节度使或防御使，以掌地方兵马之事。

女真实行全民皆兵制度，诸部之民平时则佃渔射猎，有警则集合为兵。其部长曰孛堇，行兵则称猛安谋克。千夫长为猛安，百夫长为谋克。猛安谋克最初为单纯的狩猎组织，后来逐渐演变为社会军事组织，再后来则发展成为军队的编制单位，猛安和谋克演变成为官职名称。由于实行壮者皆兵的制度，因此猛安谋克也成为地方行政组织，住民被称为猛安谋克户。女真进入中原以后，兵役制度开始发生变化，签军与募军逐渐占有主要地位。签军对象为汉人，其实质即为一种强迫性征兵。

金军分为中央直辖军、地方驻屯军、边防军和地方治安部队四种。其中央直辖军包括禁军和机动军两种。禁军主要担负宫廷宿卫及京城防卫任务，有时也出征作战；机动军是国家的战略预备队。金初，禁军称"合扎谋克"，即亲军谋克，由近亲各王统率。海陵王将各王所统合扎谋克并为四猛安，改称侍卫亲军，由侍卫亲军司统一指挥。公元 1160 年撤亲军司，亲军转属殿前都点检司。金朝迁都南京（今河南开封）以后，于公元 1225 年从全国军队中选调精锐建成六军，每军数万人，由总领统率（后改为都尉），部署于南京及其附近地区，直接隶属于枢密院，成为金中央直辖战略预备队，也是当时金军的主力部队。

金朝的地方军事机构主要为统军司，在各路总管府中亦设有管理军事的官员。金初军府或称军帅司、都统司，或称统军司。公元1150年在山西、河南、陕西三路置统军司，后山西（即西京路）统军司被撤销，又增设山东统军司。统军司设统军使一员，副统军使一员。金将所辖地区划分为19路，每路设兵马都总管一人，统辖本路所有军队，路治所在之府称总管府。位置重要驻军较多的州称节镇，设节度使一人。驻军较少的州称防御州，设防御使一人。金有常备驻军的总管府、节镇和防御州共80余个，约占全国府州总数的一半，这些由路、府、州统领的军队属地方驻屯军。

边防军方面，金朝先后设西北、西南、东北三路招讨司，为金朝管理西北地区游牧部落的路一级地方军事行政机构。其西北路招讨司设于桓州（今内蒙古正蓝旗西北），西南路招讨司设于丰州（今内蒙古呼和浩特东），东北路招讨司设于泰州（今吉林洮河东北）。招讨司设招讨使一员，副招讨使二员。随着金朝官制改革和蒙古入侵，三个招讨司的地位节节上升，最后形成招讨司和统军司分镇北南的局面。金在与南宋、西夏、蒙古相邻的38个府中，都派驻边防军。边防军有永屯军和分番屯戍军的区别。长期驻守边境的称为永屯军，轮流戍守的为分番屯戍军。金的南部边防线以分番屯戍军为主，西北边防线以永屯军为主，绝大多数是藩部组成的部落军和乣军。部落军是被金征服和归附于金的整个氏族或部落，由金朝任命其部落首领担任节度使，率领本部民众为金朝戍边。糺军则多为俘获的不同部落的成员所组成，长官为详稳，地位低于节度使，由朝廷派官担任。

金在全国各地均设有地方治安部队。京师有武卫军（原名城防军），京师以外的五京，都各设警巡院，路总管府设节镇兵马司；府设都军司，州设军辖兼巡捕使，都是负责警察所部、维持社会治安的机构和官员。此外，县设县尉，各要地另设巡检使，统率士兵乡手，负责地方治安。

除上述四种军队外，金还有两支特殊军队，即守城军和射粮军。守城军是由被强制从军的罪犯组成，为担负筑城及其他军事工程构筑任务的部队。射粮军则由招募而成，每五年淘汰补充一次，选年轻力壮的民丁充任，担任军运、邮传及其他军中杂役。

金遣将发兵、传达皇帝命令，实行严格的符牌制度。虎符用于发兵，信牌用于领兵督战，递牌用于传达皇帝命令及传递重要公文。其中虎符有五左一右，左者留御前，右者交各路统军司或招讨司。如发兵 300 人以上或征兵，本司长官便向尚书省奏请第一符，左右勘合后，再将左符奉还尚书省，左第二至第五符依次而发。金宣宗时又规定，枢密院用鹿符，宣抚司用鱼符，统军司用虎符。金牌之制始于完颜阿骨打建国第二年，后来又有银牌和木牌。金、银、木牌作为信牌，表明佩戴者的身份。金牌授万夫长，银牌授千夫长，木牌授百夫长或五十夫长。金、银、木牌除作为表明身份的信物以外，还用作递牌，传递重要公文，其中以木牌最急。

（二）经济

金朝各地区的经济发展，存在着很大的差异。金朝建立之初，女真尚处在奴隶制阶段，而其所控制的汉地，封建经济已经高度发展。从金熙宗到金章宗的半个多世纪，金的社会经济比辽时有了较大的发展，奴隶制性质的猛安谋克户也逐渐转化为地主及民户，农业牧业和手工业等都有了长足的发展。

1. 农业

金建国以前，生女真地区人口稀少，气候寒冷，生产技术落后，农业生产力水平十分低下。据记载，自来流河完颜阿骨打所居地东行五百余里，皆平坦草莽，居民稀少，每三五里之间仅有一二族帐，每帐不过三五十家，自过成州至混同江以北不种谷麦。女真建国之初，即确定了发展农业的方针，所到之处屯种，轻徭薄赋劝农，特别是金太宗在对宋战争取得胜利之后，把奖励农桑作为恢复生产的一项重要政策。之后，北方环境较为安定，正常的生产劳动未受大的干扰，农业逐渐得以恢复和发展。史称"当此之时，群臣守职，上下相安，家给人足，仓廪有余"。

金时，由于对辽宋地区的占领，农业生产工具和生产技术进步明显。及至后来，甚至超过辽宋。现已出土的金代农业生产工具，形制和质量基本与中原相似。即使与北宋相比，其种类也更为繁多和复杂，有铧、犁、趟头、牵引、锄、镰、镐、锹、铲、侧刀、垛叉、耙、水碓等等，以适应开荒、翻地、起垄、播种、中耕等不同作业需要。犁由多种部件配合，且有形制大小不同的多种规格。在今黑龙江最北部的爱辉、逊克出土的犁铧，其犁刀接铸在犁铧刃的一侧，以适应开垦荒地的需要。镰有直刃细柄、曲刃有銎和钹镰三种形式，并有专门用于割谷穗的手镰。

农业户口的增长，促进了农业的发展和对土地的开垦。金初北方人口锐减，到公元 1167 年始恢复到 300 余万户。二十年后翻番，增至 679 万户，其后不断增长。文献记载，当时中都、河北、河东、山东人稠地窄，寸土悉垦。金农作物种类，主要有粟、麦、豆、稻、荞麦、稗等，而以粟麦为大宗，稻次之。燕京（即中都）产稻、粱、麦、麻等；南京路产麦、粟、稻；辽东路许多州也盛产稻。由于农作物产量增加，世宗时设常平仓，到公元 1192 年常平仓共有 519 处，积粟 3786 万石，可备官兵五年食用。因此，采取减免税收的办法减轻积粟保存的困难。

金以女真兴起之地为"内地"，称之为上京（今黑龙江阿城南）。金朝以"内地"为中心，大力开发和发展农业，使东北边疆地区成为辽阔的农业经济开发区，南与咸平（今辽宁开原北）、东京（今辽阳）、北京（今内蒙古宁城西）等农业较为发达的地区相连。金建国之初即大批向北移民，公元 1122 年，金太祖徙山西诸州百姓至上京；次年取燕京路，又尽迁六州工技之民到"内地"。金在南侵北宋的战争中，将众多中原汉人迁到上京。此类武力移民政策，使"内地"人口骤然增长，中原先进农业生产工具和生产技术广为传播，改进了金朝农业生产工具和技术。至公元 1193 年，金"内地"有猛安谋克民户 20 余万户，每年粟之一项收税达 20 多万石，证明粮食产量已经十分可观。金朝吸收北宋的农业技术，使得东北上京一带的农业产量得以提升。当时金朝有名的农书有《务本新书》《士农必用》等，可惜后来失传。当时养殖蚕桑与园艺的技术也十分发达，金利用"牛粪覆棚"技术，在较为寒冷的东北地区成功栽培西瓜。

2. 牧业

女真的社会生产中，牧业一直占有重要地位。随着铁器的出现和使用，社会生产力快速增长，牧业也由迁徙不常的游牧向较高的定居牧业发展。金在建国前，生女真就有相当繁荣的牧业。公元 986 年，生女真从其他部落掠夺人口 10 余万，掠夺马匹 20 余万及诸物；公元 1025 年又从女真界徇地俘获人、马、牛、豕不可胜数；后又抢占辽契丹人的草原地区，放牧区域大幅度增加，牧业基础更加雄厚。

金朝初期即置群牧，设官管理。海陵王置迪河斡朵、斡里保、蒲速斡、燕恩、兀者五个群牧所。世宗时，置群牧所七。《金史·地理志》记载西京路就有群牧十二处。群牧是金朝养牛马的机构，女真语称群牧所为"乌鲁古"。金为管理诸群牧，设"提控诸乌鲁古"一员，正四品；使一员，从四品；副使一员，从六品，掌检校群牧蓄养蕃息之事。判官和知法各一员，正八品，掌签判本所事。乌鲁古官员主要负责蓄养、繁殖牲畜，同时也兼管民事，判官、知法等官员即为此而设。后为发展牧业，规定马三岁即转交女真人牧养，牛或以借民耕，或又令民畜养，或以赈贫户，并遣使阅实其数。到公元 1188 年前后，仅群牧养马已经发展到 47 万、牛 13 万、羊 87 万、驼 4000。

3. 手工业

金的手工业门类比较齐全，随着统治范围的不断扩大，特别是占有辽与北宋的手工业地区以后，手工业得到快速发展。金代手工业继承和发展了渤海、辽和宋的手工业技术水平，有些方面略有突破。

（1）**矿冶业**　金朝建立后，冶铁业在北方地区继续发展，著名的产铁地区有云内州（今内蒙古呼和浩特西南）、真定府（今河北正定）、大兴府（今北京）、汝州鲁山、宝丰、邓州南阳等，云内州盛产一种叫作青镔铁的铁器。金于公元 1163 年规定，金银矿冶许民开采，官府征收产品的二十分之一。后又诏金银坑冶，听民开采。因金产铜量少，尚书省遣使到各路访察铜矿苗脉，对能够指引矿藏得实者给予奖励。1962 年前后，在黑龙江省阿城县五道岭发现金朝中期铁矿井 10 余处，炼铁遗址 50 余处。矿井最深达 40 余米，有采矿、选矿等不同作业区。根据开采规模估计，从这些矿井中已经开采出的铁矿石有四五十万吨之多。

（2）**金属制造业**　金制造军器的作坊为军器监、利器署（都作院），金银器物制造属少府监的尚方署。铸钱掌握在国家手中，海陵王时中都（今北京）有宝源监、宝丰监，京兆

（今陕西西安）有利用监；公元 1178 年于代州（今山西代县）设阜通监，公元 1187 年于曲阳县（今属河北）设利通监。金禁止民间私铸铜器甚严，公元 1171 年二月规定，除神佛像、钟、磬、钹、钴、腰束带、鱼袋外，禁止私铸铜镜，旧有铜器悉送官。当时各府州县和猛安谋克，均有官办专门铸钱的机构。所有铜器制作完成以后，均由官府检验，并经有关官署验押后，方可使用。金学习北宋制造火器，主要有用于战争的铁火炮、震天雷、飞火枪等。金铁火炮以铁为外壳，口小，能够较大限度地发挥火炮发射的威力。

（3）**制瓷业**　金朝的制瓷业，为手工业中较为发达的行业之一。金初，辽上京及燕京地区的瓷窑仍然继续生产，其中房山县河北乡磁家务瓷窑，生产延续辽金元三代；磁家务南孔水洞的一处瓷窑，烧造时间持续到明代初年。在内蒙古地区金代制瓷遗址，发掘出许多晶莹亮泽的黑蓝色瓷罐、碗、盏等，制作工艺十分考究。金代北方民窑生产的瓷器，近年多有发现。首都博物馆藏的三彩萧何追韩信枕，遍施黄、绿、白三色釉，枕面用写意笔法绘萧何月下追韩信的故事，此器系当时北方民窑烧制。另有一些瓷器带墨书年款，如上海博物馆藏一件白地黑花纹虎枕，枕底墨书"大定二铭"；山西省博物馆藏一件黄釉黑花纹虎枕，枕底也有"大定二年"墨款。这种带年款的瓷器，可能专门为某种纪念而制作。

中原陶瓷业，在金初女真人大举南下的过程中遭到严重破坏，直至金世宗大定年间才逐渐得到恢复。中原陶瓷主要有河北的定窑、磁州的观台窑、河南禹县的钧窑以及陕西铜川的耀州窑。金定窑窑址仍是北宋定窑的原址，即曲阳县涧磁村一带。金代定窑生产工艺为北宋定窑的继续，部分产品仍采用北宋时期的覆烧法，另有部分产品采用砂圈叠烧法。砂圈叠烧法可以降低成本，提高产量，从而使瓷器走进了寻常百姓家。定窑瓷器有刻花、画花、印花多种，而以萱草纹、荷花纹较为流行。出土于吉林农安的定窑白釉划花龙纹盘，刻画精细，为金代定窑精品；出土于内蒙古哲里木盟的定窑紫釉印花碗，高5 厘米、口径 17 厘米，这种施紫釉的瓷器非常精美，传世极少。窑址在河北磁县观台镇的观台窑，所烧的白釉瓷器，造型秀丽，胎质轻薄，釉色带青，花纹多刻在器内。北京大学考古系与河北文物研究所 1987 年在磁县观台窑发掘出土一件金代中晚期长颈瓶，高 18.8 厘米、口径 7.3 厘米、腹径 8.8 厘米。同时出土的还有另一件花口长颈瓶，也属金代中晚期，高 49.6厘米、口径 20.2 厘米。两件瓷器都为白地黑花，图案简洁，造型优美。上海博物馆收藏的一件白釉黑花牡丹纹瓶，高 38.3厘米、口径 3.4 厘米，亦是白地黑花，具有水墨画的效果。磁州窑以河北邯郸彭城镇为中心，为定瓷之外的第二大窑系，其刻绘等装饰方法，代表当时北方瓷器装饰艺术的主流。钧窑为金新建，窑址在河南禹州，近年在辽宁辽阳金墓、山西侯马金墓和北京大葆台金代遗址中，都发现有金代生产的钧瓷。这些瓷器胎质细灰紧密，釉面润泽。耀州窑窑址在陕西铜川黄堡镇，器物以日常生活器皿为主，其烧造多采用当时定窑生产的砂圈叠烧工艺。现已发现陕西耀州窑三座窑炉，其一处遗址面积达 500 平方米，分为工作间、晾坯场、窑炉。窑炉作马蹄形，用耐火砖砌成，并在表面涂有耐火泥。从窑门和火膛内堆积的煤渣可知，此处烧窑已经用煤作燃料。山东、山西烧制的白瓷，在釉下施以红绿彩绘，反映出这些地区制瓷技术的发展水平。在泗州（今江苏盱眙西北）、宿州（今属安徽）还出产一种绳纹印饰的白瓷。奉圣州永兴县（今河北涿鹿）西南的磨石窑，窑内可容 500 人，烧瓷技术类似北宋。

（4）**煤矿业** 煤矿业在金代手工业发展中起着重要的作用。金以前，煤的开采与利用在东北和中原北部已很发达，据在辽宁抚顺煤矿发掘，在旧坑中发现有圆形斜坑，并在此圆形斜坑中发掘出类似油灯的圆形古器。从采矿方法和器皿证明，金的煤矿开采经营已经有一定规模，而且当时烧瓷、炼铁多以煤为燃料。

（5）**盐业** 金灭辽以后，盐场及盐产量倍增，设官立法也更加详备。金世宗置山东、沧州（今河北沧州东南）、宝坻（今属天津）、解州（今山西运城西南）、西京（今大同）、辽东、北京（今内蒙古宁城西）七盐使司。公元 1188 年创置巡捕使，专巡私盐，主要设在山东、沧州、宝坻、解州、西京等路。金朝通过设在各地的盐司专擅贩盐之利，私自煮盐及偷盗官盐，要依法治罪。盐商纳盐课，取得"钞""引""公据"，三者俱备然后才可以行销，而且各个盐场只能在指定范围内销售盐。由于盐课太重，百姓难以负担，故私盐屡禁不绝。

（6）**造纸与印刷业** 金的造纸业有很大发展，山西南部因受战争创伤比较轻，造纸业较为发达。稷山（今属山西）竹纸与平阳麻纸，是当时闻名的产品。金朝印刷业的规模和技术，较辽代有较大发展。中都、南京、平阳、宁晋（今属河北）是金代刻书中心。金在平阳设有专门的出版机构，管理民营书坊和书铺。金朝主要是刊印儒家经典、史书及先秦诸子等，由国子监印制，授诸学校作为朝廷颁行的教材。平阳（山西临汾）为当时私家雕印图书业中心。《重修政和经史证类备用本草》，原书三十卷，金末平阳张存惠刻本，已残，现存北京图书馆二十卷，二十三册；美国国会图书馆十三卷，十册。时平阳刻书之业颇盛，字画与插图均较他处所刻者为精。金印刷术发达，不仅从高水平的文字印刷中得以体现，更体现在版刻书籍的精美插图中，如王昭君、赵飞燕画像，由平阳姬家雕印，刀刻细致入微，栩栩如生，同时也反映了版画由佛教题材向世俗题材转化的趋向。现存公元 1149 年至 1173 年根据开宝藏及官版佛经刊成的《金藏》，原藏于山西赵城广胜寺，故又称《赵城藏》。这部大藏经为平阳刻工所刻，卷子装。各卷卷末，均刻有捐资者姓名，及祈福因由。全藏 7183 卷，现存 4330 卷。赵城《金藏》卷首绘有释迦说法图，佛像豪放庄重，画面醒目舒朗，气势博大，刀法纯熟。金代已有铜版印刷，山西绛县文化馆收藏一件金代"贞祐宝券"长方形铜钞版，为贞祐四年即公元 1216 年所造，长 34 厘米、宽 19 厘米、厚 1 米，重 5800 克。从钞版磨损程度看，个别字迹已经漫漶不清，可以想见钞版使用次数之多，也可以证明金印刷业的发展水平。

（7）**纺织业** 1973 年，在黑龙江畔发掘绥滨中兴金代墓群，出土了非常精美的丝织品。黑龙江阿城巨源金代齐国王墓出土大量纺织品，有绢、绫、罗、绸、纱、锦等。这些纺织品充分反映了金代高超的纺织技术，其大量使用织金技法，也有印金、描金等技法。丝织品花纹图案丰富多彩，主要有夔龙、鸾凤、飞鸟、云鹤、如意云、团花、忍冬、梅花、菊花等。据《金史·百官志》载，金朝专管纺织业的机构是少府监，辖尚方、织染、文思、裁造、文绣等署。官方的纺织作坊规模很大，文绣署设令、丞、直长，掌绣造御用并妃嫔等服饰及烛笼照道花卉，有绣工 1 人，都绣头 1 人，副绣头 4 人，女 496人，内上等 70 人，次等凡 426 人。织染署设令、丞、直长，品级与文绣署相同。地方的官方纺织作坊归各地的诸绫绵院管辖，置于真定、平阳、太原、河间、怀州，使一员，副使一员，掌织造常课匹段之事。这样的机构还有段匹库、右藏库等。金平州（今河北卢龙）贡绫，涿州（今属河北）贡罗，河间府无缝锦，东平府（今山东东平县）丝、绵、绫、锦、绢，大名府（今河北大名东北）绉、縠、绢，相州（今河南安阳）缬，隰州（今山西隰县）绿卷子布，辽东辽阳府（今辽宁辽阳）师姑布等享有盛名。而河北定州的刻丝极为精巧，燕山府（今北京）锦绣组绮精绝天下。

（8）**造船业**　金代造船业有一定的发展和提高。海陵王时张中彦奉命建造巨舰，不假胶漆而首尾以鼓子卯自相钩带。金还发明一种撞冰船，是为近代破冰船的先驱。金当时造船，以每一百料（载重量，约合 6 吨）为基本计算单位，对打造一百料船所需要的材料作了明确规定，说明当时的造船技术已经比较规范。

4. 商业

随着农牧业、手工业的发展，金朝商业也迅速发展起来。当时出现一批新的城市，北宋时比较发达的商业城市也逐渐得到恢复，分布在各城市间的乡镇也陆续恢复和发展起来。金朝为掌平物价，察度量权衡之违式，百货之估值，在中都（今北京）、东京（今辽宁辽阳）、南京（今河南开封）、太原（今属山西）等地置"市令司"，加强对市场的管理。当时城镇有油、面、布、银等行，参加同一行的商人为"行人"，同业商行头人为行头或引领，往往由大商人兼任。金朝宫廷所需货物，往往强市于商行。金朝接待宋使臣的接伴使副，都把宋朝私赠礼品在南京出卖，尽取现钱。各地权贵也经常纵使家奴侵渔商铺，名为和市，实为强取。金在中都设都商税务司，负责征收商税及巡察漏税等。大定年间，中都税务司每年收税达16 万余贯，可见商贸规模。

金朝重视互市贸易，初期即在西北招讨司的燕子城、北羊城之间（今河北沽源西南）置榷场，以易北方牲畜。公元1141 年，应西夏之请置榷场。金熙宗与南宋议和后，双方各在沿边地区置榷场。金置于寿（今安徽凤台）、蔡（今河南汝南）、泗（今江苏盱眙西北）、唐（今河南唐河县）、邓（今属河南）、秦（今甘肃天水）、巩（今陇西）、洮（今临潭）、凤翔（今属陕西）；宋置于光州（今河南潢川）、枣阳（今属湖北）、安丰军花靥镇（今安徽寿县西北）、盱眙军（今江苏盱眙）。海陵王时由于对宋战争，除泗州一场外，余皆停罢，宋也只留盱眙一场。世宗与宋修好，榷场贸易又重新恢复。南宋向金输出的物品有茶、象牙、犀角、乳香、生姜、陈皮、丝织品、木棉、钱、牛、米等；金向宋输出的物品有北珠、貂革、人参、松子、甘草、北绫、北绢、蕃罗等。金榷场之法，大约仿宋之制，金对前来北方交易的商人，除征收一般税钱外，尚课入场税。世宗大定年间，泗州榷场每岁收入 5.4 万贯；秦州西子城榷场每岁收入 3.6 万贯。到章宗时的公元 1196 年，泗州榷场的税收又增加一倍，而秦州西子城榷场税收增加了四倍。在金宋榷场贸易中，常有私人参加，禁私与走私都很激烈。当时商人除按规定正常贸易外，还私相交易朝廷违禁品。

5. 交通

金朝交通，是在辽和北宋的基础上恢复和发展起来的，同时重视开拓新的交通线路，以及向东北边境地区建设新的交通据点，形成以京城为中心、以地方诸路首府为重点的全国交通网。金代的交通发展，主要表现在交通工具、驿站和漕运三个方面。交通工具陆路用车，水路用船。金初都城在上京会宁府（今黑龙江阿城白城），公元 1125 年，自京师到南京（今北京），每五十里置驿。这条由京师通往南京的长达三千余里的驿道，纵贯东北松辽平原直达幽燕，成为金代东北陆路交通的主干线。同年三月又置驿上京、春、泰之间。其后进取辽及北宋诸京道和路的重要城市，以及满足皇帝的需求也于道路置驿。

金初都会宁，为减轻按出虎水繁重的水运负担，开凿一条从京城附近到今松花江的长 50 多公里的人工运河。海陵王迁都燕京以后，今北京城成为金朝统治的政治和经济发展中心，为供京师粮米，更加重视疏浚开辟水运和提高河道的运输能力。当时通漕运的河有旧黄河，行滑州（今河南滑县）、大名（今河北大名东北）、恩州（今山东武城东）、景州（今河北东光）、沧州（今沧州东南）、会川（今青县）之境；漳水，通苏门（今河南辉县）、获嘉、新乡（今皆属河南）、卫州（今卫辉）、浚州（黎阳，今浚县）、卫县（今淇县东）、彰德（今安阳）、磁州（今河北磁县）、洺州（今曲周西南）；衡水，经深州（今深县南），会于滹沱水，以运献州（今献县）、清州（今青县）。以上三水合于信安（今霸州东）海塘，潮流而到通州（今北，京通县），然后再由通州靠牲畜、车辆和人马驮运到中都（今北京）。公元 1204 年，修从通州到京师（中都）的闸河，这次改引清水为源，沿河置闸门五六座以节制水量，使金代漕运工程达到一个新的水平。

（三）文化

金朝文化的发展，与经济、政治发展一样，经历了由衰到盛的过程。金初诸事草创，亦无文字。后始造文字，入宋汴京取经籍图书，先后得宋宇文虚中、张斛、蔡松年、高士谈等大批汉人士大夫及名儒。金熙宗以下帝王，均具有比较高的汉文化素养，金朝推行汉化政策，重视弘扬儒家文化，至海陵王时又有本朝培育的文人涌现。金朝文化，一变五代及辽时衰陋之象，成就直继北宋诸贤。可以说，金在中国文化发展史上，比较好地发挥了承前启后的作用。

1. 语言文字

生女真初无文字，受契丹政权节制初期亦很少通契丹语文。大致自完颜阿骨打祖辈完颜颇剌淑起，生女真有人开始学习契丹语，完颜阿骨打就能够熟练应用契丹语。金立国之初，内外公文几乎全用契丹文。由于契丹文与女真语颇有距离，金太祖完颜阿骨打即令曾习契丹字和汉字的臣僚完颜希尹和叶鲁，仿契丹大字和汉字创制女真文字，并于公元1119年诏令颁行。20年后的公元1138年，金熙宗完颜亶参照契丹字创制颁布了另一种女真文字，即后世所称的女真小字。这时，女真大字开始用于官方文件，而小字还在进一步的修订之中。直至公元1145年，女真小字开始使用。自此，女真大小字、契丹文、汉文一道并行于金。金世宗颁行女真字经书，并多层级选拔贵族子弟，汇集中都（今北京）集中教习，并且兼设女真国子学及诸路府学。金亡国后，仅有留居东北故地的女真诸部上层人士尚通女真文。明朝时，政府与女真交通往来时，以女真字作表文酬答，明廷设有四夷馆及后来的会同馆，挑选文士专习女真字以付通译需要。至明朝后期，女真文字已经消亡不行。

不论女真大字还是女真小字，均借用汉字笔画拼写女真语，属于表意文字，流传至今的多为女真大字。女真字结构简单，笔画有横、直、点、撇、捺等。就女真字字形而言，外观似乎为汉字的减笔或改笔字。女真文字书写方式自上而下，由右向左换行。文献中记载或现存的女真文文献，有图书、碑铭、铜镜、印鉴、题记等。已经全部亡佚但有题名著录于汉文典籍的女真文译本有，公元 1165 年版的《贞观政要》《白氏策林》《史记》《汉书》；公元 1183 年版的《易》《书》《论语》《孟子》《老子》《扬子》《文中子》《刘子》《新唐书》《伍子胥书》《孙膑书》《太公书》《百家姓》《孝经》等。女真文文献有《女真字盘古书》及《女真字孔夫书》等，现收录于《文渊阁书目》，内容已佚。女真文碑文有发现于今吉林省夫余县拉林河的《大金得胜陀颂碑》，碑文为女真字和汉字双面刻写，女真字共有 33 行，立于公元 1185 年七月二十八日；另有《山东蓬莱刻石》《金上京女真大字劝学碑》《女真进士题名碑》等。女真文题壁墨迹共发现三处，即呼和浩特市东郊白塔内的女真大字墨迹，科右中旗杜尔基尔附近的女真大字墨迹，科右前旗乌兰茂都附近的女真大字墨迹。女真文铜印有五方传世，即藏于天津博物馆的"河头胡论河谋克印"和"和拙海栾谋克印"，藏于故宫博物院的"夹浑山谋克印"，以及"移改达葛河谋克印"和"可陈山谋克印"。

2. 宗教信仰

女真信仰的萨满教，是一种包括自然崇拜、图腾、万物有灵、祖先崇拜、巫术等信仰在内的原始宗教。萨满是沟通人与神之间的中介，消灾治病、求生子女、诅咒他人遭灾致祸等，几乎都为萨满的活动内容。萨满教在女真人心中享有至上的权威，广泛地影响到女真社会生活的各个方面。萨满原始宗教的主要内容，就是对自然力和自然物的崇拜。女真人认为地位最高的神是天，萨满教有祭天、拜日的宗教遗俗。金朝建立以后，女真人祭天拜日发展为最隆重的宗教仪式，史载"金以重五、中元、重九日行拜天之礼"，重五于鞠场，中元于内殿，重九于都城外，而且都有非常隆重繁杂的仪式。公元1185年，世宗敕封上京护国林神为护国嘉阴侯；又祭封长白山神、混同江神等。

萨满教在女真精神世界中曾起过重要的支配作用，但随着金国的建立和女真的发展及汉化，原始萨满教的作用相应地发生了变化。就国家层面来说，金朝主要以儒家思想为统治民众的基本思想，孔子及其学说被赋予了前所未有的崇高地位；北宋程颐、程颢的理学，在金朝得到继承和发展，南宋朱熹的理学对金朝思想界也有相当大的影响；而佛教、道教与法家亦较为广泛地得到流传和应用。在学术思想方面，磁州（今河北磁县）人赵秉文被称为"儒之正理之主"，为金朝中期以后思想界最有影响的人物之一。赵秉文生于公元1158年，著作颇丰，有《易丛说》《中庸说》《扬子发微》《太玄笺赞》《文中子类说》《南华略释》《列子补注》《论语解》《孟子解》《滏水集》等。现存能反映其思想的有《原教》《性道教说》《中说》《诚说》《庸说》《和说》《道学发微序》《笺太元赞序》等篇。赵秉文思想源于韩愈的道学，出自二程理学。赵秉文把封建"君臣、父子、夫妇、朋友"同他的"道"结合起来，认为离此即不为道，并且将佛教、道教与理学思想融合一体。真定（今河北正定）人王若虚讲授理学，即与赵秉文不同。王若虚不是完全照搬宋儒的教条，而是对二程和朱熹之学多有褒贬。王若虚批评宋儒解《论语》，有将自己的理论强加于圣人的嫌疑，对《论语》随便加以引申和发挥，实则与《论语》本身不相契合。李纯甫著有《中庸集解》《鸣道集解》，其思想由儒教转向道教，最后又转向佛教。

早在金建国之前，佛教就在女真人中流传；金朝灭辽及北宋期间，又受到中原佛教的影响，信奉佛教遂成为金国普遍现象。许多女真人出家为僧尼，虽贵戚望族也是如此。金初，统治者都崇佛奉佛。皇帝皇后见到佛像皆要礼拜，公卿到佛寺，则僧坐上座。金朝初年的佛教，主要是律宗，当是继承辽朝而来，僧官制度也主要承袭辽朝。直至后来，禅宗僧人由原来北宋统治地区来到燕京以后，当地始有禅宗寺院发展起来。同时，华严、净土、密宗等佛教宗派都有较快的发展。曹洞青源一系禅师万松行秀，为金代著名禅师。万松行秀虽治禅学，平时恒以《华严》为业，并兼融三教思想，常劝当时重臣以儒治国，以佛治心，极得官僚阶层称颂。公元1193年，行秀禅师奉金章宗诏入禁升座说法，章宗皇帝亲自迎礼，宫中后妃以下，皆从而受法。章宗因闻法感悟，遂赐行秀禅师锦绮大衣，并建普度会。公元1197年，行秀禅师奉章宗之诏，住持金世宗创建的大都仰山栖隐寺。行秀禅师大振玄风，北地衲僧纷纷投其门下，曹洞一宗再度大放异彩。

金朝开始对于官僚民众出家没有限制，致使僧人越来越多，直接妨碍生产发展和兵役来源，而且寺院势力过度膨胀，不利加强封建统治。海陵王之后，相继出台了一系列限制措施。尽管如此，佛教当时仍是金朝影响最大的宗教。金朝中期以后，开始沿袭北宋的"度牒"制度。不仅出家为僧为尼要有度牒，寺庙也要有经过官府审批的牒文。金朝还有一套僧官制度，地位最高的僧人称为"国师"，服真红袈裟，金朝皇帝也要参拜国师。地方道行高的僧人称为"僧录""僧正"，服紫色袈裟。佛教的快速发展，对金朝的社会、经济、政治、文化和习俗都有重要影响。

道教在金朝也有很大势力，金朝统治者充分利用道教作为巩固政权的工具，给予道士相当高的政治地位。金熙宗时置道阶，分为六等。道教在金朝，还出现太一教、大道教和全真教三大新兴道派。道士萧抱珍在中原地区由来已久的"太一"崇拜基础上，于公元 1138 年创建太一教，传太一三元法箓之术，祈祷神灵，治病驱邪，适应民间需要，该教得以风靡一时。太一教模仿天师道的秘传原则，每代掌教人必须改姓"萧"，立教宗旨为度群生苦厄，尊重人伦。刘德仁创大道教，于公元 1142 年开始传道。大道教主张守气养神，提倡自食其力，少思寡欲，不谈飞升炼化，不谋长生不老，并且把儒家思想纳入自己的体系当中，即"不妄取于人，不苟侈于己"。王重阳于公元 1167 年创建全真教，后由其七位弟子轮流接任。这一教派认为识心见性即为全真，主张道、释、儒三教合一。全真教继承了中国传统道教思想，更将符箓、丹药等内容重新整理，提倡读孝经，大力宣扬孝道，宣传忍耻含垢、苦己利人等。全真教甘当奴隶的教义与约束自己的修为，很符合当时金朝及其以后统治者的需要，因而得到多方面的鼓励和发展。入元以后，此一教派成为中国道教最主要的派系之一。

3. 文学

金朝初期的文学比较朴陋，文学家大多为辽人与宋人。直到金章宗时期，蔡圭、党怀英、赵沨、王庭筠、王寂、刘从益、赵秉文、杨云翼、李纯甫与元好问等的出现，金朝文学才有正传之宗。

（1）**诗词** 金朝文学的成就，集中反映在诗词创作方面。金人诗词，特别是金朝早期诗词，主要是继承北宋，模仿北宋苏轼或黄庭坚。当时在文坛上颇有名气者，如宇文虚中、蔡松年等人，原来都是北宋官员。宇文虚中为成都人，宋黄门侍郎，以奉使见留，仕为翰林学士承旨。宇文虚中的诗作常怀故国之思，"北渲春事休嗟晚，三月尚寒花信风。遥忆东吴此时节，满江鸭绿弄残红"。宇文虚中故乡在西蜀，然而却对"东吴"倍加怀念，表明虽不得已降金，但对南宋朝廷仍然一往情深。而蔡松年随父降金，官至尚书左丞相，虽有文名，人品不齿，诗文不被后世看重。金章宗时期的著名诗人有党怀英、赵沨、王庭筠等。泰安（今属山东）人党怀英，金大定进士，官至翰林学士承旨。党怀英精通诗文、书画及诸子之学，为文学欧阳修，作诗仿陶渊明、谢灵运。与党怀英齐名的东平（今属山东）人赵沨，诗清淡逸远，如《晚宿山寺》"松门明月佛前灯，庵在孤云最上层。犬吠一山秋意静，敲门时有夜归僧。"以月、灯、孤云烘托远离尘世的寺庙环境，用深夜犬吠和敲门声烘托环境的宁静，犹似一幅淡雅水墨。辽东人王庭筠文章颇受章宗赏识，但晚年诗律深严，七言长篇尤工险韵，有形式大于内容之嫌。

海陵王和章宗等，都具有较高的汉文化素养，而且二帝都能作诗。完颜亮作诗言志，如"蛟龙潜匿隐苍波，且与虾蟆作浑和。等待一朝头角就，撼摇霹雳震山河"，笔力雄健，气象恢宏。金章宗酷爱诗词，制作甚多，但眼界多在宫宛，诗词多抒己怀。不过，在金章宗的倡导下，女真贵族官员，以及猛安、谋克，也努力学诗作诗。如猛安术虎玹、谋克乌林答爽都与汉人士大夫交游甚深，刻意学诗。女真贵族完颜允成、完颜勖等人也多能诗。豫王完颜允成的诗歌，曾编为《乐善老人集》行世。

金朝最著名的文人为王若虚与元好问。王若虚著有《滹南遗老集》，擅长诗文与经史考证，初步建立了文法学和修辞学，其论史论诗文都有独特见解，是金朝具有权威的评论家，后来潘升霄的《金石文例》即受其影响。

元好问生于公元1190年，公元1221年进士及第，公元1224年以宏词科登第后，授权国史院编修，官至知制诰。元好问一生关注国运民生，呕心沥血创作不止，成果非凡。元好问的文学成就以诗歌创作最为突出，并以金灭前后创作的"丧乱诗"奠定了其在文学史上的地位。如"丧乱诗"《癸巳五月三日北渡》"道傍僵卧满累囚，过去舻车似水流。红粉哭随回鹘马，为谁一步一回头"；"随营木佛贱于柴，大乐编钟满市排。房掠几何君莫问，大船浑载汴京来"；"白骨纵横似乱麻，几年桑梓变龙沙。只知河朔生灵尽，破屋疏烟却数家。"笔笔皆为血泪，字字饱含悲愤。元好问的《论诗三首》

《论诗三十首》《与张仲杰郎中论文》《校笠泽丛书后记》等点评诗，几乎概括了汉朝以来的各种诗歌风格与重要诗人，所有点评都浓缩在七言诗句之中，不仅点评准确而且文采斐然。元好问留词 377 首，是金代词作最多的作家，艺术上以苏轼、辛弃疾为典范，但词的内容和成就不及诗。元好问所撰散曲今存 9 首，用俗为雅，变故作新，具有开创性。元好问抱着以诗存史的目的，编成一部金代诗歌总集《中州集》，收录有金一代已故或未仕于蒙古国的诗人词客、包括金朝两位皇帝及诸大臣以至布衣百姓的诗词 2116 首，而且为 250 余位诗人写下小传，填补了文学史上的空白。

（2）小说　元好问以小说存史和鞭挞社会的丑恶现象，所著志怪短篇小说《续夷坚志》四卷二百零二篇，记载了金末元初的公元 1161 年至公元 1251 年间的种种传闻故实，既有很高的艺术价值和思想价值，又有不少地理、历史、文物、医学、天文、艺术等方面的内容，对理解金元社会很有裨益。另有程道济所撰《素问玄机原病式序》，叙医生刘完素于医道探索难解之际，二道士授美酒一小盏，从此医术大长。韩士倩撰《复建显圣王灵应碑》，记山西阳城北崦山白龙庙有大蛇显身并能应人之求降雨事。吕卿云撰《蓟州葛山重修龙福院碑》，记有夜中虿所化女子向智嘉禅师作礼，并说因听所诵圣教解脱苦恼，将令左右五里永绝虿毒，以此报德的故事。安英撰《重修公主圣母庙碑记》，记蝗灾来至邻邦，县僚率父老祷于是庙，于是群鸟数万翱翔来往，如垂天之云，博噬蝗属，使不能西进，日夜逡巡，三日方霁，禾稼无纤毫之损的故事。李希白撰《创建黑水山神庙记》，记蒙古军侵犯中原，林州一郡分置山寨，各据险要，保护黎元；北黑水一寨在敌至时，悬石坠顶，声若震雷，使敌弃甲曳兵而走，此寨人畜不伤。

（3）戏剧　金代戏剧继承辽和北宋的戏剧艺术并有所发展，而且在中国戏剧发展史上具有划时代的意义。大约金前期，即兴表演的滑稽剧仍然占有重要地位。从山西稷山县马村一座金代早期墓葬出土的砖雕舞台上，前排为杂剧表演，后排为伴奏乐队。后排乐队由五人组成，各执大鼓、腰鼓、横笛、拍板、筚篥等乐器，前排专事念唱、打诨的杂剧角色有五人。金时杂剧表演已经有故事，有情节。大约金后期始有"院本"出现。"院本"即"行院之本"。"行院"原指官员出行过程中的住所，而金人则谓娼妓所居为"行院"。这样，"行院"也就成了妓院的别称。因此，"院本"最初应为专门供妓女演唱的脚本，金已经有院本、杂剧和诸宫调。诸宫调是以传唱于中国北部的一些曲调为主而形成的一种体裁，后来文人加入得到快速发展。至金章宗时，文人开始参与创作诸宫调，如《刘知远诸宫调》、董解元《西厢记诸宫调》。而董解元《西厢记诸宫调》，是我国古典戏剧中一部带有典范性的划时代杰作，虽根据唐代元稹《莺莺传》改写而成，但无论思想还是艺术，都冲破了传统观念的束缚，被称为"古今传奇鼻祖"和"北曲之祖"。

4. 史学

金朝虽然留下史著不多，但当时的统治者大都比较重视史学。金灭辽以后，耶律俨的《辽朝实录》稿本归于金朝，金熙宗即认真阅读，并要求纂修《辽史》。此事先由广宁尹耶律固承担，而《辽史》未及成书耶律固先亡，于是由其门人萧永祺续成。契丹人耶律固与萧永祺完成的这部《辽史》，有纪三十卷，志五卷和传四十卷，纪、传卷数与今本元修《辽史》相同。只可惜书成之后，未曾刊行。后至章宗时期，又第二次纂修《辽史》，先后有移剌履、贾铉、党怀英及萧贡等人参与纂修，至公元 1207 年由陈大任完成，但仍未刊行。金熙宗和章宗时期两度纂修《辽史》都未刊行，主要原因是对其原本隶属于辽的这段史实，找不到更为体面的安放托辞，而且对于灭亡辽和北宋之后，金的国统是为继承辽还是继承北宋的问题上难下定论。后经宣宗南迁及哀宗自汴京出逃至金亡后，萧永祺《辽史》稿本已散佚无存，耶律俨《实录》和陈大任《辽史》稿本也残缺不全。

除修辽史之外，金人也重视当代史的编写。浑源（今属山西）人刘祁青年时期，随祖父宦游于河南，有机会结识著名的士大夫。刘祁举进士不第，便于 32 岁时开始，将其所记撰写成笔记体裁的《归潜志》，有着极高的史料价值，其中多有可补正《金史》及《大金国志》等书之缺失。东明（今山东东明南）人王鹗，公元 1224 年进士，后为左司员外郎。王鹗随金哀宗在蔡州被围时所作的《汝南遗事》四卷，随日编写，始于公元 1233 年六月，终于次年正月，有纲有目，共 107条，都是作者亲自经历或目击之事，为金朝灭亡之时最有价值的史料。有着强烈忧国忧民意识和社会责任感的元好问，亲历金朝的衰亡和蒙古灭金的全过程，时刻关注着金国的命运和金国史迹的保存。在金败亡前夕，即向当政者建议撰写一部金史，但未能如愿。金朝灭亡以后，元好问抱着国亡史兴、己所当任的爱国信念，决心以一己之力修一部金史，并为此付出了艰苦努力和沉重代价。元好问多年奔波，积累金朝君臣遗言往行资料上百万字，被称为"金源君臣言行录"，元好问据以写成的《壬辰杂编》，成为元修《金史》的重要资料来源。

5. 艺术

金朝艺术的发展，在各方面都取得了一定的成就。女真人南迁中原以后，尤其是金朝统治集团，迅速接受汉文化。金代文人继承中原文人传统，不仅善写文章能赋诗，而且通常在书法、绘画方面都有一定的造诣，并有名作传世，而且金朝壁画和雕刻都留下了内容丰富艺术精湛的作品。

（1）**书法** 金代书法家学自北宋书法，而且很有成就。王竞擅长草隶，尤工大字，两都宫殿榜题都为王竞所书。党怀英擅长篆籀，为学者所宗。赵沨擅长正、行、草书，亦工小篆，正书体兼颜、苏，书画雄秀；行草书备诸家体，时人以赵沨配党怀英小篆为最佳。吴激得其岳父米芾笔意，王庭筠在当时学米诸人中，造诣最深。任询具有多方面的才艺，《中州集》称其"画高于书，书高于诗，诗高于文"。

（2）**绘画** 金朝绘画在汉文化影响下，比辽朝绘画更为隆盛，特别是金世宗至金章宗时期，绘画益趋活跃。公元

1127 年金兵攻破北宋京城汴梁，即掠夺宋廷藏画、俘虏画工北去。金章宗设书画院，收集民间和南宋收藏的名画，复从民间征集加以充实，王庭筠与秘书郎张汝方鉴定金朝收藏书画 550 卷，并分别定出品第。金朝名家名画有虞仲文的《飞骏图》、王庭筠的《枯木》、张圭的《神龟图》、赵霖的《昭陵六骏图卷》、武元直的《赤壁图》、杨世昌的《崆峒问道图》、张瑀的《文姬归汉图》等。王庭筠的《幽竹枯槎图》，画柏树和幽竹，笔墨不多，但对比强烈，充分展现了两者各不相同的风骨和神韵。武元直的《赤壁图》现藏于台北故宫博物院，取材于苏轼的《赤壁赋》，画中临江石壁的宏大气势，引起人们对古战场的遐想。杨世昌的《崆峒问道图》今藏故宫博物院，该图取材于黄帝访广成子于甘肃崆峒山的故事，人物形象极为生动。赵霖的《昭陵六骏图》，今藏故宫博物院。此图由摹画唐太宗陵墓前六匹战马的石刻而来，战马形象各异，但画得凝重有力，颇具石刻风味。张瑀的《文姬归汉图》画面纵 29 厘米，长 127 厘米，由墨笔淡设色，画蔡文姬归汉行旅在漠北沙尘中的生动情景，是难得的精品。

金朝壁画和雕刻艺术造诣亦深，与传世的绘画精品不相上下。伊春金山屯出土有舞乐浮雕石幢，呈柱状八面体，每面都刻有人物浮雕，有翩翩舞者，或击鼓奏乐，或吹笙弄箫，表现出精巧的雕刻技术。位于朝阳师范学校院内的辽宁朝阳金代壁画墓，砖室方形，墓内四壁绘有彩色壁画，内容极为丰富。山西繁峙县五台山麓的岩山寺壁画，风格接近北宋院体卷轴画。壁画虽以佛经故事为内容，但衣冠制度、卤簿仪仗、宫室建筑，都有金代风格，展现在观众面前的是天上人间、宫廷市井、山林苑囿，以及金代各阶层人物的活动。

（3）**音乐舞蹈**　金建国之前，女真音乐歌舞原始而简单。其乐则唯鼓笛，其歌则有高下长短的《鹧鸪》二曲而已。《鹧鸪》即一种流传久远的女真歌舞曲，婉转起伏，声如鹧鸪，舞如鹧鸪，主要反映部落战争及渔猎生活。女真早期的乐器还有鹿狍哨、节、铜镜等。鹿狍哨用桦皮制作，类似口哨，为一种狩猎时诱捕狍、鹿的仿声器具，后来用于歌舞伴奏；节是将生活中用柳条编制的簸箕，以竹箸打、拨、划，以发出高低快慢不同节奏的音响用于伴奏；铜镜则是女真人在歌舞表演中，舞台侧旁数人手执铜镜依节奏晃动，以铜镜返光营造出的光影气氛增强演出效果。

女真灭辽入关并灭北宋以后，掠取了宋朝教坊的乐工、乐器、乐书，吸收中原歌舞文化，并设有专门的音乐机构，建立起自己的宫廷和宗庙礼乐制度，宫廷音乐乐器一如宋朝。后来，宫廷歌女、乐工已经能够熟练演奏北宋著名词人柳永的《望海潮》之类的曲子。考古资料也证明，金朝后来的音乐舞蹈，已经有了一定的艺术成就。1973 年，在小兴安岭中的林城伊春金山屯金代古墓群中，出土了一尊八面柱状舞乐浮雕石幢。石幢上有正方形顶盖，下有三个蟾头组成的圆形底座，中间柱幢高 42.5 厘米，每面宽 15 厘米，都刻有各样形态的人物浮雕。栩栩如生的浮雕中有人打鼓击乐，有人吹笙弄箫，有人拉琴弹弦，有人手舞足蹈，合起来正是一场精彩的歌舞表演。

（四）教育

金朝开国即重视文化教育，太祖时其言已文，太宗时兴学校，设科举，中间经过熙宗、海陵，到世宗、章宗时，崇文养士，庠序日盛。

1. 学校

金朝廷所设学校称国子监，此外府、州、县、乡也都开办学校。国子监始置于公元 1151 年，生员中多是贵族子弟。按规定，词赋、经义生百人，小学生百人，以宗室及外戚皇后大功以上亲、诸功臣及三品以上官员子孙年十五以上者入学，不及十五者入小学。太学、府学及州学都为皇亲国戚及品官子孙所设。金朝置司天台五科，分天文、算历、三式、测验、漏刻；太医院医学十科。国子学、太学隶属于国子监，司天台五科隶属于秘书监，太医院医学十科隶属于宣徽院。

金朝对学校实行严格控制，以保证宗室、外戚、功臣及其他官员子弟在受教育方面的特权。地方官有权推荐读书人参加考试，这也是官府垄断教育的一项重要措施。金学校教育的主要内容为儒家思想学说。孔子及其弟子作为金朝士大夫心目中的圣贤，具有至高无上的地位，学校供奉偶像，要求生员朝夕礼拜。金朝对各级学校使用的教材有严格的规定，并且都由国子监统一印制，授诸学校。当时除了儒家经典之外，历代正史与其他学派思想家的著述也被指定为教材。学生在学期间学习作策论、诗、赋。为了保证女真人在受教育方面享有特权，金朝从上到下，都单独开办女真学校。朝廷设女真国子学，诸路设女真府学，以新进士为教授。教学内容分经、史、子三大类，而以经史为主。规定三日一会课，作策论一道；又三日作诗赋各一篇；三月一私试，先试赋，间一日试策论。

2. 科举

金代科举之制，由应急而逐渐长远。公元 1123 年十一月，因急欲协助统治新归附州县地区的汉民，始开科举取士。初无定额，也无定期，如公元 1124 年，一岁中两次举士。当时考试分词赋进士、经义进士两类，词赋考赋、诗、策论各一道，经义考经义、策论各一道。公元 1127 年占领北宋河北河东地区以后，下诏南北各以其素常所习学业取士，设南北两科，分别考试，号为南北选。公元 1150 年，始增设殿试制度，而且定试期为三年。公元 1153 年定贡举程试条理格法，并南北选为一，罢经义策试两科，专以词赋取士。

金为女真人创进士科，初仅试策后增试论，叫作策论进士。公元 1164 年，世宗先后从猛安谋克选子弟为学生，诸路至 3000 人。后从中选百人到京师，命温迪罕缔达教以古书，作诗和策，后复试，得徒单镒以下 30 多人。到公元 1170 年，开始议行策选制度，三年后始定每场策试以五百字以上成，免乡试府试，止会试和御试。章宗又设制举，有贤良方正、能直言极谏、博学弘材、达于从政等科，试无常期。初时有词赋、经义、同进士、同三傅、同学究五等，后改为词赋、经义、策论、律科、经童。其试词赋、经义、策论中选者，谓之进士；

律科、经童中选者，谓之举人。由乡至府，由府至省及殿廷，凡四试都能中选，则与之官。与廷试五被黜，则赐之第，谓之恩例。儒臣有功和处士有学行而被荐举的，得特命及第，谓之特恩。

所试科目规定词赋进士，试赋、诗、策论各一道。经义进士，试所治一经义、策论各一道。专选女真人的策论进士，每场策一道，后改为策、诗试三场，策用女真大字，诗用小字。律科在法令内出题，府试十五题，每五人取一人。公元 1182 年定制，会试每场十五题，三场共通三十六条以上，以文理优，拟断当，用字切者为中选。后又试《论语》《孟子》小义一道。经童，或诵《论语》诸子，或诵《诗》《书》《易》《礼》《春秋左氏传》及《论语》《孟子》，或试诗赋，或试行草。宏词科，于举进士之年试诏、诰、章、表等杂文。

（五）科技

金朝的科学技术发展迅速，其成就集中反映在医学、天文、数学、建筑等传统领域。医学方面产生许多学派，不同的创新理论与争鸣对后世医学产生了巨大影响；数学方面在金元之际发展出天元术；天文历算方面修正大明历使其精确；此外，建筑方面也有很大的发展，兴建卢沟桥、金中都、山西大同华严寺等建筑，其中一些在华夏建筑史上独树一帜。

1. 医学

从靖康之变到蒙古灭金，由于频繁的战争和暴政，加上严重的自然灾害，导致百姓生活贫苦，疾病流行。许多有良知的医学家放弃官场，为救治病苦中的百姓刻苦钻研医术，广泛用于实践，使得医学十分活跃，被称为新学肇兴。就金朝政府来说，也设有专职药政机构的尚药局、太医院、御药院，及掌修合发卖汤药的惠民司等，并于各地设有医学专科学校，促进了医学的发展。因此，金朝医学名家辈出，在中国医学史上占有重要地位。其中对后世影响较大者，有成无己、马丹阳、刘完素、张子和、张元素、李杲、窦汉卿等。

名医成无己注释《伤寒论》，著有《伤寒论注明原理》，后刊印《附广肘后方》，公元 1214 年重订《大观本草》，改称为《经史证类大全本草》。张元素研究讨论了一百多种药物著成《珍珠囊》，在中医实践中，将中药归经一说确定为中药运用的原则之一。马丹阳精针灸，治人无算，著有"十二穴"歌，为古代针灸临床的宝贵经验。窦汉卿曾向李浩学铜人针法，著有《标幽赋》及《流注能要赋》。《标幽赋》以针灸理论在实践中较为幽微、深奥、隐晦，用歌赋体裁鲜明地把它表达出来，将针灸与经络脏腑、气血的关系，取穴宜忌、补泻手法等加以综合阐述。《流注能要赋》根据经络系统辨证论治的取穴规律，提供治验心得，所选穴位，按照内经病机十九条的内容，加以分类阐述，指出其中的关键，作为临症运用的法则。张子和为攻下派创始人，其代表作是《儒门事亲》，主张"古方不能尽治今病"。张子和在清火的基础上，力主攻邪去病为主的思想。在攻邪与扶正的关系上，主张以攻为主；在补与泻的关系上，主张以泻为主。李杲创内伤学理论，代表作有

《脾胃论》。张元素著有《珍珠囊》《医学户源》，主张根据外界天候的影响和患者体质情况，灵活用药，对于一般内科诸病诊治，重视脏腑虚实。

刘完素为寒凉派创始人，也被称为河间学派。刘完素拒不做官，行医于河间，为当时敢于创新而且具有影响的杰出医学家，著有《素问玄机原病式》《素问病机气宜保命集》《内经运气要旨论》《医方精要宣明论》《伤寒直格》《伤寒标本心法类草》《三消论》等。刘完素主张求医要知运气，强调主性命者在乎人，肯定自然界的气候变化为客观存在，以朴素的辩证观点解释五行，用事物内部联系说明人体。刘完素为推崇寒凉派的先驱者，其独出的学术主张是"火热论"，力主用清法治疗外感伤寒，为后来温病学奠定了基础，并纠正了那种以不变成方应万变疾病的医疗方法，同时还纠正了当时临床忽视辨症论治的不良风气。

2. 数学

金朝数学家主要有杨云翼、李冶。杨云翼著有《勾股机要》一卷，以及《象数杂说》及《积年杂说》。金朝数学最重要的进展是天元术的发展，天元术即古代中国建立高次方程的方法。李冶对"天元术"进行了系统研究，公元 1248 年，李冶在其著作《测圆海镜》和《益古演段》中，系统地介绍了用天元术建立二次方程，即以"元"（"天元"的简称）表未知数，以"太"（"太极"的简称）表常数，列出方式进行演算。《测圆海镜》以勾股容圆为题，自圆心、圆外纵横取之，得大小十五形，皆无奇零。此外，其书言秦九韶"立天元一"法最详。后来，《测圆海镜》传至西方，西方称此法为"借根"法。

3. 天文学

金因旧制置司天台，掌天文历数，风云气色，密以奏闻。其中有天文科、算历科、三式科、测验科、漏刻科，系籍学生76人。金重视司天台建设，公元1126年金人攻破北宋都城汴京，将北宋灵台上的天文仪器掠往北方，在金中都（今北京）建成规模庞大的司天台。金在历法方面的成就突出，早在公元1137年，金就颁用司天杨级所造《大明历》。后来，由于日食预报不验，诏命司天监赵知微重修《大明历》。

公元1181年，重修《大明历》成。这时，翰林应奉耶律履也编成一部《乙未历》。经过当年月望月食的检验，证明赵知微历优于耶律履历和当时行用的杨级历，于是颁用重修《大明历》。重修《大明历》虽然仍以《大明历》命名，内容却发生了很大变化。这部历法所用的基本数据相当精密，例如回归年长度为365.24259日，朔望月长度为29.53059日。此外，还创立了等间距三次差内插公式用于历法计算等，证明金天文学家在吸收中原历法的基础上有所创新和发展。金在《大金国志》中，还记载了公元1119年"北方有赤气，大三四围，长二三丈，索索如树，西方有火五团，下行十余丈，皆不至城灭"的极光记载，使人有如目睹，对研究极光现象很有价值。

4. 建筑

在中国建筑史上，金朝建筑具有独特的地位和重要的意义。金朝建筑继承唐宋建筑传统，吸收西夏、辽等建筑风格，注重选择砖石、青石和大理石等建筑材料，提高了建筑设计水平、防御性能、坚固程度和宏伟气势，同时注重建筑的装饰和雕刻，讲究色彩的搭配和图案的精细刻画，为中国及对世界建筑提供了有益的经验和启示。

金朝时期在今山西省大同市南郊建造的宁寿宫，采用了传统的大型宫殿式建筑，具有华丽的装饰和精美的雕刻，至今保留了较为完整的建筑群。公元 1161 年，金朝为统治南方，建立了以金陵为中心的"南京路宣慰使司"，并在城南修筑了金陵城。其中金陵城南门金钩门，位于今南京市玄武区玄武门内北侧，是南京古城墙上的重要关口，也是南京现存的最古老的城门之一。金钩门占地约 1.2 万平方米，主要由门楼、城墙、城堡、护城河等组成。门楼为三层楼阁式建筑，高约 30 米，门楼上有一座五角形小亭，为金钩门的重要标志。门楼的外立面装饰有大量的雕刻和浮雕，包括石狮、龙、凤、瑞兽等，体现了金时建筑的精湛工艺和艺术水平。金钩门的城墙长达2500 多米，高约 12 米，城墙上有箭楼、瞭望台、守城台等设施。城堡为砖石结构，坚固耐用，是城南的重要防御工事。护城河是围绕城墙的一条宽阔的水道，起到了防御敌人和调节城内水文环境的作用。

金代建筑在布局上也有独特的设计，金代寺庙建筑通常采用三进院落式布局，形成了金朝独特的寺庙建筑风格。金朝的"五檩式"和"七檩式"建筑形式，在后来的明清时期得到广泛应用。始建于金的山西大同上华严寺的大雄宝殿，殿身面阔九间，进深五间，单檐庑殿顶，用减柱法配置大殿柱列，使殿内空间宽敞宏伟。

金朝于公元 1189 年六月开始兴建，并于三年后完工的卢沟桥，桥身结构坚固，造型美观，具有极高的桥梁工程技术和艺术水平，《马可·波罗游记》中称其为"世界上独一无二的""美丽的奇观"。卢沟桥为十一孔联拱桥，拱洞由两岸向桥中心逐渐增大，拱券跨径从 12.35 米至 13.42 米不等，桥身中央微微突起，坡势平缓。河面桥长 213.15 米，加上两端的引桥，总长 266.5 米，桥身总宽 9.3 米，桥面宽 7.5 米。桥北侧有望柱 140 根，南侧有 141 根。望柱间距约 1.8 米至 2 米，柱高 1.4 米，柱头上均雕有形态各异的石狮。整个桥身都是石体结构，关键部位均有银锭铁榫连接，为华北最长的古代石桥。公元 1153 年金朝定都燕京（今北京市宣武区西）之后，卢沟桥更成了南方各省进京的必由之路和燕京的重要门户。

帝王全览

1. 太祖完颜阿骨打

公元 1115 年正月初一，女真部落联盟都勃极烈（大酋长）完颜阿骨打诏令天下，正式称帝，国号金，都会宁（今黑龙江哈尔滨市阿城区）。

完颜阿骨打为完颜劾里钵次子，母亲拿懒氏，公元 1068
年生于按出虎水（今黑龙江哈尔滨东阿什河）流域生女真完
颜部。早期的生女真，有无数不相统属的部落，完颜氏即其中
之一。自完颜氏始祖完颜函普以来，生女真完颜部开始崭露头
角。其后，历代先世均为完颜部首领。至完颜阿骨打祖父完颜
乌古乃继位之后，购进铁器，制造弓箭器械，征服周边十几个
部落组成部落联盟，乌古乃成为部落联盟长，并被辽朝授予节
度使称号。完颜乌古乃以辽朝所封官号为挡箭牌，加紧统一生
女真各部的活动。至 11 世纪初完颜石鲁时，完颜部已经成为
一个较为强大的部落联盟。完颜阿骨打父亲完颜劾里钵、叔父
完颜颇剌淑及完颜盈歌继任联盟长以后，相继大肆东征西讨，
战胜了活剌浑水的纥石烈部，基本统一了生女真，形成了一个
强大的军事部落联盟。虽然辽朝仍不把这一军事部落联盟看在
眼里，但完颜部已经具有一定的反辽实力，特别是完颜阿骨打
成人之后。

完颜阿骨打自小骁勇善战，以足智、有膂力和精骑射闻
名。十几岁时，辽使在完颜府门前，见完颜阿骨打张弓射鸟，
三发连中，惊愕中称遇见了奇男子。完颜阿骨打长大以后，状
貌雄伟，胸有大志，23 岁身披短甲随父出征，围攻窝谋罕城
（今吉林敦化额穆镇东南），在阵前行围号令诸军，俨然一位
身经百战的军事将领。完颜颇剌淑任联盟长时，纥石烈部麻产
据直屋铠水，招纳亡命，拒不听使，祸害四端。完颜阿骨打与
兄完颜乌雅束受命征讨，完颜阿骨打亲擒麻产，割其左耳献于

辽朝，辽因战功授其官职"详稳"。完颜盈歌任联盟长时，完颜阿骨打率军追杀温都部跋忒、破留可城、取坞塔城、伐萧海里，战功赫赫，并成为联盟领导集团中掌有军事实权的重要一员。公元1113年完颜乌雅束病故，完颜阿骨打继任为都勃极烈，即女真人所称的大联盟长。次年六月，辽授完颜阿骨打为生女真部节度使。

辽朝后期，尤其是天祚帝即位以后，契丹贵族对于生女真各部的压榨勒索越来越重。生女真地区所产的人参、北珠、貂皮、名马、俊鹰、蜜蜡、麻布等，除依照定期定量向辽朝进贡以外，辽朝东北边境的官吏和奸商还经常到榷场低值强购；荒淫无度的辽天祚帝经常派遣使者，向女真人索取名为海东青的猎鹰，加购北珠。而且这些使者征索无度，每到一处既向女真人榨取财物，又要女真人献美女伴宿。饱受其害的生女真人，个个心中生长着难以隐忍的仇恨。公元1112年春，辽天祚帝至春捺钵（今吉林大安月亮泡一带）钓鱼，依旧例接见附近各部落头领。在接待部落头领的头鱼宴上，天祚帝命各部首领依次献舞，唯完颜阿骨打昂立不动。事后，天祚帝要借故杀完颜阿骨打，经臣下劝说方才作罢。

完颜阿骨打知道自己与辽统治者势不两立，从"头鱼宴"返回部落联盟以后，即加快反辽准备。公元1114年，完颜阿骨打遣蒲家奴前往辽朝，以索要逃奔在辽朝的星显水纥石烈勃堇阿疏为名，探听辽朝内部虚实。得到回报说辽天祚帝统治骄肆虚浮、奸臣当道，边备废弛，内外离心，但辽朝对完颜部势力壮大已经有戒心，并开始往宁江州调兵防备。完颜阿骨打遂决定先发制人，一边建城堡修器械，一边大会僚属，发挥萨满教优势祭告皇天后土，倾诉辽朝罪状，宣示起兵之意，号令诸部备战。同时，派宗室子婆卢火征移懒路迪古乃兵，派斡鲁和阿鲁招抚系辽籍女真，派实不迭捉拿辽朝障鹰官。

辽朝针对生女真完颜部的情况，加强了宁江州（今吉林扶余东南石头城子）的防御。宁江州与完颜部所居地按出虎水尚有很远距离，军事上隶属长春州东北统军司，但这里一直是辽朝与生女真接洽的要地，而且完颜阿骨打对这一带非常熟悉。公元 1114 年九月，完颜阿骨打集诸路兵会于来流水（今拉林河口西，吉林扶余石碑崴子屯附近），得 2500 人，便在来流水誓师伐辽，数辽之罪为有功不省，而侵侮是加；罪人阿疏，屡请不遣。然后命诸将传梃而誓，发誓要同心协力，有功者奴婢部曲为良，庶人为官，有官者叙进；违誓者身死梃下，家属无赦！一番悲壮隆重的萨满仪式后，全军 2500 人挺进宁江州。

当东北路统军司报告宁江州要遭到女真军攻击时，正在庆州（今内蒙古巴林右旗境内）射鹿的辽天祚帝，仅派遣海州刺史高仙寿统渤海军前去增援。女真军到达辽界，完颜阿骨打命完颜宗幹带领士卒夷平辽朝用于防御的壕堑。阿骨打率军一入辽界，迎面与渤海军相遇，完颜阿骨打手起弦鸣，辽将领耶律谢十滚落下马。主帅突然毙命，辽兵惊愕溃败，死者十之七八。很快，女真大军来到宁江州城下，萧兀纳孙移敌蹇战死，退守城内的萧兀纳见难以抵御女真进攻，于是留下官属守御，自己率领三百骑渡过混同江向西逃去。十月，宁江州城遂被女真军攻陷，防御使大药师奴被俘。为了在战略上孤立辽统治者，完颜阿骨打采取分化瓦解攻势，暗中放回辽防御使大药师奴，使其招谕辽人；又指使渤海人梁福、斡答剌伪逃，以招谕渤海人，并美其名曰"女真渤海本同一家"；遣完颜娄室揭露契丹贵族的残暴统治，招谕编入辽籍的曷苏馆女真人归附。同时，派有声望的贵族抚定东北边远地区各个部落，达鲁古部、铁骊部、鳖古部等相继归附，完颜阿骨打的后方也更加稳定。

公元1114年十一月，辽天祚帝以枢密使萧奉先弟萧嗣先为东北路都统，原东北路都统萧达不也为副都统，率步骑7000余人屯兵鸭子河（今吉林月亮泡以东、黑龙江肇源以西的一段嫩江）。仅有3700甲士的完颜阿骨打，面对强敌并不退缩，而是决定在敌人尚未完全集结之前，出其不意发起猛烈进攻。当时正值隆冬季节，天寒地冻。为稳定和鼓舞军心，完颜阿骨打采用了女真人最信奉的萨满教梦卜之说，鼓动将士乘夜出兵。第二天拂晓，完颜阿骨打已经赶到出河店（今黑龙江肇源西南）近旁的鸭子河北岸。适大风骤起，尘埃蔽天，完颜阿骨打指挥将士乘着风势，利刃乱砍正在破坏冰面的辽兵。辽兵没有料到完颜阿骨打军队来得如此神速，措手不及，纷纷溃败，许多军将战死，身为一军统帅的萧嗣先率先逃遁。完颜阿骨打追辽兵于斡论泺，杀俘辽兵及车马、兵甲、武器、珍玩不计其数。完颜阿骨打及时将俘虏收编为女真军，使女真军很快超过万人。完颜阿骨打乘胜分路进兵，勃堇斡鲁古斩辽节度使挞不野，攻占宾州（今吉林农安红石垒）；吾睹补、蒲察败辽将赤狗儿、萧乙薛军于祥州（今农安万金塔东北苏家店），辽斡忽、急塞两路军投降；斡鲁古败辽军于咸州西，与完颜娄室一起攻占咸州（今辽宁开原老城），反辽战争初告大捷。

获得反辽重大胜利以后，完颜阿骨打弟完颜吴乞买会同撒改、辞不失等，要求完颜阿骨打称帝。于是，完颜阿骨打于公元 1115 年正月初一宣布即皇帝位，国号为金，后世称完颜阿骨打为金太祖。完颜阿骨打一建国，即废除原来的部落联盟长制度，改变与国相撒改分治女真各部的旧例，确立了皇权统治，去都勃极烈号而改称皇帝，作为国家的最高统治者。在中央建立勃极烈制，即以女真宗族大奴隶主贵族联合执政的国家最高行政管理中枢。完颜阿骨打任母弟完颜吴乞买为谙班勃极烈，总理国政，又为储嗣；以原部落联盟国相撒改为国论勃极烈，辞不失为阿买勃极烈，弟斜也为国论昃勃极烈，叔阿离合懑为国论乙室勃极，等等。同时，在所有新占领地区，推行猛安谋克制度。

公元 1115 年八月，完颜阿骨打亲率大军征黄龙府（今吉林农安）。黄龙府是辽朝重要的国库所在地，也是辽国的经济命脉，外城防御完善，内城守备坚固。完颜阿骨打先扫平黄龙府外围，然后率兵围定黄龙府。黄龙府被围困数月后，守将耶律宁在内无粮草、外无援兵的情况下，惶惶不可终日。完颜阿骨打一声令下，金军以各类器械攻城，人人奋勇杀敌，辽兵逐渐崩溃，耶律宁见大势已去，弃城而逃，完颜阿骨打于同年九月夺得黄龙府。

辽天祚帝得知东北重镇黄龙府失陷，感到事态严重，便决定御驾亲征，于公元 1115 年十一月集结 70 万大军以期一举消灭完颜阿骨打。辽国大军进驻陀门（今长春以北），摆开阵势，延绵百里，极具威势。只有2万兵力的完颜阿骨打分析形势，认为辽兵虽然数倍于我，但庸将怯兵缺乏战斗力，不足为惧。如果主动出击，成功有望。为鼓舞军心，完颜阿骨打采取激将之法，在众位将士面前仰天大哭，要将士们将自己交给天祚帝而换得自己安宁。将士们无不泣下，发誓与辽军决一死战。于是，金军深沟高垒进行防御，两军对阵于达鲁古城一带。就在天祚帝即将展开灭金大决战的关键时刻，辽军都监耶律章奴率军返回上京，要废天祚而立耶律淳，天祚帝不得不放弃对女真的攻击而返朝镇压耶律章奴谋反。完颜阿骨打抓住战机，挥军追至护步答冈（吉林榆树一带），合兵一处直扑辽天祚帝所在的中军。女真将士如狼似虎，杀入辽军阵营。辽军大败，兵马相互践踏，死者不计其数。天祚帝惊慌失措，一天一夜狼狈逃窜五百里。此仗金军缴获辽军粮草、马匹、器械、宝物无数。而辽军一战胆寒，再也没有斗志抵抗完颜阿骨打的军队。

公元1116年初，渤海人高永昌据东京（今辽宁辽阳）反辽，自称大渤海国皇帝，据辽东五十余州。天祚帝先后派张琳、耶律淳募兵镇压。高永昌向金求援，完颜阿骨打乘机命斡鲁统领内外诸军攻讨高永昌。五月，高永昌被擒杀，金夺得辽东半岛。同年十二月，完颜阿骨打受群臣上尊号曰大圣皇帝，次年改元天辅。这时，完颜阿骨打为休整军队而与辽议和，辽、金使者往来十余次，和谈终于破裂。公元1117年，国论昊勃极烈斜也领金兵一万攻取泰州；斡鲁古等攻占显州；辽乾、懿、豪、徽、成、川、惠等州相继投降。

公元 1120 年五月，完颜阿骨打亲自率军攻辽上京（今内蒙古赤峰巴林左旗治林东镇南波罗城）。金兵抵上京城下，完颜阿骨打亲自督战，一个上午即攻下上京城。辽上京留守挞不野投降，天祚帝逃往西京，辽朝疆土被金兵攻占过半。随后，金与宋朝缔结"海上之盟"，议定金、宋夹击辽朝。公元 1121 年，辽都统耶律余睹来降。完颜阿骨打从耶律余睹进一步得知辽国内部空虚，决定再度发兵。完颜阿骨打以忽鲁勃极烈完颜杲为内外诸军都统，以劾者弟完颜昱、撒改长子宗翰，以及自己庶长子宗幹、次子宗望为副，统领大兵进攻。公元 1122 年，金完颜杲攻下辽中京（今赤峰宁城大名城），进据泽州，辽天祚帝逃往鸳鸯泊。完颜杲和宗翰分道向鸳鸯泊进击，天祚帝又逃往西京。金兵攻占西京（今山西大同），进而招降天德、云内、宁边、东胜等州，天祚帝逃入夹山。同年六月，完颜阿骨打领兵自上京出发，追击辽天祚帝，直到大鱼泊。完颜昱和宗望穷追天祚帝，大败辽兵，辽归化、奉圣二州相继投降。完颜阿骨打率军到达奉圣州，蔚州辽臣前来降附。十二月，完颜阿骨打统率宗望、娄室等部向辽燕京进发。这时，宋军自燕京南路配合攻辽。时在燕京的辽小朝廷皇帝耶律淳已经去世，萧德妃出逃，左企弓、虞仲文等汉臣打开城门降金。公元 1123 年，金兵将燕地的金帛、豪族、工匠、民户席卷掳掠一空，然后按照与宋朝的"海上之盟"，将燕京六州之地让给宋朝。

建立金朝之后，完颜阿骨打为了巩固统治，在政权建设方面做了一系列调整。称帝后，完颜阿骨打确立了皇权。同时，完颜阿骨打积极改革社会弊政，在法律方面规定民无贵贱，在法令面前一视同仁，以防止平民沦为奴隶，既保证国家税收收入，又保证女真兵力的来源。为了提高女真人的素质，革除原始婚俗，于公元1117年五月下诏严禁同姓女真人结婚，在宁江州战役结束以后的同姓结婚者，必须离异。

完颜阿骨打深知文化的重要性，称帝后即下令完颜希夷创制文字。完颜希夷仿照正楷汉字，结合女真语言创制了女真文字，完颜阿骨打下令全国颁行。完颜阿骨打注意学习先进的汉文化，积极任用汉人知识分子，公元1118年下诏凡有才能的汉人知识分子，务必选送京师。完颜阿骨打注意收集、保存各种文献、书籍，在与辽国作战中，多次命令女真将士注意保存经典文献；在攻占中京时命令金将把敌国的礼乐、仪仗、书籍等全部运回金都。完颜阿骨打进一步完善猛安谋克制度，将原女真人以血缘为纽带建立的猛安谋克部落组织，改革为三百户为一谋克，设百夫长为首领；十谋克为一猛安，设千夫长为首领，使猛安谋克既是军事组织，又是地方行政组织，从而大大削弱了原来各部落组织的离心力，使女真各部的统一和国家观念得到进一步加强。随着对辽战争的节节胜利，金国的统治区域越来越大，不同部落及地区的降服者转眼间成为大金子民。完颜阿骨打对所有降服或归附者一视同仁，多次下诏优待抚恤，发给官粮，支持其安居乐业。

公元1122年十二月，金军分路出得胜口与居庸关，至燕京（辽南京，今北京）城下，辽枢密院官员奉表投降，完颜阿骨打率军入城。至此，辽朝五京俱陷，仅有天祚帝尚在逃亡之中。公元1123年，完颜阿骨打在班师返回途中患病。

同年八月，在部堵泺西行宫去世。完颜阿骨打在位 9 年，终年 56 岁。

2. 金太宗完颜晟

公元 1123 年九月，完颜晟继皇帝位，改当年为天会元年。完颜晟女真名吴乞买，为金世祖完颜劾里钵第四子、金太祖完颜阿骨打同母弟，生于公元 1075 年，幼年为叔父完颜盈歌养子。

公元 1115 年，在女真抗辽斗争初获胜利以后，完颜晟与完颜宗翰、完颜希尹等力劝完颜阿骨打称帝，建立金朝。同年七月，完颜阿骨打置国论勃极烈制，以完颜晟为谙班勃极烈，既为首席大臣，又为储嗣，成为完颜阿骨打的首要助手和继承人。金初，完颜阿骨打亲征辽朝，让完颜晟居守京城，代总朝政，为副贰。公元 1121 年，完颜阿骨打发动灭辽战争，凡朝政、军事、司法诸事皆由完颜晟从宜处置。完颜晟理事持重，使完颜阿骨打无有后顾之忧。公元 1123 年八月，完颜阿骨打病逝于班师途中。在处理结束完颜阿骨打丧事之后，完颜宗幹率诸弟奉谙班勃极烈完颜晟于同年九月即皇帝位。完颜晟即位后，以弟完颜杲为谙班勃极烈，完颜阿骨打庶长子完颜宗幹知国政，完颜宗翰、完颜宗望总理军事。

完颜晟初即位，各项制度草创，政权尚不稳固。尤其是辽天祚帝仍逃亡在阴山一带，辽在各地的残余势力仍然活跃，无不对金朝构成威胁。完颜晟继承太祖遗志，清除辽残余势力，穷追天祚帝。公元 1125 年二月，大将完颜娄室于余睹谷擒获天祚帝，辽朝遂亡。接着西夏向金称臣，金在西部和西北部不再有后顾之忧。与此同时，完颜晟交替使用武力和招降手段，征服奚人和辽朝残余势力，使占领区日趋巩固。于是，完颜晟把矛头对准了宋朝。

正在完颜晟寻找攻宋借口时，越来越复杂的张珏事件，正好给了金朝机会。张珏初仕辽，为辽兴军（平州军号）副使。当天祚帝西逃之后，平州军队哗变，节度使萧谛里被杀，张珏被推举领州事。公元 1122 年六月耶律淳死后，张珏预知辽国必亡，便尽籍管内丁壮充军，得人马五万，张珏野心开始膨胀，选将练兵聚粮，图谋割据平州称雄。金军入燕京以后，张珏拒绝金朝的招降，并杀降金辽臣左企弓等人，接着纳土归宋。宋拜张珏为泰宁军节度使，令其世袭平州。

曾为平州所辖的营、平、滦三州之地，金与宋交涉多次，金坚决不让。岂知因为张珏作祟，宋朝竟不费一兵一卒而轻易获得。因此，金对张珏附宋十分恼火，完颜晟遣堵母率三千骑攻打张珏。兔儿山一战，堵母大败，张珏报捷于宋，宋以银绢数万犒赏张珏军。公元 1123 年十一月，完颜晟命斡离不责问堵母战败之罪，同时令其再次出兵讨伐张珏。正在张珏出迎宋朝前来犒赏的官员时，斡离不乘其不备，于平州城东将其击溃。张珏连夜逃到燕山府，改姓易名，藏匿于郭药师的常胜军。

张珏逃走之后，金遣使谕令平州军民投降。平州民众拒绝投降，并且杀了金使，立张敦固为都统，闭门固守。金人不能使平州百姓屈服，转而施压软弱的北宋统治集团，指责北宋隐匿张珏为纳叛，责令北宋交出张珏。最初，北宋统治者见金索要甚急，燕山府王安中斩一貌似张珏的无辜者，以其首付金，企图蒙混过关。金人一看是假，于是声言发兵攻燕山。王安中急忙禀报北宋朝廷，宋廷令王安中缢杀张珏，将其头颅连同二子一并送交金朝。北宋杀张珏非但没有解决问题，反而引起更大的麻烦。北宋既然承认金是辽的继承者，有权索要降宋的辽臣张珏，也就公告宋朝无力庇护众多降宋的辽臣辽将。自是，燕山地区人心解体，守卫燕山的郭药师只等金兵驾临拱手投降。

公元 1125 年十月，完颜晟谕诸将伐宋，以谙班勃极烈完颜杲兼领都元帅，另以粘罕为左副元帅，斡离不为南京都统，分别率大军从西京（云中）及南京（平州）出发。而当时宋朝的昏君奸臣，尚沉浸在联金灭辽的喜悦之中，直至粘罕遣使持书至太原，要求宋割让河东河北以河为界时，宋军统帅童贯才知金朝真的是在伐宋。张皇失措的童贯借口赴朝禀报，不听知府张孝纯等的劝阻，抛却边关战事当即逃回京师，太原很快被金军包围。同时斡离不也自平州（今河北卢龙）攻入檀、蓟，郭药师率师迎降，导敌深入，燕山州县尽陷于金。

当女真军大举南下之初，宋徽宗以京师禁旅尽付内侍威武军节度使梁方平，使守黎阳。梁方平所部不战即溃，金兵迅速迫近汴京，徽宗计无所出，欲禅位给太子赵桓，以方便自己脱身逃命。但这一计划遭到给事中吴敏等人的激烈反对，宋徽宗只好做出坚守的样子，继续做出逃的准备。这时，主战者李纲、吴敏等担忧若京师无主难以号召抗敌，只好促使宋徽宗传位给太子。内禅后改称"教主道君太上皇帝"的赵佶，于公元 1126 年即靖康元年初，在蔡攸等奸臣的护卫下，水陆并进向东南逃去，童贯、蔡京等紧随其后。

就在宋朝君臣争相出逃之际，斡离不军轻易进抵汴京西北，占据牟驼冈天驷监。宋朝弃这里大量的军马粮草于不顾，使金轻易获马两万匹，获豆如山积，一时猛虎添翼。当金军已经进抵汴京城下时，北宋朝廷内主战、主和两派仍然争论不决。李纲主战，而李邦彦等则力主割地求和。金人提出的讲和条件为输金五百万两、银五千万两、牛马万头、表缎百万匹，并且尊金帝为伯父，将在宋境的燕云之人一律遣送予金，割中山、太原、河间三镇之地，以宰相、亲王为质送大军过河，乃退兵。

其实，当时金兵如此嚣张，多出于诡诈。种师道督泾原、秦凤兵入援，师至洛阳，听说斡离不兵已至汴京城下。种师道所率军队虽然不多，却声言自将西兵百万。女真军不知虚实，连忙北移营寨，大大收敛了骚扰活动。种师道指出，女真孤军深入，难以知晓宋军底细。京师周回八十里，并非轻易就可包围。而且城高十数丈，粟可支数年。只要坚守数月，以待勤王之师，女真军必难支撑。然而，类于其父的宋钦宗赵桓，只恨没来得及逃跑，骨子里就没有为民为社稷顶天立地的气概，只听信李邦彦等人的谬说，正忙于输金币割国土于金。二月间，宇文虚中奉诏至金营，许割三镇地。斡离不得到宋钦宗的割地诏书，即携人质班师北归。虽然勤王大军纷纷来到，但金军在北宋投降派的积极协助之下，全师裹战利品圆满北还。

公元 1126 年四月，金使萧仲恭要从汴京北返。并无大志而又小肚鸡肠的北宋统治者认为，萧仲恭与降金后掌握金军事大权的耶律余睹都为契丹人，肯定会与金有着亡国之恨，并以此为由，决定诱降耶律余睹。于是，让萧仲恭给耶律余睹捎去蜡丸书，约请耶律余睹为内应共同灭金。萧仲恭因惧宋人将其扣留不遣，便假意相许。脱身北返后的萧仲恭，即刻将蜡丸书上交斡离不。本来，前次轻而易举即得天大利益的金朝，正欲挥刃南下再夺金帛土地，便以此为借口，决定二次伐宋。八月，完颜晟仍以粘罕为左副元帅，斡离不为右副元帅，分两路出兵：粘罕发云中，斡离不发保州。九月，粘罕克太原，东路斡离不克真定。紧接着，两路金军分头向汴京进发。十一月，粘罕攻下西京洛阳及永安军（今河南巩县南）、郑州等城，斡离不渡过黄河，攻克临河（今河南濮阳）等地，两路金军遂直抵汴京城下。汴京沦陷，徽、钦二帝成为俘虏。从此，宋朝失去北中国大片国土。灭北宋以后，完颜晟于公元 1127 年三月立张邦昌为大楚皇帝。张邦昌于宋徽宗时官至尚书侍郎，宋钦宗即位拜少宰，与康王赵构一起为质于金。张邦昌不分青红皂白力主降金，甚得金人信任。

金朝占领黄河流域以后，各地抗金斗争纷起。公元 1127 年五月，慌忙南渡的北宋徽宗第九子康王赵构，在临安即帝位建立南宋。金军北归之后，大楚傀儡政权失去存在保障而自弃。后赵构迫于李纲等主战派压力，将张邦昌处死。

为彻底灭亡不堪一击的宋朝，完颜晟下诏追击逃往扬州的宋高宗赵构。金将宗弼率军南下，五月破扬州，十月袭江浙，十一月占和州（今安徽和县），接着下镇江、杭州、越州（今浙江绍兴越城区）、明州（今浙江宁波地区）、定海等地。赵构逃无可逃，只好乘船亡命海上，金兵入海又追 300 余里。由于江南军民顽强抵抗，女真将士不适应水战，便掳掠大批财货、极尽杀戮破坏之后北撤。公元 1130 年，宋将张浚集结 18 万大军与金兵展开决战。此役惨胜之后，金朝深感已经无力亡宋。而金军内部也因连年征战深怀不满，国内到处矛盾重重，完颜晟便决定与南宋罢兵议和，扶植刘豫建立伪齐傀儡政权。已经占据黄河流域的金朝，便以秦岭淮水为界与南宋对峙。

应该说，在金朝皇帝中，太宗完颜晟对内勤于政事，对外敢于开拓，算得一位英主。完颜晟即位之初，沿袭太祖旧制，继续保持对西夏、高丽、北宋的友好关系。完颜晟与西夏结为友邻；虽然高丽多次冒犯金国，但完颜晟采取克制态度，坚持与高丽友好相处；全部占领辽地以后，仍令诸将遵守太祖与宋订立的"海上之盟"，将云州诸地交给宋朝。就在诸事稳妥之后，完颜晟决定发动灭宋战争，将统治区域扩展到黄河流域。

内政方面，完颜晟在旧政策不适应新形势时，首先在汉地恢复原有封建制度，进而推动金政权封建化进程。公元 1123 年十月，在燕云地区开科取士；灭北宋以后，实行"南北选"，以辽制取辽人，宋制取宋人，入选的封建士大夫被任命为汉区州县官员。同时，完颜晟对太祖原来实行"南北面官"的设想付诸实施并加以改革，于公元 1126 年将元帅府发展为统辖中原地区的最高军政机构，下设燕、云二枢密院，实行封建统治。不久，兼采辽宋制度颁布以尚书省为首的三省制，逐步取代枢密院制。公元 1128 年八月，统一原辽宋两地府州县官制。以完颜杲、完颜宗幹、韩昉等人在中央议礼仪、兴庠序，先后设大理寺，置宣徽院，设昭文馆，各种司、府、寺相继建立，礼部、吏部相继出现，逐步建立健全了各种封建行政机构。到公元 1122 年，勃极烈制度的职能也发生重大变化。谙班勃极烈完颜杲病卒以后，完颜晟对勃极烈制进行了重大改革和调整，按照汉制立皇储的原则，以太祖嫡长孙完颜合刺为谙班勃极烈，合刺即后来的金熙宗完颜亶，其父完颜宗峻早逝；以自己长子完颜宗磐为忽鲁勃极烈，完颜宗幹为左勃极烈、完颜宗翰为右勃极烈，其地位相当于尚书令，左、右仆射。从此，勃极烈制演变为国家最高军政决策机关和审议机关，其他职能则被各种封建机构所取代。

完颜晟在女真及契丹、奚等北方部落及民众中，仍沿用女真奴隶制，并不断完善奴隶制经济。女真猛安谋克部民实行牛头地授田制度，每耒牛三头为一具，限民口二十五受田四顷四亩有奇。初授田几无最高限额，纳税亦无固定额，只视国家需要随时而征。公元 1125 年岁稔，诏令每一牛具地岁纳粟一石，由各谋克立廪贮存。在此前后，规定官民占田无过四十具，既在经济上给女真等部落民众以优惠地位，又在一定程度上限制猛安谋克贵族兼并土地。

在结束对辽和北宋的战争之后，北方地区历经战争浩劫，户口稀少，百姓因饥荒战乱或自鬻为奴，或被掠为奴，国家财政收入受到很大影响。完颜晟继金太祖赎免女真完颜氏奴婢之后，在更大范围实行赎奴工作，并多次下诏或遣使敦劝各地农功，禁止内外官和宗室私役百姓。公元 1133 年，完颜晟下诏迁大批女真人入居中原，散居华北各地，仍实行猛安谋克行政组织，金朝对女真与汉人实行双重统治体系的地方政体结构基本形成，有金一代没有大的改变。

金初无都邑，金太祖马上建国，无暇建筑城池宫殿，所居皆茅舍，皇室所在地名为"皇帝寨"。公元 1124 年，完颜晟令汉人卢彦伦规划筑京城于阿什河畔（金上京会宁府，今黑龙江阿城白城子），起乾元殿、明德殿、明德宫和庆元宫等数千间大屋，日役数千人，逾年而成，其规模大体相当中原州县城邑。

自公元 1132 年以来，完颜晟一直患病在身。公元 1135 年正月，完颜晟病逝于明德宫。完颜晟在位 13 年，终年 61 岁。

3. 熙宗完颜亶

太宗完颜晟去世后，完颜亶继承皇帝位。完颜亶为金太祖嫡长孙，生于公元 1119 年，女真名合刺。完颜亶父亲完颜宗峻为完颜阿骨打嫡长子，母亲蒲察氏。完颜亶幼年丧父后，由伯父完颜宗干收为养子。完颜宗干崇尚汉文化，延请著名儒生张用直教授完颜亶读书。少年完颜亶聪颖慧达，能以汉文赋诗写字，喜欢汉人礼乐服饰，旧宗室大臣曾讥讽完颜亶为"汉家少年"。及至长大，完颜亶怀有大志，很受皇室看重。公元 1132 年四月，在完颜宗干、完颜宗翰、完颜宗辅、完颜希尹等诸宗亲勋贵支持下，太宗完颜晟诏立完颜亶为谙班勃极烈，确定为皇位继承人。公元 1135 年正月叔祖完颜晟驾崩以后，完颜亶登基为帝，改次年为天眷元年。

完颜亶即位后，女真内部贵族派系斗争激烈，成为国家大患。其中一派是以完颜宗翰为首战功赫赫的守旧大臣，一派是以完颜宗磐为首的势力。完颜亶即位之初，即罢免了完颜宗翰的都元帅之职，完全削除其兵权。公元 1137 年，完颜亶又杀完颜宗翰亲信尚书左丞高庆裔等，完颜宗翰愤郁而亡。完颜亶遂废完颜宗翰支持的刘豫伪齐傀儡政权，设行台尚书省于汴京（今河南开封），以强化中央集权。公元 1138 年，完颜宗磐、完颜宗隽、完颜昌等把持朝政。公元 1139 年，完颜亶依靠完颜宗弼、完颜宗幹、完颜希尹等重臣，先后诛杀完颜宗磐、完颜宗隽、完颜昌等人。

本来在宗室诸王中，完颜宗幹、完颜宗弼二人一直崇尚汉制，尤其是完颜宗弼。响彻中原的金兀术完颜宗弼，本为南下侵宋金国主将，但在长期与宋交战的过程中，完颜宗弼逐渐为汉先进的政治经济文化所折服。在太宗时期，完颜宗弼就曾上书，要求进行汉制改革。在完颜亶即位后的一系列惊心动魄的宫廷争斗之中，完颜宗弼、完颜宗幹一直坚定地站在完颜亶一边，因此二人得到特别重用。这样，金王朝的政治军事大权，便完全掌握在以完颜亶、完颜宗弼、完颜宗幹为首的改革派手中。

公元 1139 年三月，完颜亶命百官详定仪制，开始启动制度方面的改革。完颜亶废除勃极烈制，改用汉官三省六部制。原来的三位勃极烈改授为地位相当的太师、太傅、太保衔，妥善解决了女真宗室大贵族与汉官制之间的矛盾。承袭唐、宋、辽制，融入女真特点，正式颁行封建官制及换官格，将原来女真和辽、宋旧官职，依照新定的官制统一换授。制定封国制度，按照功勋等第授予封爵、勋级、食邑。三省最高长官为三师领三省事，尚书省设左、右丞相和平章政事，左、右丞与参知政事下设左、右司与六部，以左丞相兼门下侍中，右丞相兼中书令。三省以尚书省为中心，三师领三省事与左丞相均由女真贵族出任，右丞相以下参用汉人、渤海人或契丹人。

在地方官制方面，将金初万户、都统司与兵马都总管府三种路制，统一为封建性质的兵马都总管府、路。划全国为十九路，路下设府、州、县。延续女真军政一体特点，路、府、州官兼管军政，县官只管民政。在女真居住地区，路下设万户路及猛安、谋克三级机构，形成与汉地府、州、县并行的两个系统。

完备京城制度，以京师为上京，曰会宁府；改旧上京为北京，曰临潢府。命少府监卢彦伦扩建京城，修筑宫室，建敷德殿（朝殿）、宵衣殿（寝殿）、稽古殿（书殿）。其后又修建凉殿、太庙和社稷坛。公元 1146 年又大规模扩建，皇城分为南、北，使皇帝、贵族、平民三者分地而居。

金太祖和太宗两朝，虽有君臣之称，而无尊卑之别，乐则同享，财则同用，以至于屋舍、车马、衣服、饮食之制，都没有明显区别。完颜亶制定礼仪，设仪卫将军，始有内廷之禁，亲王以下不能佩刀入宫。后命百官详定仪制，百官朝参用汉式朝服。公元 1145 年颁行《皇统新律》，成为金代第一部成文法典。为提高女真文化水平，完颜亶改进女真字，新造笔画较为简省的女真小字正式颁行，与完颜希尹所创女真大字、汉字、契丹字并用。

公元1141年，领三省事完颜宗幹病卒，完颜亶任完颜宗弼为尚书左丞相兼侍中、都元帅、领行台尚书省，集朝廷与地方军政大权于一身，把握朝政。同年秋天，完颜宗弼率大军渡淮伐宋，以兵逼迫宋朝划淮水为界。急于偏安一隅的南宋君臣，尽废或冤杀抗金名将名臣，十一月与金达成"绍兴和议"，即宋向金称臣，"世世子孙，谨守臣节"，金册宋康王赵构为皇帝；划定疆界，东以淮河中流为界，西以大散关（今陕西宝鸡西南）为界，以南属宋，以北属金；宋割唐（今河南唐河）、邓（今河南邓州）二州及商（今陕西商州）、秦（今甘肃天水）二州之大半予金；宋每年向金纳贡银25万两、绢25万匹，每年春季搬送至泗州交纳。极不平等的绍兴和议，确定了宋金之间政治关系，形成了南北对峙的局面。

为复苏北方社会经济，完颜亶于公元1140年下诏罢东北汉人、渤海人猛安谋克制度和汉、渤海官员的猛安谋克世袭职务，完全恢复州、县、村社制度，同时收回汉官与渤海官员手中的兵权。同时，以禁苑隙地分给百姓；罢来流水、混同江护逻地予民耕牧；任命专门大臣，统计国内废弃土地，分给农民。中原久经战乱，经济凋敝，每遇灾年卖身为奴者比比皆是。完颜亶于公元1144年下诏，官方给绢，赎奴为良，放还其乡。在废除刘豫伪政权之后，解散伪齐军队，下令全部回家耕田。数派廉访使至诸路，询访民间，考查府、州官员以下劝课农桑、平理狱讼、治理地方状况。

公元1141年宋将淮水以北大片土地割让给金朝以后，金将大批猛安谋克户南徙，实行屯田。女真、契丹与奚人徙居中原，与汉人百姓杂处，计其户口，给以官田。凡屯田之所，遍至燕山之南，淮、陇之北。中原地区遂形成汉人州、县、村社与女真包括契丹、奚人猛安（比防御州）、谋克（比县）、村寨并行的双重行政统辖体系，为边地部落民众接受汉文化，进而完成自身封建化改造提供了条件。

完颜亶初即位时，尚有意革新，并采取众多措施，亦取得较好的社会效果。然而，完颜亶后期怠于朝政，不思进取。公元1142年二月，皇后裴满氏生皇子完颜济安。同年三月，完颜亶立完颜济安为皇太子。然而此子命短，未期年而亡。自此以后，由于强势的裴满氏从中掣肘，完颜亶在数年之间不能立储，逐渐与裴满氏发展到水火不能相容的地步。在这种情况下，完颜亶更加感到孤立无援，常常酗酒，而且醉后滥杀无辜。一次，完颜亶酒醉之后，竟下令处死了户部尚书宗礼。对左右大臣及侍从，更是随意打骂，乃至亲手杀人，先后杀死亲王、大臣、嫔妃十数人，致使百官震恐，人人危惧。公元1148年七月，以驸马尚书左丞唐括辩奉职不谨，完颜亶对其加以杖责；次年八月杖平章政事完颜秉德。唐括辩与完颜秉德怀恨在心，先后同大理卿完颜乌带及完颜亮谋划废掉完颜亶。

完颜亮和唐括辩等旦夕密谋，引起护卫将军完颜特思的怀疑，完颜特思告诉给皇后裴满氏。完颜亮、唐括辩因此非常忌恨完颜特思及完颜元、完颜阿楞。正好当时河南有兵士孙进冒称皇弟按察大王，而完颜亶之弟只有完颜元和完颜查剌。完颜亶怀疑完颜元，便派完颜特思调查，并未查出结果。完颜亮带头乘机大肆诬陷，完颜亶深以为然，派唐括辩、萧肄拷问完颜特思。完颜特思屈打成招，完颜元获罪被杀，同时被杀的还有完颜查剌、完颜特思、完颜阿楞以及完颜阿楞弟完颜挞楞。这样一来，完颜亶就杀光了自己的亲兄弟，因此更加孤立。

公元 1148 年，股肱大臣完颜宗弼突然去世，完颜亶未来得及抓住大权，裴满氏已经乘机填补权力真空，朝官们争走裴满氏门路而谋取高位。仅仅几个月内，萧仲恭、完颜宗贤、完颜勖、完颜亮等，走马灯般先后充任为相。同年，朝廷议定要迁徙渤海人去燕南驻屯，平章政事完颜秉德及左司郎中三合负责办理此事。近侍、渤海人高寿星亦在迁徙之列。高寿星不愿前往，便走裴满氏后门，裴满氏有意以此激怒完颜亶。完颜亶盛怒之下，杖责完颜秉德，斩杀三合，高寿星则得以不迁。

完颜亶对裴满氏干政已经忍无可忍，公元 1149 年十一月将其诛杀，同时杀害的还有几个妃子。这样毫无理智地滥杀无辜，使得宫廷之内人人自危，臣下无不震恐。当时乌带任大理卿，唐括辩累官参知政事、尚书左丞，完颜秉德则为右丞相，都是朝廷之上掌有实权的赫赫人物，这样一群高官结为一体，旦夕共谋废完颜亶而更立新主，其威胁程度可想而知。

当完颜亮位高权重结党营私势力膨胀时，完颜亶已经有所察觉。公元 1149 年正月，完颜亶派寝殿小底大兴国以宋司马光画像及其他珍玩赐完颜亮生日礼物，悼平皇后裴满氏也附赐礼物，引起完颜亶不悦，罚小底大兴国一百杖，追回其赐物。四月，学士张钧起草诏书时擅自改动，完颜亶追问指使者，左丞相完颜宗贤奏明为太保完颜亮。完颜亶更加不悦，遂贬完颜亮，降其到汴京（今河南开封）领行台尚书省事。完颜亮路过中京时，与在中京的兵部侍郎萧裕密谋定约后，走到良乡时又被完颜亶召回。完颜亮不知熙宗意图，非常恐惧。回到上京，完颜亶又恢复完颜亮为平章政事，但完颜亮反意已决。

早在皇后裴满氏被杀以前，唐括辩一伙的阴谋活动就引起了裴满氏的注意。完颜亶杀裴满氏，不仅为完颜亮一伙的阴谋活动清除了一大障碍，而且还创造了绝好时机。公元1149年十二月九日，代国公主为母裴满氏做佛事，当晚留在寺中。完颜亮、完颜秉德等人便聚在驸马唐括辩家中精心谋划，废熙宗完颜亶的各项准备工作已经水到渠成。从前因送礼一事被杖责一百的大兴国，为完颜亮心腹尚书省令史李老僧亲戚，于是投入完颜亮门下。当时，正由大兴国在寝殿内伺候完颜亶的起居生活，大兴国总是乘夜从主事者处带皇宫钥匙回家，众人习以为常。护卫十人长仆散忽土要报答完颜亮父完颜宗幹的旧恩，徒单阿里出虎为完颜亮的姻亲，都对完颜亮言听计从。十二月九日，正由此二人值夜班。半夜时分，寝殿小底大兴国以窃得的符牌钥匙，矫诏打开宫门。唐括辩、完颜亮、完颜秉德、完颜乌带、徒单贞、李老僧等衣下藏刀相随入宫。守门者因为唐括辩身为驸马，为皇帝至亲，故不加深疑。完颜亮等到达完颜亶寝殿门前，卫士始觉可疑，但未及动手已被控制。于是，忽土、阿里出虎等出现在完颜亶面前。完颜亶见势头不对，急忙寻找经常放置在卧榻的佩刀。然而，此刀事先已被大兴国移至别处。完颜亶束手无策，忽土、阿里出虎等上前动手，完颜亮乘机手起刀落，将完颜亶刺杀。完颜亶在位15年，终年

31 岁。

4. 废帝海陵王完颜亮

完颜亮于公元 1149 年十二月九日，弑金熙宗完颜亶后篡位称帝。完颜亮为金太祖完颜阿骨打庶长子完颜宗干次子，生于公元 1122 年，母亲大氏。完颜亮弑逆熙宗成功，唐括辩、忽土等人当即奉完颜亮为帝，然后诈以熙宗名义诏大臣入宫，乘机杀曹国王完颜宗敏和左丞相完颜宗贤。当天登上皇帝位的完颜亮，以完颜秉德为左丞相兼侍中、左副元帅，唐括辩为右丞相兼中书令，完颜乌带为平章政事，忽土、阿里出虎分别为左、右副点检；改皇统九年为天德元年；追尊其父完颜宗干为睿明皇帝；次年二月下诏降金熙宗为"东昏王"。

完颜亮自幼聪明好学，生性风流倜傥，曾跟随名儒张用直学习儒学经典及诗词歌赋，汉文化功底甚深。完颜亮雅歌儒服，品茶弈棋，能言善辩，能诗善文，经常交往留居金地的辽宋名士，为金朝主要文人。曾经有人请其为扇面题诗，完颜亮挥笔写下"大柄若在手，清风满天下"的诗句，彰显其志向非凡。更为过人的是，完颜亮喜怒不形于色，极能揣摩人心，史称其"外若宽和，城府深密，人莫测其际"。

金熙宗完颜亶在位时，完颜亮父完颜宗干一直得到重用，完颜亮也在仕途上一帆风顺。公元 1140 年，完颜亮 18 岁时，以宗室子为奉国上将军，赴梁王完颜宗弼军前任使，管理万人，迁骠骑上将军；公元 1144 年，完颜亮加龙虎卫上将军，为中京（大定府，后改北京，今内蒙古赤峰宁城西大名城）

留守，迁光禄大夫；公元 1147 年五月，金熙宗召完颜亮至当时的金国首都上京（今黑龙江省阿城市内），为同判大宗正事，加特进；同年十一月，拜尚书左丞。完颜亮开始把持权柄，安插心腹为省台要职，擢萧裕为兵部侍郎。一次，金熙宗与完颜亮交谈，说及金太祖创业时的艰难，完颜亮当场痛哭流涕，泣言要尽心为国，熙宗甚是感动，认为完颜亮尊崇祖辈，很有忠心。公元 1148 年六月，拜完颜亮为平章政事；十一月又拜为右丞相；公元 1149 年正月，兼都元帅；三月，拜太保、领三省事，位极人臣。

当初，完颜亶以金太祖嫡孙身份嗣位时，完颜亮认为父亲完颜宗幹为金太祖长子，自己同样为金太祖之孙，从此便觊觎皇位。经过潜心奋斗，刻意伪装，左右联络，上下打点，终于成功谋逆，荣登大宝。但完颜亮也十分清楚，自己的皇位来得名不正言不顺，而且有违天理，坐稳肯定不易。当初，熙宗以太祖孙接太宗位而立，遭致太宗子孙怨恨。完颜亮弑堂兄夺位，不仅太宗子孙中有人继续不服，而且由于其父完颜宗幹为太祖庶长子，致使太祖嫡系子孙更加不服。为了巩固皇位，也为了干一番事业，完颜亮便仗以刀剑，大开杀戒，不顾一切地诛除异己，疯狂屠戮朝中大臣和宗室子弟。

太祖之子完颜宗敏为完颜亮叔父，因其辈分高，而且很有才干，完颜亮认为对自己构成威胁。及弑熙宗，完颜亮使葛王完颜雍召完颜宗敏。完颜宗敏入宫后，完颜亮即令仆散忽土在殿内将完颜宗敏杀害。这时，太祖诸子多已亡故，除掉完颜宗敏之后，来自长辈的威胁基本解除。接着要清除的，主要是太宗完颜晟的子孙。当初，完颜宗干杀完颜宗磐，两系即成宿仇，完颜亮对太宗其余诸子深怀忌心。太宗子完颜宗本于公元1149 年为右丞相兼中书令，进太保，领三省事。完颜亮即位后，又进太傅，仍领三省事。完颜亮认为完颜宗本势强，遂与心腹秘书监萧裕谋杀完颜宗本，并且要将最先帮助自己谋逆的完颜秉德也一同杀掉，因为完颜亮弑君后，完颜秉德没有带头劝进。为达目的，公元1150 年四月的一天，完颜亮诡称召完颜宗本击鞠，并埋伏凶手。当完颜宗本与太宗另一子完颜宗美到来之后，当即被杀。接着，完颜亮又杀东京留守完颜宗懿、北京留守完颜卞，并下令迁益都尹毕王完颜宗哲、平阳尹完颜禀、左宣徽使完颜京等，只准各以奴婢五人相随，而将其家属分别另行安置。当众王尚在迁徙途中时，即被完颜亮派人杀害，其男性后裔不论少长无一幸免。至此，太宗子孙死难者达七十多人，太宗一脉就此断绝。出于同一目的，完颜亮又借故将宗室完颜宗翰子孙三十余人、太祖胞弟谙班勃极烈都元帅完颜杲子孙百余人、完颜谋里也子孙二十余人及众多宗室大臣满门除绝。

奚人萧玉受完颜亮指使诬陷完颜宗本，完颜亮因此将其自尚书省令史擢升为礼部尚书加特进，并赐钱二千万、马五百匹、牛五百头、羊千口。数月后，又命其为参知政事，授猛安，其子娶公主，结为儿女亲家。公元1156 年进拜萧玉为右丞相，公元1161 年南伐前，又以萧玉为尚书左丞相。

不过，完颜亮篡位称帝大杀宗室之后，尚能励精图治，厉行革新，鼓励农业，整顿吏治，印钞铸钱，完善财政，推行汉化，强化中央，有所作为。金熙宗晚年被宗室、皇后干预朝政，加强中央集权的努力严重受阻。完颜亮接受教训，继续清除异己，加强集权。行台尚书省产生之前，金太宗曾在燕京设枢密院，作为地区性军事行政机构，其事权太重，具有明显的割据性质。完颜亮上台后，立即着手解决行台尚书省问题，先让参预政变的完颜秉德出领行台尚书省，接着在杀完颜宗本的同时，又遣使将完颜秉德杀掉，主要原因是担心完颜秉德在行台自立。

完颜亮杀完颜秉德之后，以渤海人大臭为行台右丞相、右副元帅，令其监视左副元帅、行台左丞相完颜撒离喝。屡建功勋的战将完颜撒离喝，在完颜亮弑君自立后自陕西入朝。完颜撒离喝一见新君，就将完颜亮杀熙宗比喻为唐太宗杀李建成，并建议完颜亮效法唐太宗，多行善政。完颜亮闻言十分不快，对完颜撒离喝长期握兵在外而又颇得将士拥戴更放心不下。于是，在杀完颜秉德后，以完颜撒离喝为行台左丞相兼左副元帅，令其离开军中到汴京任职。完颜撒离喝至汴，并不知完颜亮以大臭伺察自己，常为一些事情与大臭争执。公元1150年十月，都元帅府令史遥设按照完颜亮的旨意，诬撒离喝子御史大夫完颜宗安谋反。完颜宗安被诬后受尽酷刑，但坚不承认，被折磨致死。同时受诬陷的扫胡，被置于炭火之上折磨，终因不堪忍受而表示伏罪。另一被完颜亮认为对自己会构成威胁的平章政事完颜宗义等，也顺带被杀。与此同时，完颜亮遣使至汴，族诛完颜撒离喝，并牵连致死其亲属部下朋友二十余人。除掉完颜撒离喝之后，完颜亮于同年十二月下诏罢行台尚书省，将两河及中原直接控制在朝廷之下。

经过惨无人道的大规模清洗，朝廷高官中宗室贵族所剩无几，许多官职空缺无人。完颜亮以此为契机，大批任命有才华的普通女真人，以及通晓封建典章制度的渤海人、契丹人和汉人为官，打破了自太祖建国以来朝廷大权为女真宗室贵族垄断的局面，三省宰执和最高军事机构都元帅、枢密使中，除完颜亮胞弟完颜衮外，无一名宗室完颜氏人。接着，完颜亮在熙宗改革的基础上，开始对金朝政治制度进行大规模改革。

从公元 1150 年十二月开始，废除汴京行台尚书省，政令统一于朝廷，同时废除元帅府，设置枢密院，作为最高军事机构；枢密院受尚书省节制，枢密使、副不直接统兵；兵兴临时设元帅府，兵罢则归尚书省，军权使用掌握在皇帝手中。仿照中原制度，设国子监以教育生员；改革科举，罢太宗以来的南北选制，废除儒学的经义科，以词赋、法律取士，以词赋为正科，法律为杂科。改定猛安谋克继绝法，罢免女真世袭万户，废除上京路下的女真万户路，改置节度使，改变贵族子孙相继总揽一方权势的状况，加速女真封建化的进程。使张浩扩建燕京（今北京）城，兴修宫室，并下诏迁都。决定迁都之后，动用空前巨大的人力、物力增广燕京，修建宫室。经过一年多的准备，燕京增广工作大体就绪。公元 1153 年二月，完颜亮由辽时的中京出发前往燕京，三月间到达。入燕京城时，由一万多人组成的仪仗队前为导从，浩浩荡荡，气象非凡，场面之壮观前所未有。迁都燕京后，完颜亮效仿辽五京制度，改燕京为中都，汴京为南京，大定府（原中京）为北京，辽阳府为东京，大同府为西京，完备金之五京制度。在中都附近的大房山（今北京西南）营建山陵，将太祖、太宗的棺木由上京迁葬大房山帝陵；公元 1156 年十月，又将始祖以下十帝灵柩迁葬大房山，四时祭祀。强令上京女真世家大户迁往中都，为彻底断绝女真贵族返回上京的念头，于公元 1157 年八月下令撤销上京留守司衙门，罢上京称号，只称会宁府，派吏部郎中萧彦良赴会宁府督办，毁掉旧有宫殿、宗庙、诸大族宅第及皇家寺院储庆寺，将其夷为平地，分予猛安谋克为耕地。随着迁都，大批女真猛安谋克迁入中原。完颜亮对众多猛安谋克进行了整顿合并，在中原各地实行括地，按照牛头地和计口授田的方式，分配土地给各猛安谋克。女真人与汉人杂居，往往将土地出租给汉人，促使女真猛安谋克内部封建制生产关系迅速发展。

完颜亮重视吏治，提拔、重用善于理财之人，于是形成君臣讲求财用之风。完颜亮以前，金朝并未铸钱，只是借用辽、宋铜钱。公元 1154 年由户部尚书蔡松年主持，复钞引法，印制发行纸币，名为"交钞"。公元 1157 年始铸铜币，面文为"正隆通宝"，从而促使北方社会经济进一步恢复和发展。接着完颜亮再次大幅度改革官制，公元 1156 年颁行"正隆官制"，罢中书、门下二省，止设尚书省；尚书省置尚书令，下设左、右丞相，左、右丞，参知政事，废原平章政事官；自省而下设院、台、府、司、寺、监、局、署、所，各统其属以修其职，职有定位，员有常数；次年八月又置登闻检院，掌奏进，告尚书省、御史台理断不当事。完颜亮对于文武百官非常严格，依律严惩违法乱纪官员，有政绩者则按照一定标准加以升迁。完颜亮进一步完善司法制度，颁布《续降制书》，设置提刑司等职位，专司刑狱。完颜亮注重人才培养选用，早在公元 1151 年即仿照中原王朝制度，设国子监以教育生员，同时大兴科举制度，迁至中都后，特开殿试，亲自过问选官大事。经济建设方面，完颜亮一方面加派各路劝农使，劝课农桑，鼓励百姓进行生产；另一方面又派遣大臣出访各地，将闲弃、荒芜土地收拢起来，放归无地佃户耕种。至此，权力高度集中的金朝政治制度基本确立，君主集权制进入新阶段。

完颜亮曾对大臣高怀贞说自己有三志：国家大事皆自我出；帅师伐国，执其君长问罪于前；得天下绝色而妻之。弑君自立及杀宗室改官制以后，完颜亮一志已经遂愿；即帝位后完颜亮纵情声色，广益嫔御，先后册封妃子十二、九位昭仪、三位婕妤，亲选良家美女充实后宫，千方百计明抢暗夺宗室百官有姿色的家眷，即使违背人伦也要成己之欢，后宫生活糜烂放荡，三"志"亦当遂愿。这时，更加妄自尊大的完颜亮，曾为一画题诗，曰："自古车书一混同，南人何事费车工？提师百万临江上，立马吴山第一峰。"自以为兴兵而下，就可以灭南宋统一江南，因自己伟大而使金朝获得正统。

自从熙宗和议以来，金宋已经多年不兴战火，双方社会经济得以迅速恢复发展。但金朝内部矛盾尖锐，经济实力亦不及宋朝。当务之急应该与民休息，发展生产，增强国力。而完颜亮不顾国情民力，决意发动大规模的灭宋战争，并且听不得任何不同意见。太医祁宰上疏，认为宋人无罪，师出无名；伐宋战争为"人事不修""天时不顺""地利不便"。完颜亮怒不可遏，将祁宰戮于市，并籍其家。太后徒单氏也因谏伐宋而被杀于宁德宫，其侍婢十余人也一同被杀。此后，对于南伐，朝廷上下再也无人敢谏。公元1158年，完颜亮命左丞相张浩、参知政事敬嗣晖营建南京（今河南开封）宫室，夷平原宋朝的宫殿重新建造，务求豪华壮丽。次年正月罢金宋边境凤翔、唐、邓、颍、蔡、巩、洮、胶西榷场；二月，召谕宰执准备伐宋，命工部尚书苏保衡在通州（今北京通县）监造战船；派使臣到各路籍兵，凡猛安谋克户、部族和州县渤海人，年20岁以上50岁以下者全部纳入军籍，听候调遣；三月，派员赴各路总管府督造兵器；四月，令各路原贮藏兵器一律送往中都；八月，大括天下骡马，正七品官吏只许留马一匹，征调马匹达56万，令被征马户代为饲养；公元1160年七月，签发各路汉军，除中都、南京两路外，其余每路签汉军1万，并调集上年所籍各路猛安谋克军共24万；诏河南诸州县贮粮皆供军队，令以满野禾稼为骡马饲草；为筹集军资，提前征收五年之税，加收菜园税、户税、养马钱。

完颜亮无视金朝政局动荡不安，于公元1161年二月，自中都出发南巡，六月抵南京。同年九月，完颜亮亲自督大军南下。金军兵分四路，完颜亮亲率一路，以枢密使完颜昂为左领军大都督、尚书左丞纥石烈良弼为右领军大都督，随完颜亮取庐州（今安徽合肥）。工部尚书苏保衡为浙东道水军都统制，率水师直趋临安。太原（今属山西）尹刘萼为汉南道都统制，率兵出蔡州（今河南汝南）。河中（今山西永济西）尹徒单合喜为西蜀道都统制，由凤翔取散关驻军待命入川。徒单贞别将兵 2 万入淮阴（今江苏淮阴西南）。十月初八，完颜亮大军渡淮河，连克庐州、和州（今安徽和县）；刘萼汉南道军取通化军、蒋州、信阳军（今河南信阳）；徒单贞取扬州；苏保衡浙东道水师在胶西（今山东胶州）陈家岛，遭到宋将李宝水师的突然袭击，几乎全军覆没。

金军渡淮前一日，东京（辽阳）留守、太祖孙完颜雍发动政变，称帝于东京，改元大定，并下诏废黜完颜亮。十一月二日，完颜雍登位消息传到前线，加之三路水军被宋军击败，军心动摇，南征将士从前线北逃效力完颜雍。完颜亮闻知后，以为只有灭宋才能挽回自己的败局，便督军继续南进，在采石矶（今安徽马鞍山市南）渡长江，却被宋都督府参谋军事、中书舍人虞允文所督宋军打败，金军将士死伤无数，战船损失过半。于是，完颜亮被迫移驻瓜州（今江苏扬州南）。此时，金军人心涣散，将领不愿渡江作战。而完颜雍称帝加之采石之战溃败，使极度好大喜功的完颜亮颜面尽失，便决定孤注一掷。完颜亮集中兵力，勒令将士三日渡江，不得渡者随军大臣尽斩。如此苛令又如此形势，兵马都统领耶律元宜与其子王祥，以及都总管徒单守素、猛安唐括乌野等，与完颜亮近卫军将士共谋，决定联兵反叛。次日，即公元 1161 年十一月二十七日拂晓兵变发生。完颜亮闻变，以为宋军劫营，急忙起身穿衣，霎时乱箭入帐，完颜亮中箭倒地后被叛将缢杀。

完颜亮被杀次年四月，完颜雍降封完颜亮为海陵郡王。公元 1179 年，完颜亮弑杀的金熙宗被供入太庙后，完颜亮又被下诏降为海陵庶人。完颜亮在位 13 年，终年 40 岁。

5. 世宗完颜雍

完颜亮被弑四十多天前的公元 1161 年十月八日，部属拥立完颜雍在东京（今辽宁辽阳）登上皇帝位。同年十二月十九日，完颜雍领兵入中都（燕京）夺取中央政权，成为史家称之的金世宗。

完颜雍于公元 1123 年出生于上京会宁府（今黑龙江哈尔滨阿城区），女真名乌禄，即位后更名为完颜雍。父亲初名完颜宗辅，后改名完颜宗尧，为完颜阿骨打第三子，与完颜亮父完颜宗干虽非同母所生，但同为完颜阿骨打庶子。完颜宗尧善思维，有心计，当完颜阿骨打诸子带兵出征时，完颜宗尧经常协助父亲运筹帷幄，主张以汉制对汉人，同完颜宗翰等只推行杀戮政策有一定区别。不过，在完颜雍 12 岁时，完颜宗尧就已经去世。完颜雍母亲李氏，出身于辽阳渤海世家。依金习俗，丈夫去世，妻子当嫁与宗族其他男子。李氏不愿接受这种习俗，即在辽阳出家为尼，并悉心教育完颜雍。知书明礼聪明能干的李氏，教子有方。完颜雍性格沉静明达，身体魁伟英俊，自幼勤习诗书，具有较高的汉文化修养；又精骑射，每出猎，总有耆老跟随观赞。

完颜雍为人宽厚，常随叔伯四处征战，很受将士推崇。早在熙宗年间，完颜雍以宗室子例授光禄大夫，封葛王，为兵部尚书。完颜亮时历任会宁牧（上京会宁府），判大宗正事，中京、燕京留守，济南尹，西京（今山西大同）留守。公元

1155 年改任东京留守，进封赵王，两年后徙封曹国王。公元
1161 年八月，自山后逃归咸平（辽宁开原老城）的谋克括里
进犯东京，至沈州（今沈阳）与完颜雍军相遇。完颜雍仅有
四百士兵，却故意烟尘飞扬鼓声震天，并传出留守大军即至的
消息，括里惊吓而逃。

　　完颜雍能够在完颜亶在位后期，以及完颜亮大诛宗室的惨
祸中明哲保身，其妻乌林答氏功不可没。早在其父完颜宗尧伐
宋时，得到一条宋朝皇帝用过的白玉带，留下作为传家之宝，
完颜雍也非常珍爱。当完颜亶后期时常酗酒、喜怒无常动辄杀
戮亲贵大臣时，乌林答氏建议完颜雍，将这条玉带献给完颜
亶，从而博得完颜亶的信任。之后的时间里，完颜亶对完颜雍
一直比较客气。完颜亮即位之后，对能文能武并在女真贵族中
有较高威望的完颜雍也极不放心，经常调动完颜雍的官职。乌
林答氏又劝完颜雍，经常拿家中收藏的异国珍宝贿赂完颜亮。
完颜亮认为完颜雍胆小恭顺难成大事，疑忌之心稍解。贤惠而
貌美的乌林答氏，早被好色又不顾人伦的完颜亮惦记。后来完
颜雍被任命为东京留守，完颜亮诏令乌林答氏入京为质。深知
完颜亮本性的乌林答氏，知道抗旨只能给完颜雍及全家带来杀
身之祸，恳求丈夫不要因为儿女之态葬送前程，遂奉旨起程。
在行至离中都 70 里附近处，乌林答氏自杀身亡。遭受丧妻之
痛的完颜雍，深藏对完颜亮的怨恨之情，使完颜亮暂时未对完
颜雍狠下杀手。

　　高存福有女在完颜亮后宫，完颜亮任高存福为东京副留
守，令其暗中监视完颜雍。而完颜雍借打造兵器之机，以余材

造甲数十，被高存福密报给完颜亮。同时，高存福与推官李彦隆合谋，欲借击球之机加害完颜雍。高存福家人将这一消息透露，才使完颜雍躲过一劫。当时，正托疾赋闲居住在东京故里的完颜雍母舅礼宾副使李石，时刻关注局势，并为完颜雍出谋划策，成为完颜雍最为信任的心腹谋士。李石劝完颜雍先行除掉高存福，然后举事。完颜雍故吏六斤自南方归来，述说完颜亮大杀宗室的情况。完颜雍决定立即采取行动，便借口商议东京防务，召僚属至母亲出家的清安寺，待高存福和李彦隆一到，当即将他们逮捕。十月初三日，南征万户完颜福寿率领两万金军从山东赶来，完颜谋衍率兵五千从常安（今辽宁沈阳东北）前来，都表示誓死支持完颜雍。公元1161年十月七日，各路军队入城，共同击杀高存福等人。第二天，诸军官属聚集完颜雍府第高呼万岁，于是，完颜雍亲赴太庙祭告祖先，然后来到宣政殿登上皇帝宝座，改元大定，下诏废除完颜亮帝位。同年十二月十九日，完颜雍领兵到达中都燕京，夺取金国中央政权，大张完颜亮暴行，号令天下共诛完颜亮。

完颜雍即位之初，时局极不稳定。完颜雍以完颜亮为鉴，调整纠正完颜亮之失，厚葬被完颜亮屈杀的宗室大臣，恢复他们的爵位，以安定上层人心。在用人上采取兼容并蓄政策，不管过去受完颜亮重用还是排挤，不论曾经对完颜雍拥护还是反对，也不分是女真宗室贵族还是汉人、渤海人等，只要有才能，一视同仁予以任用。完颜亮时太傅、尚书令张浩，公元1162年入朝，仍封为太师、尚书令。北面都统纥石烈志宁、白彦敬等率重兵于西北镇压契丹反叛，又曾谋议进攻完颜雍，而且连杀完颜雍派去的使臣九人，在完颜亮被杀后其才来降服。完颜雍以其为难得将才，不计前嫌，仍委以重任，令其统兵。纥石烈志宁屡立战功，官至枢密使、右丞相。由于完颜雍用人政策深得人心，很快理顺了内部关系，结束了混乱局面。完颜雍在位近三十年，前后任用宰执 38 人，其中宗室完颜贵族只有 7 人，其余为非宗室女真人、汉人和契丹人、渤海人，基本纠正了前朝帝王重用或排斥某一集团的弊政，做到了唯才是举，人尽其用。

对于契丹反叛，完颜雍调集重兵围剿。公元 1161 年十二月，窝斡称帝，建年号天正，并带领契丹军转战于临潢府与泰州（今吉林洮安一带）之间，声势浩大，屡败金军。公元 1162 年完颜雍任仆散忠义为平章政事兼右副元帅、纥石烈志宁为元帅右监军统率诸军，倾精锐部队全力镇压窝斡军。六月，于花道、袅岭一带决战，叛军损失惨重。八月，于山后奚地再败叛军，窝斡残部北走沙陀。完颜雍在派兵镇压的同时，不断遣使招抚诱降，许诺降者不问首从，奴婢、良人罪无轻重并行免放，奴隶并放为良；有官品者率众归降，仍与官赏，依本品量才叙用；捕获窝斡者，猛安加三品官授节度使，谋克加四品官授防御使，庶人加五品官授刺史。并晓谕金军将士，能捕杀窝斡者加特进，授正三品总管。如上措施分化瓦解了叛军，安远大将军斡里袅、猛安七斤、蒲速越等人先后降金。九月，窝斡为部下稍合住和神独斡所擒，送往金营被杀。镇压契丹反叛后，完颜雍下诏罢契丹猛安谋克，其户分隶女真猛安谋克，并将参加起义的契丹人户尽徙女真内地，与女真人杂处，接受女真官员的直接统治。在此前后，完颜雍已经平定了河北、山东、河东等路北方部民的反叛，很快恢复了统治秩序。

完颜亮被杀，金军北还，完颜雍吸取完颜亮穷兵黩武的教训，将被征南侵的军士放免还家，于金宋边界屯兵 10 万，由都元帅完颜昂经略边事，又派使臣与宋和谈。时南宋孝宗即位，主张抗金收复失地，拒绝和谈。公元 1163 年南宋以张浚为统帅兴兵北伐，欲收复失地。此时完颜雍已经镇压了契丹叛军，调左丞相仆散忠义、左副元帅纥石烈志宁统率重兵反击北进的宋军，宋军连败。五月，两军大战于符离（今安徽宿州），宋军惨败，宋孝宗遣使求和。公元 1164 年十月，完颜雍命仆散忠义、纥石烈志宁再次出兵，连取南宋濠（今凤阳东北）、庐（今合肥）、和（今和县）、滁（今属安徽）等州。宋再次遣使求和，两国使节频繁往来，于闰十一月基本达成和议。公元 1165 年正月，双方正式签署"隆兴和议"，议定边界仍依"绍兴和议"所定，宋割让战争初期所占海（今江苏连云港市海州区）、泗（今盱眙西北）、唐（今河南唐河）、邓（今属河南）、商（今属陕西）、秦（今甘肃天水市）等州给金，宋向金称侄皇帝，不称臣，岁币减为 20 万两，绢减为 20 万匹。"隆兴和议"之后，金宋三十余年几无战争。

政治制度方面，完颜雍务施宽政，虚心纳谏，屡次下诏内外大小职官上书直言，而且急于求贤，选拔人才。完颜雍即位前任地方官多年，深知州县之职最为亲民，尤当选用贤才。郡守人选，虽资叙未至而有政绩廉能者，亦加以升用。分职官为廉能、污滥、不职三等而加以黜陟，命御史分路刺举善恶上奏，不仅劾罪，亦要举善。对暗察明访政声皆著者，进官旌赏；职官犯赃罪轻则降职，重则收监，虽国内大赦亦不叙，以贪赃罪降官者再犯除名，永不叙用。同时，进一步修订官制和礼仪制度，完颜亮时尚书省宰执为 7 人，并废熙宗时的平章政事官职。完颜雍增设为 9 人，复平章政事官职，进一步完善了官僚机构。

完颜雍虽然倾心于汉文化，但又不放弃女真文化。公元 1164 年，以女真大、小字译儒家经史颁行。在京师设女真国子学，诸路设女真府学，择猛安谋克子弟入学学习。公元 1173 年，开设女真进士科，以策、诗取士。制猛安谋克官员皆先读女真字经史，然后允许承袭官职。金朝护卫亲军皆任女真宗室贵戚之子，十年出为五品职官。完颜雍以女真人径居达官不知民间疾苦，即令教以读书，使其知仁义道德所在。完颜雍担心女真人完全汉化，于是在公元 1184 年以太子完颜允恭监国，自己带诸子及官员返上京女真内地，带头提倡弘扬女真文化，勿忘旧俗。并令有司委各猛安谋克于农闲时，督部人习武备，练骑射，演旧俗。

金朝以农为本，完颜雍采取措施保护和发展农业生产。平定契丹反叛、结束对南宋战争以后，裁军归农，诏元帅府诸新旧军以 6 万留成，余并放还。公元 1162 年诏谕盗贼或避赋避徭役在他所者，若归农专心耕种，不问罪名轻重并与原免。后又诏复各地流民还乡，官给以田。每年遣官劝各地猛安谋克农事，并令各地职官劝督，必令自耕，精勤农务，以给自足。弛放牧地，令民开垦。牧畜毁坏民田农桑，虽亲王公主及势要之家，亦由地方官立加惩断。同时，蠲免苛捐杂税，实行轻徭薄赋与民休息政策。若逢灾年，屡免租税，减免劳役。公元1164年命张弘信等24人分路通检诸路物力，次年立诸路通检地土等第税法。在此基础上征收物力钱，使百姓负担相对均衡，同时增加了朝廷税收。完颜雍竭力提倡节俭，自己不穿丝制龙袍，减降后宫膳食，多次下令放免宫女，经常以身作则教育后辈务必节俭。

自公元1162年起，完颜雍逐步放免寺院二税户和部分奴婢为平民。寺院二税户原为辽代寺院的封建领户，金初多沦为奴隶。完颜雍下诏凡二税户有佐证说明身份者，皆放免为良。公元1177年下诏，将完颜亮时大臣无辜被戮，家属籍没为宫奴婢者，全部释放为良。

与宋和议后，金朝恢复和增设了与南宋、西夏的榷场，输入物品以茶、丝织品、药材、米为大宗，输出物品主要有人参、北珠、貂皮、绢罗。曾一度罢诸路关税，取消金银矿税，听民开采。后定商税法，规定金银百分取一，诸物百分取三。

随着女真封建化的日益发展，猛安谋克组织已经极为混乱。完颜雍为维护女真旧制，规定每谋克不过三百户，七谋克至十谋克置一猛安。为维护女真贵族的权利，完颜雍规定猛安谋克官员犯罪可以惩罚，但不得轻易夺官。

经济方面猛安谋克户长期受国家优遇，往往骄纵，富家尽服纨绮，酒食游宴，贫者争慕效之，不亲稼穑，土地或令汉人租佃，或听凭荒芜，致使一部分女真人日益贫困。完颜雍为保证女真人生计，一再拘括汉人田地，分配给女真猛安谋克户，令其合家聚种。完颜雍先后颁布一系列诏令，鼓励百姓大力发展农业和畜牧业；注意兴修水利，每当遇到黄河泛滥，即下令开仓赈济受灾地区的百姓，减免他们的赋税。至完颜雍晚年，人口由即位初期的 300 余万户增加到 670 多万户，社会安定，国库充足，百姓生活安康，文化得以昌盛，开创了金朝繁荣鼎盛局面。公元 1189 年正月初二日，完颜雍病逝于中都福安殿。完颜雍在位 29 年，终年 67 岁。

6. 章宗完颜璟

世宗完颜雍去世当日，皇太孙完颜璟继承皇帝位。完颜璟为世宗完颜雍嫡孙，生于公元 1168 年七月，女真名麻达葛，以生于金莲川麻达葛山（今河北北部塞外沽源县）命名。其父完颜允恭为完颜雍第二子，母徒单氏。完颜允恭生于公元 1146 年，为世宗完颜雍第二子，母乌林答氏。完颜允恭勤学好读，孝友谨厚，性好丹青，善画人马，墨竹自成一家。公元 1161 年被册封为楚王，设置官属；公元 1162 年册立为皇太子；公元 1185 年，不幸病逝。

完颜璟父亲完颜允恭，居东宫二十余年，主张学汉制，专心儒家经史，好诗文，善丹青。其母徒单氏亦喜诗书，尤好老庄，言行必合于礼。完颜璟自幼受父母熏陶，文学造诣颇深。完颜璟诗作纤巧绮丽，词有南唐后主风韵，书法专学宋徽宗瘦金体，都有一定成就。著名汉人儒士徐孝美、张暐、许安仁先后为之侍读。公元 1178 年，完颜璟被封为金源郡王，时年 11 岁，完颜允恭择通儒学的女真学士完颜匡、仆散讹可教其女真语言文字。完颜允恭病卒，世宗完颜雍着意培养完颜璟，公元1185年十二月，封完颜璟原王、判大兴府（今北京）事，让其学习政事，练习才干。完颜璟断事得当，能以女真语审女真诉讼，以汉语断汉事，深得完颜雍赞赏。公元1186年四月，赐汉名璟；五月，拜为尚书右丞相，亲闻朝议，习知政事；十一月，诏立为皇太孙。两年后世宗完颜雍病重，又诏为摄政。公元1189年正月完颜雍驾崩，时年22岁的完颜璟奉遗诏于灵柩前继承皇位，是为金章宗，次年改年号明昌。

完颜璟成长的年代，正是金朝的盛世时期，自幼对祖父的文韬武略耳濡目染，加之对儒家文化的融会贯通，完颜璟登位后，在继行祖父仁政的同时，极力效法北魏孝文帝否定旧制的汉化改革，不断完善各种政治、经济制度，实现了女真的彻底封建化。公元1189年二月，完颜璟刚即位，就解决了金朝的奴隶又称为二税户的历史遗留问题。这些奴隶既要向国家纳税，又要向寺院纳租，地位最为低下。随着封建制的发展，奴隶制的存在已经成为发展生产的严重障碍。完颜雍在位期间，虽曾有放免宫籍监户的诏令，但主要目的是为了争取契丹义军中的一部分人前来归顺。至于人数众多的二税户，只放免了600多人。完颜璟即位后，开始大量放免奴婢，仅北京等路放免的二税户，就多达1700余户，13900多人；而且不顾朝中一些重臣的反对，将大批二税户放免为良人。登位之初，即下诏将世宗完颜雍父亲完颜宗尧、世宗和完颜璟父亲完颜允恭的奴婢悉放为良。接着解放官奴婢和私奴婢，诸饥民卖身已赎放为良，复与奴生男女，并听为良；驱婢所生子女，官府给钱四十贯，赎以为良。公元 1191 年二月，更定奴诱良人法，进一步废除奴隶制。就这样，经过完颜璟的坚持和努力，使绝大多数奴隶成为平民。

自世宗中期以来，女真奴隶制急剧向封建制转变。完颜璟改世宗限制女真封建制为肯定女真封建制的政策，采取相应措施，使女真猛安谋克组织由以牛头地土地分配制度为基础的家族奴隶制，转变为以计口授地为经济特征的封建军屯制度，形成具有女真特色的封建制。公元 1204 年九月，定屯田户自种及租佃法，标志着女真封建制的最后完成。此后，猛安谋克仍属于诸路，并在提刑司及之后改为的按察司内设安抚判官，专管猛安谋克。为适应女真社会向封建制的转变，完颜璟还制定了一系列法令。公元 1195 年定猛安谋克镇边后放免者授官格；公元 1200 年定猛安谋克军前怠慢罢世袭制、猛安谋克斗殴杀人遇赦免死罢世袭制、管军官受所部财物辄放离役及令人代役法，限制女真猛安谋克特权，逐步取消猛安谋克的世袭权，加强了封建政权对他们的控制。公元 1206 年十一月，诏听任屯田军户与所居地居民互为婚姻，允许女真人与汉人通婚，采取措施从生活习俗及日常用语等方面，禁止相互歧视，加速女真与汉人的融合。完颜璟以前，女真猛安谋克入仕只有武功与门荫二途，明昌年间令猛安谋克举进士，试以策论及骑射，以定其科甲高下，促使官僚集团中女真人与中原汉人士大夫日趋同一。

完颜璟重视改善吏治，即位后，以平反田珏一案为契机，纠正冤案，改善吏治。说起田珏一案，为早在金熙宗时，韩企先做丞相，选拔提升贤能之人，田珏被提升为吏部侍郎。蔡松年、曹望之、许霖请求与田珏结交，田珏因三人为结帮小人而拒绝。蔡松年们便怀恨在心。后蔡松年跟随完颜宗弼，巧言行事而被完颜宗弼推荐为刑部员外郎，曹望之做尚书省都事，许霖做省令史，三人经常在完颜宗弼面前诋毁田珏，完颜宗弼不问就里而深恶田珏。韩企先去世，田珏离朝任横海军节度使。后遭诬告，皇帝诏令审讯，拟定杀死田珏、奚毅、邢具瞻、王植、高凤庭、王效、赵益兴、龚夷鉴，其妻子儿子及平素往来者三十四人被迁到海上，不给赦免，天下人为他们抱冤。金世宗知道田珏结党为蔡松年等人编造，便于公元 1162 年召见孟浩，恢复官爵。但对已经去世者和其余子孙，并未给予平反，这在士大夫心里留下很深的阴影。完颜璟抓住机会，对凡与此案有关而未经任用即已身死者，准予恢复原有官爵；如果其子孙当时已有官职而因其父、祖受此案牵连被削除者，亦一并追复。这一措施使得一大批官吏，特别是汉人士大夫为官不至于畏首畏尾，对改善当时的吏治起到了积极作用。

随着女真、契丹奴隶制的废除，金朝的封建化程度也不断提高，完颜璟将各项制度法典化。公元 1194 年诏用唐宋故事，置所议礼乐。次年礼部尚书张暐等编《大金集礼》；设应制举及弘词科，以待非常之士，金朝取士七目词赋、经义、策试、律科、经童、女真进士、制举弘词全备，士人由科举而位列宰相者前后相望；公元 1201 年十二月修成新律，共 12 篇 563 条为 30 卷，名为《泰和律义》；于公元 1197 年设军器监，后置按察司、置审官院；公元 1204 年定考课法，创设近侍局提点，进一步完备官制，加强对朝廷和地方官员的监察考课。

完颜璟上承世宗治世，而又采取一系列有效措施之后，至公元 1196 年前后，金国人口达 5000 多万，经济繁荣，国储金银大幅增长，仓廪充实，儒风丕变，学校日盛，完颜璟修缮曲阜孔子庙学，碧瓦廊庑，雕龙石柱，极尽壮观；下诏全国州县各修孔庙，避孔子名讳；开始祭祀三皇五帝和禹汤文武；下令女真亲军 35 岁以下者必学《孝经》《论语》。完颜璟本人汉文化造诣很深，女真、契丹、渤海人中都出现著名文人，如完颜踌、萧贡、移剌履、王庭筠等人。自然科学亦有显著成就，数学方面发明天元术，天文历法方面制造水秤、影仪、简仪；包括卢沟桥这座建筑结构与艺术最高的石拱桥在内的一大批著名建筑落成，金朝进入极盛时期。

不过，完颜璟与众多太平天子一样，更注重表面繁华，学文仅止于词章，不深究保国保民之道。取得一些成就之后，便专注享乐，不思进取，又好浮侈，建宫阙；喜谀辞，外戚小人多加干政，腐朽倾向日渐滋长，金朝开始由盛转衰。由于完颜璟以皇太孙继帝位，故特别疑忌世宗诸子，置王傅、府尉官加以检制。公元 1193 年十二月，郑王完颜永蹈以谋反被诛后，增置诸王司马，检察门户出入，诸王禁限愈严。公元 1195 年，完颜璟猜疑镐王完颜永中有反意，并将其诛杀，二王子孙皆遭禁锢。皇族内部倾轧，致使政治衰落，近侍弄权，尚书省权力减少，朝纲不正，政治腐败盛行。人称师儿的元妃李氏，其家因罪没入宫籍，其父李湘与母王盼儿出身微贱。以监户女子入宫的李师儿，性慧黠，又能舞文弄墨，善于迎合好文辞的完颜璟，遂大受爱幸。公元 1193 年李师儿受封为昭容，次年进封淑妃，父李湘追赠金紫光禄大夫、上柱国、陇西郡公；祖父、曾祖皆追赠。完颜璟未即位前，有元配蒲察氏。早在公元 1183 年，蒲察氏病故，完颜璟一直没有立后。李氏得宠后，完颜璟要立其为皇后，众臣因其出身卑微一致反对，李师儿只进封为元妃，却执掌皇后之权。其兄李喜儿早年曾为盗贼，因其妹的关系官至宣徽使；弟李铁哥至近侍局使，一家权势熏天。自此以后，李氏兄妹有恃无恐，飞扬跋扈，而且凡依附李妃者，都能如愿加官晋爵。趋炎附势者竞相奔走李氏门路，李炳、李著等人与之通谱系。时任平章政事的胥持国，见元妃深受完颜璟宠信，便想方设法攀附元妃，多次贿赂服侍元妃的宫女。出身微贱的元妃李氏也欲借助朝臣之力把持朝政，于是不断向完颜璟吹耳边风，胥持国因此官至尚书右丞相，大权在握。自此以后，两人狼狈为奸，把持朝政，培植党羽，诛除异己，致使朝风日益腐败，政治更加黑暗。

完颜璟在位时，北方连年遭受自然灾害，水、雨、雹、旱、蝗灾之外，又发生两次大地震，黄河三次决口并改道，造成流民增加，土地荒芜，税收减少。然而统治者奢靡之风依然滋长。为满足女真猛安谋克屯田户对土地的贪求，完颜璟于公元 1200 年命枢密使完颜宗浩等人，于中都、山东、河北等地括地 30 余万顷，夺民田而与军户，腴田沃壤尽入势家，社会矛盾日益加深。

完颜璟即位初期，北方阻卜、广吉剌等南犯。为抵抗侵扰，于公元 1192 年在西南、西北路，沿临潢（今内蒙古巴林

左旗南）至泰州（今吉林洮南东）开筑壕堑（金界壕）900
里。公元 1195 年命左丞相夹谷清臣、右丞相完颜襄率军回击
阻卜进犯，大败阻卜。南宋宁宗时，韩侂胄为相，倡议兴兵灭
金，不断出兵攻扰金边境。公元 1206 年五月，韩侂胄请宋宁
宗下诏出兵北伐。十月，完颜璟以平章政事仆散揆兼左副元
帅、枢密使完颜匡为右副元帅，率兵 14.5 万，分九路迎击宋
军，宋军全线溃败。金朝由防御转为进攻，夺取宋宜城（今
属湖北）、和州（今安徽和县）、成州（今甘肃成县）、大散关
（今陕西宝鸡西南）、凤州（今凤县东）、真州（今江苏仪征）
等地。金朝虽然取得军事上的胜利，但损失亦重，有意议和。
公元 1207 年，韩侂胄被杀，宋朝主和派掌权。次年金宋和议
达成，规定金宋改称伯侄国，岁币由银 20 万两、绢 20 万匹各
再增 10 万，外加犒军银 300 万两。金军从新占领地撤回，仍
维持金、宋原有边界。

　　作为太平天子，完颜璟不似世宗那样节俭。为改造宫殿陈
设，每日动用绣工一千二百，两年方才完工。官僚机构的完善
和膨胀，使得完颜璟末年官员数额比世宗时期激增三倍，财政
开支大为增长。加上赈灾、河防和军费，完颜璟深感财政窘
迫。为弥补财政亏空，完颜璟一面加紧对农民征收赋调，增加
税收，一面滥发交钞宝货，结果钞价日跌，物价大涨，致使万
贯交钞难买一个烧饼，造成国虚民贫，经济更趋衰落。

　　公元 1208 年十一月，完颜璟患病。完颜璟前后生有六个
儿子，可惜都在三岁之前夭折。于是，完颜璟立下遗诏，先由
其叔父卫王完颜永济继位。诏中明示"朕贾氏、范氏已经怀

孕，即将分娩，如果两妃中生一男孩，即立为皇帝"。正因为有此诏书，完颜永济上台后，立即将完颜璟李、贾、范三妃清除。公元1208年十一月，完颜璟病逝，其在位20年，终年41岁。

7. 卫绍王完颜永济

章宗完颜璟去世，因无子而传位于叔父完颜永济。完颜永济生于公元1168年，为世宗完颜雍第七子，章宗完颜璟父完颜允恭异母弟，母亲李氏。完颜永济自幼懦弱，平庸无能，却能一以贯之地在世宗、章宗和朝臣面前，做出一副持重老成和与世无争的样子，并且获得了好评。公元1171年，完颜永济被世宗封为薛王；同年，进封为滕王；公元1177年授世袭猛安；公元1185年加开府仪同三司；公元1186年为秘书监；公元1187年转刑部尚书，次年改任殿前都点检。公元1189年，完颜永济父亲完颜雍去世，其侄完颜璟即位，进封完颜永济为潞王，两年后进封为韩王；公元1197年改封为卫王。

公元1193年，与完颜永济一母同胞的郑王完颜永蹈谋反伏诛，完颜永济却因平素柔弱少智，不仅未引起章宗完颜璟的猜忌，反而与之更加亲近。公元1203年五月，章宗元妃李氏所生葛王未满周岁即夭折。此后，章宗一直为继嗣不立而忧心忡忡，特别是在自己健康越来越差的情况下。公元1208年，承御贾氏与范氏先后怀有身孕，但此时的章宗已经病入膏肓。当年十一月，对诸王疑虑重重的完颜璟，决定让完颜永济兼任武定军节度使，以掌握兵权。不久，又诏完颜永济入朝，封为王傅府尉官，以检制宗室。于是，完颜永济成为完颜璟最亲近之人。这时，由于皇儿尚未出世，完颜璟便密召完颜永济，诏"朕之内人，见有娠者贾氏、范氏两位。如其中有男，当立为储贰；如皆是男子，择可立者立之"。完颜永济心领神会，信誓旦旦奉诏行事。于是，完颜璟立卫绍王完颜永济为皇位继承人。

完颜永济即位后，表面上认真办理完颜璟的重托，让平章政事仆散端与尚书左丞孙即康护视两位孕妇。孙即康才识平庸，遇事不明就里，挂名障目而已，仆散端则另有重任。仆散端相信巫术，武卫军士妻阿鲁不寡居，常以妖言惑众，自称梦中有白发老者告诉其说，其二女皆有福之人，如能幸侍掖廷，必得皇嗣。仆散端得此信息以后，力劝完颜璟纳此二女。当时完颜璟正愁皇嗣不立，于是对仆散端言听计从，将阿鲁不二女接进宫中。然而，阿鲁不二女终于未能给完颜璟生下皇子。完颜璟迁怒于仆散端，指责其引导自己听信妖妄，差点将仆散端处死。正因为有此故事，完颜永济选择其护视贾氏和范氏。

果然，完颜永济即位两个月后的公元 1209 年二月，贾氏预产期已过，但仍无动静；范氏则因胎气有损，经用药调治，胎形已失。而且胎形消失的范氏，已经削发为尼。完颜永济使章宗传子的遗愿落空，自然要嫁祸于人。于是，同宰相完颜匡一起，将所有罪责归于元妃李氏。声言李氏当初制造贾氏有孕在身的假象，待产期一到，即取李家生儿替为皇嗣。元妃李氏被处死，完颜永济一箭三雕，并于公元 1210 年六月，立自己儿子胙王完颜从恪为皇太子。

完颜永济即位时，正是金朝内外交困时期。一方面经历李妃乱政，朝堂之上，奸人当道，真正能够为国出谋划策的有识之士，早被排斥在朝堂之外，金朝已经走向衰弱。另一方面，北方草原蒙古人羽翼已满，铁木真统一蒙古各部后，于公元1206年在斡难河畔建立了蒙古汗国，铁木真成为成吉思汗。最初成吉思汗入贡于金，曾亲见一脸呆相的卫绍王完颜永济。金章宗去世后，成吉思汗听说完颜永济继位，声称原以为中原皇帝为上天使者，原来却是这样的庸懦之辈。公元1210年，完颜永济诏传成吉思汗觐见新皇，成吉思汗却认为完颜永济昏庸无能，不配做天下之主，拒不奉诏。完颜永济闻讯后，打算伺机征讨成吉思汗。

成吉思汗有意进攻金国，首先出兵进攻臣属金国的西夏。西夏向金求援，完颜永济却欲坐视而收取渔人之利。西夏向蒙古屈服，成吉思汗兵势日炽。公元1211年春，蒙古入贡，完颜永济遣重兵分屯山后，欲在蒙古人进场之时予以袭杀。然而金朝糺军中有人给蒙古人报信，于是蒙古人迁延不进。糺军为契丹及北方其他部族的武装力量，虽然受制于金朝，却与女真统治者离德离心。完颜永济加害成吉思汗的计划未能实现，成吉思汗不仅不再向金进贡，而且亲率大军，南下攻打金国。完颜永济得到消息，立即派遣几十万大军分路剿杀蒙古军，却先后被蒙古军击败。完颜永济又命完颜承裕为将，集结45万大军，在野狐岭与蒙古军队展开决战。此役金军再次溃败，军队伤亡惨重，实力严重削弱。野狐岭大战后，蒙古大军一路南下，于同年十二月兵临中都城下。完颜永济采纳完颜纲、高耆年等主战将领的建议，加固城防，顽强抵抗。蒙古久攻不下，于是掳掠大批财货，退兵返回。

　　就在同年，完颜永济命西京留守行枢密院兼安抚使胡沙虎率七千劲兵抗击蒙古军队。胡沙虎不战而逃，途经蔚州（今河北蔚县）时，又擅取官府库银五千两及衣币等物，并抢夺官民马匹，然后闯入紫荆关，杖杀涞水县令。无法无天的败军之将胡沙虎逃回中都之后，完颜永济不仅不加追究，并且委以重任，以胡沙虎为右副元帅，权尚书左丞。公元 1212 年，成吉思汗再次亲征金国，一度包围金西京大同府。同年契丹人耶律留哥起兵反金，数月之间发展至十余万人。耶律留哥依附蒙古，又在迪吉脑儿（今辽宁昌图附近）击败金兵，金朝已经多面受敌。

　　公元 1213 年，完颜永济派遣尚书左丞完颜纲领兵 10 万在怀来（今河北怀来东）、缙山（今北京延庆）地区与成吉思汗展开激战。金军又一次大败。这一役，金军精锐尽失，损失极为惨重。完颜永济召胡沙虎至中都，预议军事。左谏议大夫张行信以及丞相徒单镒等，皆认为胡沙虎这样的强梁不法之徒不可用，然而胡沙虎善于媚结近侍，得到完颜永济身边亲信的交口称誉。完颜永济则宁信近侍而不信大臣，又赐胡沙虎金牌，令其权右副元帅，将武卫军五千人屯中都城北。无能而野心膨胀的胡沙虎，并不因为受到信任而对完颜永济忠心耿耿，反而与党羽完颜丑奴、蒲察六斤、乌古伦夺剌等加紧谋划作乱。

　　同年八月，蒙古大军南下，接连攻下了居庸关、涿州和易州（今河北易县西部）等地，很快逼近中都。此时负责防守中都北面的右副元帅胡沙虎仍一味游猎，不理防务。完颜永济派人至军中，责备胡沙虎只务驰猎而不恤军事。当朝廷使者到来，正在给自己珍爱的鹰鹘喂食的胡沙虎，竟然怒不可遏，并决定立即起兵。于是，妄称奉诏率军讨除知大兴府事徒单南平与子刑部侍郎驸马都尉没烈谋反，于八月二十五日五更时分率军进入中都城。入城之前，胡沙虎先后派出两拨人马飞奔东华门，诡称蒙古军队已经到达北关，胡沙虎率领军队正在激战。如此谎言不仅蒙骗了城内官员，而且还轻易诱杀了徒单南平父子，消灭了前来抵抗的五百汉军。紧接着，在都点检徒单镐等人的配合下，胡沙虎从通玄门杀入中都，占据皇宫，尽逐卫士，自称监国都元帅，逼令完颜永济出宫。第二天，即公元1213年八月二十六日，胡沙虎派人将完颜永济毒杀。完颜永济在位6年，终年46岁。

胡沙虎图谋得逞以后，接受丞相徒单镐建议，立章宗兄翼王完颜珣为帝。完颜珣迫于胡沙虎压力，降封完颜永济为东海郡侯。胡沙虎被诛以后，完颜珣于公元1216年追复完颜永济为卫王，史称其为卫绍王。

8. 宣宗完颜珣

公元1213年九月，毒杀完颜永济之权臣胡沙虎，拥立章宗完颜璟异母兄完颜珣继承皇帝位。完颜珣生于公元1163年，本名吾睹补，为章宗完颜璟父完颜允恭庶长子，母亲刘氏。完颜珣出生后，被祖父金世宗养于宫中。公元1178年被封为温国公，加特进；公元1186年，赐名完颜珣，三年后进封为丰王，加开府仪同三司，累判兵、吏部，又判永定、彰德等军；

公元 1196 年晋封为翼王；公元 1205 年改赐名完颜从嘉；公元 1208 年进封为邢王，后又封为升王。

胡沙虎杀完颜永济之后，找徒单镒商议，徒单镒劝立翼王完颜珣。当时，完颜珣尚在判彰德府（治安阳，今属河南）任上，胡沙虎派人将其迎到中都。公元 1213 年九月，完颜珣即位于大安殿，改元贞祐。胡沙虎虽然罪恶昭彰，但完颜珣无力也无能整顿朝纲，又念胡沙虎援立之功，只能依靠权臣柄政。完颜珣拜胡沙虎为太师、尚书令兼都元帅，封为泽王，又封胡沙虎子弟身居要职，使之操纵国政。胡沙虎以完颜珣为自己所立，理应言听计从，要求完颜珣废完颜永济为庶人，以便从历史上抹掉自己弑君之罪。完颜珣亦想通过贬低完颜永济来证明自己登上皇位的合法性，故登位伊始，即谕尚书省，规划诸事依世宗所行行之，以至连章宗的历史地位都要加以抹杀。而对于完颜永济，则直接降为东海郡侯。

十月，蒙古军兵临中都城下，元帅右监军术虎高琪率军迎战，两次接连战败。术虎高琪知道必为胡沙虎问罪，乃自率乱军入中都，围胡沙虎宅第，在胡沙虎逃命时将其杀死。完颜珣赦术虎高琪之罪，以其为左副元帅，拜平章政事，后官至尚书右丞相。术虎高琪为相后，专固权宠，擅作威福，附己者用，不附己者斥，朝政更加黑暗。术虎高琪虽如此擅权，却仍得到完颜珣的信任。

完颜珣即位之初，因禁不起蒙古大军的连续进攻，于公元 1213 年遣使请和。公元 1214 年中都被围，蒙古军在中都城外发动攻击，金朝将帅皆不敢出战。同样畏敌如虎的完颜珣无计可施，在东华门设招贤所，广召破敌良策和能人。于是，无知无畏者竞相兜售狂言。有一村夫王守信，声称自己知兵胜于诸葛亮，侍御史完颜宇竟以此人为亘古未有的军事家，连忙推荐给朝廷，被委以行军都统重任。王守信招募市井无赖为兵，胡乱编造所谓"古今相对"阵法，并将其大字书于旗上。又做黄布袍、缁巾、牛头响环等"法物"，声言可吓跑敌人。然而，出城不敢与蒙古人对阵，却杀害无辜百姓以充斩获，且向朝廷邀功请赏。

虚张声势不能奏效，完颜珣派遣宰相完颜承晖，于公元1214年三月向成吉思汗乞和，并献上完颜永济女岐国公主及大量金帛、五百童男女、三千匹马，蒙古答应暂时退兵。议和之后，成吉思汗以完颜承晖为质护送退出居庸关，而山东、河北多数州县仍在蒙古军队的占领之中。在这种情况下，只求苟全的完颜珣决定放弃中都，南迁南京（今河南开封），并于五月诏告国内。当时中都百官士庶皆以为不当，太学生赵昉等四百人上书极论此举的危害。但完颜珣却率先出逃，五月从中都出发，七月即到达南京。

完颜珣的南迁，极大地动摇了军心民心，也增加了蒙古的戒心。七月，蒙古军再次南下。面对蒙古军的进攻，金初骁勇善战的女真军队，已经表现得毫无战斗力。完颜珣只得令人组织契丹等糺军和收纳各地的"忠孝军""忠义军"，作为抵抗蒙古的军事主力。不久，乱军叛金，所谓义军无作战能力，又不听从统制。公元1220年，完颜珣又招纳汉地地主武装，于河北山西等地封九公，守土抗蒙，作为南京北部的屏障。

完颜珣南迁时让皇太子留在中都，并命右丞相兼都元帅完颜承晖留守中都。六月间，驻守中都以南的乱军发生哗变，投降蒙古。于是蒙古军再次南下，并在乱军的配合下，加紧围攻中都。这时的完颜珣，慌忙将太子完颜守忠接到开封，而置中都安危于不顾。皇帝儿子避祸而去，中都人心动摇，右副元帅蒲察七斤公然率部出降，中都城危在旦夕。心急如焚的完颜承晖再三奏请，完颜珣于公元 1215 年二月，诏令元帅左都监乌古论庆寿将大名、西南路与河北兵救中都，另派御史中丞李英为中都运粮。然而，李英不惜中都得失及军民性命，而在督运途中酩酊大醉，全无约束的士卒胡作非为，结果粮草尽被蒙军截获；乌古论庆寿军行至霸州，亦为蒙军击溃，中都军民始终未能盼得粮草士兵。身为都元帅的完颜承晖，认为深受儒家思想影响的女真贵族，军事才能相对薄弱，便把中都军事交付给久在军旅的副留守抹捻尽忠。当救援断绝、城破在即之时，完颜承晖决心以死表达对金朝的忠诚，并约抹捻尽忠与之同死，但抹捻尽忠一心只想逃命。城破之前的五月二日，完颜承晖召抹捻尽忠心腹、帅府经历官完颜师姑至家，得知抹捻尽忠将于当天夜幕降临后出逃，而且完颜师姑也已打点行装，准备随抹捻尽忠一起逃命。完颜承晖严厉谴责了这种危难之际只顾个人逃命的不义行径，并且当即将完颜师姑斩首，然后服毒自尽。

当晚，抹捻尽忠仍按原计划出逃。留在中都的皇帝妃嫔们听说抹捻尽忠就要出走，也都来到通玄门，要求与之同行。抹捻尽忠生怕人多累赘坏了自己行动，于是诡称先行出城探路，然后再来接应妃嫔们。就这样，抹捻尽忠丢下职守所在，携爱妄弃城逃命。紧接着，中都为蒙军攻陷。颇为得意的抹捻尽忠逃到南京以后，完颜珣不但不追究其丢失中都的责任，反而仍然委以平章政事。

完颜珣南迁，不仅要放弃中都，而且要将河北广大地区一同放弃。河北地区从塞外迁来的大批女真屯田军户，是金政权的重要依靠力量。公元 1215 年五月，金朝要把河北军户家属迁徙河南，只留军人暂时坚守。高汝励认为一旦军户家属南渡，定会动摇军心。然而，完颜珣既不辨忠奸，更不听忠言。军户南迁，造成了严重的社会问题。公元 1216 年七月，陈规向完颜珣上奏，说近来迁徙河北军户百万余口到河南，去除冗滥，尚有四十二万多口，每年需支出粮食三百八十余万斛，以至用尽一路全年所收的税粮，也不足以供养如此数额庞大的不耕不战之人。其实，除大批军户之外，还有河北各级地方官吏纷纷南逃，南逃难民更是不计其数。这么多人侨寓河南、陕西地狭人稠之处，一人耕之，百人食之，社会矛盾陡然上升。

为转嫁矛盾，术虎高琪提出伐宋，以通过扩大疆土增加掠夺收入摆脱困境。完颜珣为谋立足，亦欲扩张南方。公元 1217 年四月，完颜珣令元帅左都监乌古论庆寿与签书枢密院事完颜赛不与宋开衅。金朝统治者满以为失之于蒙古者，可以通过侵宋补回，岂知金宋力量对比早已发生变化。战争开始，金帅完颜赛不一路连克光山、罗山、兴州等数城。同时，金军数道皆出，在樊城、枣阳、光化军、大散关以及西和、阶州、成州等地对宋军展开猛烈攻击。但很快战争形势开始对金军不利，许多城池得而复失，宋军从各处开始激烈反攻。受到重挫之后，金朝统治集团内部又纷纷要求与宋讲和。当时的金国，在蒙古大军挤压下，真正的统治地区仅局促于河南一地，而且西夏因卫绍王完颜永济见危不救，也开始与蒙古联合，不断在西北边境地带对金国发起进攻。同时，山东地区由汉人武装组成的红袄军声势日大，四处开花。在金起家之地东北地区，由于完颜珣不顾北方州县安危而一味南迁，致使驻守东北的金朝将领和地方势力与金朝分裂而降附蒙古。公元 1214 年，锦州（今属辽宁）张鲸、张致兄弟聚众十余万叛金，在木华黎率蒙古军攻入东北后降附蒙古。在此之前，契丹人耶律留哥与蒙古军联结，成为蒙古军攻占东北地区的生力军。公元 1215 年女真人辽东宣抚蒲鲜万奴叛金，金在东北的统治仅有名分。遭受蒙古军蹂躏的中原百姓，为了抗蒙和自保，团结起来形成声势浩大的红袄军，很快扩展到河北、河南、山西等地。抛弃百姓只求自保的金朝统治者已经四面楚歌，分崩离析。在这种情况下，金朝于公元 1218 年底，主动提出与南宋议和。出乎意料的是，南宋拒绝金使入境。恼羞成怒之下，不顾重镇太原被蒙古人攻陷，金朝于公元 1219 年春兵分三路，向南宋发动新一轮军事进攻，再次企图以战促和占取更大便宜。然而，宋军一扫昔日对金兵的怯战心理，处处击败金军。金军已经无力攻占城池，便退回淮北。之后的数年中，金宋时停时战，规模零星。而完颜珣虽然起用了完颜合达、完颜仲元等抗蒙有功的将领，相继收复了一些失地，但并未能改变被动挨打的局面。就这样在内外交困之中，完颜珣忧郁成疾。公元 1223 年十二月二十二日，金宣宗完颜珣病故，其在位 11 年，终年 61 岁。

9. 哀宗完颜守绪

宣宗完颜珣去世第二天，完颜守绪挫败兄长完颜守纯的夺位阴谋即位称帝。完颜守绪生于公元 1198 年八月二十三日，为完颜珣第三子，母亲为汉人王氏。

宣宗完颜珣即位前，正妃生完颜守忠。后有王氏姐妹二人一同被选入宫，而且大受恩宠。完颜珣即位后，完颜守忠被立为太子，其母被立为皇后，但因得不到恩宠而出家为尼。公元 1215 年太子完颜守忠死后，完颜珣曾立太子儿子完颜铿为皇太孙，但不久皇太孙亦死。在金朝覆亡在即的情况下，又出现了皇位危机。本来，完颜珣对第二子完颜守纯甚是宠爱，曾被封为濮王，再封为殿前都点检兼侍卫亲军都指挥使，权都元帅；后又出任枢密使，拜平章政事。但是，完颜守纯身居相位，却唯饮酒耽乐，对公事毫无兴趣。其母庞贵妃野心勃勃，认为太子去世以后，完颜守纯最为年长，应当立为继承人。但当时受宠的王氏妹已被立为皇后，其虽未生子却将姐子完颜守礼纳为养子。这样，完颜守礼即成为完颜珣嫡子。同年四月，根据太子少保张行信建言，更完颜守礼名为完颜守绪。完颜守绪曾在金章宗泰和年间，被授金紫光禄大夫；其父完颜珣继位后，进封为遂王，并任秘书监，后改为枢密使，总揽金国军政大权；公元 1216 年正月，被立为皇太子。

公元 1223 年十二月，在完颜珣临终的前一天晚间，只有年老的前朝资明夫人郑氏陪伴在皇帝旁边。完颜珣知道郑氏可靠，故将后事托付给她，让她速召皇太子完颜守绪主持后事。

郑氏果然不负重托，为摆脱可能的皇位危机，郑氏决定暂时不作声张。当天夜里，皇后及庞贵妃来看望宣宗，郑氏知庞贵妃狡诈阴险，为防止与其子完颜守纯趁机生事，当即借故宣宗正在"方便"，将她们请到另一房间等候，郑氏随即将这一房间上锁，然后紧急召见大臣，传皇上遗诏。待一切部署既定，才放出庞贵妃，为宣宗发丧。完颜守纯闻讯，先于皇太子完颜守绪入宫。太子担心有变，分遣枢密院及东宫亲卫军官在东华门集合军队三万，并命护卫四人将完颜守纯监视起来，时年26岁的完颜守绪，在先父灵枢前即位。完颜守绪和历史上的多数皇帝一样，宠后宫，信外戚，爱奢侈，听谗言，尤其是放弃汴梁及起用跋扈恶臣，都给已经风雨飘摇的金国雪上加霜。但是，就特殊时期的国家和社会来说，完颜守绪也算尽了自己最大的努力。

完颜守绪即位之时，正是金朝风雨飘摇的多事之秋。北方蒙古铁蹄正蹂躏大半疆域，南部重开南宋战事仍屡战不胜，陷入进退维谷的境地；内部则反叛迭起，盗匪横行，严重地威胁着金朝的统治。受命于危难之中，完颜守绪即位后励精图治，采取各种措施，企图中兴金朝。而这时蒙军统帅木华黎病逝，成吉思汗尚在西域酣战，使金朝获得暂时的喘息机会。完颜守绪抓住时机，起用完颜合达、完颜陈和尚等将领，召回胥鼎等文武兼备的致仕官员，任用完颜赛不为平章政事、赤盏合喜为枢密副使、合达也为参知政事、张行信授尚书左丞；整顿朝纲，强化法纪，要求各级官吏秉公执法，不得做扰民害民之事；对于贪赃枉法之人，一律严惩不贷；任用一批抗蒙有功的将帅，分掌军政；为解决两线作战的不利局面，停止了侵宋战争，与宋议和；主动改变过去与西夏的臣属为兄弟关系，以联合西夏共同抗蒙。

完颜守绪不计前嫌，争取任何可以争取的力量。武仙是金宣宗时的一员大将，在一次与蒙军战斗中，因寡不敌众吃败仗而被迫降蒙，与蒙将兵马都元帅史天倪一起镇守真定（今河北正定）。完颜守绪即位后，武仙想回故国，又怕金朝不容。完颜守绪马上派人与武仙联络，表示非常欢迎。公元 1225 年武仙得到诏谕，便杀史天倪回归，被完颜守绪封为恒山公。在两年后进攻山西的战斗中，武仙率军攻打太原，力斩蒙古大将攸兴哥，收复太原，立下大功。公元 1226 年完颜守绪派兵进攻山西，与蒙古军作战，历时一年，先后收复平阳、太原等重镇，斩蒙古军守将多人，取得初步胜利。完颜守绪下令为抗击蒙古阵亡将士建造褒忠庙，以纪念和褒扬英雄。

蒙古从山西退兵之后，成吉思汗集中力量进攻西夏。完颜守绪深感与西夏毗邻的陕西边地也面临威胁，急召陕西行省、总帅等人到汴京商议军事，再三叮咛将士尽心竭力，以保社稷百姓。果然，成吉思汗夺取西夏都城中兴府（今宁夏银川市）之后，挥戈南下，于公元 1227 年四月攻取德顺州（今甘肃静宁）；五月，进攻临洮（今甘肃临洮），临洮府总管胡土门战败被俘后，见蒙古帅不跪，蒙军用刀砍其膝胫，始终不屈而被杀。完颜守绪得知此情，为胡土门塑像，供奉于褒忠庙。

面对蒙古的大规模进攻，完颜守绪在汴京加紧安抚百姓，签民为军，扩充实力。驻泾（今甘肃泾川）、彬（今陕西彬县）、陇（今陕西陇县）三州节度使杨沃衍，深得完颜守绪重用。杨沃衍立志以身报国，经常来往于泾、彬、陇三州之间，安定民心，鼓舞士气，指挥作战，多次战胜蒙军。公元 1228 年大昌原（今甘肃省宁县太昌原乡）一战，金忠孝军提控完颜陈和尚以四百骑大破蒙军八千之众，取得金蒙战争中最杰出的胜利。

公元 1229 年八月，成吉思汗第三子窝阔台继承汗位。完颜守绪遣使向其进献，企图使窝阔台放弃对金用兵，被窝阔台拒绝。公元 1231 年六月，已经灭亡西夏的蒙古分兵三路大举伐金。拖雷率蒙军四万南下，取道南宋兴元府（即今陕西省汉中市）进攻金州（今陕西省安康市），完颜守绪命完颜合达、移剌蒲阿由陕西引两省军三十万南下堵截。不久，窝阔台率蒙古北路军攻克河中府。公元 1232 年正月，双方大战于钧州三峰山，拖雷未待窝阔台命令，率蒙军趁大雪奋击金军。金军大溃，完颜合达、完颜陈和尚、杨沃衍走钧州，城破皆阵亡。经三峰山及钧州战役，金军大部主力丧失，良将死伤殆尽。蒙古军迅速包围汴京，金军坚守将近一年，汴京城内瘟疫大起，粮食极缺，各城门运出死者九十余万人，贫不能葬者尚不知数。同年十二月，完颜守绪逃离汴京，北渡黄河，奔走归德（今河南商丘）。驻守归德的金将石盏女鲁欢担心兵士人多军粮不济，建议将聚集金军分别派往徐州、陈州、宿州。完颜守绪不允，但不敢逆石盏女鲁欢，只得留下元帅蒲察官奴的忠孝军 450 人和马用部下 700 人在城中，其余诸军皆遣出城。

当时，蒙古将领忒木碍围攻亳州，且每日都派部队向归德进攻。蒲察官奴劝完颜守绪北向渡河，招结金军以图恢复。石盏女鲁欢要奉天子以令诸侯而不答应。蒲察官奴私下劝完颜守绪出城前往海州，完颜守绪不知就里，未予回答。大臣李蹊担心归德城内大将心怀鬼胎，连忙报知完颜守绪。完颜守绪暗地派马军总领纥石阿列里合暗中监视蒲察官奴，阿列里合转身即向蒲察官奴告密。蒲察官奴看不起石盏女鲁欢和马用，认为两人不过归德地方军将，没有资格同自己平起平坐。完颜守绪担心蒲察官奴与马用二人兵戎相见，即命大臣以皇帝名义置酒为两人说和。马用欣然前往，席间被蒲察官奴杀死，然后将随行大臣尽行拘捕，派士兵严守完颜守绪所居屋舍。随后，蒲察官奴捆押石盏女鲁欢到其家中，逼获金银财宝后杀死石盏女鲁欢，并屠灭其家。接着，蒲察官奴遣军士杀完颜守绪随行大臣李蹊等三百多人，混乱中又杀马用及石盏女鲁欢手下军士三千多人，尽放金国最后一丝元气。完颜守绪无奈，下诏任蒲察官奴为权参知政事。

蒲察官奴在归德窝里横斗的时候，金将武仙与唐州、邓州守将一起，商议要迎完颜守绪入蜀，于是集兵猛攻南宋光化，结果被光化守将孟珙打败，又破武仙九寨重兵，降七万金军，武仙仅率六七人逃走。由此，完颜守绪入蜀的希望成为泡影。

困守归德的完颜守绪和蒲察官奴等人，竟然在六月间取得一场胜利。原来在卫州大溃时，蒙军捕获蒲察官奴母亲，完颜守绪指示蒲察官奴因其母以计请和。于是，蒲察官奴写信给蒙古将领忒木碍，表示自己要劫金哀宗投降。蒙将信以为真，派人送还蒲察官奴母亲，暗中往来相约。蒲察官奴见蒙军麻痹大意，便于端午节这天率忠孝军 450 人登船，直奔蒙将忒木碍大营。蒲察官奴及手下忠孝军勇战，半夜火烧蒙古军营。忒木碍逃走，蒙军战死及掉入河中淹死五六千人。完颜守绪立拜蒲察官奴为参知政事、左副元帅，权兼将相。得胜之后，蒲察官奴益加暴横，派人将完颜守绪软禁于照碧堂，未经允许禁止任何大臣前往奏事。完颜守绪以泪洗面，禁卫军士见皇帝如此，暗地商议杀蒲察官奴，并建议皇帝弃归德奔往蔡州。一切布置周密之后，完颜守绪召蒲察官奴入宫，告知自己有往蔡州之意。蒲察官奴力陈不可，完颜守绪见蒲察官奴松懈，自拔佩剑当头就劈，侍卫兵士左右挥刃，蒲察官奴倒于血泊中。完颜守绪慰谕忠孝军，讲明蒲察官奴谋反被杀，余皆不问。

清除了跋扈的蒲察官奴，完颜守绪经亳州前往蔡州，随行只有五十四马，二三百人。在双沟寺避雨，满眼渺无人迹，只见蒿草挥泪，完颜守绪悲不自胜。进入蔡州，当地父老罗拜于道，却见大金皇帝仪卫萧条，容貌凄然，大为哀恸。在蔡州城完颜守绪以完颜忽斜虎为尚书右丞，总领省院事；以张天纲为权参加政事；以完颜中娄室负责枢密院事。其时，由于蒙古大军距蔡州尚远，城内渐且晏安。完颜忽斜虎夙兴夜寐，遣使诸道，终于又在蔡州聚集万余精兵。

公元 1233 年九月，蒙古都元帅塔察儿派使节至襄阳，约南宋一起合攻蔡州。襄阳知府史弥远侄史嵩之提兵配合蒙古军攻打唐州，金守将战死。宋军进逼息州，当地金将急向蔡州求援。完颜守绪无奈，只得分出五百兵士前往息州。穷愁之余，完颜守绪对南宋抱一丝幻想，便以乞粮为名，派使者向宋人诉说唇亡齿寒之理，宋不答应。十一月，宋将孟珙、江海率军二万，运粮三十万石出兵助蒙灭金，合围蔡州。

公元 1234 年正月，蔡州被围已三个多月，城中粮尽。初九夜，不愿当亡国之君的完颜守绪，遂下诏要禅位予宗室完颜承麟。完颜承麟为金世祖劾里钵的后裔，初为金朝将领，骁勇善战，才略兼备，深为完颜守绪器重。完颜承麟执意推却，完颜守绪苦苦哀求，说将江山社稷托付实属迫不得已。朕身体肥胖，不能策马出征，城陷必难突围。你身手矫健，有将才谋略，如有幸逃脱，可延续国祚。话已至此，完颜承麟唯有答允继位。次日，完颜承麟受诏即皇帝位。正月十一日，正行禅位之礼时，蔡州城南已经竖起宋军旗帜，诸大臣亟出抗敌。宋军攻破南门，蒙军攻破西城，各方激烈巷战，四面杀声震天。金军将士顽强抵抗，几乎全部战死或自杀殉国。完颜守绪见大势已去，便在幽兰轩自缢。完颜承麟闻知哀宗死讯，率群臣入哭。哭奠未毕，外城已被攻破，完颜承麟挥剑迎战，同日战死于乱军之中，金国亡。

这时，宰相完颜忽斜虎率一千多名金兵巷战，终于不支，边杀边退。在得知金哀宗自缢的消息后，完颜忽斜虎仰天一声长叹，然后纵身入水自尽。所余上至参政下至兵丁五百多人，皆纵身汝水殉国。其后，近侍完颜绛山遵哀宗遗嘱，将其遗体火化，捡拾骸骨葬于汝南（今河南汝南县北汝水旁）。完颜守绪在位 12 年，终年 37 岁。